Die Bilanzierung von Alternativen Risikotransferinstrumenten nach HGB und IFRS

Schriften zum Controlling, Finanz- und Risikomanagement

Herausgegeben von Andreas Brieden, Thomas Hartung, Bernhard Hirsch und Andreas Schüler

Band 8

PL ACADEMIC RESEARCH

Frank Angermann

Die Bilanzierung von Alternativen Risikotransferinstrumenten nach HGB und IFRS

PL ACADEMIC RESEARCH

Bibliografische Information der Deutschen Nationalbibliothek
Die Deutsche Nationalbibliothek verzeichnet diese Publikation in der Deutschen Nationalbibliografie; detaillierte bibliografische Daten sind im Internet über http://dnb.d-nb.de abrufbar.

Zugl.: München, Univ. der Bundeswehr, Diss., 2014

Gedruckt auf alterungsbeständigem,
säurefreiem Papier.

D 706
ISSN 1867-027X
ISBN 978-3-631-66106-2 (Print)
E-ISBN 978-3-653-05565-8 (E-Book)
DOI 10.3726/978-3-653-05565-8

PL Academic Research ist ein Imprint der Peter Lang GmbH.

Peter Lang – Frankfurt am Main · Bern · Bruxelles · New York ·
Oxford · Warszawa · Wien

Diese Publikation wurde begutachtet.

www.peterlang.com

Inhaltsübersicht

Inhalt

Abkürzungsverzeichnis

Abs.	Absatz
abzgl.	abzüglich
AktG	Aktiengesetz
ANF	Annuitätenfaktor
ART	Alternativer Risikotransfer
Art.	Artikel
ASC	Accounting Standard Codification
Aufl.	Auflage
BAFIN	Bundesanstalt für Finanzdienstleistungsaufsicht
BAV	Bundesamt für Versicherungsaufsicht
BC, BCA	Basis of Conclusion
Bd.	Band
BFA	Bankenfachausschuss
BFuP	Betriebliche Forschung und Praxis (Zeitschrift)
BGB	Bürgerliches Gesetzbuch
BilMoG	Bilanzrechtsmodernisierungsgesetz
bspw.	beispielsweise
BVErwGE	Bundesverwaltungsgericht
bzgl.	bezüglich
bzw.	beziehungsweise
ca.	circa
CAPM	Capital Asset Pricing Model
CAT	Catastrophe
CBOT	Chicago Board of Trade
CDO	Collateralized Debt Obligation
CEIOPS	Committee of European Insurances and Occupational Pensions Supervisors
CF	Conceptual Framework
DB	Der Betrieb (Zeitschrift)
DBW	Die Betriebswirtschaft (Zeitschrift)
DGVFM	Deutsche Gesellschaft für Versicherungs- und Finanzmathematik e. V.
d. h.	das heißt
DP	Discussion Paper
DRS	Deutsche(r) Rechnungslegungsstandard(s)
DStR	Deutsches Steuerrecht (Zeitschrift)
ED	Exposure Draft
EG	Europäische Gemeinschaft
EMIR	European Market Infrastructure Regulation
ERD	Expected Reinsurer's Deficit

et al.	und andere
etc.	et cetera
EU	Europäische Union
EV	Erstversicherung
e. V.	eingetragener Verein
EWG	Europäische Wirtschaftsgemeinschaft
f	folgende(r) (Einzahl)
f.	für
FASB	Financial Accounting Standards Board
f. e. R.	für eigene Rechnung
FB	Der Finanzbetrieb (Zeitschrift)
FINRVV	Finanzrückversicherungsverordnung
GE	Geldeinheiten
gem.	gemäß
ggfs.	gegebenenfalls
GmbHG	Gesetz betreffend die Gesellschaften mit beschränkter Haftung
GoB	Grundsätze ordnungsmäßiger Buchführung
GuV	Gewinn- und Verlustrechnung
HFA	Hauptfachausschuss
HGB	Handelsgesetzbuch
Hrsg.	Herausgeber
IAIS	International Association of Insurance Supervisors
IAS	International Accounting Standard
IASB	International Accounting Standards Board
IBNR	Incurred But Not Reported
i. d. R.	in der Regel
IDW	Institut der Wirtschaftsprüfer
IDW RH	Rechnungslegungshinweis des Instituts der Wirtschaftsprüfer
IDW RS	Stellungnahme zur Rechnungslegung des Instituts der Wirtschaftsprüfer
i. H. d.	in Höhe des/der
i. H. v.	in Höhe von
IE	Illustrative Example
IFRIC	International Financial Reporting Interpretations Commitee
IFRS	International Financial Reporting Standard
IG	Implementation Guidance / Guidance on Implementing IFRS 4 Insurance Contracts
ILS	Insurance-Linked Securities
ILW	Industry Loss Warranties
inkl.	inklusive
IRZ	Zeitschrift für internationale Rechnungslegung
i. S. d.	im Sinne des/der
i. S. e.	im Sinne eines/einer
ISPV	Insurance Special Purpuse Vehicle

i. S. v.	im Sinne von
i. V. m.	in Verbindung mit
Jg.	Jahrgang
KapAusstV	Kapitalausstattungs-Verordnung
KoR	Zeitschrift für kapitalmarktorientierte und internationale Rechnungslegung (Zeitschrift)
KWG	Kreditwesengesetz
LIBOR	London Interbank Offered Rate
NAAJ	The North American Actuarial Journal (Zeitschrift)
Nr.	Nummer
o. J.	ohne Jahr
o. Jg.	ohne Jahrgang
o. O.	ohne Ort
PCS	Property Claims Service
PiR	Praxis der internationalen Rechnungslegung (Zeitschrift)
PML	Probable/Possible Maximum Loss
PrüfV	Prüfungsberichteverordnung
PublG	Publizitätsgesetz
PWC	Price Waterhouse Coopers
QC	Qualitative Characteristics
QIS	Quantitative Impact Study
RechVersV	Verordnung über die Rechnungslegung von Versicherungsunternehmen
Rn.	Randnummer
RSFC	Report on Solvency and Financial Condition
RV	Rückversicherung(s)
S.	Seite/Satz
SIC	Standard Interpretations Committee
SPV	Special Purpose Vehicle
u.	und
u. a.	unter anderem
USD	United States Dollar
US-GAAP	United States Generally Accepted Accounting Principles
v. a.	vor allem
vs.	versus
VAG	Versicherungsaufsichtsgesetz
VFA	Versicherungsfachausschuss
VGG	Vermögensgegenstand / Vermögensgegenstände
Vgl. / vgl.	Vergleiche/vergleiche
VP	Versicherungspraxis (Zeitschrift)
VVG	Versicherungsvertragsgesetz
VW	Versicherungswirtschaft (Zeitschrift)
WiSt	Wirtschaftswissenschaftliches Studium (Zeitschrift)

WM	Wertpapiermitteilungen – Zeitschrift für Wirtschafts- und Bankrecht
WPg	Die Wirtschaftsprüfung (Zeitschrift)
WpHG	Wertpapierhandelsgesetz
z. B.	zum Beispiel
zfbf	Schmalenbachs Zeitschrift für betriebswirtschaftliche Forschung
ZVersWiss	Zeitschrift für die gesamte Versicherungswissenschaft

Abbildungs- und Tabellenverzeichnis

1 Einleitung

1.1 Problemstellung

Die Bilanzierung von Alternativen Risikotransferinstrumenten stellt angesichts der zunehmenden Bedeutung von nicht traditionellen Risikotransferlösungen für den Rückversicherungsmarkt und ihrer komplexen Ausgestaltungsmöglichkeiten bei gleichzeitig relativ geringer Regelungsspezifität der nationalen und internationalen Rechnungslegungsnormen eine Herausforderung für Erst- und Rückversicherungsunternehmen dar. In Abhängigkeit von ihrer Ausgestaltung vereinigen diese Risikotransferlösungen in sich sowohl Charakteristika von Rückversicherungsverträgen als auch von Finanzinstrumenten. Für in Deutschland ansässige Erst- und Rückversicherungsunternehmen sind neben den für den Einzelabschluss geltenden handelsrechtlichen Vorschriften (HGB) auch die bei der Konzernabschlusserstellung zu beachtenden internationalen Rechnungslegungsvorschriften (IFRS) von unmittelbarer Relevanz für die bilanzielle Abbildung von Alternativen Risikotransferinstrumenten. Da sich die handelsrechtlichen Vorschriften unter dem gegenwärtigen Versicherungsaufsichtsrecht auch auf die Ermittlung des Solvenzkapitals für Versicherungsunternehmen auswirken, hat die Bilanzierung Alternativer Risikotransferinstrumente auch Konsequenzen für die aufsichtsrechtlichen Anforderungen.

Trotz der zunehmenden Bedeutung von Alternativen Risikotransferinstrumenten, existiert keine einheitliche Definition des Begriffs „Alternativer Risikotransfer". Nach einem weiten Begriffsverständnis umfasst er alle Instrumente, die nicht der traditionellen Rückversicherung zuzurechnen sind.[1] Nach einem engen Begriffsverständnis, dem in dieser Arbeit gefolgt wird, beschreibt der Begriff eine risikopolitische Maßnahme, durch die Erst- und Rückversicherungsunternehmen versicherungstechnische Risiken auf Kapitalmarktteilnehmer transferieren, die dadurch zu Risikoträgern werden.[2] Der Risikotransfer kann dabei durch Insurance-Linked Securities (Verbriefung von versicherungstechnischen Risiken durch die Emission von Anleihen), Insurance Derivatives (Derivateverträge, bei denen die Ausübung bzw. Erfüllung an einen versicherungstechnischen Basiswert gebunden ist) oder Contingent-Capital-Transaktionen (versicherungstechnisch bedingte Kapitalaufnahme) erfolgen.[3] Die Leistungspflicht der Investoren tritt bei der Realisierung eines vorab festgelegten versicherungstechnischen Ereignisses ein, so dass sie dem Risiko ausgesetzt sind, im Fall von Insurance-Linked Securities

1 Vgl. WEBER (2011), S. 65-66; ZHU (2009), S. 10-11; CUMMINS / WEISS (2009), S. 506; HARTWIG / WILKINSON (2008), S. 925.

2 Vgl. LIEBWEIN (2009), S. 47, S. 432; ALBRECHT / SCHRADIN (1998), S. 578-598. Aufgrund des Kapitalmarktbezugs und der damit verbundenen Kapitalbereitstellung durch die Investoren ist in der Literatur auch der Begriff „Alternative Risikofinanzierung" anzutreffen.

3 Vgl. LIEBWEIN (2009), S. 453.

ihre Ansprüche aus einer Verbriefungstransaktion ganz oder teilweise zu verlieren oder im Fall von Insurance Derivatives und Contingent-Capital-Transaktionen zur Kapitalbereitstellung verpflichtet zu sein.

Die Entwicklung von Alternativen Risikotransferinstrumenten hat ihre Ursprünge in den durch Naturkatastrophenereignisse zu Beginn der 1990er-Jahre offengelegten Ineffizienzen traditioneller Rückversicherungsmärkte, die sich v. a. in Kapazitätsbeschränkungen niederschlugen.[4] Im Nachgang solcher Großschadenereignisse war Rückversicherungsschutz entweder nicht oder nur zu sehr hohen Kosten erhältlich, so dass der Einsatz Alternativer Risikotransferinstrumente als eine Möglichkeit gesehen wurde, die Kapazitätsgrenzen der traditionellen Rückversicherungsmärkte zu erweitern.[5] So haben sich Alternative Risikotransferinstrumente v. a. zur Absicherung von Low-Frequency-High-Severity-Risiken, wie Naturkatastrophenrisiken, etabliert, deren Auswirkungen von den traditionellen Rückversicherungsmärkten schwerer verkraftbar sind.[6] Zunehmend werden Alternative Risikotransferinstrumente jedoch auch zur Absicherung von extremen Langlebigkeits- bzw. Sterblichkeitsrisiken und Gesundheitsrisiken eingesetzt.[7] Generell ist zu beobachten, dass Alternative Risikotransferinstrumente als Ergänzung zu traditionellen Rückversicherungslösungen eingesetzt werden, diese jedoch nicht ersetzen. Alternative Risikotransferinstrumente nehmen mit ca. 34 Mrd. USD einen Anteil von ca. 14 % an der gesamten Katastrophenschadenkapazität von ca. 240 Mrd. USD ein.[8] Die größte Bedeutung haben dabei Katastrophenanleihen, die mit einem ausstehenden Volumen von 15,6 Mrd. USD im Jahr 2012 einen historischen Rekordwert und damit nahezu eine Verdoppelung des Volumens aus dem Jahr 2006 erreicht haben.[9] Zum Ende des dritten Quartals 2014 betrug das Volumen ausstehender Katastrophenanleihen sogar bereits 21,5 Mrd. USD. Die folgende Abbildung 1 illustriert diese Marktentwicklung von Katastrophenanleihen für die Jahre 2006 bis zum dritten Quartal 2014.

---

4 Vgl. Ritter (2006), S. 40; Swiss Re (2006), S. 5-6, S. 21; Ishaq (2005), S. 75-76; Zietsch (2005), S. 353-355.

5 Vgl. Culp / O'Donnell (2009), S. 453-455; Liebwein (2009), S. 435-439; Cummins et al. (2008), S. 5; Hartwig / Wilkinson (2008), S. 927-930; Albrecht / Schradin (1998), S. 575-577.

6 Vgl. Kullrich (2012), S. 5. Den größten Anteil nimmt dabei die Absicherung von US-Sturm und US-Erdbeben ein; vgl. Munich Re (2013b), S. 5.

7 Vgl. Schmitz (2012), S. 2; List (2012), S. 5; Blake et al. (2010), S. 135; Biffis / Blake (2009), S. 1; MacMinn / Brockett / Blake (2006), S. 551; Blake / Burrows (2001), S. 344. Der Verbriefungsmarkt von Langlebigkeits-/Sterblichkeitsrisiken ist im Vergleich zu dem von Naturkatastrophen nach wie vor relativ gering.

8 Vgl. List (2012), S. 5.

9 Im Jahr 1997 betrug das ausstehende Volumen 633 Mio. USD und hat bis zur Auswirkung der Finanzmarktkrise im Jahr 2008 kontinuierlich steigende Wachstumsraten verzeichnet; vgl. Guy Carpenter (2011a), S. 17. Vom Jahr 1997 bis zum dritten Quartal 2014 entspricht das einer jährlichen Wachstumsrate von 23,4 %.

Abbildung 1: Entwicklung von Katastrophenanleihen von 2006 bis zum dritten Quartal 2014 (Quelle: Eigene Darstellung. Datenquelle: MUNICH RE (2014a), S. 1; MUNICH RE (2013a), S. 1; MUNICH RE (2013c), S. 1; MUNICH RE (2013d), S. 1; MUNICH RE (2012), S. 1)

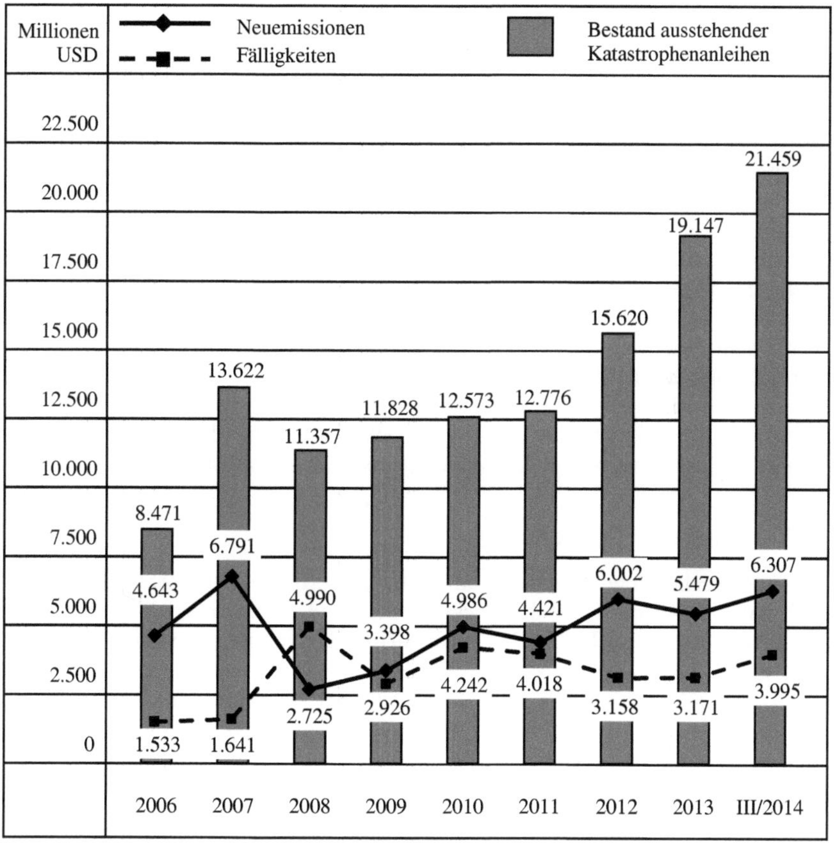

Der Volumenrückgang im Jahr 2008 als Konsequenz der Finanzmarktkrise konnte in den Folgejahren, in denen die Emissionsvolumina die Fälligkeitsvolumina überstiegen, in einen Wachstumstrend gewendet werden. Die für die nächsten Jahre prognostizierten jährlichen Wachstumsraten belaufen sich auf 25 %,[10] was das Entwicklungspotenzial dieses Marktes unterstreicht.

10 Vgl. HÖNIG (2012), S. B9. Dieser Trend wurde durch die Daten für das Jahr 2013 bestätigt, die einen Bestand ausstehender Katastrophenanleihen von ca. 19 Mrd. USD ergaben; vgl. MUNICH RE (2014b), S. 1.

Für Investoren stellen Alternative Risikotransferinstrumente dabei eine interessante Kapitalanlage dar, da aufgrund der Unkorreliertheit von versicherungstechnischen Risiken mit finanziellen Risiken anderer Kapitalanlagen Diversifikationseffekte erzielt werden können und – im Fall von Insurance-Linked Securities – in Abhängigkeit von der jeweiligen Verlustwahrscheinlichkeit relativ hohe Renditen im oberen einstelligen bis unteren zweistelligen Bereich erzielt werden können, da zusätzlich zu der Basisverzinsung eine Bonusverzinsung (Risk Spread) für die Risikoübernahme entgolten wird.[11] Gerade in dem gegenwärtigen Niedrigzinsumfeld ist aktuell eine starke Nachfrage nach Investition in Insurance-Linked Securities zu beobachten, die es wiederum Emittenten gestattet, Investoren geringere Risk Spreads zusagen zu müssen. Bei den jüngsten Emissionen war daher zu beobachten, dass die Risk Spreads geringer als erwartet ausfielen und somit die Kosten des Risikotransfers aus Emittentensicht reduziert werden konnten.[12] Da die traditionellen Rückversicherungsmärkte zyklischen Preisschwankungen unterliegen, können Alternative Risikotransferinstrumente auch eingesetzt werden, um von Arbitragemöglichkeiten zu profitieren.[13] Die Entwicklungen im geplanten europäischen Versicherungsaufsichtsrecht „Solvency II" lassen zudem weitere Wachstumsimpulse für den Markt der Alternativen Risikotransferinstrumente erwarten, da – im Gegensatz zur gegenwärtigen Rechtslage – i. S. e. ökonomischen Betrachtung weder die Form noch die bilanzielle Behandlung einer Risikotransfermaßnahme für die aufsichtsrechtliche Ermittlung der Solvenzkapitalanforderung ausschlaggebend sein soll.[14]

1.2 Stand der Forschung

Die wissenschaftliche Literatur zum Thema „Alternativer Risikotransfer" bezieht sich zumeist auf die Darstellung der Formen und Einsatzmöglichkeiten des Alternativen Risikotransfers, wobei exemplarisch die Arbeiten von CUMMINS (2012), CUMMINS / WEISS (2009), NELLES / KLUSEMANN (2008), ANDERS (2005) und KELLERMANN (2001) zu nennen sind. Im Mittelpunkt stehen in Forschung und Praxis dabei Insurance-Linked Securities zur Absicherung von Katastrophenrisiken, was auch durch die regelmäßigen Veröffentlichungen von Rückversicherern, wie bspw. MUNICH RE (2014b) und SWISS RE (2013a), zur Marktentwicklung dieser

11 Vgl. MUNICH RE (2013c), S. 8-9; SWISS RE (2013a); S. 9, S. 14; SCHMITZ (2012), S. 2; GATZERT / KELLNER (2011), S. 143; ALBERTINI (2009a), S. 119-121; ALBERTINI (2009b) S. 234-237; BIFFIS / BLAKE (2009), S. 4; CEIOPS (2009a), S. 11-13; MCKIE (2009), S. 191; CUMMINS / TRAINAR (2009), S. 475-476, S. 484-485; FORRESTER (2008), S. 30- 31; HARTWIG / WILKINSON (2008), S. 939; HELABA (2007), S. 40; ALBRECHT / SCHRADIN (1998), S. 604-605.

12 Vgl. MUNICH RE (2013b), S. 2, S. 5-6; SWISS RE (2013a), S. 5-7; AON BENFIELD (2013), S. 7.

13 Vgl. HARTWIG / WILKINSON (2008), S. 928.

14 Vgl. CUMMINS (2012), S. 10; MÜLLER (2012), S. 27; GUY CARPENTER (2011b), S. 5; GATZERT / SCHMEISER (2011), S. 28-29; CEIOPS (2009a), S. 23.

Risikotransferinstrumente dokumentiert wird. BARRIEU / ALBERTINI (2009) geben in ihrem als Sammelwerk konzipierten Handbook of Insurance-Linked Securities einen Überblick über verschiedene Aspekte von Verbriefungstransaktionen in der Nichtlebens- und Lebensversicherung. LIEBWEIN (2009) und NGUYEN (2007b) binden die Darstellung von Alternativen Risikotransferinstrumenten in den Kontext von traditionellen und strukturierten Rückversicherungslösungen ein. Ein weiterer Forschungsbereich umfasst die aufsichtsrechtliche Behandlung von Alternativen Risikotransferinstrumenten, wobei exemplarisch die Arbeiten von GREISER (2010) und LAUDAGE (2009) zu erwähnen sind.

Die Bilanzierung von Alternativen Risikotransferinstrumenten wurde in der wissenschaftlichen Literatur dagegen noch nicht umfassend erforscht. HORSTKÖTTER (2008) untersuchte die Bilanzierung von Insurance-Linked Bonds bei direkter und indirekter Emission nach HGB und IFRS. Die Bilanzierung von Insurance Derivatives und Contingent-Capital-Transaktionen waren jedoch nicht Gegenstand jener Untersuchung. Ebenso konnten neuere Entwicklungen in der Bilanzierung von Versicherungsverträgen nach IFRS – insbesondere der Standardentwurf ED/2013/7 zur Bilanzierung von Versicherungsverträgen – aufgrund des Entstehungszeitpunkts der Arbeit nicht berücksichtigt werden. Die Arbeit leitet die Bilanzierungsregeln für Insurance-Linked Bonds zwar aus den Vorschriften nach HGB und IFRS ab, unterzieht sie jedoch keiner expliziten Würdigung vor dem Hintergrund der Prinzipien bzw. qualitativen Anforderungen der Berichterstattung des jeweiligen Rechnungslegungswerks. Zudem wird auch bei der Darstellung der indirekten Emission der Fokus lediglich auf die Bilanzierung des risikotransferierenden Versicherungsunternehmens, nicht jedoch auf die Bilanzierung bei der Versicherungszweckgesellschaft gelegt.

1.3 Zielsetzung

Vor dem Hintergrund des skizzierten Bedeutungszuwachses und des aufgezeigten Forschungsbedarfs zielt die Arbeit darauf ab, die bestehende Forschungslücke zu schließen, indem durch eine deskriptive Gegenüberstellung der für den Alternativen Risikotransfer relevanten handelsrechtlichen (HGB) und internationalen Rechnungslegungsvorschriften (IFRS) die verschiedenen Formen des Alternativen Risikotransfers hinsichtlich ihrer bilanziellen Behandlung aus Sicht eines risikotransferierenden Versicherungsunternehmens – und bei Insurance-Linked Securities auch aus Sicht einer Versicherungszweckgesellschaft – analysiert werden, wobei jeweils eine Unterteilung in „Ansatz und Ausweis", „Bewertung" und „Angaben" vorgenommen wird. Buchungsbeispiele zu jeder untersuchten Form des Alternativen Risikotransfers illustrieren fallstudienartig die Verbuchung der Geschäftsvorfälle über mehrere Perioden.

Die aus der Analyse resultierenden Bilanzierungsregeln werden in einem weiteren Schritt vor dem Hintergrund ausgewählter Kriterien, die aus den Grundsätzen bzw. Prinzipien des jeweiligen Rechnungslegungswerks abgeleitet werden, gewürdigt. Schließlich werden auf dieser Basis Handlungsempfehlungen für Versicherungsunternehmen, die Alternative Risikotransferinstrumente einsetzen, den Gesetzgeber (bei einer Bilanzierung nach HGB) bzw. Standardsetter (bei einer Bilanzierung nach IFRS) und die Jahresabschlussadressaten abgeleitet. Eine empirische Untersuchung über den Umfang des Einsatzes und die Bilanzierung von Alternativen Risikotransferinstrumenten bei Versicherungsunternehmen, wird in dieser Untersuchung nicht vorgenommen. Allerdings könnte diese Arbeit – da sie den Fokus auf die Beschreibung der für den Alternativen Risikotransfer relevanten Rechnungslegungsvorschriften legt – die Basis für weiterführende empirische Forschungen liefern. Den theoretischen Hintergrund der Untersuchung bildet die Principal-Agent-Theorie, die für die Analyse des Verhältnisses zwischen dem risikotransferierenden Unternehmen (Erst- oder Rückversicherer, Agent) und den risikoübernehmenden Unternehmen (Investoren, Principal) herangezogen wird. Die aus dem Verhältnis zwischen Principal und Agent resultierenden Informationsasymmetrien liefern Erklärungsmuster für die Ausgestaltung der jeweiligen Transaktion.

1.4 Gang der Untersuchung

Für die Untersuchung der Bilanzierung von Alternativen Risikotransferinstrumenten nach HGB und IFRS wird ein in Deutschland ansässiges Schadenerst- oder -rückversicherungsunternehmen in Form der Aktiengesellschaft unterstellt. Da der Risikotransfer im Fall von Insurance-Linked Securities meistens als indirekte Verbriefung über eine Versicherungszweckgesellschaft abgewickelt wird, werden auch bilanzielle Fragestellungen auf Seiten der Versicherungszweckgesellschaft behandelt. Dies liegt darin begründet, dass im Fall eines Mutter-Tochter-Verhältnisses zwischen dem risikotransferierenden Unternehmen und der Versicherungszweckgesellschaft nicht nur die für den jeweiligen Einzelabschluss maßgebliche Bilanzierung nach HGB, sondern auch die Bilanzierung nach IFRS für die Einbeziehung in einen Konzernabschluss relevant ist. Es wird angenommen, dass es sich bei der Versicherungszweckgesellschaft um eine ebenfalls in Deutschland ansässige Kapitalgesellschaft handelt, die wie das betrachtete Versicherungsunternehmen den Vorschriften des deutschen Aufsichtsrechts unterliegt. Bilanzielle Konsequenzen auf Seiten der risikoübernehmenden Partei bzw. der Investoren sind sonst nicht Gegenstand der Analyse. Die nachfolgende Abbildung 2 illustriert den Aufbau der Arbeit.

Nach der Formulierung der Problemstellung, der Darstellung des Forschungsstands und der Erläuterung der Zielsetzung der Untersuchung in Kapitel 1 als Motivation für die Untersuchung werden in Kapitel 2 die für die Arbeit relevanten begrifflichen und theoretischen Grundlagen des Alternativen Risikotransfers erläutert. Dabei wird für die Zwecke der Darstellung der Begriff „Alternativer Risikotransfer" in seine Komponenten zerlegt, so dass sich in Abschnitt 2.1 dem Risikobegriff und den Risikoarten, in Abschnitt 2.2 dem Risikotransfer als risikopolitische Maßnahme und in Abschnitt 2.3 den Merkmalen und Formen Alternativer Risikotransferinstrumente gewidmet wird. So wird bei der Darstellung der Risikoarten über das beim Einsatz von Alternativen Risikotransferinstrumenten häufig auftretende Basisrisiko und das Risiko asymmetrischer Informationsverteilung der Bezug zur Principal-Agent-Theorie als theoretisches Modell der Untersuchung hergestellt. Die Ausführungen zum Risikotransfer als risikopolitische Maßnahme sollen darüber hinaus den Einsatz risikopolitsicher Maßnahmen aus theoretischer Sicht begründen und einen Überblick über das Spektrum risikopolitischer Maßnahmen geben, bevor die Charakteristika und Ausprägungen Alternativer Risikotransferinstrumente erläutert werden. Im Anschluss daran werden in Kapitel 3 die regulatorischen Rahmenbedingungen für den Einsatz von Alternativen Risikotransferinstrumenten in Deutschland dargestellt, da die Auswirkungen auf die aufsichtsrechtliche Behandlung ein wesentlicher Motivationsgrund für den Einsatz und zugleich ein Faktor für die Marktentwicklung von Alternativen Risikotransferinstrumenten sind. In Abschnitt 3.1 wird geklärt, ob und unter welchen Bedingungen der Einsatz von Alternativen Risikotransferinstrumenten für Erst- bzw. Rückversicherungsunternehmen zulässig ist, worauf sich in Abschnitt 3.2 mit der Berücksichtigung von Alternativen Risikotransferinstrumenten bei der Ermittlung der Solvenzkapitalanforderungen nach dem gegenwärtigen Aufsichtsrecht (Soll- und Ist-Solvabilität) und in Abschnitt 3.3 mit den diesbezüglichen Änderungen durch das geplante Aufsichtsrecht „Solvency II“ beschäftigt wird.

Abbildung 2: Aufbau der Arbeit
(Quelle: eigene Darstellung)

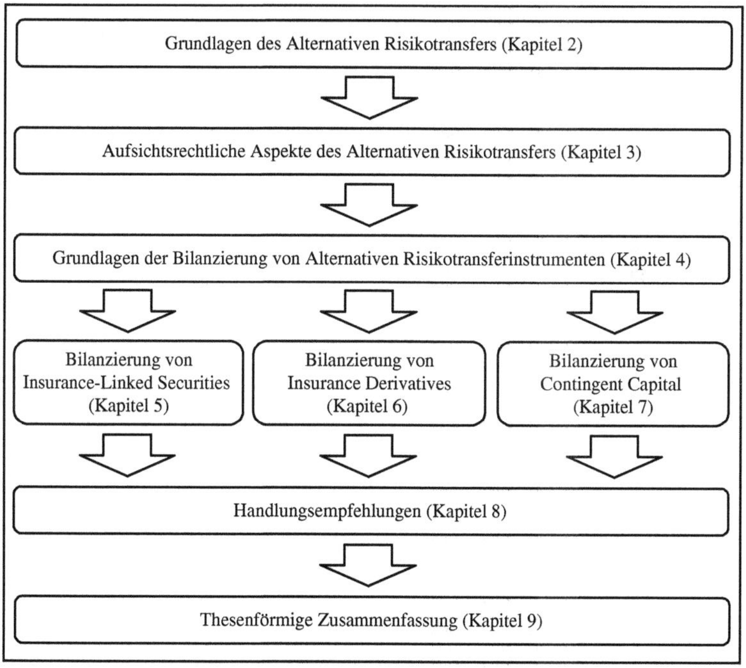

In Kapitel 4 werden die Grundlagen der Bilanzierung von Alternativen Risikotransferinstrumenten dargestellt. Dazu wird in Abschnitt 4.1 auf die Zwecke und Prinzipien der Rechnungslegung nach HGB und nach IFRS und in Abschnitt 4.2 auf den Regelungsrahmen für die Bilanzierung von Alternativen Risikotransferinstrumenten eingegangen, was – aufgrund der Charakteristika des Alternativen Risikotransfers – die Grundzüge der Bilanzierung von Versicherungsverträgen und Finanzinstrumenten sowie der Konsolidierung von Versicherungszweckgesellschaften umfasst. Wie in den folgenden Kapiteln aufgezeigt wird, basiert die Bilanzierung von Alternativen Risikotransferinstrumenten auf der Beurteilung, ob es sich bei der Transaktion bei wirtschaftlicher Betrachtung um einen Rückversicherungsvertrag oder um ein Finanzinstrument handelt.

Im Detail werden dann in Kapitel 5 die Bilanzierung von Insurance-Linked Securities, in Kapitel 6 die Bilanzierung von Insurance Derivatives und in Kapitel 7 die Bilanzierung von Contingent Capital dargestellt. In jedem dieser Kapitel wird zunächst untersucht, ob die jeweilige Transaktion als Rückversicherung oder als Finanzinstrument zu bilanzieren ist (Abschnitt 5.1, Abschnitt 6.1, Abschnitt 7.1). Im Anschluss daran werden für die jeweilige Form des Alternativen Risikotransfers die Bilanzierungsvorschriften nach HGB und IFRS analysiert. Die Ausführungen zur Bilanzierung von Insurance-Linked Securities werden danach unterschieden, ob es sich um eine Principal-at-Risk-Transaktion mit entschädigungsbezogenem Trigger (Abschnitt 5.2), um eine Coupon-at-Risk-Transaktion mit entschädigungsbezogenem Trigger (Abschnitt 5.3) oder um eine Transaktion mit nicht entschädigungsbezogenem Trigger (Abschnitt 5.4) handelt. Bei der Darstellung der Bilanzierung von Insurance Derivatives wird zwischen Formen ohne entschädigungsbezogenen Trigger (Abschnitt 6.2) und mit entschädigungsbezogenem Trigger (Abschnitt 6.3) differenziert, während die Ausführungen zur Bilanzierung von Contingent Capital zwischen Loss Equity Puts (Abschnitt 7.2) und Contingent Surplus Notes (Abschnitt 7.3) unterscheiden. Den Abschluss der Ausführungen zur Bilanzierung der jeweiligen Form des Alternativen Risikotransfers bildet die Würdigung der Bilanzierungsvorschriften anhand der Kriterien der tatsachengetreuen Darstellung und Entscheidungsrelevanz (Abschnitt 5.5, Abschnitt 6.4, Abschnitt 7.4).

Auf der Grundlage der Bilanzierungsvorschriften werden in Kapitel 8 Handlungsempfehlungen für den Einsatz von Alternativen Risikotransferinstrumenten aus Sicht von risikotransferierenden Erst- und Rückversicherungsunternehmen, des Gesetzgebers bzw. Standardsetters sowie der Jahresabschlussadressaten abgeleitet, bevor in Kapitel 9 die wesentlichen Ergebnisse der Arbeit abschließend thesenförmig zusammengefasst werden.

2 Grundlagen des Alternativen Risikotransfers

2.1 Risikobegriff und -arten

2.1.1 Überblick

„Risiko oder Wagnis bezeichnet die Möglichkeit, dass ein Ereignis mit nachteiligen wirtschaftlichen Folgen (Schäden) eintritt.“[15] Dieses Risiko beruht darauf, dass Wirtschaftssubjekte über ihr wirtschaftliches Verhalten unter Unsicherheit entscheiden, so dass die Entscheidungen lediglich zu einer Wahrscheinlichkeitsverteilung von möglichen Ergebnissen, nicht jedoch zu einem bestimmten Ergebnis führen.[16] Dies liegt wiederum darin begründet, dass die kausalen und finalen Beziehungen zwischen Handlung und Ergebnis durch Umwelteinflüsse geprägt werden, wobei keine oder nur unvollkommene Informationen über Wirkungs- und Einflussgrößen vorliegen.[17] Die Wahrscheinlichkeitsverteilung der Ergebnisse ist durch den Erwartungswert, als dem mit den Wahrscheinlichkeiten gewichteten Durchschnitt aller Ergebnismöglichkeiten, und die Streuung, als Maß für die Abweichungen der einzelnen Ergebnisausprägungen, gekennzeichnet. Die folgende Abbildung 3 veranschaulicht die Risikoarten, die beim Einsatz von Alternativen Risikotransferinstrumenten relevant sind.[18]

Abbildung 3: Risiken beim Alternativen Risikotransfer
(Quelle: In Anlehnung an SCHULENBURG (2004), S. 54-55)

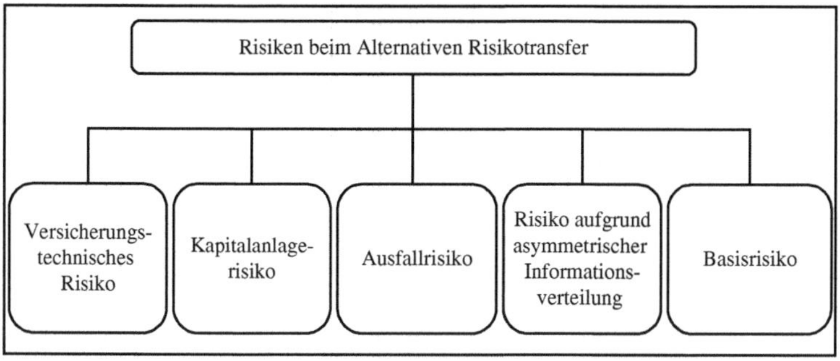

15 FÜHRER / GRIMMER (2009), S. 14.
16 Vgl. FARNY (2011), S. 25-26; NGUYEN (2007b), S. 73-74.
17 Vgl. FARNY (2011), S. 25.
18 Das allgemeine unternehmerische Risiko, das sich aus der Geschäftstätigkeit und den Veränderungen des Marktumfelds und der Gesellschafts-, Rechts- und Wirtschaftsordnung ergibt, wird hier nicht explizit berücksichtigt. Zu den Risiken in Versicherungsunternehmen vgl. FARNY (2011), S. 555-557; SCHULENBURG (2004), S. 54-55; SCHRADIN (1994), S. 35.

2.1.2 Versicherungstechnisches Risiko

Versicherung ist die planmäßige und kollektiv organisierte Ansammlung von Geldmitteln, die der Zahlung zukünftiger, zum Zeitpunkt ihrer Kalkulation in Anzahl und/oder Höhe unsicherer Versicherungsleistungen dient.[19] Die Deckung des geschätzten Mittelbedarfs erfolgt dabei nach den Grundsätzen des Risikoausgleichs im Kollektiv und in der Zeit.[20] Das versicherungstechnische Risiko repräsentiert dabei eine Wahrscheinlichkeitsverteilung von Risiken (Schadenverteilung), die gegen Entgelt vom Versicherungsnehmer auf den Versicherer übertragen wird. Versicherungsunternehmen, die Alternative Risikotransferinstrumente als Ergänzung ihres traditionellen Rückversicherungsprogramms einsetzen, zielen darauf ab, eine Wahrscheinlichkeitsverteilung von Risiken ihres Portfolios auf den Kapitalmarkt zu transferieren, um so im Fall des Eintritts eines Schadenereignisses von den Investoren eine Absicherung für die eigene Schadenbelastung zu erhalten. Aus Sicht des Versicherers wird beim Alternativen Risikotransfer – anders als bei der traditionellen Rückversicherung – kein Ausgleich im Kollektiv angestrebt, sondern es werden einzelne Risiken auf dem Kapitalmarkt platziert, weil bspw. aufgrund von Kapazitätsrestriktionen und damit verbundenen hohen Kosten für den Risikotransfer kein traditioneller Rückversicherungsvertrag abgeschlossen werden kann oder die Kosten für einen Risikotransfer auf den Kapitalmarkt geringer sind.[21] Das versicherungstechnische Risiko lässt sich weiter in die Komponenten Zufalls-, Änderungs- und Irrtumsrisiko unterteilen.[22]

Das Zufallsrisiko beschreibt die möglichen Abweichungen des kollektiven Effektivwerts der Schäden vom Erwartungswert, „die sich bei gegebenem und konstantem Schadenerwartungswert als Folge der zufälligen Ausprägungen von Anzahl und Größe der eingetretenen Schäden ergeben."[23] Die Wahrscheinlichkeit

19 Vgl. Helten / Bittl / Liebwein (2000), S. 175.

20 Vgl. Farny (2011), S. 8-9. Durch die Zerlegung eines Risikos in mehrere kleinere Risiken und Verteilung auf mehrere Risikoträger wird das Risiko für den einzelnen Risikoträger verkraftbar; vgl. Wagner (2000), S. 321.

21 Vgl. Abschnitt 1.1; Farny (2011), S. 40-41.

22 Für einen Überblick zu verschiedenen Definitionsansätzen des versicherungstechnischen Risikos vgl. Rockel et al. (2012), S. 2-3; Liebwein (2009), S. 17-28.

23 Farny (2011), S. 85. Stochastische Schwankungen im Schadenverlauf von Risiken eines Versicherungsportfolios führen zu Über- und Unterschäden, selbst wenn die Schadenverteilung der Realität entspricht und im Zeitverlauf unverändert bleibt; vgl. Führer / Grimmer (2009), S. 26-27. Das Zufallsrisiko lässt sich weiter in ein Kumulrisiko (durch den Eintritt eines Schadens sind aufgrund der Abhängigkeit von Einzelrisiken mehrere versicherungstechnische Einheiten zugleich betroffen), ein Ansteckungsrisiko (der Eintritt eines Schadenereignisses führt zu einer Erhöhung des Schadenerwartungswerts anderer Risiken) sowie ein Großschaden- bzw. Katastrophenrisiko (die Abweichungen des tatsächlichen Schadenwerts vom geschätzten Schadenerwartungswert übersteigt ein bestimmtes Limit); vgl. Nguyen (2007b), S. 76-77.

für das Eintreten von solchen Abweichungen ist dabei abhängig von der Größe und Struktur des Versicherungsportfolios.[24] Abweichungen des kollektiven Effektivwerts der Schäden von dem geschätzten Erwartungswert, die auf der vorhersehbaren Veränderung der zugrundeliegenden Risiken im Zeitablauf basieren, repräsentieren das Änderungsrisiko. Eine anfänglich als adäquate Abbildung der Realität eingeschätzte Schadenverteilung kann sich im Zeitverlauf bspw. durch Veränderungen natürlicher, technischer, staatlicher/politischer, gesellschaftlicher und biometrischer Gegebenheiten von den Ausgangsannahmen entfernen, so dass die tatsächliche Gesamtschadenverteilung von der erwarteten abweicht.[25]

Während dem Zufalls- und Änderungsrisiko die Annahme bekannter Wahrscheinlichkeitsverteilungen zugrunde liegt, berücksichtigt das Irrtumsrisiko die Tatsache, dass in der Realität nur unvollständige Informationen vorliegen, so dass der kollektive Effektivwert der Schäden vom geschätzten Erwartungswert aufgrund fehlerhafter Schätzungen abweichen kann. Daher wirken sich die Qualität der statistischen Datenbasis und die Fehlermöglichkeiten bei der Anwendung statistischer Schätzverfahren auf das Irrtumsrisiko aus, das daher bei selten vorkommenden oder neuen Risiken tendenziell höher ist als bei häufig auftretenden und bereits bekannten Risiken. Das Irrtumsrisiko ist umso höher zu veranschlagen, je beschränkter die Datenbasis ist, und sinkt mit wachsender Größe des Versicherungsbestands und steigendem Erfahrungswissen über die Risikobestandteile.[26] Das Irrtumsrisiko lässt sich weiter in ein Diagnose- und ein Prognoserisiko unterteilen.[27] Das Diagnoserisiko beschreibt die Gefahr, dass die auf Basis empirischer Daten ermittelte Schadenverteilung (hypothetische Schadenverteilung) nicht der tatsächlichen (wahren) Schadenverteilung entspricht. Generell drückt damit das Diagnoserisiko das Problem aus, aus vergangenheitsbezogenen Daten stochastische Gesetzmäßigkeiten und Zusammenhänge abzuleiten. Das Prognoserisiko beschreibt die Unsicherheit, aus a priori bekannten und stabilen stochastischen Gesetzmäßigkeiten die zukünftigen Entwicklungen des Schadenverlaufs zu schätzen.[28]

Im Gegensatz zu dieser risikotheoretischen Definition wird das versicherungstechnische Risiko in den nationalen und internationalen Rechnungslegungsvorschriften als das Risiko beschrieben, das kein Finanzrisiko ist und zur Übernahme von Risiko hinsichtlich der Zahlungshöhe (Underwriting Risk) und der Zahlungszeitpunkte (Timing Risk) führt (§ 2 Abs. 3 u. 4 FinRVV, ASC 340-30-20, IFRS 4A). Damit basiert das versicherungstechnische Risiko auf der Ungewissheit bzgl. der Höhe und des zeitlichen Anfalls vertraglicher Leistungen bzw. der damit

24 Vgl. Farny (2011), S. 86-89; Albrecht / Schwake (1988), S. 653.
25 Vgl. Farny (2011), S. 89-91; Führer / Grimmer (2009), S. 27-28.
26 Vgl. Farny (2011), S. 93; Führer / Grimmer (2009), S. 26.
27 Vgl. Albrecht / Schwake (1988), S. 653; Helten / Karten (1984), S. 64.
28 Vgl. Liebwein (2009), S. 22-23; Nguyen (2007b), S. 78-79; Schulenburg (2004), S. 59.

verbundenen Aufwendungen für eine Vertragspartei. Obwohl die Ungewissheit auch auf dem Irrtums- und Änderungsrisiko basieren kann, ist das Zufallsrisiko das dem Versicherungsgeschäft eigentümliche Risiko,[29] welches für die bilanzielle Behandlung als Versicherungsvertrag gegeben sein muss.[30] Die Frage, ob und in welchem Ausmaß Alternative Risikotransferinstrumente versicherungstechnisches Risiko transferieren, ist daher für deren bilanzielle Behandlung entscheidend.[31]

2.1.3 Kapitalanlagerisiko

Das Kapitalanlagerisiko resultiert beim Versicherungsgeschäft aus der Notwendigkeit, die von den Versicherungsnehmern bzw. vom Zedenten erhaltenen Prämienzahlungen am Kapitalmarkt anzulegen, um zukünftig eventuell anfallende Schadenzahlungen finanzieren zu können. Beim Alternativen Risikotransfer resultiert das Kapitalanlagerisiko in ähnlicher Weise aus der Notwendigkeit, im Fall einer Kapitalaufnahme die den Investoren zugesagte Verzinsung zu erwirtschaften bzw. den Werterhalt der Kapitalanlage sicherzustellen, damit der Veräußerungserlös zur Deckung der eigenen Leistungsverpflichtungen gegenüber den Versicherungsnehmern im Schadenfall dienen kann. Dem Werterhalt der Kapitalanlagen und ihrer zeit- und sachgerechten Liquidierbarkeit kommt daher im Rahmen eines Asset-Liability-Managements eine wichtige Bedeutung zu, wobei insbesondere Kurs-, Währungs-, Zins- und Bonitätsentwicklungen den Wert der Kapitalanlagen beeinflussen.[32] Die Wertentwicklung der Kapitalanlagen ist auch aufsichtsrechtlich von Bedeutung, da das Sicherungsvermögen mindestens der Summe der Bilanzwerte der versicherungstechnischen Brutto-Rückstellungen und -Beitragsüberträge sowie der Verbindlichkeiten aus dem selbst abgeschlossenen Geschäft gegenüber Versicherungsnehmern entsprechen muss (§ 66 Abs. 1a, Abs. 3 VAG).[33]

2.1.4 Ausfallrisiko

Das Ausfallrisiko stellt aus Sicht des risikotransferierenden Unternehmens die Gefahr dar, dass die Vertragspartei ihrer Leistungspflicht nicht nachkommen kann. Beim Alternativen Risikotransfer wird dies dadurch vermieden, dass das Kapital vorab, d. h. vor Eintritt des Schadenfalls bereitgestellt wird oder die Abwicklung im Fall von börsengehandelten Insurance Derivatives über eine Clearing-Stelle gewährleistet wird. Dies stellt für das risikotransferierende Unternehmen einen

29 Vgl. Albrecht / Schwake (1988), S. 652.
30 Vgl. Surrey / Werthmann (2012), Rn. 21.
31 Vgl. Abschnitt 4.2.
32 Vgl. Farny (2011), S. 555; Nguyen (2007a), S. 15-21; Nguyen (2007b), S. 75; Farny (1999), S. 600-602.
33 Die Anteile der Rückversicherer und der zum Geschäftsbetrieb zugelassenen Versicherungszweckgesellschaften an den versicherungstechnischen Rückstellungen zählen dabei zum Sicherungsvermögen (§ 66 Abs. 6a VAG).

bedeutenden Vorteil im Vergleich zu traditionellen Rückversicherungslösungen dar, bei denen die Leistung im Regelfall erst nach Eintritt des Schadenfalls zu erbringen ist und im Fall von Großschadenereignissen die Solvenz des Rückversicherers gefährdet sein kann.[34] Aus Sicht der Investoren wird das Ausfallrisiko bei Verbriefungstransaktionen minimiert bzw. eliminiert, indem das bereitgestellte Kapital in einer Versicherungszweckgesellschaft treuhänderisch verwaltet wird und in sichere Kapitalanlagen, die ein hohes Rating von unabhängigen Ratingagenturen besitzen, investiert wird, so dass die grundsätzliche Fähigkeit zur Erfüllung der Ansprüche als sichergestellt betrachtet werden kann.

2.1.5 Risiko asymmetrischer Informationsverteilung

Das Risiko asymmetrischer Informationsverteilung resultiert beim Einsatz von Alternativen Risikotransferinstrumenten aus dem unterschiedlichen Informationsstand zwischen der risikotransferierenden und der risikoübernehmenden Vertragspartei, deren Vertragsbeziehung als eine Principal-Agent-Beziehung verstanden werden kann. Im Rahmen einer solchen Vertragsbeziehung können die als Moral Hazard bzw. Adverse Selection bezeichneten Phänomene auftreten, die im Extremfall zu einem Marktversagen bzw. der Unversicherbarkeit von Risiken führen können.[35] Der Begriff „Moral Hazard“ beschreibt allgemein die Gefahr einer Verhaltensänderung, wie die Vernachlässigung der Sorgfaltspflicht, aufgrund des erworbenen Versicherungsschutzes, die zu einer Erhöhung der Schadenwahrscheinlichkeit (risikoerhöhendes Moral Hazard) oder Schadenhäufigkeit (mengenerhöhendes Moral Hazard) führt.[36] Das Moral-Hazard-Risiko entsteht beim Alternativen Risikotransfer für die risikoübernehmende Vertragspartei bzw. die Investoren, wenn das Versicherungsunternehmen selbst feststellt, ob und in welcher Höhe ein Schaden vorliegt, und wenn dieser Schadenfeststellungsprozess für die Investoren weitgehend intransparent ist. Da die Investoren somit die Richtigkeit der von dem Versicherungsunternehmen ermittelten Informationen nicht oder nur schwer nachprüfen können, werden die Investoren eine höhere Prämie (Risk Spread) für die Risikoübernahme verlangen. Dies ist aufgrund der dann erhöhten Transaktions- und Kapitalkosten wiederum nicht im Interesse des Versicherungsunternehmens, so dass beide Parteien versuchen werden, durch eine entsprechende Vertragsgestaltung und bspw. den Einbezug externer Gutachter die Informationsasymmetrien und somit das Moral-Hazard-Risiko zu minimieren. Beim Alternativen Risikotransfer kann der Einsatz von nicht entschädigungsbezogenen Triggern zu diesem Ziel beitragen. In diesem Fall hängt eine eventuelle Leistungspflicht der Investoren nicht von der tatsächlichen Schadenerfahrung des risikotransferierenden Unternehmens, sondern von einer unabhängig ermittelten

---

34 Vgl. Nguyen (2007b), S. 312; Richter (2004), S. 106-107.
35 Vgl. Nguyen (2007b), S. 33-68.
36 Vgl. Nguyen (2007b), S. 33; Canabarro et al. (2000), S. 57; Arrow (1970), S. 142.

und intersubjektiv überprüfbaren Variablen ab.[37] Da die Investoren dabei keine Kenntnisse über die Struktur des individuellen Portfolios von Versicherungsrisiken des risikotransferierenden Unternehmens benötigen, können nicht entschädigungsbezogene Trigger die Kosten des Risikotransfers reduzieren. Dies führt jedoch für das risikotransferierende Unternehmen dazu, dass es einem Basisrisiko ausgesetzt ist, dessen Höhe von der Korrelation des nicht entschädigungsbezogenen Triggers mit dem abzusichernden Risiko abhängt.[38]

Adverse Selection tritt bereits vor dem Vertragsabschluss auf und bezeichnet beim Alternativen Risikotransfer die Situation, in der die Investoren die tatsächliche Schadenwahrscheinlichkeit der zugrundeliegenden Risiken – im Gegensatz zum risikotransferierenden Unternehmen – nicht kennen. Die Investoren werden aufgrund dieser Unkenntnis eine von der zugrundeliegenden Risikowahrscheinlichkeit unabhängige Risikoprämie verlangen, was die Kosten des Risikotransfers tendenziell erhöht.[39] Bezogen auf den Einsatz von Alternativen Risikotransferinstrumenten kann Adverse Selection bspw. auftreten, wenn die Investoren Grund zu der Annahme haben, dass ein Versicherungsunternehmen nur die Portfolien mit überdurchschnittlich hoher Schadeneintrittswahrscheinlichkeit verbrieft, während es den profitablen Teil seines Versicherungsportfolios selbst behält.[40] Dieses Problem kann behoben werden, indem das Versicherungsunternehmen die am Kapitalmarkt zu platzierenden Risiken in verschiedene Risikoklassen (Tranchen) unterteilt. Die Risikoklassen mit hohem Risiko sind den Ansprüchen niedrigerer Risikoklassen nachgeordnet, versprechen jedoch aufgrund des höheren Risikos auch eine höhere Verzinsung. Das Versicherungsunternehmen signalisiert somit, in welchem Ausmaß es bereit ist, selbst mehr bzw. weniger Risiken zu tragen. Es erhöht dabei die

---

37 Vgl. Barrieu / Loubergé (2009), S. 550-551; Cummins / Trainar (2009), S. 471-472; Finken / Laux (2009), S. 580; Zhu (2009), S. 99-101. Der Einsatz von nicht entschädigungsbezogenen Triggern basiert darauf, dass die traditionellen Rückversicherungsmärkte keine transaktionskostenfreien Märkte ohne Informationsasymmetrien und Ausfallrisiko sind, da sonst kein Grund für Verbriefungen mit nicht entschädigungsbezogenen Triggern existiert; vgl. Richter (2004), S. 115.

38 Vgl. Abschnitt 2.1.6.

39 Bei traditionellen Versicherungslösungen führt dies zu einer negativen Auslese, bei der die „schlechten Risiken" (Schadenaufwendungen sind höher als der Schadenerwartungswert), gemessen an ihrer tatsächlichen Schadenwahrscheinlichkeit, eine zu niedrige Prämie zahlen, während die „guten Risiken" (Schadenaufwendungen sind geringer als der Schadenerwartungswert) eine zu hohe Prämie zahlen. Folglich werden die „guten Risiken" tendenziell einen günstigeren Anbieter von Versicherungsschutz wählen, was wiederum dazu führt, dass die verbleibenden „schlechten Risiken" im Durchschnitt höhere Schäden verursachen. Dies veranlasst wiederum den Versicherer, die Prämien zu erhöhen. Dieser Prozess kann am Ende dazu führen, dass der Versicherungsschutz so teuer ist, dass selbst die schlechtesten Risiken den Versicherungsbestand verlassen. Es kommt zu einem Zusammenbruch des Versicherungsmarktes; vgl. Nguyen (2007b), S. 47-68.

40 Vgl. Canabarro et al. (2000), S. 57.

Transparenz für die Investoren und erlaubt ihnen – ihrer jeweiligen Risikoneigung entsprechend –, in verschiedene Risikoklassen zu investieren.[41]

2.1.6 Basisrisiko

Das Basisrisiko repräsentiert „the degree to which the indemnity loss experienced as a consequence of an event or set of events does not match the payment received under a related contract designed to cover those losses."[42] Dieses Risiko tritt aus Sicht des risikotransferierenden Unternehmens beim Einsatz von Alternativen Risikotransferinstrumenten insbesondere dann auf, wenn nicht entschädigungsbezogene Trigger eingesetzt werden, um das Moral-Hazard-Risiko und damit verbundene Transaktionskosten zu minimieren.[43] In diesem Fall könnte das Versicherungsunternehmen einen Versicherungsschaden erleiden, ohne dass eine (vollständige) Entschädigung von Seiten der Investoren aus der Transaktion erfolgt, weil bspw. der die Leistungspflicht auslösende Trigger von einer externen Variablen abhängt und nicht auf dem Portfolio der der Transaktion zugrundeliegenden Versicherungsrisiken des Versicherungsunternehmens basiert.[44] Dagegen ist das Basisrisiko für das Versicherungsunternehmen bei Transaktionen mit entschädigungsbezogenem Trigger, wie bspw. traditionellen Rückversicherungsverträgen, eliminiert.[45] Basisrisiko und Moral-Hazard-Risiko sind somit negativ korreliert.[46] Der das Basisrisiko bedingende nicht entschädigungsbezogene Trigger basiert i. d. R. auf einem Schadenindex oder einer ähnlichen Variablen, welche aus Modellen abgeleitet werden. Das Basisrisiko hat somit seine Ursache in möglichen Fehlern in den für die Index-Kalibrierung herangezogenen Modellen. Dabei kann der Fehler zum einen darin bestehen, dass selbst bei fehlerfreien Modellen der Verlust des Versicherungsunternehmens nicht zwingend exakt durch den modellierten Index gedeckt wird, und zum anderen darin, dass sich – selbst wenn der modellierte Index den tatsächlichen Schaden absolut adäquat abbilden würde – die zugrundeliegende Schadenverteilung im Zeitablauf verändert.[47] Somit kann im Extremfall die Situation eintreten, dass das Versicherungsunternehmen keine Kompensation für seine tatsächlichen Verluste erhält oder dass es Entschädigungszahlungen erhält, ohne dass es tatsächliche Verluste erlitten hat.

---

41 Vgl. Crocker / Snow (2011), S. 306; Forrester (2008), S. 29; Cowley / Cummins (2005), S. 224.

42 Brookes (2009), S. 90.

43 Vgl. Abschnitt 2.1.5; Doherty / Richter (2002), S. 9-24.

44 Vgl. Zhu (2009), S. 85-92; Canabarro et al. (2000), S. 50-51.

45 Vgl. Ross / Williams (2009), S. 50; Nguyen (2007b), S. 312-314.

46 Vgl. Abschnitt 2.1.5.

47 Vgl. Ross / Williams (2009), S. 55-56.

2.2 Risikotransfer als risikopolitische Maßnahme

2.2.1 Voraussetzungen des Risikotransfers

Hinter dem Einsatz risikopolitischer Maßnahmen steht die Annahme, dass sie die Erreichung der übergeordneten Zielsetzung des Versicherungsunternehmens, den Unternehmenswert zu steigern, fördern. Eine Unternehmenswertsteigerung liegt vor, wenn der erwirtschaftete oder erwartete Gewinn (unternehmensbezogene Kapitalrentabilität) die risikoentsprechenden Kapitalkosten (Kapitalkostensatz) übersteigt.[48] Der Risikotransfer entlastet dabei das dafür vorzuhaltende Kapital, da weniger Kapital zur Besicherung der Risiken erforderlich ist, was sich wiederum positiv auf die Kapitalkosten auswirkt. Anderseits können sich die mit dem Risikotransfer verbundenen Transaktionskosten, wie bspw. hohe Prämien für Extremrisiken, Risikozuschläge für die Kosten zur Minimierung asymmetrischer Informationsverteilung und Kosten der Bonitätsüberwachung nachteilig auf die Kapitalkosten auswirken. Ebenso beeinflussen die erwarteten Kosten für Schäden von Risiken im Selbstbehalt, für die Schadenkontrolle, die Schadenfinanzierung und den Einsatz von risikopolitischen Maßnahmen die Kapitalkosten, so dass ein positiver Einfluss auf den Unternehmenswert nur dann entsteht, wenn diese Kosten geringer sind als die Reduktion der erwarteten Verluste aus Schadenereignissen durch den Risikotransfer.[49] Gemäß dem Capital-Asset-Pricing-Modell und dem Irrelevanz-Theorem von Modigliani und Miller kann sich Risikomanagement jedoch nicht wertsteigernd auswirken. Unter der Annahme vollkommener Märkte ist bei börsennotierten Unternehmen der Transfer von unsystematischen, diversifizierbaren Risiken nicht sinnvoll, da Unternehmen dadurch zwar ihr Risiko-Rendite-Profil ändern können, Investoren jedoch unabhängig von dem Risikomanagement des Unternehmens das Risiko-Rendite-Profil ihres Portfolios durch seine Zusammensetzung selbst beeinflussen können und damit die Absicherungsstrategien des Unternehmens zu gleichen Konditionen replizieren können.[50] Nach dem Capital-Asset-Pricing-Modell werden diversifizierte Investoren unter der Annahme eines vollkommenen Kapitalmarktes keine höhere erwartete Rendite für die Übernahme von unsystematischen Risiken verlangen, welche definitionsgemäß nicht mit

---

48 Vgl. Farny (2011), S. 346-349; Zhu (2009), S. 196-204; Banks (2004), S. 25-35; Farny (1999), S. 605-606. Für einen Überblick zu den Verfahren der Unternehmensbewertung vgl. Ballwieser (2004). S. 8-10; Hartung (2000), S. 31-104. Gesamtbewertungsverfahren in Form der Ertragswertverfahren und der Discounted-Cash-Flow-Verfahren ermitteln den Unternehmenswert auf Basis eines Barwertkalküls, wobei die zukünftig erwarteten Zahlungsströme an die Eigentümer zu schätzen sind. Ein Ansatz zur Ermittlung der Eigenkapitalkosten stellt das Capital-Asset-Pricing-Modell (CAPM) dar; vgl. Perridon / Steiner / Rathgeber (2012), S. 546-549; Hartung (2000), S. 206-229.

49 Vgl. Banks (2004), S. 27-29.

50 Vgl. Hartung / Nowak (2013), S. 571-588.

dem Marktportfolio korreliert sind.[51] Auch der Transfer von systematischen, nicht diversifizierbaren Risiken beeinflusst den Unternehmenswert nicht, da bspw. Rückversicherungsunternehmen als rationale Kapitalmarktteilnehmer eine risikoadäquate Prämie für die Übernahme des zusätzlichen Kovarianzrisikos verlangen werden, welches über den erwarteten Verlust hinausgeht, so dass sich mit der Verringerung des systematischen Risikos der erwartete Zahlungsmittelabfluss erhöht und sich beide Effekte neutralisieren und sich somit keine Auswirkungen auf den Unternehmenswert ergeben.[52] Abstrahiert man jedoch von der den Modellen zugrundeliegenden Annahme eines vollkommenen Kapitalmarkts, so ist in der Realität von Informationsasymmetrien zwischen Unternehmen und Kapitalgebern auszugehen, die keine Replikation des Risiko-Rendite-Portfolios des Unternehmens ermöglichen, und daher zu Risikoprämien führen, die die Kapitalkosten erhöhen. Informationsasymmetrien zwischen Unternehmen und Investoren führen zudem generell zu höheren Kapitalkosten, weil es für Kapitalgeber dadurch schwieriger wird, den Wert des Unternehmens einzuschätzen, und somit die Kosten der Kapitalaufnahme steigen. Ebenso werden die Kapitalkosten durch drohende Insolvenzkosten beeinflusst, wobei die Insolvenzwahrscheinlichkeit durch Risikotransfer gesenkt werden kann und somit der Unternehmenswert erhöht werden kann. Zudem sind die Kosten für die Aufnahme externer Finanzierungsmittel umso höher, je angespannter sich die finanzielle Lage des Unternehmens darstellt, d. h., je mehr externe Finanzierungsmittel benötigt werden.[53] Dass die idealtypischen Annahmen eines vollkommenen Kapitalmarktes kein adäquates Erklärungsmuster für den Einsatz von Alternativen Risikotransferinstrumenten liefert, lässt sich auch durch die zu beobachtenden Risikozuschläge begründen, die den Annahmen des Capital-Asset-Pricing-Modells widersprechen. Beim Capital-Asset-Pricing-Modell setzen sich die Kapitalkosten aus dem risikofreien Zins und einem Risikozuschlag zusammen. Der Risikozuschlag basiert auf einer Marktrisikoprämie, die die Differenz zwischen der erwarteten Rendite aus dem Marktportfolio und der Rendite einer als risikofrei eingeschätzten Kapitalanlage ergibt. Die Marktrisikoprämie wird mit einem Beta-Faktor multipliziert, der einen unternehmensbezogenen Risikofaktor darstellt und die Sensitivität der unternehmensindividuellen Rendite auf Veränderungen der Marktrendite darstellt.[54] Im Fall von Versicherungsunternehmen

---

51 Vgl. HARTUNG / NOWAK (2013), S. 571-588.

52 Vgl. HARTUNG / NOWAK (2013), S. 571-588.

53 Vgl. HARTUNG / NOWAK (2013), S. 571-588. Die Modelle von Smith / Stulz und Froot / Scharfstein / Stein werden von den Autoren im Hinblick auf die Auswirkungen des Risikomanagements auf den Unternehmenswert analysiert.

54 Ein Beta-Faktor von 1 deutet darauf hin, dass die unternehmensindividuelle Rendite in Ausmaß und Richtung der Änderung der Marktrendite entspricht. Ist der Wert größer als 1, ist mit einer überproportionalen Veränderung im Vergleich zur Marktrendite zu rechnen; ist der Wert kleiner als 1, aber größer als null, ist die Veränderung unterproportional zur Marktrendite. Ist der Wert null, so liegt keine Abhängigkeit der Renditen vor. Ist der Wert negativ, deutet dies auf eine antizyklische

ist jedoch zu beachten, dass sich nicht allein die finanziellen Kapitalmarktrisiken, sondern auch die leistungswirtschaftlichen Versicherungsrisiken und die sonstigen versicherungsbetrieblichen Risiken auf den Beta-Faktor auswirken und somit die Kapitalkosten beeinflussen.[55] Sonst ließen sich die beim Alternativen Risikotransfer zu beobachtenden Risikozuschläge nicht erklären. Denn aufgrund der Unkorreliertheit von Kapitalmarktrisiken und Versicherungsrisiken wäre ein Beta-Faktor von null zu erwarten, so dass die Investoren gemäß dem Modell lediglich den risikofreien Zins ohne weiteren Risk Spread fordern würden, was jedoch empirisch nicht zu beobachten ist.[56]

Aus entscheidungstheoretischer Perspektive wird es nur dann zu einem Risikotransfer kommen, wenn beide Vertragsparteien einen positiven Nettonutzen in der Transaktion sehen. Dies ist aus Sicht des Versicherungsunternehmens dann der Fall, wenn der Nutzen aus dem Transfer der Schadenverteilung auf einen Rückversicherer oder auf Investoren den Missnutzen aus den zu zahlenden Prämien und anderen Transaktionskosten übersteigt.[57] Eine Voraussetzung für den Risikotransfer ist dabei, dass das jeweilige Risiko die Kriterien der Versicherbarkeit erfüllt. Dies beinhaltet, dass es sich um eine zufällige Schadenverteilung handeln muss – was deterministische Sachverhalte ausschließt – und dass Erwartungswert und Streuung bestimmbar sind. Zudem müssen die versicherten Gefahren eindeutig definiert werden können, die Risiken untereinander unabhängig sein und die höchstmögliche Schadengröße quantifizierbar sein.[58]

Aufgrund seiner Eignung, den Unternehmenswert positiv beeinflussen zu können, stellt der Risikotransfer eine wichtige risikopolitische Maßnahme innerhalb des Risikomanagementsystems eines Versicherungsunternehmens dar. Jedoch kann Risiko prinzipiell auch gemindert werden, indem bspw. das Geschäft auf bestimmte Versicherungssparten, Regionen oder Kundengruppen beschränkt wird (Risikomeidung) oder negativ korrelierte Risiken gezeichnet werden (Risikodiversifikation).[59] Zudem wirkt sich die Struktur von Risiken innerhalb eines Versicherungsportfolios auf das Risiko aus, da sich bei großen homogenen Kollektiven von Versicherungsrisiken mit langfristigen Vertragsbeziehungen Zufallsschwankungen in geringerem Ausmaß niederschlagen als bei kleinen Versicherungsportfolien und kurzfristigen Vertragsbeziehungen (Risikoausgleich im Kollektiv und in der Zeit).[60] Um derartige unvorhergesehene Schwankungen in den Schadenverläufen auszugleichen, können

---

Entwicklung im Vergleich zur Marktrendite hin; vgl. Perridon / Steiner / Rathgeber (2012), S. 297.

55 Vgl. Cummins / Trainar (2009), S. 470-475; Froot (2007), S. 273-299; Hartung (2000), S. 219.

56 Vgl. Zhu (2009), S. 109-115, S. 174-175; Cummins / Trainar (2009), S. 471; Horst / Tokakuna (2007), S. 16-22.

57 Vgl. Farny (2011), S. 34.

58 Vgl. Farny (2011), S. 36-38; Flämig (2007), S. 43.

59 Vgl. Nguyen (2007b), S. 82.

60 Vgl. Nguyen (2007b), S. 84.

liquide Mittel im Unternehmen angesammelt werden (Risikoreservebildung).[61] Gerade beim Transfer von Low-Frequency-High-Severity-Risiken kann die Realisation von Ausgleichseffekten problematisch sein, was zu hohen Sicherheitszuschlägen und hoher Kapitalbindung führt.[62] Gerade in diesem Punkt kann sich der Einsatz von Alternativen Risikotransferinstrumenten zur Nutzung der Kapazitäten der Kapitalmärkte positiv auswirken.[63] Durch welche Ansätze der Risikotransfer in Versicherungsunternehmen umgesetzt werden kann, veranschaulicht die folgende Abbildung 4.

Abbildung 4: Ansätze des versicherungstechnischen Risikotransfers (Quelle: In Anlehnung an NGUYEN (2007b), S. 156-157)

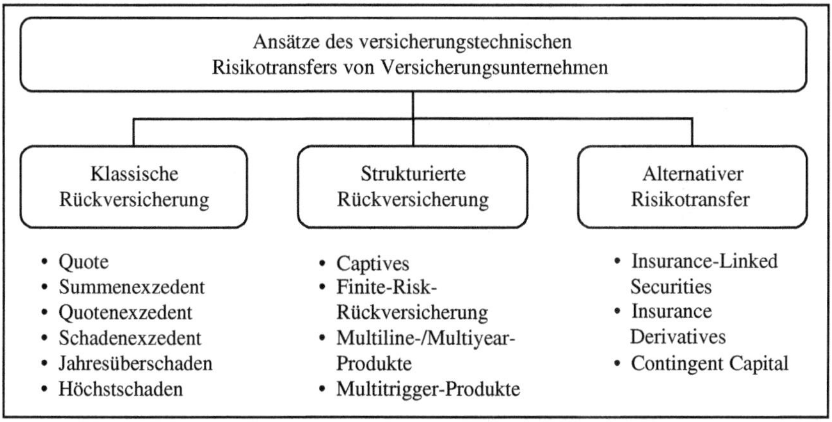

2.2.2 Ansätze des Risikotransfers

2.2.2.1 Klassische Rückversicherung

Die klassische Rückversicherung zeichnet sich dadurch aus, dass versicherungstechnische Risiken und Zahlungsströme von einem Erstversicherer an einen Rückversicherer zediert werden, der im Gegenzug für die Risikoübernahme potenzieller

61 Positiv wirken sich bei der Risikoreservebildung die handelsrechtlichen Bilanzierungsvorschriften aus, da diese aufgrund des Vorsichtsprinzips i. d. R. zu höheren Rückstellungsbeträgen als nach versicherungsmathematischen Grundsätzen notwendig führen und gleichzeitig tendenziell einen geringeren Wertansatz von Vermögenswerten erfordern, so dass ein Mittelabfluss aus dem Unternehmen in Form von Dividenden und Steuern verhindert wird; vgl. NGUYEN (2007b), S. 84-85.

62 Vgl. ALBRECHT / SCHRADIN (1998), S. 599-600.

63 Vgl. Abschnitt 1.1.

Schadenzahlungen eine Prämie vom Zedenten erhält.[64] Es lassen sich proportionale und nicht proportionale Rückversicherungstechniken unterscheiden.

Bei der proportionalen Rückversicherung wird das Risiko nach einem bestimmten Verhältnis, das den jeweiligen Haftungsanteil zwischen Erst- und Rückversicherer widerspiegelt, aufgeteilt.[65] Somit ist der Rückversicherer mit einem festen Prozentsatz grundsätzlich an allen unter den Vertrag fallenden versicherungstechnischen Einheiten, wie Beiträge, Schadenzahlungen und versicherungstechnische Rückstellungen, beteiligt. Es können zudem vom Rückversicherer an den Erstversicherer zu entrichtende Provisionen und/oder Gewinnbeteiligungen vereinbart werden. Dadurch sind der relative Schadenverlauf und das relative Ergebnis bei Erst- und Rückversicherer gleich, die absolute Haftung und der Kapitalbedarf des Erstversicherers werden jedoch verringert.[66] Allerdings begrenzt der Rückversicherer i. d. R. seine Haftung auf einen maximalen Betrag. Die Ausgestaltung kann einen Selbstbehalt des Erstversicherers vorsehen (Summenexzedenten-Rückversicherung) oder nicht (Quoten-Rückversicherung).[67] Die Vereinbarung eines Selbstbehalts bewirkt, dass der Rückversicherer nur noch an betragsmäßig größeren und generell weniger versicherungstechnischen Einheiten beteiligt ist. Der Erstversicherer wird von seinen Haftungsspitzen entlastet, während das Basisgeschäft im Selbstbehalt verbleibt, so dass er eine homogenisierende und ausgleichende Wirkung in seinem Versicherungsportfolio erzielen kann. Aus Sicht des Rückversicherers wird ein Risikoausgleich im Kollektiv für ihn umso schwieriger, je höher der Exzedent ist, da weniger Risiken geteilt werden und lediglich eine Beteiligung an Spitzenrisiken mit extrem hoher Haftung erfolgt, die tendenziell schwankungsanfälliger werden.[68] Ebenso können rein proportionale Risikoaufteilungen mit Selbstbehalten kombiniert werden (Quotenexzedent mit Vorweg-Quote bzw. Quotenexzedent mit Vorweg-Exzedent).

Während in der proportionalen Rückversicherung die Risikoteilung pro versicherungstechnischer Einheit und damit die gesamte Abwicklung der Rückversicherung anhand eines bestimmten Verhältnisses erfolgt, werden in der nicht

---

64 Vgl. Rockel et al. (2012), S. 280-283.

65 Vgl. Liebwein (2009), S. 69, S. 288-290. Der wahrscheinliche Höchstschaden gibt die finanzielle Belastung des Erstversicherers im Schadenfall an, die sich in ungünstigen, aber nicht extremen Situationen ergeben kann; vgl. Grossmann (1982), S. 95. Das Haftungsverhältnis kann dabei auf Grundlage der Versicherungssumme oder des Probable Maximum Loss (PML) bestimmt werden.

66 Vgl. Liebwein (2009), S. 70.

67 Der Selbstbehalt als Anteil des Erstversicherers (Prozentsatz) an der Originalversicherungssumme verhindert, dass der Erstversicherer das Interesse am Verlauf des Geschäfts verlieren könnte, weil bspw. ansonsten ein Großteil des Risikos an den Rückversicherer übertragen wird.

68 Vgl. Liebwein (2009), S. 80-81.

proportionalen Rückversicherung Schadenleistungen geteilt, anstatt Risiken anteilig zediert.[69] Der Erstversicherer trägt im Schadenfall den Schaden bis zu einem vereinbarten betragsmäßigen Haftungslimit selbst und der Rückversicherer übernimmt den Teil, der diese Priorität übersteigt (Überschaden, Layer- oder Exzess-Schaden, Per Risk Excess of Loss).[70] Im Unterschied zur proportionalen Rückversicherung entrichtet der Erstversicherer bei einer nicht proportionalen Rückversicherung ein theoretisch kalkuliertes, vom Originalbeitrag des Versicherungsnehmers bzw. der versicherungstechnischen Einheit losgelöstes Entgelt an den Rückversicherer.[71] Der Versicherungsschutz des Erstversicherers kann sich dabei auf eine Schadenbelastung innerhalb einer bestimmten Bandbreite aufgrund spezifizierter Schadenereignisse (Einzel- oder Kumulschadenexzedenten-Rückversicherung) oder unabhängig von spezifizierten Schadenereignissen auf die Gesamtschadenbelastung innerhalb eines Zeitraums (Jahresüberschaden-Rückversicherung, Stop Loss) beziehen.[72] Ebenso sind Ausgestaltungen denkbar, bei denen der Zessionar eine vertraglich vereinbarte Anzahl der höchsten Schadenfälle innerhalb eines definierten Zeitraums übernimmt (Höchstschaden-Rückversicherung).

2.2.2.2 Strukturierte Rückversicherung

Strukturierte Rückversicherungslösungen basieren auf den Techniken der klassischen Rückversicherung, jedoch kommen hier Besonderheiten in der Vertragsgestaltung zum Tragen, durch die „zusätzlich zum Transfer von versicherungstechnischen Risiken mit hohem Gewicht auch andere Zielsetzungen (Motive) im Kontext gesamtunternehmerischer Steuerung verfolgt werden."[73] Ausprägungen strukturierter Rückversicherung sind neben Captives, Formen der Finite-Risk-Rückversicherung sowie Multiline-/Multiyear- und Multitrigger-Produkte.

Captives sind Erst- oder Rückversicherungsunternehmen, die zu einem einzelnen oder einer Gruppe von nicht in der Versicherungswirtschaft tätigen Unternehmen gehören und hauptsächlich die versicherungstechnischen Risiken der Eigentümer übernehmen.[74] Es handelt sich somit um eine Form der Selbstversicherung bzw. der internen Risikoreservebildung.[75] Captives werden insbesondere gegründet, weil Unternehmen die Kosten für den von etablierten Versicherern angebotenen Versicherungsschutz als zu teuer und damit ineffizient erachten.

---

69 Im Gegensatz zur proportionalen Rückversicherung sind Begrenzungen hinsichtlich der Haftung pro Einzelschaden, pro Schadenereignis und pro Jahr bzw. Laufzeit üblich, während in der proportionalen Rückversicherung die Teilung des Originalrisikos unabhängig von Anzahl und Höhe der eingetretenen Schäden erfolgt.

70 Vgl. Pfeiffer (1999), S. 55-57.

71 Vgl. Liebwein (2009), S. 167-168.

72 Vgl. Schradin (1998), S. 43.

73 Liebwein (2009), S. 351.

74 Vgl. Nguyen (2007b), S. 191; Eickstädt (2001), S. 101-103.

75 Vgl. Liebwein (2009), S. 45.

Zugleich bleiben jedoch die Verwaltungskosten für die Risikoübertragung in den jeweiligen Unternehmen erhalten.

Finite-Risk-Rückversicherung bezeichnet Rückversicherungsprogramme, „bei denen Rückversicherung mit seinem Charakteristikum des Transfers versicherungstechnischer Risiken gegeben ist, die jedoch einen nur begrenzten Risikotransfer aufweisen."[76] Bei dem Einsatz von Finite-Risk-Rückversicherung spielen meist jahresabschlusspolitische, finanzwirtschaftliche und aufsichtsrechtliche Überlegungen eine wichtige Rolle.[77] Es kommt dabei regelmäßig zu einer Limitierung des versicherungstechnischen Risikotransfers hinsichtlich der Zahlungshöhe (Underwriting Risk) und/oder der Zahlungszeitpunkte (Timing Risk).[78] Aufgrund der üblicherweise langfristigen Ausgestaltung der Vertragslaufzeit von fünf bis sieben Jahren kann ein Diversifikationseffekt über die Zeit erreicht werden:

> „The primary distinction between traditional reinsurance and alternative finite risk products is that the latter typically convey value by helping cedants diversify their risks not across other risk types or sources but over time. Finite risk contracts thus are intertemporal risk transformation products. Finite risk products rearrange the timing of losses over time (called the loss development experience on a given liability) but do not necessarily change who bears the ultimate risk."[79]

Der Fokus liegt daher bei Finite-Risk-Rückversicherung auf der Risikofinanzierung und damit auf einem Risikoausgleich über die Zeit, bei der der Zeitwert des Geldes der Zahlungsströme berücksichtigt wird und die Unsicherheit über den Anfall der Zahlungsströme, „that losses occur faster than expected and thus accrue at a rate that exceeds the investment income on the firm's liability reserves"[80], für den Zedenten eliminiert wird.[81]

Hinsichtlich ihres Zeitbezugs lässt sich die Finite-Risk-Rückversicherung in retrospektive und prospektive Techniken unterscheiden, wobei sich Erstere auf Schäden beziehen, die bereits vor dem Zeitpunkt des Vertragsabschlusses eingetreten sind, und Letztere potenzielle Schäden aus dem laufenden oder dem zukünftigen Geschäft abdecken.[82]

Bei retrospektiven Techniken können die Zahlungsverpflichtungen des Rückversicherers von den tatsächlichen Schadenzahlungen des Erstversicherers entkoppelt werden und folgen dann einem vorvereinbarten Zahlungsmuster, das auf der geschätzten Schadenreserveabwicklung des Zedenten basiert, so dass kein

---

76 Liebwein (2009), S. 360; Flämig (2007), S. 83-103; Bender / Nell / Winterhalder (2000), S. 171-179; Bauer (1998), S. 555-571.

77 Vgl. Liebwein (2009), S. 347-350; IAIS (2006), S. 10-11; Fischer / Hoffmann (2002), S. 60-61; Hess (1998), S. 29-40.

78 Vgl. Abschnitt 2.1.2.

79 Culp (2002), S. 381; vgl. Hess (1998), S. 18-21.

80 Culp (2002), S. 381.

81 Vgl. Hartwig / Wilkinson (2008), S. 944; Banks (2004), S. 71; Hess (1998), S. 18-20.

82 Vgl. Liebwein (2009), S. 372-373.

Zahlungszeitpunktrisiko übertragen wird (Time-and-Distance-Vertrag).[83] Wird im Rahmen einer retrospektiven Ausgestaltung das Entgelt für den Transfer eines bestehenden Schadenportfolios auf Barwertbasis ermittelt, wird ein mit zunehmender Abwicklungsdauer ansteigendes Zahlungszeitpunktrisiko bei gleichzeitig abnehmendem Zahlungshöherisiko im Sinne eines Nachreservierungsrisikos auf den Rückversicherer übertragen (Loss-Portfolio-Transfer).[84] Aus Sicht des Zedenten kann so die unsichere Verpflichtung aus dem Abwicklungsrisiko der Schadenrückstellung gegen eine sicherere Verpflichtung in Form des geschuldeten Barwerts der erwarteten Schadenzahlungen zuzüglich Kosten- und Gewinnaufschläge für den Rückversicherer eingetauscht werden.[85] Da Schadenreserven üblicherweise undiskontiert bilanziert werden, ergibt sich für den Zedenten eine Entlastung, da die zu zahlende diskontierte Prämie als Barwert der Schadenreserven geringer ist als der Nominalwert der Schadenreserven, so dass gebundenes Risikokapital freigesetzt und die Kapitalkosten reduziert werden können.[86] Eine Absicherung gegen eine nachteilige Entwicklung der Schadenreserven bzw. eine unzureichende Bildung von Schadenreserven, ohne dass jedoch ein Transfer der versicherungstechnischen Rückstellungen erfolgt, kann erreicht werden, indem nur das Nachreservierungsrisiko auf den Rückversicherer übertragen wird (Adverse Development Cover).[87] Die Prämie für den Risikotransfer basiert dabei auf dem Barwert derjenigen Schäden, welche voraussichtlich über der bereits gebildeten Rückstellung liegen.[88] Generell können zur Überbrückung verschiedener Schadenverläufe sowie zur Anreizsetzung unveränderter Schadenabwicklung verlaufsabhängige Vergütungen bzw. Rückerstattungen vereinbart werden, die dann jedoch das Zahlungshöherisiko potenziell begrenzen.[89]

Bei prospektiven Vertragsformen kann der versicherungstechnische Risikotransfer, wie bspw. bei einem Quotenrückversicherungsvertrag, durch die Vereinbarung von Staffelprovisionen eingeschränkt werden. Dabei reduzieren sich die vom Rückversicherer an den Erstversicherer zu zahlenden Provisionen bzw. Gewinnbeteiligungen bei einem Anstieg der Schadenquote und/oder erhöhen sich bei einer inversen Ausgestaltung (Financial Quota Share).[90] Bei Vereinbarungen, bei denen der Zedent beim Rückversicherer eine externe versicherungstechnische Risikoreserve in Form

83 Grundsätzlich ist diese Vertragsform eher von historischem Interesse, zumal i. d. R. auch keine Anerkennung als Rückversicherungsvertrag existiert. Bei einer Anerkennung als Rückversicherungsvertrag könnte nämlich eine implizite Diskontierung der Schadenrückstellungen vorgenommen werden; vgl. LIEBWEIN (2009), S. 374-375.

84 Das Underwriting Risk im Sinne eines Nachreservierungsrisikos wird üblicherweise begrenzt.

85 Vgl. CULP (2002), S. 387.

86 Vgl. CUMMINS / WEISS (2009), S. 510; LIEBWEIN (2009), S. 376; NGUYEN (2007b), S. 207.

87 Vgl. WEBER (2011), S. 72; CULP (2002), S. 390-393.

88 Vgl. LIEBWEIN (2009), S. 386; CUMMINS / WEISS (2009), S. 509-510.

89 Vgl. LIEBWEIN (2009), S. 384; NGUYEN (2007b), S. 199-200.

90 Vgl. NGUYEN (2007b), S. 214; CULP (2002), S. 395-396.

eines verzinslichen Erfahrungskontos aufbaut, kommt es zu einer Beschränkung des versicherungstechnischen Risikotransfers in Form des Zahlungshöherisikos, wenn am Ende der Vertragslaufzeit negative Salden (Prämienzahlungen des Erstversicherers < Schadenzahlungen des Rückversicherers) durch den Zedenten auszugleichen sind bzw. positive Salden (Prämienzahlungen des Erstversicherers > Schadenzahlungen des Rückversicherers) an den Erstversicherer zurückzuzahlen sind (Spread Loss Treaty).[91] Beim Zedenten entsteht somit ein ergebnisglättender Effekt und es wird lediglich das Zahlungszeitpunktrisiko auf den Rückversicherer übertragen.[92]

Multiline-/Multiyear-Produkte kombinieren typischerweise Versicherungsrisiken verschiedener Sparten über mehrere Jahre in einem Produkt. Dabei werden die Deckungskapazität und die Rückversicherungsprämie pauschal festgelegt, anstatt aus den Einzeldeckungen aggregiert, so dass es für den Rückversicherungsschutz unerheblich ist, aus welcher Sparte ein Verlust resultiert. Beispielsweise können Multiline-/Multiyear-Produkte aus Sicht des Zedenten zu geringeren Transaktionskosten und niedrigeren Prämien führen, da keine einzelnen Policen verhandelt werden müssen und die Risiken, die in solchen Produkten eingeschlossen sind, häufig unkorreliert sind sowie aufgrund des damit verbundenen Diversifikationseffekts weniger Risiko beinhalten.[93] Somit lässt sich ein effizienter Risikotransfer realisieren und gleichzeitig die Gefahr einer Überversicherung, die sich bei der Versicherung der einzelnen unaggregierten Risiken ergeben könnte, vermeiden.

Multi-Trigger-Produkte dienen der Absicherung gegen Ereignisse, die gleichzeitig sowohl versicherungstechnische als auch nicht versicherungstechnische Verluste betreffen, wobei sich mindestens ein Trigger auf einen nicht versicherungstechnischen Sachverhalt bezieht. Die Deckung greift erst dann, wenn alle vorab definierten Schwellenwerte über- oder unterschritten werden. Diese Trigger-Mechanismen können prinzipiell auch mit anderen Rückversicherungstechniken kombiniert werden und begründen dann integrierte bzw. hybride Rückversicherungsprodukte, durch die versicherungstechnische Risiken mit Kapitalmarktrisiken kombiniert werden können.[94]

2.2.2.3 Alternativer Risikotransfer

Alternativer Risikotransfer ist der Transfer von versicherungstechnischen Risiken mit Hilfe kapitalmarktspezifischer Instrumentarien.[95] In diesem Sinne grenzt sich der Begriff von der klassischen Rückversicherung und der strukturierten Rückversicherung

---

91 Vgl. Nguyen (2007b), S. 218-222. Ist die Leistungspflicht des Rückversicherers auf die Höhe des versicherungstechnischen Fonds bzw. der vom Zedenten geleisteten Einlagen zuzüglich Zinsen beschränkt, liegt ein Funded Cover vor; vgl. Liebwein (2009), S. 397-399.

92 Vgl. Liebwein (2009), S. 400.

93 Vgl. Hartwig / Wilkinson (2008), S. 945; Banks (2004), S. 105.

94 Vgl. Liebwein (2009), S. 426-427.

95 Vgl. Abschnitt 1.1; Liebwein (2009), S. 453; Albrecht / Schradin (1998), S. 574.

ab, bei denen der Risikotransfer mit Hilfe versicherungstechnischer Instrumentarien, d. h. durch Rückversicherungsverträge, zwischen Erst- und Rückversicherer erfolgt. Im Gegensatz zur strukturierten Rückversicherung, bei der auch nicht versicherungstechnische Zielsetzungen bedeutend sein können, steht beim Alternativen Risikotransfer primär die Absicherung von versicherungstechnischen Risiken im Mittelpunkt. Dennoch sind auch beim Alternativen Risikotransfer Ausgestaltungen denkbar, durch die der Transfer von versicherungstechnischem Risiko begrenzt wird. Durch den Einsatz von Alternativen Risikotransferinstrumenten werden gezielt einzelne Risiken durch kapitalmarktspezifische Instrumentarien abgesichert, so dass sie einen weiteren Kreis an potenziellen Risikoträgern erschließen und somit die Kapazitäten der traditionellen Rückversicherungsmärkte erweitern und eine Alternative zum in der klassischen Rückversicherung üblichen Risikoausgleich im Kollektiv darstellen.[96] Als Formen des Alternativen Risikotransfers lassen sich Insurance-Linked Securities, Insurance Derivatives und Contingent-Capital-Transaktionen unterscheiden.[97]

Insurance-Linked Securities sind Verbriefungen versicherungstechnischer Risiken, die von Versicherungsunternehmen in Form originärer Finanztitel bzw. handelbarer Wertpapiere emittiert werden. Der verbriefte Anspruch der Investoren auf Rückzahlung von Kapital und/oder Zahlung von Zinsen ist von dem Eintritt eines definierten versicherungstechnischen Risikoereignisses abhängig.[98] Tritt das vertraglich definierte versicherungstechnische Risikoereignis ein, stehen Kapital und/oder Zinsen dem emittierenden Versicherungsunternehmen als Entschädigung zur Erfüllung seiner Verpflichtungen aus den Erstversicherungsverträgen zur Verfügung. Die Investoren verlieren damit ihre Ansprüche auf Kapital und/oder Zinsen ganz oder teilweise. Die Wirkungsweise der Absicherung entspricht einem Liability Hedge, der in der folgenden Abbildung 5 veranschaulicht wird.

Abbildung 5: Wirkungsweise eines Liability Hedge
(Quelle: In Anlehnung an Liebwein *(2009), S. 454-455)*

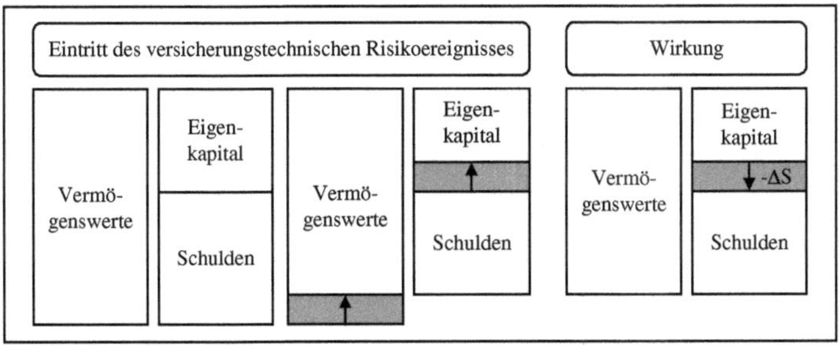

96 Vgl. Abschnitt 1.1.
97 Vgl. Abschnitt 1.1; CEIOPS (2009a), S. 4-6; Nelles / Klusemann (2008), S. 568.
98 Vgl. Anders (2005), S. 30.

Der Einsatz von Insurance-Linked Securities wirkt für das Versicherungsunternehmen wie ein Liability Hedge, da der Abfluss liquider Mittel aufgrund der Zahlungsverpflichtungen gegenüber den Versicherungsnehmern bei Eintritt des Schadenereignisses durch einen Wegfall der Rückzahlungsverpflichtung (-ΔS) von Kapital und/oder der Zinszahlungsverpflichtung kompensiert wird.[99] Die Eigenkapitalbasis wird auf diese Weise aufrechterhalten.

Insurance Derivatives gleichen in ihrer Funktionsweise derivativen Finanzinstrumenten, wobei die abzusichernden versicherungstechnischen Risiken von einem konstruierten versicherungstechnischen Basiswert repräsentiert werden.[100] Über- oder unterschreitet dieser Basiswert während der Vertragslaufzeit einen definierten Wert, besteht entweder ein Recht oder eine Pflicht zur Erfüllung des Derivatevertrags. Wie klassische derivative Finanzinstrumente können Insurance Derivatives dabei als Options-, Future-, Forward- oder Swap-Vertrag ausgestaltet sein und an einer Börse gehandelt werden oder „over-the-counter" abgewickelt werden. Hinsichtlich ihrer Wirkungsweise stellen sie einen Asset Hedge dar, dessen Wirkungsweise Abbildung 6 illustriert.

Abbildung 6: Wirkungsweise eines Asset Hedge
(Quelle: In Anlehnung an Liebwein *(2009), S. 454-455)*

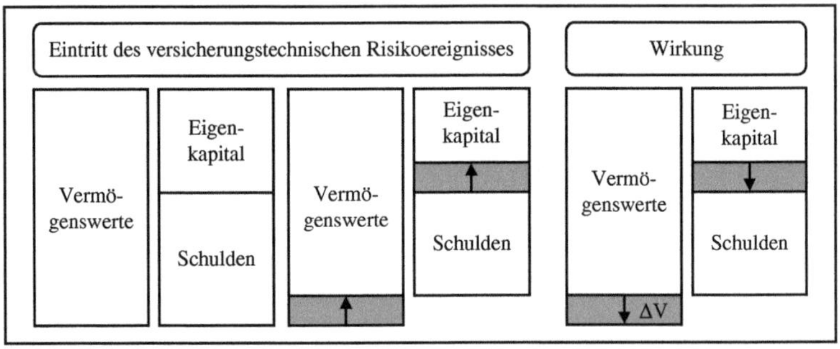

Der Abfluss liquider Mittel bei Eintritt des Eintritts des Schadenereignisses wird durch die Generierung neuer liquider Mittel (ΔV) ausgeglichen, so dass die Eigenkapitalbasis erhalten wird.

Contingent-Capital-Transaktionen gewähren ein versicherungstechnisch bedingtes Recht zur Kapitalaufnahme nach Eintritt eines Schadenereignisses zu vorher festgelegten Konditionen, um in Zeiten, in denen die Kapitalaufnahme sehr teuer sein kann – wie bspw. nach Eintritt eines Großschadenereignisses –, seine Kapitalbasis aufrechtzuerhalten bzw. seine Zahlungsfähigkeit sicherzustellen.[101]

99 Vgl. Liebwein (2009), S. 455.
100 Vgl. Liebwein (2009), S. 481.
101 Vgl. Liebwein (2009), S. 434.

Der Einsatz von Contingent-Capital-Transaktionen ist dem Leverage-Management zuzuordnen, dessen Wirkungsweise in Abbildung 7 dargestellt wird.

Abbildung 7: Wirkungsweise des Leverage-Managements
(Quelle: In Anlehnung an Liebwein (2009), S. 454-455)

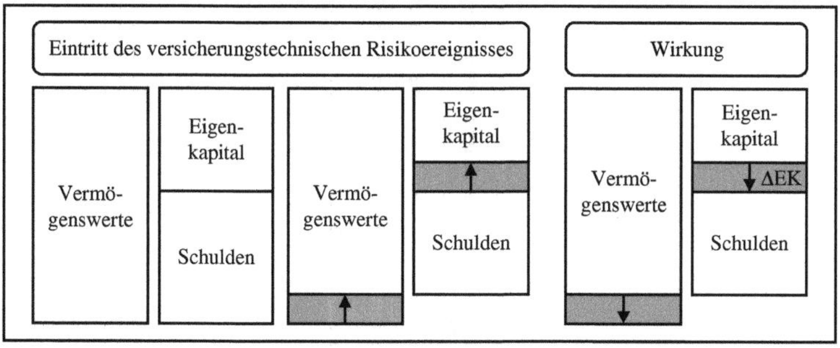

Im Gegensatz zu Insurance Derivatives ist der Basiswert bei Contingent-Capital-Transaktionen das im Schadenfall zuzuführende Kapital und kein konstruierter versicherungstechnischer Basiswert. Lediglich das Ausübungsrecht zur Kapitalaufnahme ist vom Eintritt eines versicherungstechnischen Ereignisses abhängig.[102] Der Abfluss liquider Mittel aufgrund der Zahlungsverpflichtungen gegenüber den Versicherungsnehmern bei Eintritt des Schadenereignisses wird durch die Generierung von neuem Eigenkapital (ΔEK) ausgeglichen.[103]

2.3 Formen Alternativer Risikotransferinstrumente

2.3.1 Definition des Triggers

Beim Einsatz von Alternativen Risikotransferinstrumenten ist die Definition des Triggers, der den versicherungstechnischen Auslösemechanismus für die Leistungspflicht seitens der Investoren, die zugleich die Risikoträger sind, darstellt, ein bedeutender Faktor. In Abhängigkeit von der Realisation einer definierten Variablen, durch die der Trigger dann ausgelöst wird, bestimmt sich, ob das von Investoren zur Verfügung gestellte Kapital sowie eventuell darauf entfallende Zinsen dem Unternehmen im Schadenfall zur Verfügung stehen oder wieder zurückgezahlt werden müssen (Insurance-Linked Securities), ob ein Anspruch auf Geldleistung bzw. Austausch von Zahlungsströmen (Insurance Derivatives) oder ein Recht zu einer Kapitalaufnahme zur Deckung der Schadenbelastung zu festgelegten Konditionen möglich ist (Contingent Capital). Trigger lassen sich in

102 Vgl. Liebwein (2009), S. 504.
103 Prinzipiell kann der Zahlungsmittelabfluss bei Eintritt des Schadenereignisses auch durch die Aufnahme von Fremdkapital kompensiert werden.

entschädigungsbezogene (Indemnity Trigger) und nicht entschädigungsbezogene Trigger (Non-Indemnity Trigger) unterscheiden.[104]

Entschädigungsbezogene Trigger knüpfen die Entschädigungsleistung an die individuelle Schadenbelastung des Versicherungsunternehmens, so dass der Absicherungsgrad mit dem bei einem klassischen Rückversicherungsvertrag vergleichbar ist. Aus Sicht des Versicherungsunternehmens ist dies daher i. d. R. der bevorzugte Trigger, da er eine Entschädigung für den tatsächlich erfahrenen Schaden bewirkt und somit das Basisrisiko ausschließt.[105] Aus Sicht der Investoren ergibt sich dabei der Nachteil einer eingeschränkten Transparenz, da sie im Allgemeinen keinen Einblick in die Struktur der zugrundeliegenden Risiken des Versicherungsportfolios und in die unternehmensinternen Schadenermittlungs- und Schadenabwicklungsprozesse haben. Diese Informationsasymmetrien innerhalb der Principal-Agent-Beziehung des Versicherungsunternehmens und der Investoren verursachen Transaktionskosten in Form von Risikozuschlägen (Risk Spreads) bzw. zusätzliche Kosten der Informationsbereitstellung zur Minimierung dieser Informationsasymmetrien.[106] Typischerweise sind die Risikozuschläge bei entschädigungsbezogenen Triggern höher als bei anderen Trigger-Formen, wobei bei den jüngsten Transaktionen aufgrund der gestiegenen Investorennachfrage sogar geringere Risikozuschläge zu beobachten waren.[107] Zudem ist aufgrund der Dauer des Schadenfeststellungsprozesses die Zeitspanne, bis es zur Auszahlung an das risikotransferierende Unternehmen kommen kann, bei entschädigungsbezogenen Triggern am höchsten.

Die nicht entschädigungsbezogenen Trigger lassen sich in parametrische Trigger (Parametric Trigger), Modellschaden-Trigger (Modelled Loss Trigger) sowie Markt- oder Branchenschaden-Trigger (Industry Loss Trigger) unterscheiden. Parametrische Trigger basieren auf einer physisch beobachtbaren und objektiv verifizierbaren Variablen, wie bspw. Erdbebenstärke, Windgeschwindigkeit, Temperatur oder Bevölkerungssterblichkeit. Die Transparenz dieser Trigger-Art ist für Investoren daher sehr hoch. Sie hat jedoch gleichzeitig für das risikotransferierende Unternehmen den Nachteil, dass das Risiko besteht, dass der Trigger keine Leistungspflicht der Investoren auslöst, obwohl tatsächlich eine Schadenbelastung vorliegt.[108] Das Basisrisiko des Versicherungsunternehmens als Sponsor bzw. Initiator der Transaktion ist somit bei dieser Trigger-Art am höchsten. Um diesem Umstand besser gerecht zu werden, können die Messungen der Variablen bspw. an vorher festgelegten Orten erfolgen, die die versicherten Werte des Portfolios reflektieren und entsprechend

104 Vgl. Swiss Re (2011a), S. 10-14; Hagedorn et al. (2009), S. 38-47; Liebwein (2009), S. 470-472; Zhu (2009), S. 167; Nelles / Klusemann (2008), S. 570.
105 Vgl. Abschnitt 2.1.6.
106 Vgl. Abschnitt 2.1.5; Hagedorn et al. (2009), S. 38-40.
107 Vgl. Abschnitt 1.1.
108 Dies könnte im Extremfall dazu führen, dass überhaupt keine Entlastung durch den parametrischen Trigger oder aber eine Entlastung ausgelöst wird, obwohl das Versicherungsunternehmen selbst keinen Schaden erlitten hat.

der Bedeutung für das Versicherungsunternehmen gewichtet werden.[109] Bei der Verwendung eines Modellschaden-Triggers werden spezifische Portfolioinformationen des Versicherungsunternehmens sowie die Messergebnisse bestimmter objektiv verifizierbarer Variablen in ein von Modellierungsagenturen entwickeltes Modell eingespeist, was zu einer hypothetischen Bewertung eines Schadenereignisses führt. Die Transparenz für den Investor ist dabei ebenfalls relativ hoch. Die Absicherungswirkung für das risikotransferierende Unternehmen ist dabei von der Frage abhängig, inwieweit das Modell die tatsächliche Schadenbelastung abbilden kann. Der Markt- oder Branchenschaden-Trigger basiert auf den versicherten Markt- oder Branchenschäden, die sich auf ein einzelnes Schadenereignis oder die Jahresgesamtschadenlast in einem bestimmten geographischen Gebiet beziehen. Wie bei einem parametrischen Trigger können auch hier regionale Gewichtungen vorgenommen werden, um das Basisrisiko zu reduzieren.[110] Die Transparenz für die Investoren ist geringer als bei den vorgenannten Formen, da nach dem Schadeneintritt die Daten erst erhoben und ausgewertet werden müssen, was zudem die Abwicklungsdauer erhöht. Die Absicherungswirkung für das Versicherungsunternehmen hängt von der Korrelation des eigenen Portfolios mit dem Markt- bzw. Branchenportfolio ab. Die Wirkung der verschiedenen Trigger kann Abbildung 8 entnommen werden.[111]

Abbildung 8: Wirkungsweise verschiedener Trigger-Arten (Quelle: In Anlehnung an HAGEDORN ET AL. (2009), S. 46)

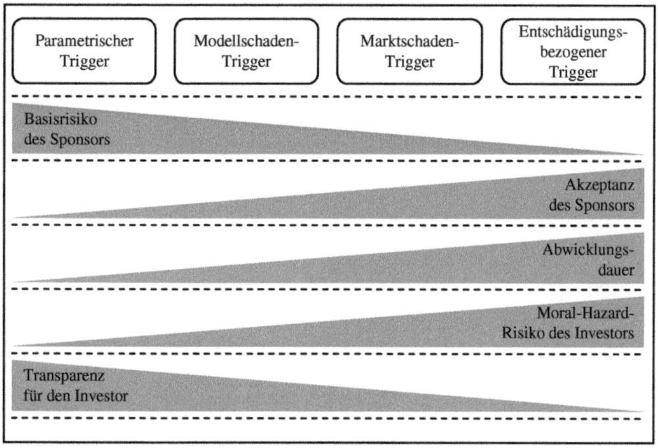

109 Dadurch wird der rein parametrische Trigger (Pure Parametric Trigger) zu einem indexbasierten parametrischen Trigger (Index Parametric Trigger).

110 Dadurch wird der reine Markt- oder Branchenschaden-Trigger (Pure Industry Loss Trigger) zu einem indexbasierten parametrischen Trigger (Index Parametric Trigger).

111 Vgl. HAGEDORN ET AL. (2009), S. 46.

Tendenziell wird das risikotransferierende Unternehmen beim Einsatz von Alternativen Risikotransferinstrumenten ein stärkeres Interesse an einem entschädigungsbezogenen Trigger haben, da hierdurch das Basisrisiko eliminiert werden kann. Nach der Principal-Agent-Theorie werden Investoren dagegen einen nicht entschädigungsbezogenen Trigger bevorzugen, da dieser für sie das Risiko asymmetrischer Informationsverteilung minimiert. Bei Transaktionen mit entschädigungsbezogenen Triggern werden sich Investoren dieses Risiko daher in Form höherer Risikozuschläge entgelten lassen. Jedoch ist trotz dieser Überlegungen bei Katastrophenanleihen ein Trend zu einem verstärkten Einsatz von entschädigungsbezogenen Triggern zu beobachten.[112] Während der Anteil von Marktschaden-Triggern seit 2011 relativ konstant blieb, ist der Anteil parametrischer Trigger in demselben Zeitraum deutlich zurückgegangen. Die Veränderung der Anteile der verschiedenen Trigger illustriert Abbildung 9.

Abbildung 9: Entwicklung der Anteile der verwendeten Trigger bei den zum 30. Juni des jeweiligen Jahres ausstehenden Katastrophenanleihen (Quelle: Eigene Darstellung. Datenquelle: Swiss Re (2013a), S. 12; Swiss Re (2012), S. 13; Swiss Re (2011c), S. 12)

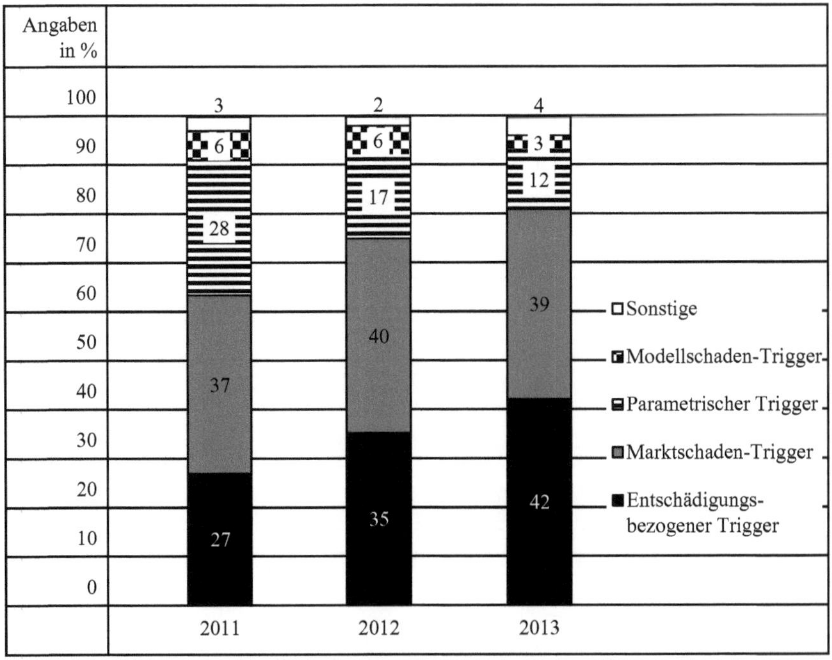

112 Vgl. Swiss Re (2013a), S. 12; Willkie Farr & Gallagher (2013), S. 4; Cummins (2012), S. 51-52; Swiss Re (2012), S. 13; Swiss Re (2011c), S. 12.

Diese Entwicklung kann als ein Indiz dafür gewertet werden, dass Investoren im Vergleich zu früher über ein besseres Verständnis der Wirkungsweise entschädigungsbezogener Trigger, der zugrundeliegenden aktuariellen Methoden der Bepreisung sowie der Schadenabwicklungsprozesse verfügen und/oder von den Emittenten dafür die nötigen Informationen erhalten, die die Transparenz der Transaktion erhöhen und Informationsasymmetrien reduzieren. Zudem ist festzustellen, dass auf Investorenseite der Anteil der Pensionsfonds in den letzten Jahren deutlich zugenommen hat.[113] Dies liegt darin begründet, dass in dem gegenwärtigen Niedrigzinsumfeld Investoren und unter diesen insbesondere Pensionsfonds nach Anlageklassen suchen, die eine hohe Verzinsung bei gleichzeitig relativ geringem Ausfallrisiko versprechen. Damit versuchen sie, ihre eigenen Zahlungsverpflichtungen sicherstellen zu können. Da diese Pensionsfonds über aktuarielle Expertise verfügen, kann auch dies sowohl als ein Grund für den zunehmenden Anteil entschädigungsbezogener Trigger beim Transfer versicherungstechnischer Risiken als auch für den Rückgang der Risikozuschläge (Risk Spreads) gedeutet werden.[114]

2.3.2 Insurance-Linked Securities

2.3.2.1 Grundstruktur

Eine Verbriefung von versicherungstechnischen Risiken kann direkt durch das risikotransferierende Unternehmen oder indirekt mittels einer Versicherungszweckgesellschaft (Insurance Special Purpose Vehicle, ISPV) erfolgen, wobei die indirekte Emission in der Praxis den Standardfall darstellt.[115] Das risikotransferierende Versicherungsunternehmen ist dabei der Sponsor der Transaktion. Bei der Versicherungszweckgesellschaft „handelt es sich um eine rechtlich eigenständige Gesellschaft, deren wesentlicher Geschäftszweck in der treuhänderischen Verwaltung der verbrieften Risiken, der Emission von Insurance-Linked Securities sowie dem Management der Zahlungsströme der Anleihe liegt."[116] Die Versicherungszweckgesellschaft kann dabei von dem Sponsor extra für den Zweck der Verbriefung gegründet werden und nach Abwicklung wieder aufgelöst werden oder unabhängig vom Sponsor sein und somit auch Verbriefungstransaktionen für andere Kunden ausführen, wobei die Versicherungszweckgesellschaft auch nach

113 Vgl. Swiss Re (2013b), S. 6; Aon Benfield (2013), S. 13; Guy Carpenter (2013), S. 8.

114 Den größten Teil der Investorenbasis stellen zum Jahresende 2012 (im Vergleich zum Jahresende 2007) Spezialfonds mit einem Anteil von 61 % (in 2007: 56 %) und Asset Manager mit einem Anteil von 17 % (in 2007: 12 %) dar. Pensionsfonds folgen mit 14 % (in 2007: 0 %); vgl. Swiss Re (2013b), S. 6.

115 Vgl. CEIOPS (2009a), S. 6-7; Nguyen (2007b), S. 278; Zietsch (2005), S. 366-369.

116 Anders (2005), S. 37. Aus regulatorischen und steuerlichen Gründen sind die Versicherungszweckgesellschaften oft in Off-Shore-Domizilen, wie den Bermudas, Cayman Islands oder den Kanalinseln, angesiedelt; vgl. Ritter (2006), S. 58.

Abwicklung einer Transaktion fortbesteht.[117] Die Grundstruktur einer indirekten Verbriefung ist in Abbildung 10 wiedergegeben.[118]

Abbildung 10: Grundstruktur der Verbriefung von Versicherungsrisiken (Quelle: In Anlehnung an ANDERS (2005), S. 36)

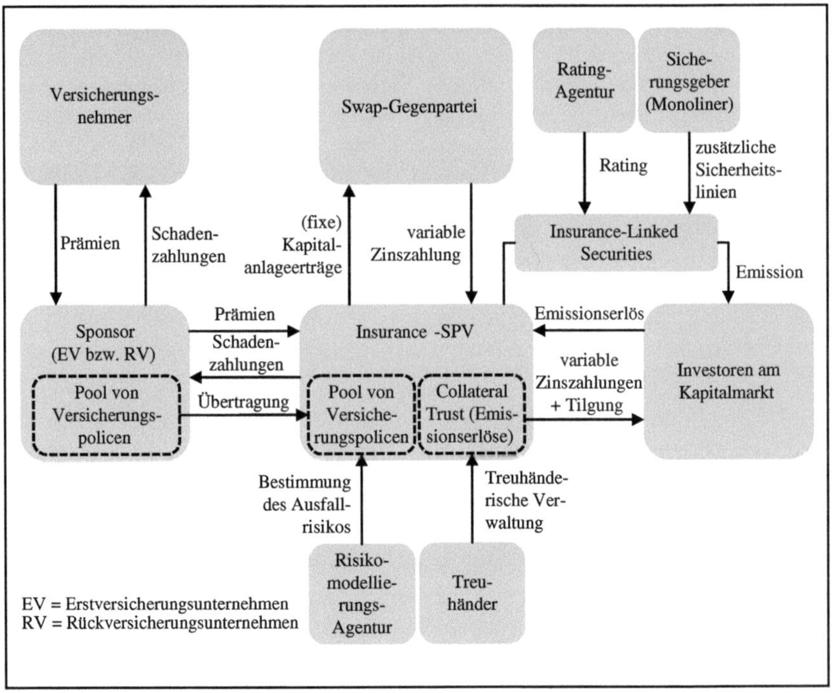

Der Ausgangspunkt für die Verbriefung versicherungstechnischer Risiken ist die Existenz von Erstversicherungsgeschäften (Pool von Versicherungspolicen). Der Versicherungsnehmer entrichtet an den Versicherer eine Prämie als Entgelt für seine Bereitschaft, im Schadenfall den Versicherungsnehmer für seine Verluste zu entschädigen und damit ein versicherungstechnisches Risiko zu tragen. Als Sponsor der Verbriefungstransaktion transferiert das Versicherungsunternehmen das übernommene Risiko in einem nächsten Schritt auf die Versicherungszweckgesellschaft. Es handelt sich bei den auf die Versicherungszweckgesellschaft

117 Vgl. HORSTKÖTTER (2008), S. 40.

118 Vgl. NELLES / KLUSEMANN (2008), S. 568; NGUYEN (2007b), S. 276. Zu beachten ist, dass im Nichtleben-Segment der Risikotransfer gegen Extremrisiken im Vordergrund steht, während im Leben-Segment der Finanzierungsgedanke dominiert.

übertragenen Risiken um genau spezifizierte und separierbare Risiken, wobei ein einzelnes Risiko (Single-Peril-Struktur), aber auch mehrere Risiken (Multi-Peril-Struktur) in Frage kommen. Die Versicherungszweckgesellschaft verpflichtet sich ihrerseits aufgrund des Vertrags mit dem Sponsor, diesen bei Eintritt des vertraglich definierten Ereignisses zu entschädigen, und erhält für diese Risikoübernahme vom Sponsor eine Prämie.[119] Hierbei ist zu beachten, dass sich in Abhängigkeit von der Ausgestaltung des Vertrags mit einem entschädigungsbezogenen oder nicht entschädigungsbezogenen Trigger unterschiedliche bilanzielle und aufsichtsrechtliche Konsequenzen ergeben.[120]

Die Versicherungszweckgesellschaft bündelt die Risiken, transformiert sie in handelbare Wertpapiere und platziert sie auf dem Kapitalmarkt. Die Verbriefungsstruktur gleicht der Emission einer klassischen Anleihe, da sie ebenfalls vertraglich fixierte Merkmale wie Laufzeit, Zinskonditionen, Rückzahlungsform und -höhe aufweist. Bei Insurance-Linked Securities ist jedoch die Kapitalrückzahlung und/oder der Anspruch auf Zinszahlungen an eine versicherungstechnische Größe geknüpft, so dass es sich um eine schadenverlaufsabhängige und somit vom Eintritt des definierten Ereignisses abhängige bedingte Kapitalaufnahme handelt.[121] Tritt das vertraglich vereinbarte Ereignis nicht ein, werden Kapital und/oder Zinsen an die Investoren zurückgezahlt. Im anderen Fall gehen die Ansprüche der Investoren unter und das Kapital wird dem Sponsor zur Deckung seiner Verpflichtungen gegenüber den Versicherungsnehmern zur Verfügung gestellt. Aufgrund der Rolle der Versicherungszweckgesellschaft als Intermediär der Transaktion ist davon auszugehen, dass bei der Verbriefungstransaktion mit den Investoren derselbe Trigger eingesetzt wird wie im Vertragsverhältnis zwischen Sponsor und Versicherungszweckgesellschaft.

Modellierungsagenturen bewerten üblicherweise die zu verbriefenden versicherungstechnischen Risiken, um so Wahrscheinlichkeitsaussagen über Intensität und Frequenz des Ereignisses treffen zu können, unter denen die Ansprüche der Investoren untergehen.[122] Dies und die Möglichkeit, die Verbriefung in verschiedene Tranchen,[123] welche unterschiedliche Grade der Risikoexponierung bzw. Nachrangigkeit der Ansprüche der Investoren repräsentieren, zu strukturieren,

---

119 Vgl. Swiss Re (2011a), S. 7-8; Gürtler / Rehan (2009), S. 416-417; Albrecht / Schradin (1998), S. 591-593.

120 Vgl. Abschnitt 3.2.1, Abschnitt 4.2. Auch wenn die Vertragsbeziehung formal als Rückversicherungsvertrag ausgestaltet ist, besteht die Möglichkeit, dass die Transaktion bilanziell und aufsichtsrechtlich nicht für eine Behandlung als Rückversicherungsvertrag qualifiziert, weil entweder der Risikotransfer nicht signifikant ist oder es sich um einen Derivatevertrag handelt; vgl. Abschnitt 4.2, Abschnitt 5.1.

121 Vgl. Nelles / Klusemann (2008), S. 569; Nguyen (2007b), S. 237-238.

122 Vgl. Nelles / Klusemann (2008), S. 571; Anders (2005), S. 38-39.

123 In diesem Fall handelt es sich bei der Verbriefungsstruktur um Collateralised Debt Obligations (CDO); vgl. Cummins (2012), S. 43.

erlaubt es zudem, das Risiko aufgrund asymmetrischer Informationsverteilung zu minimieren.[124] Dazu tragen auch die üblicherweise mit der Anleihe verbundene Rating-Beurteilung, die den Investoren eine externe Beurteilung des mit ihrer Kapitalanlage verbundenen Ausfallrisikos zur Verfügung stellt, sowie die Involvierung eines Sicherungsgebers (Monoliners) zur Absicherung des Ausfallrisikos des Emittenten (Kreditversicherung) bei.[125]

Die Emission der Anleihe führt aus Sicht des Sponsors bzw. der Versicherungszweckgesellschaft zu einer Ex-ante-Kapitalbereitstellung im Schadenfall und eliminiert daher das Ausfallrisiko.[126] Die Emissionserlöse werden üblicherweise von einem Treuhänder verwaltet, der auch mit der Gründung der Versicherungszweckgesellschaft, der Administration der auf die Versicherungszweckgesellschaft übertragenen Versicherungsrisiken und dem Management der Zahlungsströme an die Investoren betraut ist.[127] Die treuhänderische Verwaltung der Emissionserlöse und damit verbundener Zahlungsströme gewährleistet die Sicherstellung der Ansprüche der Vertragsparteien. Aus diesem Grund werden die Emissionserlöse in sichere und schnell liquidierbare Kapitalanlagen von höchster Bonität investiert, um im Fall des Eintritts des vertraglich definierten Ereignisses die Ansprüche des Sponsors erfüllen zu können bzw. im Fall des Nichteintritts die vereinbarte Verzinsung und Kapitalrückzahlung an die Investoren zu gewährleisten.[128] Den Investoren wird als Entgelt für die Kapitalbereitstellung und Risikoübernahme typischerweise ein Basiszins, der eine marktübliche variable Verzinsung (bspw. auf LIBOR-Basis) zuzüglich eines Bonuszinses (Risikozuschlag, Risk Spread), der das Risiko des Wegfalls der Zins- und/oder der Kapitalrückzahlung bei Eintritt des versicherungstechnisch

124 Vgl. Abschnitt 2.1.3. So können die Investoren in Tranchen mit höherem Risiko im Fall des Eintritts des vertraglich vereinbarten Ereignisses ihre Ansprüche auf Kapitalrückzahlung und/oder Zinszahlungen vorrangig vor allen anderen Investoren verlieren. Jedoch erhalten sie als Kompensation für das höhere Risiko auch eine höhere Verzinsung.

125 Katastrophenanleihen, die ein einzelnes Schadenereignis absichern, erhalten üblicherweise maximal ein Rating von „BB+", wobei das Rating von dem zugrundeliegenden Risiko, dem Rating des Sponsors und dem Rating der Kapitalanlage, in die der Emissionserlös investiert wird, abhängt; vgl. Standard & Poor's (2013), S. 4; Heath (2009), S. 74

126 Vgl. Coriat (2009), S. 285; Albrecht / Schradin (1998), S. 601. Damit entfallen im Gegensatz zur klassischen Rückversicherung auch die Kosten für die Bonitätsüberwachung der Vertragspartei.

127 Vgl. Gürtler / Rehan (2009), S. 416-417; Anders (2005), S. 38; Wagner (1997), S. 522.

128 Vgl. Cummins (2012), S. 43-46; Weistroffer (2010), S. 5-6. Das gesamte Investitionsvolumen wird jedoch durch Aufwendungen für die Verwaltung des Pools von Versicherungspolicen sowie die Organisation und technische Abwicklung der Anleiheemission reduziert.

bedingten Ereignisses reflektiert, gezahlt.[129] Finanziert werden die Zinszahlungen an die Investoren durch die Prämienzahlungen des Sponsors und die Kapitalerträge aus der Anlage des Emissionserlöses. Da die Emissionserlöse aufgrund der Investition in sichere Kapitalanlagen üblicherweise festverzinsliche Rückflüsse generieren, den Investoren jedoch eine variable marktgerechte Verzinsung zugesagt wird, werden im Rahmen einer Swap-Transaktion die fixen Zinserträge in variable getauscht.[130] Die Laufzeit von Insurance-Linked Securities in der Nichtlebensversicherung beträgt üblicherweise drei bis fünf Jahre.

Die Verbriefungstransaktion kann in einer Weise ausgestaltet sein, dass die Investoren bei Eintritt des vertraglich definierten Ereignisses ihre Ansprüche auf den gesamten Kapitalbetrag und die darauf entfallenden Zinsen (Principal at Risk) verlieren. Allerdings sind auch Gestaltungen denkbar, bei denen lediglich die über die Vertragslaufzeit akkumulierten Zinsansprüche schadenverlaufsabhängig sind, der Kapitalbetrag jedoch in jedem Fall am Laufzeitende wieder an die Investoren zurückzuzahlen ist und damit geschützt ist (Coupon at Risk) oder bei Eintritt des definierten Schadenereignisses das Kapital lediglich zeitverzögert zurückzuzahlen ist und Zinsen nur bis zum Eintritt des Schadenereignisses anfallen (Payment deferred Bond).[131] Insgesamt bestehen somit verschiedene Kombinationsmöglichkeiten von Kapital und Zinsen in Bezug auf deren Schadenverlaufsabhängigkeit.[132]

Die dargestellte Grundstruktur einer Verbriefungstransaktion weist Gemeinsamkeiten mit einer Sidecar-Transaktion auf. Bei einem Sidecar handelt es sich um eine Versicherungszweckgesellschaft, die durch einen Erst- oder Rückversicherer, als Sponsor der Transaktion, gegründet wird und als risikoübernehmender Vertragspartner für den Sponsor im Rahmen eines besicherten Quotenrückversicherungsvertrags fungiert.[133] Das Risikokapital des Sidecar wird von externen Eigenkapital- und/oder Fremdkapitalgebern zur Deckung einer modellierten Gesamtschadenexponierung bereitgestellt, so dass dem Sponsor dadurch zusätzliche Zeichnungskapazität bereitgestellt wird. Typischerweise trägt der Sponsor dabei Spitzenrisiken, die das besicherte Programm übersteigen, selbst. Die Existenz des Sidecar ist von vornherein auf eine begrenzte Zeit angelegt und dient vor allem dazu, Hart-Markt-Phasen zu

129 Der Grund für die Überverzinsung liegt zum einen in der Risikoübernahme in Form des möglichen Ausfalls von Kapital und Zinszahlungen, kann zum anderen aber auch in den Transaktionskosten zur Minimierung der Informationsasymmetrien begründet sein; Albrecht / Schradin (1998), S. 583.

130 Vgl. Culp / O'Donnell (2009), S. 448-449; Cummins / Weiss (2009), S. 522-523; Materne / Knocks (2010), S. 4.

131 Vgl. Horstkötter (2008), S. 16-17; Nguyen / Verchow (2009), S. 8-13; Kamberger / Nguyen (2006), S. 447-449; Hasekamp (2000), S. 54-81; Becker / Bracht (1999), S. 43-47.

132 Vgl. Hagedorn et al. (2009), S. 44-45; Liebwein (2009), S. 466-467; Blake / Cairns / Dowd (2006), S. 167-171; Anders (2005), S. 53-56; Albrecht / Schradin (1998), S. 579-582.

133 Vgl. Helaba (2007), S. 9; Swiss Re (2006), S. 23-24.

überbrücken. Im Unterschied zu der dargestellten Grundstruktur einer Verbriefung sind bei einem Sidecar die Eigenkapitalinvestoren die vorrangigen Risikoträger und nicht der Sponsor.[134] Wie bei der Grundstruktur einer Verbriefungstransaktion kann das risikotragende Kapital somit im Sidecar und damit außerhalb der eigenen Bilanz des Sponsors gehalten werden, dessen Kapitalstruktur damit unberührt bleibt.[135] Sidecars stellen somit eine Variante von Insurance-Linked Securities dar und erlauben Investoren eine direkte Investition in Rückversicherungsverträge.[136]

2.3.2.2 Einsatzmöglichkeiten

Am häufigsten werden Insurance-Linked Securities im Nichtleben-Geschäft in Form von Katastrophenanleihen eingesetzt, um Extremrisiken (Low-Frequency-High-Severity-Risiken), die aus Naturkatastrophen resultieren, abzusichern.[137] Daneben werden aber auch Risiken mit hoher Schadenhäufigkeit und geringer Schadenintensität (High-Frequency-Low-Severity-Risiken), wie bspw. in der Kraftfahrtversicherung (Motor Securitisation), verbrieft.[138] Insurance-Linked Securities können jedoch auch eingesetzt werden, um Risiken extremer Sterblichkeit (Mortality Bonds), bspw. aufgrund von Pandemien oder Naturkatstrophenereignissen, oder extremer Langlebigkeit (Longevity Bonds), die sich aus der demographischen Entwicklung ergeben, abzusichern.[139]

Neben Verbriefungstransaktionen, die der Absicherung von versicherungstechnischen Risiken dienen, sind insbesondere im Leben-Geschäft auch Transaktionen anzutreffen, bei denen aufgrund der Langfristigkeit und Kapitalintensität des Geschäfts der Finanzierungsgedanke stärker im Vordergrund steht. So lassen sich

---

134 Vgl. LAMBERT / PIERCE (2009), S. 147.

135 Vgl. CUMMINS / WEISS (2009), S. 513-514; LAMBERT / PIERCE (2009), S. 143; CUMMINS (2008), S. 29.

136 Vgl. LIEBWEIN (2009), S. 506-507; SOHL (2009), S. 45.

137 Für eine Gegenüberstellung der Vor- und Nachteile im Vergleich zur traditionellen Rückversicherung vgl. PARTNER RE (2008), S. 5-6.

138 Vgl. BAE / KIM / KULPERGER (2009), S. 48-51; SOHL (2009), S. 44; DE MEY (2007), S. 37-38. Der Ausfall von Zins- und Kapitalzahlungen an die Investoren ist dabei an die Entwicklung von vorab definierten Schadenquoten gekoppelt; vgl. ALBERTINI (2009a), S. 123; NELLES / KLUSEMANN (2008), S. 572.

139 Vgl. SWISS RE (2011a), S. 29-31; BIFFIS / BLAKE (2009), S. 7-10; CORIAT (2009), S. 283; DONOHUE / MACLEAN / PEARD (2009), S. 245; PEARD (2009), S. 174; HELABA (2007), S. 16; BLAKE / CAIRNS / DOWD (2006), S. 158-170; BLAKE ET AL. (2006), S. 649-652; COWLEY / CUMMINS (2005), S. 221-222; BLAKE / BURROWS (2001), S. 344-346. Dies kann bspw. bei Lebensversicherungsunternehmen der Fall sein, wenn die Prämienkalkulation auf Basis einer längeren Lebenserwartung der Versicherungsnehmer ermittelt wurde. Dagegen kann bspw. für Rentenversicherer oder Pensionsfonds eine höhere Lebenserwartung der Versicherungsnehmer zu Verlusten führen, wenn die Prämienkalkulation auf Basis einer geringeren Lebenserwartung vorgenommen wurde.

durch die Verbriefungen von immateriellen (und teilweise nicht bilanzierbaren) Vermögenswerten der Barwert zukünftiger Gewinne (Embedded Value) oder aktivierte Abschlusskosten monetisieren und regulatorisches und ökonomisches Kapital freisetzen, das dann für andere Zwecke, wie das Zeichnen von Neugeschäft, eingesetzt werden kann.[140] Die liquiden Mittel sind dann als Vermögenswerte ansetzbar und erhöhen das zur Verfügung stehende Risikokapital.[141] In diesem Sinn können Verbriefungstransaktionen der Steuerung des Risikokapitals dienen und die Kapitalkosten reduzieren.[142] Die Zins- und Tilgungszahlungen basieren auf den Überschüssen des verbrieften Bestands an Versicherungspolicen und realisieren sich sukzessive über die Laufzeit, wobei je nach Ausgestaltung Zins- und/oder Tilgungszahlungen entfallen können, wenn die Überschüsse entgegen der anfänglichen Erwartung nicht realisiert werden.[143] Im Unterschied zu den Verbriefungstransaktionen in der Nichtlebensversicherung wird hier oft kein Transfer von versicherungstechnischem Risiko auf die Investoren angestrebt, so dass das Ausfallrisiko für die Investoren nicht von dem stochastischen Eintritt eines versicherten Ereignisses, sondern von den Zahlungsströmen des verbrieften Versicherungspools, d. h. vom Zahlungsverhalten der Versicherungsnehmer, abhängt.[144] Auch die nach den aufsichtsrechtlichen Regelungen in den USA benannten „XXX-/AXXX"-Verbriefungen dienen der Monetisierung und Freisetzung von Kapital. Hierbei wird der Tatsache Rechnung getragen, dass die

---

140 Vgl. Cummins / Trainar (2009), S. 482-483; McKie (2009), S. 192-193; Madsen (2009), S. 199; Peard (2009), S. 178; Biffis / Blake (2009), S. 6; Nelles / Klusemann (2008), S. 572; Helaba (2007), S. 17-18; Anders (2005), S. 187-191, S. 201; Cowley / Cummins (2005), S. 208-209. Der Embedded Value ist ein immaterieller Vermögenswert, der den Barwert zukünftiger Gewinne aus einem bestehenden Pool von Lebensversicherungspolicen repräsentiert. „Bei Abschluss eines Lebensversicherungsvertrags fallen Abschlusskosten an, die i. d. R. den Erstjahresbeitrag des Versicherungsnehmers deutlich übersteigen. Daher müssen die Abschlusskosten im Jahr des Vertragsabschlusses fast vollständig durch den Versicherer finanziert werden und können erst im Zeitablauf durch die Prämienzahlungen des Versicherungsnehmers amortisiert werden. Der Finanzierungsbedarf erhöht sich zusätzlich, wenn mehr Verträge, als in der Prämienkalkulation veranschlagt, vorzeitig in den ersten Vertragsjahren von Versicherungsnehmern storniert werden. Die Abschlusskosten lassen sich dann nicht mehr vollständig durch zukünftige Prämienzahlungen aus dem Versicherungskollektiv amortisieren." Anders (2005), S. 195.

141 Vgl. Madsen (2009), S. 199-202.

142 Vgl. Liebwein (2009), S. 435; Cowley / Cummins (2005), S. 200.

143 Vgl. Albertini (2009), S. 240; Donohue (2009), S. 219-220; Anders (2005), S. 195: „Investoren der Anleihe tragen somit nicht das zugrunde liegende versicherungstechnische Risiko des Pools, bspw. das Sterblichkeitsrisiko, sondern das Risiko, dass der jährliche Überschuss aus den Policen geringer ist als die in den ILS verbrieften Zins- und Tilgungszahlungen." Das Lebensversicherungsunternehmen verpflichtet sich jedoch, realisierte Überschüsse für Zins- und Tilgungszahlungen heranzuziehen; vgl. Donohue (2009), S. 225.

144 Vgl. Anders (2005), S. 191-193.

aufsichtsrechtlichen Regelungen in den USA für das Lebensversicherungsgeschäft zum Schutz der Versicherungsnehmer Reservierungsvorschriften vorsehen, die über das versicherungstechnisch angemessene Maß hinausgehen.[145] Die Differenz zwischen dem vorgeschriebenen und dem ökonomisch notwendigen Reservestand kann verbrieft werden und führt damit ebenfalls zu einer Freisetzung von regulatorischem und ökonomisch nicht notwendigem Kapital.[146] Durch die Verbriefung fließt dem Unternehmen Fremdkapital zu, das im Hinblick auf die Kapitalkosten günstiger ist als das Halten von Eigenkapital. Zukünftige Gewinne werden vorab monetisiert und führen zu einer Erhöhung der Eigenkapitalrendite.[147]

2.3.3 Insurance Derivatives

2.3.3.1 Grundstruktur

Insurance Derivatives ähneln in ihrer Funktionsweise klassischen derivativen Finanzinstrumenten, die der Absicherung von versicherungstechnischen Werten oder Zahlungsströmen dienen.[148] Der versicherungstechnische Basiswert basiert dabei üblicherweise auf einem Index, der einen nicht entschädigungsbezogenen Trigger darstellt, der das zugrundeliegende versicherungstechnische Risiko abbildet und dessen mögliche Ausprägungen monetären Beträgen zugeordnet werden.[149] Ein Über- oder Unterschreiten eines definierten Indexwerts bestimmt damit die Erfüllung von Ansprüchen und Verpflichtungen aus dem jeweiligen Derivatevertrag. Aufgrund der Natur des Basiswerts können Insurance Derivatives nicht physikalisch über den Markt gehandelt werden, so dass die Erfüllung des Derivatevertrags nur durch einen Barausgleich erfolgen kann.[150] Wie bei klassischen derivativen Finanzinstrumenten ist bei Insurance Derivatives zwischen bedingten und unbedingten Termingeschäften zu differenzieren, was Abbildung 11 verdeutlicht.[151]

---

145 Vgl. Weistroffer (2010), S. 6-7; Biffis / Blake (2009), S. 6; Eakin / Dondi (2009), S. 299; Nelles / Kusemann (2008), S. 573; Cowley / Cummins (2005), S. 218-221.

146 Vgl. McKie (2009), S. 193-194; Madsen (2009), S. 200-204.

147 Vgl. Madsen (2009), S. 199-200; Eakins / Dondi (2009), S. 293-301.

148 Vgl. Albrecht / Schradin (1998), S. 596; Albrecht / König / Schradin (1994), S. 669-672.

149 Vgl. Hagendorff (2011), S. 96-101; Liebwein (2009), S. 481-485; Sohl (2009), S. 38-41; Helaba (2007), Nguyen (2007b), S. 325; Hee / Hofmann (2006), S. 25-30; Linde / Meyer (2003), S. 861-865; Nelles / Klusemann (2002), S. 394-395; Grandi / Müller (2000), S. 609; Schirm (2000), S. 722-725; Albrecht / Schradin (1998), S. 591.

150 Bei einem Barausgleich findet mit der Optionsausübung kein Erwerb bzw. Verkauf des Basisobjekts statt. Stattdessen wird der Differenzbetrag zwischen dem fixierten Preis (Basispreis) und dem aktuellen Marktwert ermittelt; vgl. Nguyen (2007b), S. 326.

151 Vgl. Nguyen (2007a), S. 32. Versicherungen stellen wie Optionen bedingte Termingeschäfte dar, unterscheiden sich von ihnen jedoch dadurch, dass bei ihnen nur die Entschädigung für einen tatsächlichen Schaden erfolgt.

Abbildung 11: Formen von Insurance Derivatives (Quelle: Eigene Darstellung)

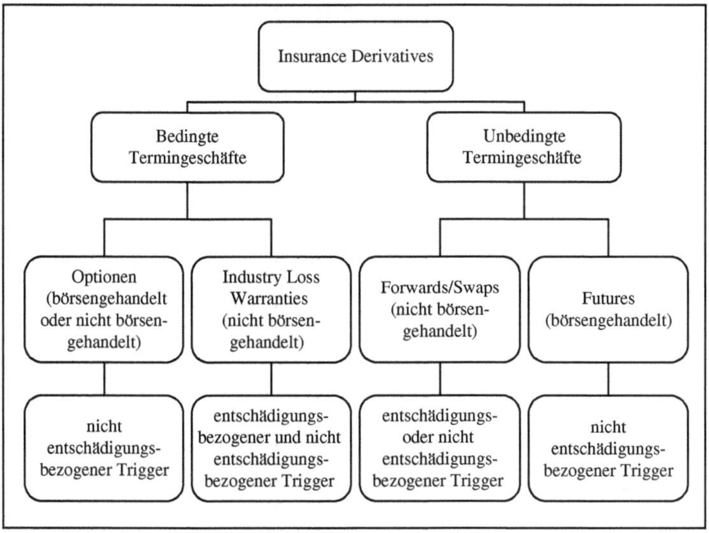

Bei den bedingten Termingeschäften lassen sich Optionen und Industry Loss Warranties unterscheiden. Optionsverträge können an einer Börse oder „over-the-counter" gehandelt werden. Aus Sicht des erwerbenden Versicherungsunternehmens verbriefen sie das Recht, bei Realisierung eines definierten Wertes (Eintritt des definierten Ereignisses) einen bestimmten Geldbetrag bzw. Barausgleich zu verlangen.[152] Das risikotransferierende Unternehmen befindet sich dabei in der Position eines Erwerbers einer Kaufoption, bei der der Derivateverkäufer bzw. Stillhalter – sobald der definierte Ausübungswert erreicht ist – prinzipiell unbegrenzten Verlusten ausgesetzt ist. Um diesem Umstand Rechnung zu tragen, wird daher üblicherweise der Verlust für den Stillhalter auf einen Maximalbetrag limitiert. Somit sind die Gewinn- bzw. Verlustmöglichkeiten des Optionsinhabers nach unten auf die geschuldete Optionsprämie als Wertuntergrenze und nach oben auf den maximalen vom Stillhalter zu tragenden Verlust als Wertobergrenze begrenzt,

152 Dies steht im Einklang mit der Definition klassischer Optionsverträge, wonach sie das Recht verbriefen, bestimmte Mengen von vertretbaren Sachen oder synthetischen Werten (Basisobjekte, Underlying) zu einem vereinbarten Preis (Basispreis, Ausübungspreis) zu erwerben oder zu verkaufen; vgl. Flämig (2007), S. 137-140; Nguyen (2007b), S. 325. Der Optionsvertrag kann vorsehen, dass die Option entweder zu jedem beliebigen Zeitpunkt während der Vertragslaufzeit (amerikanische Option) oder nur zu einem bestimmten Zeitpunkt (europäische Option) ausgeübt werden kann; vgl. Rudolph / Schäfer (2010), S. 21.

so dass das Versicherungsunternehmen nur von der Realisation bestimmter Indexwerte innerhalb einer festgelegten Bandbreite („Verlustkorridor") profitiert. Das Gewinn- und Verlustprofil einer solchen Option entspricht dem einer Kombination aus dem Kauf einer Kaufoption (Long Call) und dem Verkauf einer Kaufoption (Short Call) mit gleicher Laufzeit, wobei der Ausübungswert für den Verkauf der Option über dem Ausübungswert für den Kauf der Option der Kaufoption liegt (Call Spread). Diese Ausgestaltung als Call Spread entspricht in ihrer Wirkungsweise somit einem Excess-of-Loss-Vertrag in der klassischen Rückversicherung.[153] Der Optionswert setzt sich aus dem inneren Wert der Option und deren Zeitwert zusammen. Der innere Wert repräsentiert die positive Differenz zwischen dem realisierten Wert des Basisobjekts zu dem betrachteten Zeitpunkt und dem definierten Trigger-Wert bzw. null, wenn diese Differenz negativ ist. Der Zeitwert drückt die während der Restlaufzeit für den Derivateerwerber noch möglichen positiven Wertrealisationen aus. Der Zeitwert verringert sich mit abnehmender Restlaufzeit und beträgt am Verfallsdatum der Option null.[154] Das Gewinn- und Verlustprofil des Optionsvertrags ist in der folgenden Abbildung 12 dargestellt.[155]

Abbildung 12: Gewinn- und Verlustprofil einer Call-Spread-Option (Quelle: Möbius / Pallenberg (2011), S. 120)

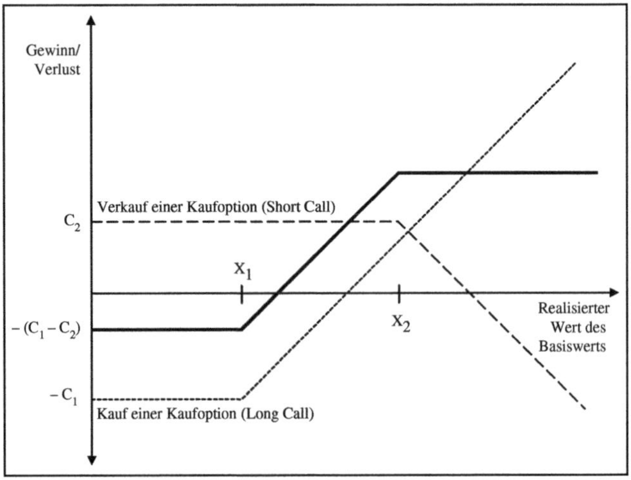

153 Vgl. Möbius / Pallenberg (2011), S. 118-120; Rudolph / Schäfer (2010), S. 39; Ritter (2006), S. 54; Müller (2005), S. 386; Zietsch (2005), S. 362-364.

154 Vgl. Rudolph / Schäfer (2010), S. 25.

155 C_1 repräsentiert den Kaufpreis bzw. die geschuldete Optionsprämie für die Kaufoption, C_2 den Verkaufspreis bzw. die erhaltene Optionsprämie für die Kaufoption. X_1 ist der Ausübungswert für den Kauf der Kaufoption, X_2 der Ausübungswert für den Verkauf der Kaufoption.

Industry Loss Warranties werden typischerweise außerbörslich gehandelt und basieren wie Versicherungsoptionen auf einem nicht entschädigungsbezogenen Trigger.[156] Dieser basiert auf einem Index, der den Branchen- bzw. Marktschaden, der aus einem versicherungstechnischen Ereignis resultiert, abbildet. Zusätzlich wird der nicht entschädigungsbezogene Trigger jedoch mit einem entschädigungsbezogenen Trigger kombiniert, so dass der Anspruch des Erwerbers auf eine Geldleistung nur dann gegeben ist, wenn beide Trigger ausgelöst werden.[157] Der Erwerber einer Industry Loss Warranty wird somit dann entschädigt, wenn zum einen der Schaden für die Branche eine spezifizierte Messgröße überschreitet (nicht entschädigungsbezogener Trigger) und zum anderen der tatsächliche Schaden des Versicherers aus dem betreffenden Schadenereignis einen spezifizierten Mindestbetrag überschreitet (entschädigungsbezogener Trigger).[158] Die Schwelle für den tatsächlichen Schaden des risikotransferierenden Unternehmens ist i. d. R. so niedrig angesetzt, dass sie erreicht wird, falls die Bedingung für den Branchenschaden ausgelöst wird.[159] Dennoch verbleibt grundsätzlich ein Basisrisiko, da die Möglichkeit besteht, dass das Unternehmen einen Schaden erleidet und der Marktschaden- bzw. Branchenschaden-Index nicht den definierten Wert überschreitet und somit keine Entschädigungsleistung ausgelöst wird.[160]

Als unbedingte Termingeschäfte können Insurance Derivatives prinzipiell als „over-the-counter" gehandelte Forward- bzw. Swap-Verträge ausgestaltet sein oder als Future-Verträge an einer Börse gehandelt werden. Die unbedingten Termingeschäfte zeichnen sich dadurch aus, dass entweder zu einem vertraglich vereinbarten fixen Zeitpunkt (Futures/Forwards) oder über einen vertraglich vereinbarten Zeitraum (Swaps) ein Austausch von zukünftigen versicherungstechnischen Zahlungsströmen erfolgt.[161] Es handelt sich bei diesen Verträgen um eine fixe Vereinbarung, so dass im Gegensatz zu Optionsverträgen kein Ausübungswahlrecht des Erwerbers besteht. Typischerweise beinhalten diese Verträge eine Vereinbarung, dass fixe Geldbeträge gegen variable bzw. bedingte Zahlungen oder variable bzw. bedingte Geldbeträge gegen fixe Zahlungen getauscht werden.[162] Allerdings ist auch ein Austausch von Risiken möglich, was bei beiden Vertragsparteien zu bedingten Zahlungen führt. Der Austausch der Zahlungsströme kann bei

156 Vgl. Swiss Re (2006), S. 22.

157 Vgl. Gatzert / Schmeiser / Toplek (2011), S. 518-519, S. 524; Cummins (2008), S. 31.

158 Vgl. Culp / O'Donnell (2009), S. 447-448; Cummins / Weiss (2009), S. 511.

159 Vgl. Gatzert / Schmeiser (2011), S. 16-17; Helaba (2007), S. 9; Swiss Re (2006), S. 22.

160 Vgl. Gatzert / Kellner (2011), S. 143; Gatzert / Schmeiser / Toplek (2011), S. 524; Ishaq (2005), S. 76; McDonnell (2002), S. 88-89.

161 Bei Swaps handelt es sich um mehrere aufeinanderfolgende Forward-Verträge.

162 Insbesondere in der Lebensversicherung und bei Pensionskassen werden auch variable gegen fixe Zahlungsströme getauscht, um so die Höhe der Verpflichtung gegen Wertänderungen abzusichern.

Forwards oder Swaps auf Basis eines nicht entschädigungsbezogenen Triggers, wie einem Index, oder auf einem entschädigungsbezogenen Trigger, der die eingetretenen Schäden eines definierten Versicherungsportfolios abbildet, erfolgen. Die Transaktionen dienen der Absicherung von Zahlungsströmen oder der Höhe von bestehenden Verpflichtungen. Allerdings können auch Zahlungsströme von ganzen Teilkollektiven zwischen den Vertragsparteien ausgetauscht werden, so dass die Vertragsparteien wechselseitig Diversifikationseffekte in ihrem Portfolio von Versicherungsrisiken erzielen können.[163] Die folgende Abbildung 13 illustriert die Grundstruktur von Insurance Derivatives am Beispiel eines Katastrophen- und eines Risiko-Swaps.[164]

Abbildung 13: Grundstruktur von Insurance Derivatives
(Quelle: In Anlehnung an Cummins (2012), S. 47-48)

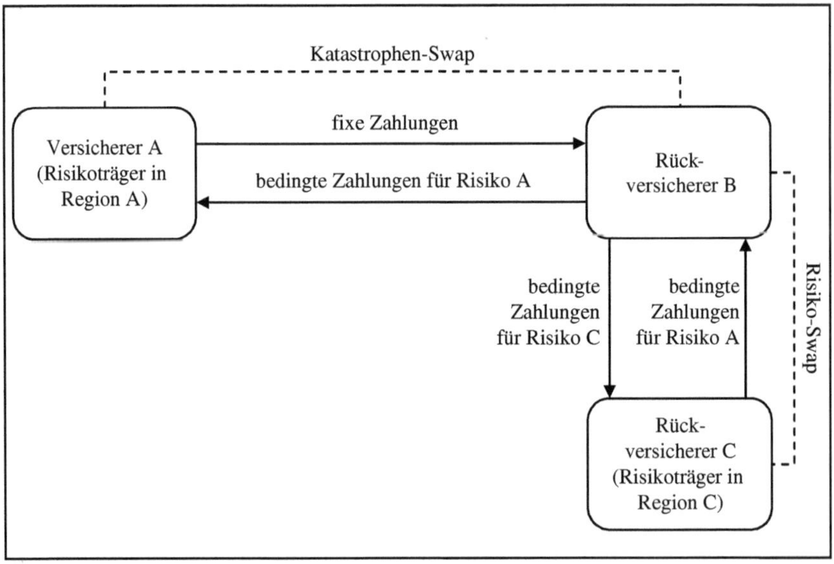

Future-Verträge entsprechen in ihrer Funktionsweise den Forward-Kontrakten und unterscheiden sich von Letzteren dadurch, dass sie an einer Börse gehandelt werden. Sie sind jedoch aufgrund der Anforderung der Handelbarkeit an einer Börse mit einem nicht entschädigungsbezogenen Trigger ausgestattet. Das Gewinn- und Verlustprofil von unbedingten Termingeschäften wird in der folgenden Abbildung 14 dargestellt. Der Inhaber einer Long-Position, der Zahlungen auf Basis des definierten fixierten Referenzwerts leistet, profitiert von Wertrealisationen, die über dem

163 Vgl. Hartung (2004), S. 404.
164 Vgl. Cummins (2012), S. 47-48.

Referenzwert liegen, da er in diesem Fall variable bzw. bedingte Zahlungen erhält, die auf einer Wertrealisation über dem fixierten Referenzwert basieren. Die Situation des Inhabers einer Short-Position stellt sich spiegelbildlich dar.

Abbildung 14: Gewinn- und Verlustprofil von unbedingten Termingeschäften (Quelle: In Anlehnung an RUDOLPH / SCHÄFER (2010), S. 26)

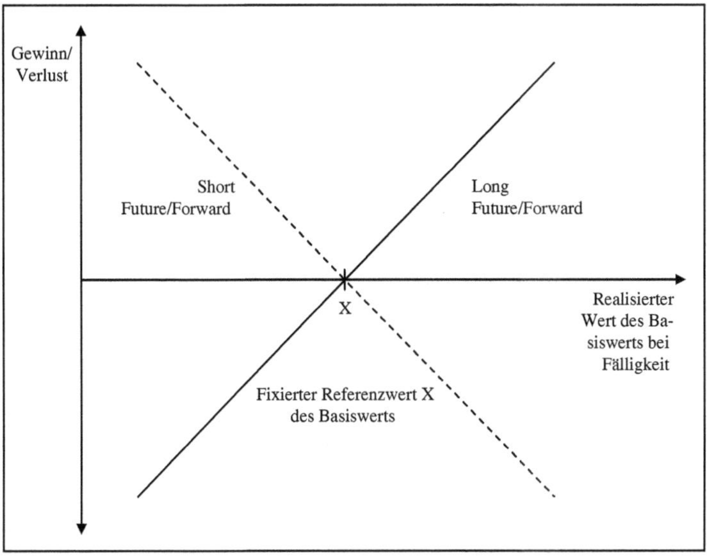

2.3.3.2 *Einsatzmöglichkeiten*

Der Einsatz von Insurance Derivatives kann für Versicherungsunternehmen eine attraktive Alternative zu einem versicherungstechnischen Risikotransfer darstellen, da mit ihnen üblicherweise geringere Transaktionskosten verbunden sind. Dies liegt zum einen am Einsatz eines nicht entschädigungsbezogenen Triggers, durch den Kosten aufgrund von Informationsasymmetrien zwischen dem risikotransferierenden Unternehmen und den Investoren vermieden werden können, und zum anderen an der einfacheren Durchführbarkeit der Transaktion, da bspw. im Gegensatz zu Insurance-Linked Securities keine Emissionskosten einschließlich Modellierungs- und Beratungskosten sowie Kosten für die treuhänderische Verwaltung des Emissionserlöses anfallen. Zudem ist im Fall der Abwicklung des Geschäfts über eine Börse die Erfüllung der Ansprüche durch die Börse selbst oder eine Clearing-Stelle sichergestellt, so dass auch keine Kosten für die Bonitätsüberwachung anfallen. Allerdings ist zu beobachten, dass der Markt börsengehandelter Insurance Derivatives bislang kein signifikantes Ausmaß erreicht hat, so dass die überwiegende Anzahl der Transaktionen „over-the-counter"abgewickelt wird.[165] Ein historisches Beispiel stellen die an der Chicago Board of Trade (CBOT) gehandelten Insurance Derivatives dar, die auf der Basis eines Index des Property Claims Service (PCS) von 1992 bis 1999/2000 gehandelt wurden.[166] In den meisten Fällen werden Versicherungsoptionen zur Absicherung gegen Katastrophen- oder Wetterereignisse eingesetzt. So kann die Ausübung des Optionsrechts bspw. auf einem Schaden- oder Temperaturindex basieren, wobei jedem Indexwert ein bestimmter monetärer Wert zugeordnet ist, nach dem sich dann die Höhe der Entschädigung bemisst. Das mit dem Einsatz von entschädigungsbezogenen Triggern verbundene Basisrisiko für die Investoren wird bei Industry Loss Warranties minimiert und erlaubt die Absicherung von Schäden, wenn bspw. die Branche nach einem Großschadenereignis in eine Hart-Markt-Phase eintritt und ein Risikotransfer im Rahmen der klassischen Rückversicherung sehr teuer wäre. Zudem ist für die Bepreisung lediglich der Branchenschaden zu schätzen, was aufgrund der erhöhten Transparenz der Transaktion für die Investoren die Kosten für den Abbau von Informationsasymmetrien reduziert.[167]

Unbedingte Termingeschäfte werden insbesondere in Form von Swaps bzw. Forwards zur Absicherung von Katastrophenrisiken bzw. Langlebigkeits- und Sterblichkeitsrisiken eingesetzt.[168] Für Future-Verträge, die an einer Börse gehandelt werden, gilt wie für börsengehandelte Optionen, dass sie momentan keine signifikante Bedeutung haben. Im Fall von Insurance Swaps werden versicherungstechnische Zahlungsströme bestimmter Teilkollektive, wie bspw. bestimmter Versicherungszweige oder geographischer Regionen ausgetauscht, so dass ein Diversifikations- und Homogenisierungseffekt im eigenen Versicherungsportfolio erreicht werden kann.[169] Die Rechtsposition gegenüber dem Versicherungsnehmer bleibt dabei jedoch unverändert. Die Verpflichtung zum Austausch der Zahlungsströme kann dabei von der Realisierung einer externen Variable abhängen oder von der tatsächlichen Wertrealisation des zugrundeliegenden Portfolios von Versicherungsrisiken. Im letzteren Fall werden üblicherweise zunächst die Beitragszahlungsströme und in einem weiteren Schritt die Schadenzahlungsströme ausgetauscht, so dass die Transaktion einer Rückversicherung gleicht.[170] Zur Absicherung eines Sterblichkeitsrisikos werden q-forwards bzw. Mortality Swaps eingesetzt, während zur Absicherung der entgegengesetzten Langlebigkeitsrisiken

165 Vgl. Liebwein (2009), S. 481; Ritter (2006), S. 66.
166 Vgl. Becker / Bracht (1999), S. 28-35.
167 Vgl. Gatzert / Schmeiser (2011), S. 21; Ishaq (2005), S. 77-80.
168 Insbesondere bei der Absicherung von Sterblichkeits- bzw. Langlebigkeitsrisiken werden unbedingte Termingeschäfte häufiger eingesetzt als Insurance-Linked Securities; vgl. Donohue / MacLean / Peard (2009), S. 258-259.
169 Vgl. Cummins (2012), S. 47-48; Nguyen (2007b), S. 231-233.
170 Vgl. Hartung (2004), S. 404-405. Ein Beispiel für den organisierten Austausch von Katastrophenrisiken ist die Catastrophe Risk Exchange (CATEX™), die allerdings nur Unternehmen der Versicherungsbranche zugänglich ist; vgl. Becker / Bracht (1999), S. 35-39.

S-Forwards bzw. Survivor Swaps verwendet werden.[171] Ein q-forward ist damit ein Tauschgeschäft (Swap), bei dem fixe Sterblichkeitsraten gegen realisierte zum Fälligkeitszeitpunkt getauscht werden (One Payment Mortality Swap).[172] Basiert bei der Absicherung von Sterblichkeits- bzw. Langlebigkeitsrisiken der Austausch der Zahlungsströme auf einem entschädigungsbezogenen Trigger, d. h. auf den tatsächlichen Verlusten in einem Portfolio von Versicherungsrisiken, werden fixe Beträge gegen variable bzw. bedingte getauscht, so dass die Nettozahlungsströme fixiert sind und der Zahlungsmittelabfluss durch einen entsprechenden Zahlungsmittelzufluss aus dem Forward/Swap kompensiert wird und die Transaktion somit einer Rückversicherung gleicht (Customised Hedge). Basiert die Entschädigung auf einem nicht entschädigungsbezogenen Trigger, wird der Wert einer Verpflichtung gegenüber Versicherungsnehmern zu einem zukünftigen Datum fixiert. Wertänderungen der Verpflichtung aufgrund von Änderungen der indexbasierten Sterblichkeits- bzw. Langlebigkeitsraten werden während der Laufzeit durch entsprechende Ausgleichszahlungen kompensiert (Standardised Hedge).[173] Der zugrundeliegende Index ist dabei so kalibriert, dass er die Sensitivität der tatsächlichen Verpflichtung gegenüber Veränderungen in der Sterblichkeit bzw. Langlebigkeit darstellt,[174] wobei üblicherweise ein Basisrisiko verbleibt.[175] Der

---

171 Vgl. Bohm / Waldvogel (2012), S. 343-344, S. 348; Donohue / MacLean / Peard (2009), S. 255; Blake / Cairns / Dowd (2006), S. 171-173; Dowd et al. (2006), S. 3-4. Die Bezeichnung als q-forward stammt aus der in der aktuariellen Praxis üblichen Notation von Sterblichkeitsraten mit dem Buchstaben „q". Der Austausch von fixen und realisierten Beträgen ist bei S-Forwards damit genau gegenläufig zu denen des q-forwards, da die Auszahlung auf Basis einer realisierten Überlebensrate einer Einzahlung auf Basis einer realisierten Sterblichkeitsrate entspricht.

172 Vgl. Coughlan et al. (2007), S. 2-3; Blake / Cairns / Dowd (2006), S. 172. Mortality Futures werden im Gegensatz zu Swaps an einer Börse gehandelt, haben aber aufgrund von Marktineffizienzen bislang kaum praktische Relevanz; vgl. Biffis / Blake (2009), S. 13; Blake / Cairns / Dowd (2006), S. 173-183.

173 Vgl. Biffis / Blake (2009), S. 11-13; Blake / Cairns / Dowd (2006), S. 172.

174 Die tatsächliche Sterblichkeitsrate ist dabei i. d. R. keine unternehmensspezifische Variable, sondern wird als Referenzrate auf Basis eines geeigneten Index bestimmt; vgl. Coughlan (2009), S. 270. Ein Beispiel für einen solchen Index ist der LifeMetrics-Index, mit dem sich die Sterblichkeitsraten für eine bestimmte Population ermitteln lassen. Die Population wird auf Basis demographischer und geographischer Variablen wie Alter, Geschlecht, und Lebensregion determiniert.

175 Vgl. Biffis / Blake (2009), S. 14-15. Geht es um die Absicherung von Zahlungsströmen (Cash Flow Hedge) wird meist ein entschädigungsbezogener Trigger zugrunde gelegt, der im Prinzip einem traditionellen Versicherungsvertrag entspricht (Customised Hedge). Steht dagegen die Absicherung des Werts der Verpflichtungen im Mittelpunkt (Value Hedge), wird meist ein nicht entschädigungsbezogener Trigger angewendet (Standardised Hedge), so dass i. d. R. ein Basisrisiko verbleibt.

Wert der Verpflichtung wird so gegen Veränderung der Langlebigkeits- bzw. Sterblichkeitsraten immunisiert („Lock-in").[176] Ist die tatsächliche Sterblichkeitsrate (Referenzrate) niedriger als die fixe Sterblichkeitsrate, resultiert aufgrund der geringeren Sterblichkeit bzw. höheren Langlebigkeit ein Anstieg der Verpflichtung. Dieser Anstieg wird durch die dann fällige Nettozahlung vom Stillhalter in Höhe des Betrages, der die Differenz zwischen den beiden Raten reflektiert, kompensiert. Ist die tatsächliche Sterblichkeitsrate (Referenzrate) dagegen höher als die fixe Sterblichkeitsrate, resultiert daraus aufgrund der höheren Sterblichkeit bzw. geringeren Lebenserwartung ein Rückgang der Verpflichtung.[177] Der Effektivität des Absicherungsmechanismus bzw. der Eliminierung des Basisrisikos kommt hier eine entscheidende Bedeutung zu.[178]

2.3.4 Contingent Capital

2.3.4.1 Grundstruktur

Bei Contingent-Capital-Transaktionen hat ein Versicherungsunternehmen das Recht, nach dem Eintritt eines Schadenereignisses, das zugleich negative Auswirkungen auf das Eigenkapital oder andere Bilanzwerte bzw. -kennzahlen hat, temporär Eigen- oder Fremdkapital zu vorab vereinbarten Konditionen aufzunehmen.[179] Die Kapitalzuführung hängt damit vom Eintritt eines versicherungstechnischen Risikoereignisses ab und stellt die Aufrechterhaltung der Kapitalbasis und der Liquidität in Situationen – wie bspw. dem Eintritt eines Naturkatstrophenereignisses – sicher, in denen die Kapitalaufnahme sonst sehr teuer oder gar unmöglich sein kann.[180] Gerade nach Großschadenereignissen sind zur Begleichung der Verpflichtungen aus den Erstversicherungsverträgen eine Aufzehrung des Eigenkapitals und ein damit verbundener Rückgang des Aktienkurses zu erwarten, so dass gleichzeitig

176 Vgl. Bertschi / Gintschel / Munaretto (2010), S. 42-45; Coughlan (2009), S. 273-274; Coughlan et al. (2007), S. 2. Ein Beispiel hierfür sind q-forwards bzw. Mortality Swaps. Ein q-forward ist ein Vertrag, bei dem zwei Vertragsparteien vereinbaren, zu einem zukünftigen Datum (Fälligkeitsdatum) einen Betrag, der von der tatsächlichen Sterblichkeitsrate einer bestimmten Population abgeleitet wird, gegen einen Betrag auszutauschen, der von einer fixen, zu Vertragsbeginn vereinbarten Sterblichkeitsrate abgeleitet wird. Am Fälligkeitsdatum erfolgt (mittels tatsächlicher Austauschmöglichkeit) ein Nettoausgleich, der sich aus der Differenz zwischen der fixen und der tatsächlichen Sterblichkeitsrate proportional ermitteln lässt.

177 Vgl. Coughlan (2009), S. 271.

178 Vgl. Coughlan et al. (2011), S. 154-159.

179 Vgl. Culp (2005), S. 388-389; Albrecht / Schradin (1998), S. 589-590.

180 Vgl. Cummins (2012), S. 47. Insofern handelt es sich bei Contingent Capital um eine Form der Schadenfinanzierung, nachdem das Schadenereignis eingetreten ist (Post Loss Financing). Die Transaktion weist damit Ähnlichkeiten zu einem Spread-Loss-Vertrag auf.

die Bereitstellung neuer Finanzmittel erforderlich sein kann.[181] Typischerweise handelt es sich bei Contingent Capital um die Aufnahme von Kapital durch die Emission von rückzahlbaren stimmrechtslosen Vorzugsaktien (Loss Equity Put) oder Fremdkapital (Contingent Surplus Notes), welches aufgrund bestimmter Ausstattungsmerkmale eigenkapitalähnlichen Charakter haben kann.[182] Die Grundstruktur einer Contingent-Capital-Transaktion veranschaulicht Abbildung 15.[183]

Abbildung 15: Grundstruktur einer Contingent-Capital-Transaktion (Quelle: In Anlehnung an BANKS (2004), S. 137, S. 140)

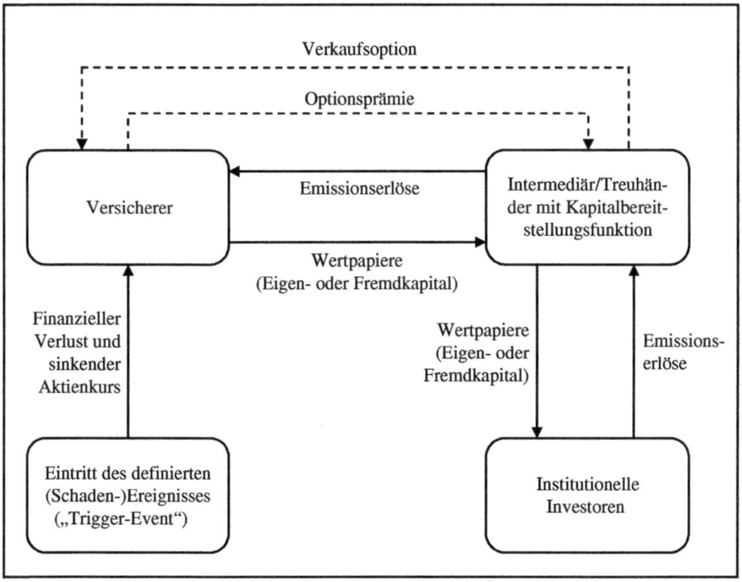

Stimmrechtslose Vorzugsaktien haben gegenüber Stammaktien den Vorteil, dass durch die Kapitalaufnahme die gesellschaftsrechtlichen Eigentümerstrukturen unberührt bleiben und dass sie zu keiner Gewinnverwässerung führen. Bei eigenkapitalähnlichem Fremdkapital handelt es sich um Kapital, dass aufgrund bestimmter aufsichtsrechtlicher Vorschriften für eine Behandlung als Genussrechtskapital oder nachrangige Verbindlichkeiten qualifiziert und somit als Eigenmittel zur Bedeckung der Solvenzkapitalanforderungen herangezogen werden kann.

181 Vgl. HELABA (2007), S. 10.

182 Vgl. LIEBWEIN (2009), S. 503-505; DORFMAN (2008), S. 328-329; NGUYEN (2007b), S. 327; HELABA (2007), S. 10; NGUYEN (2007b), S. 327; ZIETSCH (2005), S. 364-366; BANKS (2004), S. 137, S. 141-142; ALBRECHT / SCHRADIN (1998), S. 589-590.

183 Vgl. BANKS (2004), S. 137, S. 140.

Das Versicherungsunternehmen, das Contingent-Capital-Transaktionen einsetzt, befindet sich in der Position des Erwerbers einer Verkaufsoption (Long Put), wobei üblicherweise ein Intermediär bzw. Treuhänder die Kapitalbereitstellung seitens der Investoren organisiert.[184] Für das Recht, bei Eintritt eines definierten versicherungstechnischen Ereignisses das Kapital zu den vorvereinbarten Konditionen aufnehmen zu dürfen, entrichtet es eine Optionsprämie. Der die Kapitalaufnahme auslösende Mechanismus kann sich damit auf die tatsächlichen durch den Eintritt des Schadenereignisses verursachten Verluste des Versicherungsunternehmens beziehen (entschädigungsbezogener Trigger) oder aber von einer externen Variablen, wie einem Schadenindex, abhängen (nicht entschädigungsbezogener Trigger), wobei i. d. R. zusätzlich als weitere Voraussetzung der Aktienkurs des Unternehmens unter ein bestimmtes Niveau fallen muss bzw. ein Eigenkapitalrückgang aufgrund der Erfüllung der Verpflichtungen aus dem Schadenereignis verbunden sein muss.[185]

2.3.4.2 Einsatzmöglichkeiten

Contingent-Capital-Transaktionen eignen sich insbesondere als Mittel des Post Loss Financing, da zu erwarten ist, dass sich Kapitalmarktkonditionen als Folge des Eintritts eines versicherungstechnischen Ereignisses unvorteilhaft entwickeln. Insofern garantieren die vorher vereinbarten Konditionen eine günstige Kapitalaufnahme, da davon auszugehen ist, dass die Kosten der Kapitalaufnahme im Nachgang eines Großschadenereignisses vergleichsweise hoch sind. Zudem wird durch die bedingte Kapitalaufnahme eine Kapitalbindung vor Eintritt des Schadenereignisses – wie bei traditionellen Rückversicherungslösungen – vermieden, was zu einer Reduzierung der Kapitalkosten beiträgt. Auch in Bezug auf die Vermeidung von Informationsasymmetrien zwischen dem Versicherer und den Investoren stellt der Aktienkursrückgang bzw. Eigenkapitalrückgang als Folge des Schadenereignisses einen objektiven Maßstab dar. Zugleich ist die Organisation der Kapitalbereitstellung seitens der Investoren jedoch sehr aufwendig und erhöht die Transaktionskosten. Insofern sind Contingent-Capital-Transaktionen insbesondere zur Absicherung der Auswirkungen von Schadenereignissen – wie bspw. Naturkatastrophen – geeignet, die die Kapitalbasis eines Unternehmens extrem belasten würden.

---

184 Vgl. Banks (2004), S. 137.

185 Vgl. Helaba (2007), S. 10; Culp (2005), S. 388.

3 Aufsichtsrechtliche Grundlagen des Alternativen Risikotransfers

3.1 Zulässigkeit des Einsatzes Alternativer Risikotransferinstrumente

Die Zulässigkeit des Einsatzes von Alternativen Risikotransferinstrumenten ist für Erstversicherungsunternehmen aus § 7 VAG und für Rückversicherungsunternehmen aus § 120 VAG abzuleiten. Da das Versicherungsaufsichtsrecht vorrangig das Ziel verfolgt, die Ansprüche der Versicherungsnehmer bzw. Zedenten zu schützen, orientiert sich die Frage der Zulässigkeit grundsätzlich daran, ob ihr Einsatz in deren Interesse ist.[186] Die Zulässigkeit des Einsatzes Alternativer Risikotransfermaßnahmen darf dabei vermutet werden, wenn die Entscheidung zu der Transaktion von einem hinreichend informierten Vorstand getroffen wird, die Transaktion innerhalb der Grenzen der Satzung und des geltenden Rechts abgeschlossen wurde und ex ante dem Wohl der Versicherungsnehmer bzw. Zedenten dient.[187]

Erstversicherungsunternehmen dürfen neben Versicherungsgeschäften nur solche Geschäfte betreiben, die damit in unmittelbarem Zusammenhang stehen (§ 7 Abs. 2 S. 1 VAG) und somit kein versicherungsfremdes Geschäft darstellen. Ein solcher Zusammenhang wird grundsätzlich nur angenommen, wenn damit kein zusätzliches finanzielles Risiko verbunden ist (§ 7 Abs. 2 S. 4 VAG). Hintergrund dieser Regelung ist, dass eine Gefährdung der Leistungsansprüche der Versicherungsnehmer durch die Übernahme von Risiken, die nicht zwangsläufig mit dem Betrieb des Versicherungsgeschäfts verbunden sind, verhindert werden soll.[188] Der Einsatz von derivativen Finanzinstrumenten ist explizit jedoch nur gestattet, soweit es sich um Hilfsgeschäfte im Rahmen des Kapitalanlagemanagements zur Absicherung gegen Kurs- und Zinsänderungsrisiken aus vorhandenen Wertpapieren, zum zukünftigen Erwerb von Wertpapieren oder zur zusätzlichen Ertragserzielung aus vorhandenen Wertpapieren handelt und eine Unterdeckung des gebundenen Vermögens vermieden wird (§ 7 Abs. 2 S. 2 VAG).[189] In der Aufnahme von Fremdkapital wird – mit Ausnahme von Genussrechtskapital und nachrangigen Verbindlichkeiten i. S. d. § 53c Abs. 3c VAG – kein unmittelbarer Zusammenhang mit dem Versicherungsgeschäft gesehen (§ 7 Abs. 2 S. 3 VAG).[190] Für Rückversicherungsunternehmen ist lediglich die allgemeine Geschäftsbereichsbeschränkung zu beachten, wonach Rückversicherungsunternehmen nur Rückversicherungsgeschäfte und damit verbundene Geschäfte betreiben dürfen (§ 120 Abs. 1 S. 3 VAG). Weitere

186 Vgl. Laudage (2009), S. 52, S. 58.
187 Vgl. Laudage (2009), S. 75.
188 Vgl. Laars (2012), Rn. 2; Laudage (2009), S. 53.
189 Vgl. Greiser (2010), S. 136.
190 Vgl. Greiser (2010), S. 136-138.

Beschränkungen existieren nicht, so dass durch einen informierten Vorstand ex ante entschieden werden muss, ob der Einsatz von Alternativen Risikotransferinstrumenten die Ansprüche der Zedenten gefährden kann. Ist dies nicht der Fall, liegt kein versicherungsfremdes Geschäft vor und die Transaktion ist zulässig.[191]

Vor dem Hintergrund dieser Vorschriften stellt sich für Erstversicherer, die Insurance-Linked Securities im Rahmen einer direkten Emission einsetzen möchten, die Frage, ob darin eine verbotene Kreditaufnahme i. S. d. § 7 Abs. 2 S. 3 VAG zu sehen ist.[192] Nach dem Wortlaut des Gesetzes könnte dies der Fall sein, da es sich bei einer direkten Emission formal um eine Fremdkapitalaufnahme in Form einer Anleihe handelt und nicht um einen Rückversicherungsvertrag oder eine nachrangige Verbindlichkeit. Allerdings sind bei Insurance-Linked Securities mit entschädigungsbezogenen Triggern – anders als bei einer klassischen Fremdkapitalaufnahme – das Kapital und/oder die Zinsen schadenverlaufsabhängig und stehen dem Versicherungsunternehmen im Schadenfall zur Verfügung. Sie dienen damit dem Wohle der Versicherungsnehmer und der dauernden Erfüllbarkeit von deren Ansprüchen. Bei einer Ausgestaltung mit nicht entschädigungsbezogenen Triggern kann dies allerdings bezweifelt werden, da hier aufgrund des Basisrisikos die Möglichkeit besteht, dass das Versicherungsunternehmen einen Schaden erleidet, aber der Trigger, der die Leistungspflicht auslösen sollte, nicht greift. Auch lässt sich aus dem Umstand, dass die Aufnahme von Genussrechtskapital und nachrangigen Verbindlichkeiten gestattet ist und somit nicht jede Form der Fremdkapitalaufnahme mit der Geschäftstätigkeit eines Versicherungsunternehmens per se unvereinbar ist, argumentieren, dass der Einsatz von Insurance-Linked Securities mit entschädigungsbezogenen Triggern im Rahmen einer Direktemission für Erstversicherungsunternehmen zulässig ist. Vorbehaltlich der Genehmigung durch die Aufsichtsbehörde ist für Erstversicherer die indirekte Emission über eine Versicherungszweckgesellschaft i. S. d. § 121g VAG jedoch explizit erlaubt. Für Rückversicherungsunternehmen ist sowohl die direkte als auch die indirekte Emission grundsätzlich zulässig, sofern ex ante keine zusätzliche Gefahr für die Ansprüche der Zedenten gegeben ist.[193]

Eine Versicherungszweckgesellschaft ist definiert als eine Kapitalgesellschaft oder andere Personengesellschaft mit Sitz oder Hauptverwaltung im Inland, die kein bestehendes Erst- oder Rückversicherungsunternehmen ist und Risiken von Erst- oder Rückversicherungsunternehmen übernimmt (§ 121g Abs. 1 S. 1 VAG). Dabei sichert sie die Schadenrisiken vollständig über die Emission von Schuldtiteln oder einen anderen Finanzierungsmechanismus ab, wobei die Rückzahlungsansprüche der Darlehensgeber oder der Finanzierungsmechanismus den Rückversicherungsverpflichtungen der Gesellschaft nachgeordnet sind (§ 121g Abs. 1 S. 1 VAG). Die Laufzeit der Schuldtitel oder des anderen Finanzierungsmechanismus

191 Vgl. LAUDAGE (2009), S. 75-79, S. 123.
192 Vgl. GREISER (2010), S. 138-139 bejahend; LAUDAGE (2009), S. 111 ablehnend.
193 Vgl. LAUDAGE (2009), S. 111-115.

muss derjenigen des Rückversicherungsvertrags mindestens entsprechen (§ 121g Abs. 1 S. 2 VAG). Klargestellt wird dadurch, dass die Versicherungszweckgesellschaft lediglich als risikoübernehmendes, nicht jedoch als risikoabgebendes Unternehmen Vertragspartner eines formalen Rückversicherungsvertrags sein kann.[194] Weder die Versicherungszweckgesellschaft selbst noch die Investoren betreiben dabei aufgrund der üblicherweise begrenzten Tätigkeit das Versicherungsgeschäft i. S. d. Versicherungsaufsichtsgesetzes.[195] Für die Zwecke der Finanzaufsicht werden Versicherungszweckgesellschaften mit Rückversicherungsunternehmen gleichgestellt (§ 121g Abs. 2 VAG i. V. m. § 121a Abs. 4 VAG). Demnach haben Versicherungszweckgesellschaften u. a. ebenfalls die Bildung ausreichender versicherungstechnischer Rückstellungen und die Einhaltung der kaufmännischen Grundsätze nachzuweisen.

Insurance Derivatives, die mit einem nicht entschädigungsbezogenen Trigger ausgestattet sind, sind derivative Finanzinstrumente. Bei Erstversicherungsunternehmen wird für sie ein unmittelbarer Zusammenhang mit dem Versicherungsgeschäft und damit ihre Zulässigkeit nur bei den in § 7 Abs. 2 S. 2 VAG genannten Einsatzzwecken angenommen, so dass nach dem Gesetzeswortlaut der Einsatz von Insurance Derivatives für Erstversicherungsunternehmen nicht gestattet ist. Selbst im Rahmen der genannten zulässigen Einsatzzwecke sind derivative Finanzinstrumente auf einen Wertpapierindex nur dann erlaubt, wenn nachweislich eine nahezu vollständige Korrelation zwischen den Wertänderungen des abgesicherten Bestands an Vermögenswerten und der Änderung des Wertpapierindex besteht.[196] Selbst wenn man bei wirtschaftlicher Betrachtung diese Regel auf Insurance Derivatives analog anwenden möchte, muss für deren aufsichtsrechtliche Zulässigkeit ein nahezu vollständiger Zusammenhang zwischen der tatsächlichen Schadenerfahrung und dem versicherungstechnischen Basiswert nachgewiesen werden können.[197] Selbst wenn dies gelingt, ist die Zulässigkeit aufgrund der in § 7 Abs. 2 S. 2 VAG explizit genannten Einsatzzwecke zumindest zweifelhaft.[198] Gleiches gilt daher für Insurance Derivatives, die, wie im Fall von Industry Loss Warranties, mit einem entschädigungsbezogenen Trigger kombiniert werden, der eine Entschädigung nur bei Überschreiten eines bestimmten Marktschadenswerts bei gleichzeitig tatsächlich eingetretenen eigenen Verlusten in einer definierten Höhe vorsieht.[199] Für Rückversicherungsunternehmen ist der Einsatz von Insurance Derivatives sowohl mit entschädigungsbezogenem als auch mit nicht entschädigungsbezogenem

---

194 Bei wirtschaftlicher Betrachtung kann eine Verbriefungstransaktion mittels einer Versicherungszweckgesellschaft wie ein Rückversicherungsvertrag wirken und ist daher von ihr als solcher zu bilanzieren; vgl. Abschnitt 5.1.

195 Vgl. ARHOLD (2008), S. 8-9.

196 Vgl. BAV (2000), A.II.5.

197 Vgl. LAUDAGE (2009), S. 121; STRUBE (2001), S. 72-73, S. 101-102; GRANDI / MÜLLER (2000), S. 610-612.

198 Vgl. ZAPP (2011), S. 144.

199 Vgl. Abschnitt 6.1.

Trigger jedoch grundsätzlich zulässig, sofern sie als ein mit dem Rückversicherungsgeschäft verbundenes Geschäft eingestuft werden und ihr Einsatz im Interesse des Zedenten ist bzw. dessen Ansprüche nicht gefährdet.

Der Einsatz von Contingent-Capital-Transaktionen ist für Erstversicherungsunternehmen gestattet, sofern es sich dabei um die Aufnahme von Genussrechtskapital bzw. nachrangigen Verbindlichkeiten handelt und zusätzlich die aufsichtsrechtlichen Kriterien für eine Klassifizierung als Eigenmittel erfüllt sind (§ 53c Abs. 3c VAG). Für Rückversicherungsunternehmen gilt wiederum nur die generelle Anforderung, dass es sich dabei um ein mit dem Rückversicherungsgeschäft verbundenes Geschäft handeln muss, das mit den Interessen der Zedenten im Einklang steht.

3.2 Berücksichtigung bei der Ermittlung der Solvabilität

3.2.1 Soll-Solvabilität

Im Mittelpunkt des Versicherungsaufsichtsrechts steht der Gedanke, dass ein Versicherungsunternehmen seine Verluste durch einen „kompensatorischen Bestand an haftendem Kapital"[200] ausgleichen kann, wodurch die Existenz des Versicherers und damit die dauernde Erfüllbarkeit der Ansprüche aus Versicherungsverträgen sichergestellt werden soll.[201] Dieser Kapitalbetrag, der freie unbelastete Eigenmittel repräsentiert (Ist-Solvabilität), muss mindestens dem Betrag entsprechen, der sich aus der Summe aus Solvabilitätsspanne, Garantiefonds und Mindestgarantiefonds (Soll-Solvabilität) ergibt. Die Ermittlung dieser Größen basiert mit Ausnahme des Mindestgarantiefonds – der einen absoluten Betrag in Abhängigkeit des betriebenen Versicherungszweigs darstellt – auf den versicherungstechnischen Positionen des handelsrechtlichen Jahresabschlusses.[202]

Risikomindernde Effekte werden bei der Ermittlung der Soll-Solvabilität in Form der Selbstbehaltsquote bei der Ermittlung des Beitrags- und Schadenindexes der Solvabilitätsspanne berücksichtigt. Die Selbstbehaltsquote wird als Quotient aus den Nettoaufwendungen für Versicherungsfälle bezogen auf die Bruttoaufwendungen für Versicherungsfälle ermittelt, wobei die Selbstbehaltsquote auf dem Durchschnitt der Werte der letzten drei Geschäftsjahre basiert und bei Schaden-/Unfall-Versicherungsunternehmen mit mindestens 50 % angesetzt wird (§ 1 Abs. 2

200 Greiser (2010), S. 171.

201 Vgl. Farny (2011), S. 811-812; Greiser (2010), S. 171-172.

202 Vgl. § 53c Abs. 4 VAG; § 53c Abs. 1 VAG i. V. m. § 1 Abs. 1 KapAusstV. Zur Berechnung der Soll- und der Ist-Solvabilität bei Schaden-/Unfallversicherungs- und Lebensversicherungsunternehmen sowie Rückversicherungsunternehmen vgl. Rockel et al. (2012), S. 339-342; Farny (2011), S. 817-827; Nguyen (2008), S. 852-856. Die Solvabilitätsberechnung bei Rückversicherungsunternehmen erfolgt aufsichtsrechtlich wie bei Schaden-/Unfallversicherungsunternehmen.

S. 6 KapAusstV).[203] Somit entspricht dies gleichzeitig einer maximalen Reduzierung der Soll-Solvabilität durch Rückversicherungsnahme von 50 %.[204] Alternative Risikotransferinstrumente können daher bei der Ermittlung der Soll-Solvabilität berücksichtigt werden, soweit sie die Nettoaufwendungen für Versicherungsfälle mindern können.[205] Die Risikoübertragung auf Versicherungszweckgesellschaften kann dabei vorbehaltlich der Genehmigung durch die Versicherungsaufsichtsbehörde explizit bei der Ermittlung der Soll-Solvabilität und als gebundenes Vermögen berücksichtigt werden, sofern die damit verbundenen aufsichtsrechtlichen Anforderungen erfüllt sind (§ 121g VAG i. V. m. § 1 Abs. 2 S. 8 u. S. 9 KapAusstV; § 4 Abs. 1 S. 13 KapAusstV; § 66 Abs. 6a VAG).[206] Um die Soll-Solvabilität mindern zu können, muss der Einsatz von Alternativen Risikotransferinstrumenten daher wie ein traditioneller Rückversicherungsvertrag wirken und in den versicherungstechnischen Positionen der Bilanz sowie der Gewinn- und Verlustrechnung abgebildet werden.[207] Dies ist dann der Fall, wenn eine Transaktion für eine bilanzielle Behandlung als Rückversicherungsvertrag qualifiziert, was sowohl ein versicherbares Interesse des Versicherungsnehmers bzw. des Zedenten, durch das die ökonomische Motivation zum Transfer von Versicherungsrisiko zum Ausdruck kommt, als auch den hinreichenden Transfer von Versicherungsrisiko in Form von Zahlungshöhe- und von Zahlungszeitpunktrisiko voraussetzt.[208] Nach deutschem Aufsichtsrecht ist für eine Anerkennung bei der Soll-Solvabilität ein entschädigungsbezogener Trigger erforderlich, da nur dieser mit dem Originalrisiko des Versicherungsnehmers bzw. dem Originalportfolio des Zedenten verknüpft ist und

---

203 In der Lebensversicherung setzt sich die Solvabilitätsspanne aus mehreren Einzelergebnissen zusammen, wobei die Selbstbehaltsquote je nach Teilergebnis mindestens 85 % der mathematischen Bruttoreserven oder 50 % des Bruttorisikokapitals betragen kann; vgl. Farny (2011), S. 821-822; § 4 Abs. 1 KapAusstV.

204 Vgl. Hartung / Helten (2004), S. 294-295. Bei Lebensversicherungsunternehmen basiert die Selbstbehaltsquote auf den Netto- und Bruttowerten der mathematischen Reserven (Deckungsrückstellungen und Beitragsüberträge abzgl. Kostenanteile) als Ausdruck des Kapitalanlagerisikos bzw. auf dem Risikokapital (Versicherungssumme abzgl. der Deckungsrückstellungen und Beitragsüberträge inkl. der Kostenanteile) als Maß für das versicherungstechnische Risiko; vgl. § 4 Abs. 1 KapAusstV. Die anrechenbare Rückversicherungsnahme ist bei Lebensversicherungsunternehmen geringer als bei Schaden-/Unfallversicherern.

205 Vgl. Strube (2001), S. 84-85; Reissaus / Wambach (2000), S. 649.

206 Laudage (2009), S. 202; Weber-Rey / Baltzer (2007), S. 2190-2191.

207 Vgl. BaFin (2008), S. 6-7; Richtlinie 2005/68 EG, Richtlinie 2002/83/EG, Richtlinie 2002/13/EG.

208 Vgl. Dreher / Lange (2009), S. 195-196; Trafkowski (2009), S. 133-139; Sauer (2005), S. 1815. Die Übertragung von versicherungstechnischem Risiko muss dabei im Vordergrund stehen und darf nicht zugunsten einer Finanzierungsfunktion von nur untergeordneter Bedeutung sein; vgl. § 6 Abs. 2 PrüfV.

somit zu einer Entlastung der aus den Erstversicherungsverträgen resultierenden tatsächlichen Schadenbelastung führt.[209]

Zudem muss durch den Alternativen Risikotransfer versicherungstechnisches Risiko in hinreichendem Maße übertragen werden (§ 121e Abs. 2 VAG i. V. m. §§ 2 u. 4 FinRVV). Ob in diesem Sinn ein hinreichender Risikotransfer vorliegt, ist durch einen Risikotransfertest festzustellen, durch den nachzuweisen ist, dass der Rückversicherer durch die Übernahme von Versicherungsrisiko bzgl. der Zahlungshöhe und der Zahlungszeitpunkte mit einer Mindestwahrscheinlichkeit einen nicht unerheblichen Verlust erleiden wird. Der erwartete Verlust des (Rück-) Versicherers (Expected Reinsurer's Deficit, ERD) – ermittelt als der Erwartungswert der mit den jeweiligen Eintrittswahrscheinlichkeiten gewichteten möglichen Nettoverlusten aus den Zahlungsströmen zwischen den Vertragsparteien auf Barwertbasis – muss dabei in der Nichtlebensversicherung mindestens 1 % des erwarteten Beitrags betragen (§ 4 Abs. 2 Nr. 1 FinRVV).[210] Ein hinreichender Risikotransfer liegt nicht vor, wenn der rückversicherte Anteil die Originalbedingungen so verändert, dass ein Verlust des Rückversicherers während der Vertragslaufzeit in keinem Fall eintreten kann, oder wenn der Vorversicherer aufgrund des Rückversicherungsvertrags verpflichtet ist, einen eventuell auftretenden Verlust des Rückversicherers vollständig auszugleichen (§ 4 Abs. 2 FinRVV). In der Lebensversicherung wird für den Risikotransfertest kein konkreter Schwellenwert vorgegeben (§ 4 Abs. 3 FinRVV), da sich hier der Barwert der Beiträge nicht als Vergleichsmaßstab für die Signifikanz von Verlusten eignet.[211]

---

209 Nicht entschädigungsbezogene Trigger werden unter dem gegenwärtigen Aufsichtsrecht nicht als Rückversicherung anerkannt, da sie nicht primär auf das Sicherheitsinteresse der Versicherten abstellen; vgl. Laudage (2009), S. 115-116; Nicolaides et al. (2009), S. 341-342, S. 348. Zur aufsichtsrechtlichen Anerkennung von nicht entschädigungsbezogenen Triggern vgl. Laudage (2009), S. 115-116. Auch nach IFRS und US-GAAP erfolgt die Bilanzierung als Rückversicherung; vgl. Gatzert / Kellner (2011), S. 143.

210 Der erwartete Beitrag repräsentiert dabei den Erwartungswert der mit den jeweiligen Eintrittswahrscheinlichkeiten gewichteten Barwerte der an den (Rück-) Versicherer zu leistenden Beiträge und sonstigen Leistungen; vgl. § 4 Abs. 2 Nr. 1 FinRVV. Ein hinreichender Risikotransfer kann trotz Unterschreiten der 1 %-Grenze jeweils gegeben sein, wenn der rückversicherte Anteil den Originalbedingungen des Vorversicherers folgt oder diese zum Nachteil des Rückversicherers verändert werden und ein versicherungstechnischer Risikotransfer gegeben ist; vgl. § 4 Abs. 2 Nr. 2 FinRVV. Zu den Hintergründen der Quantifizierung des Risikos und der Herleitung der 1 %-Grenze vgl. Sauer (2005), S. 1815-1820. Die 1 %-Grenze des ERD kann als ein Szenario interpretiert werden, in dem (i. S. d. Produktregel) ein 10%iger Verlust mit 10%iger Wahrscheinlichkeit eintritt; vgl. Rockel et al. (2012), S. 291-296; Dreher / Lange (2009), S. 196-197; IAIS (2006), S. 45-51; Sauer (2005), S. 1818-1819; Ruhm / Brehm (2007), S. 11-14.

211 Vgl. Fassbender (2008), S. 6-7.

Vor dem Hintergrund dieser Vorschriften sind Insurance-Linked Securities, die auf einem entschädigungsbezogenen Trigger basieren und den Risikotransfertest bestehen, aufsichtsrechtlich als Rückversicherungsvertrag zu klassifizieren und sind daher geeignet, die Soll-Solvabilität zu mindern. Explizit zulässig sind dabei Rückversicherungstransaktionen, bei denen Versicherungsrisiken auf Versicherungszweckgesellschaften übertragen werden.[212] Insurance Derivatives und Industry Loss Warranties qualifizieren aufgrund des verbleibenden Basisrisikos aufsichtsrechtlich nicht für eine Behandlung als Rückversicherungsvertrag und mindern die Soll-Solvabilität daher nicht.[213]

Gleiches gilt für Contingent-Capital-Transaktionen, bei denen es sich nicht um Rückversicherungsbeziehungen, sondern um Finanzierungsgeschäfte handelt, bei denen es nicht ex ante zu einer Erleichterung der Risikoposition, sondern ex post zu einer Aufstockung des Risikopuffers kommt.[214]

3.2.2 Ist-Solvabilität

Für die Berücksichtigung von Alternativen Risikotransferinstrumenten bei der Ist-Solvabilität muss ihr Einsatz freie unbelastete Eigenmittel i. S. d. § 53c Abs. 1 VAG generieren, um die dauernde Erfüllbarkeit der Verträge sicherzustellen. Als Eigenmittel kommen aus dem handelsrechtlichen Jahresabschluss nur das Eigenkapital, wie das eingezahlte Grundkapital, Kapital- und Gewinnrücklagen sowie der Gewinnvortrag nach Abzug von auszuschüttenden Dividenden, oder eigenkapitalähnliche Posten, wie Genussrechtskapital und nachrangige Verbindlichkeiten, in Betracht (§ 53c Abs. 3 VAG). Gleichzeitig wird die Zurechenbarkeit von Genussrechtskapital und nachrangigen Verbindlichkeiten auf 50 % der Eigenmittel und 50 % der Solvabilitätsspanne begrenzt, wobei maximal 25 % auf nachrangige Darlehen mit fester Laufzeit entfallen dürfen (§ 53c Abs. 3c VAG).

Die Anforderungen an Genussrechtskapital beinhalten (§ 53c Abs. 3a VAG), dass das Kapital bis zur vollen Höhe am Verlust teilnimmt und dass das Versicherungsunternehmen verpflichtet ist, im Fall eines Verlusts die Zinszahlungen aufzuschieben. Zudem wird Genussrechtskapital im Insolvenzfall erst nach Befriedigung der Ansprüche aller nicht nachrangigen Gläubiger zurückgezahlt und muss dem Versicherungsunternehmen grundsätzlich für mindestens fünf Jahre, ohne Kündigungsrechte des Gläubigers, zur Verfügung gestellt werden. Die Restlaufzeit muss für eine Qualifizierung als Genussrechtskapital mindestens zwei Jahre betragen und der Gläubiger vom Versicherungsunternehmen in Textform auf die

---

212 Vgl. Abschnitt 3.1; Zhu (2009), S. 131-132; Arhold (2008), S. 10-11.

213 Vgl. Laudage (2009), S. 203-205; Zhu (2009), S. 133-134. In der englischsprachigen Literatur wird teilweise auch die Ansicht vertreten, dass die Anerkennung als Rückversicherung für Zwecke der Ermittlung der Solvabilität von dem Ausmaß des verbleibenden Basisrisikos abhängt; vgl. Cummins (2012), S. 48-49; Cummins / Weiss (2009), S. 511-512.

214 Vgl. Laudage (2009), S. 202-203.

mit der Klassifizierung als Genussrechtskapital verbundenen Rechtsfolgen hingewiesen werden.

Die Anforderungen für nachrangige Verbindlichkeiten (§ 53c Abs. 3b VAG) verlangen, dass das Kapital im Fall der Eröffnung des Insolvenzverfahrens oder der Liquidation des Versicherungsunternehmens erst nach Befriedigung aller nicht nachrangigen Gläubiger zurückerstattet wird und grundsätzlich für die Dauer von mindestens fünf Jahren zur Verfügung gestellt wird. Zudem muss die Aufrechnung eines Rückerstattungsanspruchs gegen Forderungen des Versicherungsunternehmens ausgeschlossen sein und es dürfen keine vertraglichen Sicherheiten für die Verbindlichkeiten durch das Versicherungsunternehmen oder durch Dritte gestellt sein. Die Restlaufzeit der nachrangigen Verbindlichkeiten muss mindestens ein Jahr betragen, wobei bei einer Restlaufzeit von weniger als zwei Jahren nur noch eine Eigenmittelzurechnung zu 40 % möglich ist.

Vor dem Hintergrund dieser Regelungen sind Insurance-Linked Securities bei der Ist-Solvabilität nur anrechenbar, wenn die Kapitalaufnahme zu nachrangigen Verbindlichkeiten für den Emittenten führen würde. Dabei ist jedoch zu beachten, dass bei einer Ausgestaltung als Coupon at Risk eine vertragliche Sicherheit von dem Versicherungsunternehmen gestellt wird, den Kapitalbetrag am Laufzeitende wieder zurückzuzahlen, und somit das Kriterium für eine Klassifizierung als nachrangige Verbindlichkeit nicht erfüllt ist. Bei einem Principal at Risk könnte eine Ausgestaltung als nachrangige Verbindlichkeit, bspw. durch eine Emission mit verschiedenen Tranchen, die unterschiedliche Grade der Nachrangigkeit repräsentieren, in Betracht kommen. Insurance Derivatives sind bei der Ist-Solvabilität nicht zu berücksichtigen, da sie weder Eigenkapital noch Genussrechtskapital noch nachrangige Verbindlichkeiten darstellen.[215] Contingent-Capital-Transaktionen dagegen können prinzipiell als Eigenkapital, Genussrechtskapital oder nachrangige Verbindlichkeiten ausgestaltet sein und sind somit geeignet, die Ist-Solvabilität zu erhöhen.

3.3 Auswirkungen von Solvency II

3.3.1 Solvenzkapitalanforderung

Die gegenwärtigen Solvabilitätsvorschriften haben aus praktischer Sicht den Vorteil der Einfachheit und leichten Handhabung, da sie auf Größen des Jahresabschlusses aufsetzen. Aus risikotheoretischer Sicht sind sie allerdings als unzureichend zu kritisieren.[216] Unter dem geplanten Aufsichtsrecht Solvency II werden die verfügbaren Eigenmittel (Available Own Funds) den aufsichtsrechtlichen Kapitalanforderungen (Solvency Capital Requirement) gegenübergestellt, wobei

---

215 Vgl. Laudage (2009), S. 116-119; Zhu (2009), S. 132-133.
216 Vgl. Laudage (2009), S. 213-214; Rockel et al. (2012), S. 342.

Erstere die Letzteren mindestens bedecken müssen.[217] Daneben wird eine Mindestkapitalanforderung (Minimum Capital Requirement) formuliert, deren Unterschreiten Versicherungsnehmer und Anspruchsberechtigte einem unannehmbaren Risikoniveau aussetzen würde, und die mindestens 25 %, jedoch nicht mehr als 45 % der Solvenzkapitalanforderung betragen darf, wobei zudem absolute Wertuntergrenzen definiert werden.[218] Die Solvenzkapitalanforderung entspricht dabei einem Value at Risk der Basiseigenmittel mit einem Konfidenzniveau von 99,5 % über den Zeitraum eines Jahres und hat alle quantifizierbaren Risiken, denen ein Versicherungs- oder Rückversicherungsunternehmen ausgesetzt ist, zu berücksichtigen.[219] Dies umfasst mindestens das nicht lebensversicherungstechnische, das lebensversicherungstechnische und das krankenversicherungstechnische Risiko sowie das Markt-, das Kredit- und das operationelle Risiko.[220] Die Auswirkungen von Risikominderungstechniken sind bei der Berechnung der Solvenzkapitalanforderung zu berücksichtigen, sofern das Kreditrisiko und andere Risiken, die sich aus der Verwendung derartiger Techniken ergeben, in der Solvenzkapitalanforderung angemessen widergespiegelt sind.[221] Risikominderungstechniken umfassen dabei – unabhängig von ihrer rechtlichen Ausgestaltung und bilanziellen Behandlung – sämtliche Techniken, die es Versicherungs- und Rückversicherungsunternehmen erlauben, ihr gesamtes Risiko oder Teile davon auf eine andere Vertragspartei zu übertragen.[222] Erfasst werden dabei sowohl Risikominderungstechniken, die aus Rückversicherungstransaktionen resultieren, als auch solche, die aus Finanztransaktionen resultieren.[223]

Aufsichtsrechtlich werden damit neben der Rückversicherung auch andere Formen der Risikominderung mit gleicher wirtschaftlicher Wirkung – wie Alternative

---

217 Vgl. Dreher (2012), S. 383-389. Bei der Ermittlung der Solvenzkapitalanforderungen kann das Standardmodell oder ein von der Aufsichtsbehörde zu genehmigendes internes Voll- oder Teilmodell verwendet werden; vgl. Art. 112-113 Richtlinie 2009/138/EG.

218 Vgl. Art. 129 Richtlinie 2009/138/EG. Die Berechnung der Mindestkapitalanforderung erfolgt auf der Grundlage eines Value at Risk zum Konfidenzniveau von 85 %.

219 Vgl. Art. 101 Abs. 3 Richtlinie 2009/138/EG. In der Kapitalanforderung sind die laufende Geschäftstätigkeit als auch die in den folgenden zwölf Monaten erwarteten neuen Geschäfte zu berücksichtigen; Richtlinie 2009/138/EC des Europäischen Parlaments und des Europäischen Rats vom 25. November 2009, Erwägungsgrund 64. Dies entspricht einer Ruinwahrscheinlichkeit von 0,05 % innerhalb eines Jahres bzw. dass der Ruin statistisch nur einmal innerhalb eines 200-Jahre-Zeitraumes eintreten kann.

220 Vgl. Art. 101 Abs. 4 Richtlinie 2009/138/EG.

221 Vgl. Art. 101 Abs. 5 Richtlinie 2009/138/EG.

222 Vgl. Art. 13 Abs. 36 Richtlinie 2009/138/EG.

223 Über Risikominderungstechniken ist auch in dem RSFC (Report on Solvency and Financial Condition) gesondert zu berichten; vgl. Art. 51 Abs. 1c Richtlinie 2009/138/EG.

Risikotransferinstrumente – zugelassen, die im Gegensatz zum derzeit gültigen Aufsichtsrecht gleichermaßen auf die Kapitalanforderungen angerechnet werden können.[224] Rückversicherungsmaßnahmen und Risikominderungstechniken werden dabei als explizite Komponenten eines effektiven Risikomanagementsystems gesehen, das Versicherungs- und Rückversicherungsunternehmen nach aufsichtsrechtlichen Vorgaben zu etablieren haben.[225] Die Methoden und zugrundeliegenden Annahmen, mit denen die durch den Einsatz von Risikominderungstechniken verursachte Änderung des Risikoprofils – einschließlich ihrer Auswirkung auf die Solvenzkapitalanforderung – bewertet wird, sind zu dokumentieren.[226]

Die Risikominderungstechniken müssen dabei bestimmte qualitative Anforderungen erfüllen:[227] Effektivität des Risikotransfers, Vorrang wirtschaftlicher vor rechtlicher Betrachtungsweise, rechtliche Sicherheit, Wirksamkeit und Durchsetzbarkeit, korrekte Berücksichtigung bei der Berechnung der Solvenzkapitalanforderung sowie Berücksichtigung des Ausfallsrisikos des Anbieters der Risikominderungstechnik. Versicherungs- und Rückversicherungsunternehmen müssen nachweisen, dass tatsächlich versicherungstechnisches Risiko von dem Unternehmen auf eine dritte Partei übertragen wurde (Effektivität des Risikotransfers). Ein effektiver Risikotransfer wird in allen Situationen und Umständen unterstellt, in denen sich das Unternehmen auf den Risikotransfer verlassen können möchte.[228] Dabei ist der jeweilige Vertrag in seiner Gesamtheit einschließlich verwandter Vertragsbeziehungen (auch die zwischen Drittparteien) vor dem Hintergrund der gesamten Rechtsbeziehung zwischen Zedent und Zessionar zu würdigen.[229] Allein die Tatsache, dass das vom Rückversicherer übernommene Risiko hinsichtlich der Zahlungshöhe und des Zahlungszeitpunkts mehr als unwahrscheinlich (remote) ist, ist dabei nicht ausreichend.[230] Sofern eine Risikominderungstechnik Basisrisiko beinhaltet, darf sie bei der Ermittlung der Solvenzkapitalanforderung nicht berücksichtigt werden, es sei denn, das Basisrisiko ist nachweislich nicht wesentlich.[231] Daher können prinzipiell auch Transaktionen mit nicht entschädigungsbezogenem Trigger, wie Modellschaden-Trigger, die Solvenzkapitalanforderung mindern, sofern der Nachweis gelingt, dass dieser eine hohe Korrelation mit den

224 Vgl. Müller (2012), S. 27; Swiss Re (2011b), S. 1; Weber-Rey / Rhiel (2011), S. 253; Cummins / Trainar (2009), S. 489-490; Nicolaides et al. (2009), S. 355; Klein / Wang (2009), S. 627-628; Zhu (2009), S. 134-136.

225 Vgl. Art. 44 Abs. 2 Richtlinie 2009/138/EG.

226 Vgl. Richtlinie 2009/138/EC des Europäischen Parlaments und des Europäischen Rats vom 25. November 2009, Art. 111 Abs. 1(e).

227 Vgl. Richtlinie 2009/138/EC des Europäischen Parlaments und des Europäischen Rats vom 25. November 2009, Art. 111 Abs. 1(e), 1(f); CEIOPS (2009b), 3.9-3.19.

228 Vgl. CEIOPS (2009b), 3.42.

229 Vgl. CEIOPS (2009b), 3.45.

230 Vgl. CEIOPS (2009b), 3.44. Der begrenzte Risikotransfer (Finite Risk Transfer) wird in Art. 210 Abs. 3 Richtlinie 2009/138/EG angesprochen.

231 Vgl. CEIOPS (2009b), 3.46. Dies gilt explizit bei Anwendung der Standardformel.

zugrundeliegenden Originalrisiken aufweist und das Basisrisiko somit unwesentlich ist. Unabhängig von der rechtlichen Ausgestaltung und bilanziellen Abbildung sollen sich alle Risikominderungstechniken gleichermaßen auf die Solvenzkapitalanforderung auswirken (Vorrang der wirtschaftlichen vor der rechtlichen Betrachtungsweise).[232] Entscheidend ist, dass sich der Einfluss von Risikotransfermaßnahmen auf die Solvenzkapitalanforderung an der ökonomischen Wirkungsweise eines Instruments und nicht an dessen Form orientiert.[233] Die Vereinbarungen über den Einsatz von Risikominderungstechniken müssen zudem in allen für das Versicherungsunternehmen relevanten Jurisdiktionen in rechtlicher Hinsicht wirksam und durchsetzbar sein, um im Rahmen der Solvenzkapitalanforderung anrechenbar zu sein (rechtliche Sicherheit, Wirksamkeit und Durchsetzbarkeit). Zudem muss sichergestellt werden, dass Risikominderungstechniken nicht mehrfach bei der Berechnung der Solvenzkapitalanforderung berücksichtigt werden (korrekte Berücksichtigung bei der Berechnung der Solvenzkapitalanforderung).[234] Schließlich muss die Vertragspartei, die das Risikominderungsinstrument anbietet, selbst ihre Solvenzkapitalanforderung oder ein äquivalentes Maß (für Unternehmen, für die die Solvency II-Richtlinie nicht gilt) erfüllen (Berücksichtigung des Ausfallsrisikos des Anbieters der Risikominderungstechnik), damit die Risikominderungstechnik berücksichtigt werden kann.[235]

Wie auch nach dem derzeit gültigen Aufsichtsrecht dürfen Forderungen gegenüber Zweckgesellschaften explizit risikokapitalmindernd berücksichtigt werden.[236] Dabei muss die Risikoübernahme durch die Zweckgesellschaft durch einen Rückversicherungsvertrag oder einen Vertrag, der wie ein Rückversicherungsvertrag wirkt, erfolgen.[237] Die Kriterien für eine Anerkennung von Forderungen gegenüber Versicherungszweckgesellschaften sind vollständige Finanzierung, nachrangiger Anspruch der Investoren auf die Vermögenswerte der Versicherungszweckgesellschaft, Einhaltung des Prudent-Person-Prinzips, effektiver Risikotransfer sowie kein Regressanspruch der Investoren gegenüber dem Sponsor.[238] Die von der Versicherungszweckgesellschaft übernommenen Verpflichtungen sind vorab vollständig finanziert, was voraussetzt, dass der Emissionserlös aus der Verbriefungstransaktion der Versicherungszweckgesellschaft tatsächlich zugegangen sein muss, und nicht auf Garantien oder Bürgschaften basiert. Dies impliziert zudem, dass die

232 Vgl. CEIOPS (2009b), 3.48; Swiss Re (2011b), S. 1.
233 Vgl. Müller (2012), S. 27; Klein / Wang (2009), S. 629.
234 Vgl. CEIOPS (2009b), 3.54.
235 Vgl. CEIOPS (2009b), 3.57. Für Rückversicherungsanbieter, die weder der Richtlinie noch einer äquivalenten Aufsichtsregelung unterliegen, wird mindestens ein BBB-Rating gefordert, damit die Risikominderungstechnik berücksichtigt werden kann.
236 Vgl. Erwägungsgrund 91 Richtlinie 2009/138/EG; Art. 13 Abs. 26 Richtlinie 2009/138/EG.
237 Vgl. CEIOPS (2009c), 3.27.
238 Vgl. Weber-Rey / Rhiel (2011), S. 255-256; CEIOPS (2009c), 3.58.

Versicherungszweckgesellschaft nur Verträge mit einem klar definierten Maximalbetrag abschließen darf (vollständige Finanzierung). Die Emissionserlöse müssen außerdem zur Erfüllung der Verpflichtungen aus der Risikoübernahme zur Verfügung stehen, so dass die Ansprüche der Investoren bei Eintritt des Schadenereignisses gegenüber denen der Versicherungszweckgesellschaft bzw. denen des Sponsors nachgeordnet sein müssen (nachrangiger Anspruch der Investoren auf die Vermögenswerte der Versicherungszweckgesellschaft). Die Emissionserlöse sind von der Versicherungszweckgesellschaft in Vermögenswerte von hoher Qualität zu investieren und so anzulegen, dass sie die Laufzeit der Verpflichtungen widerspiegeln und hinsichtlich des Gegenparteiausfallrisikos hinreichend diversifiziert sind. Derivate Finanzinstrumente sollen von der Versicherungszweckgesellschaft nur eingesetzt werden, soweit sie der Risikominimierung bzw. dem effizienten Portfoliomanagement dienen (Prudent-Person-Prinzip). Voraussetzung für die Anerkennung der Forderungen gegen Versicherungszweckgesellschaften bei der Solvenzkapitalanforderung ist zudem, dass es sich um einen effektiven Risikotransfer handelt (Effektivität des Risikotransfers)[239] und die Ansprüche der Investoren allein gegenüber der Versicherungszweckgesellschaft, nicht jedoch gegenüber dem Sponsor bestehen (kein Regressanspruch der Investoren gegenüber dem Sponsor).

Vor diesem Hintergrund werden Insurance-Linked Securities auch unter Solvency II die Solvenzkapitalanforderung reduzieren können, sofern es sich dabei um einen effektiven Transfer von Versicherungsrisiko handelt. Der das Risiko abgebende Versicherer profitiert von geringeren Solvenzkapitalanforderungen, da sowohl das für das Versicherungsrisiko als auch das für das Kreditrisiko vorzuhaltende Solvabilitätskapital durch die Risikominderung und die vollständige Besicherung geringer ausfällt (insbesondere bei indirekter Emission).[240] Zudem scheint auch hinsichtlich der Trigger-Wahl im Vergleich zu den Regelungen des derzeit geltenden Aufsichtsrechts mehr Flexibilität gegeben zu sein, da auch Transaktionen mit nachweisbar nicht wesentlichem Basisrisiko grundsätzlich geeignet sein sollen, die Solvenzkapitalanforderungen zu vermindern. Die Herausforderung für Versicherungsunternehmen besteht dabei darin, die Unwesentlichkeit des Basisrisikos nachzuweisen.

Insurance Derivatives können die Solvenzkapitalanforderung vermindern, sofern auch hier der Nachweis eines effektiven Risikotransfers gelingt und die Transaktion bei wirtschaftlicher Betrachtung als Rückversicherung zu klassifizieren ist, was impliziert, dass beim Einsatz eines nicht entschädigungsbezogenen Triggers mit diesem kein wesentliches Basisrisiko verbunden ist.[241]

Contingent-Capital-Transaktionen haben keine reduzierende Auswirkung auf die Solvenzkapitalanforderung des Versicherungsunternehmens, da es sich bei ihnen nicht um einen versicherungstechnischen Risikotransfer handelt, bei dem eine

239 Vgl. CEIOPS (2009b), 3.42.
240 Vgl. Müller (2012), S. 27.
241 Vgl. CEIOPS (2009b), 3.46; CEIOPS (2009e), 3.80.

Entschädigung für die tatsächlichen Verluste erfolgt, sondern um eine Ex-post-Kapitalaufnahme, mit der für die Investoren Eigen- oder Fremdkapitalansprüche verbunden sind.

3.3.2 Eigenmittel

Die anrechenbaren Eigenmittel zur Deckung der Solvenzkapitalanforderung bestehen aus Basiseigenmitteln und weiteren von der Aufsichtsbehörde genehmigungspflichtigen Eigenmitteln. Zu den Basiseigenmitteln zählen der sich aus einer ökonomischen Bilanz ergebende Überschuss aus zum beizulegenden Zeitwert bewerteten Vermögenswerten und Schulden, abzgl. des Betrags eigener Aktien, sowie nachrangige Verbindlichkeiten.[242] Zu den weiteren Eigenmitteln zählen Eigenmittel, die zum Ausgleich von Verlusten eingefordert werden können, wie nicht eingefordertes oder nicht eingezahltes Grundkapital, Kreditbriefe und Garantien und weitere rechtsverbindliche Verpflichtungen zugunsten des Versicherungsunternehmens.[243]

Die Eigenmittel werden in Abhängigkeit von ihrer ständigen Verfügbarkeit und Nachrangigkeit bzgl. ihrer Eignung, Verluste zu tragen, zudem in drei Klassen (Tiers) unterteilt.[244] Dabei wird ab dem Datum der Emission eine Mindestlaufzeit von zehn Jahren für Eigenmittel der Klasse 1, von fünf Jahren für Eigenmittel der Klasse 2 und von drei Jahren für Eigenmittel der Klasse 3 unterstellt.[245] In Bezug auf die Anrechnungsfähigkeit der Beträge der verschiedenen Klassen existieren mehrere Beschränkungen. So muss der Anteil von Eigenmitteln der Klasse 1 mindestens 1/3 und der Anteil von Eigenmitteln der Klasse 3 weniger als 1/3 des Gesamtbetrags der anrechnungsfähigen Eigenmittel betragen.[246] Vorgegeben wird zudem, dass der Anteil der Eigenmittel der Klasse 1 mindestens 50 % und der Anteil der Eigenmittel der Klasse 3 weniger als 15 % der Solvenzkapitalanforderung ausmachen muss. Zur Erfüllung der Mindestkapitalanforderungen (Minimum Capital Requirement) dürfen nur Eigenmittel der Klassen 1 und 2 angerechnet werden, wobei der Anteil der Eigenmittel der Klasse 1 mindestens 80 % der Mindestkapitalanforderung betragen muss.[247]

Während die Ermittlung des beizulegenden Zeitwerts auf der Aktivseite der Bilanz – insbesondere im Hinblick auf die Kapitalanlagen – bereits aus der

242 Vgl. Dreher (2012), S. 394-395; Farny (2011), S. 844; Rittmann / Rockel (2004), S. 463-465.

243 Vgl. Art. 88-90 Richtlinie 2009/138/EG; CEIOPS (2010), S. 295-307.

244 Vgl. Art. 93-97 Richtlinie 2009/138/EG; CEIOPS (2010), S. 295-307. Neben den Hauptkriterien der ständigen Verfügbarkeit und Nachrangigkeit ist für die Einordnung zu berücksichtigen, ob Anforderungen oder Anreize zur Rückzahlung des Nominalbetrags, obligatorische feste Kosten oder sonstige Belastungen vorliegen; vgl. Art 93 Abs. 2 Richtlinie 2009/138/EG.

245 Vgl. CEIOPS (2009d), S. 18.

246 Vgl. Art. 98 Abs. 1 Richtlinie 2009/138/EG.

247 Vgl. CEIOPS (2010), S. 304.

Rechnungslegung nach IFRS bekannt ist, ergeben sich auf der Passivseite der Bilanz bei der Ermittlung des beizulegenden Zeitwerts der versicherungstechnischen Verpflichtungen neue Herausforderungen. Die Bewertung erfolgt zum bestmöglichen Schätzwert der Zahlungsströme auf Barwertbasis und ist um eine Risikomarge zu ergänzen, die diejenigen Kapitalkosten reflektiert, die eine dritte Partei für die Übernahme der Verpflichtung verlangen würde (Current Exit Value).[248] Bei der Schätzung der Zahlungsströme sind alle erwarteten Zahlungsströme ab dem Zeitpunkt des Vertragsabschlusses zu berücksichtigen und nicht erst ab dem Beginn des Deckungsschutzes.[249] Die versicherungstechnischen Rückstellungen sind dabei in eine Claims Provision und eine Premium Provision zu unterteilen. Die Claims Provision umfasst alle Zahlungsströme für Schadenereignisse aus dem bestehenden Geschäft, die bis zum Bilanzstichtag eingetreten sind, die Premium Provision alle prognostizierten Zahlungsströme für Schadenereignisse für das bestehende Geschäft, die nach dem Bewertungsstichtag bis zum Ende der Deckungsperiode eintreten können.[250] Bei profitablen Verträgen kann die Premium Provision einen negativen Wert annehmen. Zudem sind zukünftige Managementhandlungen bei der Schätzung der Zahlungsströme zu berücksichtigten, was zukünftige Rückversicherungsdeckungen für am Abschlussstichtag bestehende Versicherungsverträge und bestehende Rückversicherungsverträge für noch nicht abgeschlossene Erstversicherungsverträge einschließt.[251] Bei der Bewertung der Anteile der Rückversicherer an den versicherungstechnischen Rückstellungen ist das Ausfallrisiko der Gegenpartei in Form einer Gegenparteiausfallberichtigung (Default Adjustment) zu berücksichtigen.[252]

Insurance-Linked Securities können die anrechnungsfähigen Eigenmittel nur insoweit erhöhen, als sie zu einem Anstieg der Basiseigenmittel beitragen können. Eine Vorteilhaftigkeit von Insurance-Linked Securities gegenüber traditionellen Rückversicherungslösungen könnte sich in diesem Zusammenhang aufgrund der geforderten Gegenparteiausfallberichtigung und dem unterschiedlichen Erfassungszeitpunkt von Vertragsbeziehungen zwischen Erst- und Rückversicherer ergeben: Forderungen gegenüber Rückversicherern und Versicherungszweckgesellschaften sind um eine Gegenparteiausfallberichtigung anzupassen, um einen marktkonsistenten Wertansatz der Forderungen zu erreichen.[253] Diese Berichtigung ist

---

248 Vgl. CEIOPS (2010), S. 55; Kutz (2011), S. 17.

249 Vgl. Lloyd's (2010), S. 7; CEIOPS (2010), S. 25.

250 Vgl. CEIOPS (2010), S. 31; Llyod's (2010), S. 12, S. 31-35.

251 Vgl. Art 121 Abs. 8 Richtlinie 2009/138/EG; CEIOPS (2010), S. 42; Lloyd's (2010), S. 15-16, S. 38. Bei der fakultativ-obligatorischen Rückversicherung kann bspw. eine Rückversicherungsdeckung bereits bestehen, obwohl die aus dem Erstversicherungsvertrag abzusichernden Risiken von dem Versicherer selbst noch nicht übernommen wurden.

252 Vgl. CEIOPS (2010), S. 43; Lloyd's (2010), S. 38-39; Cummins / Trainar (2009), S. 489-490.

253 Vgl. Art. 81 Richtlinie 2009/138/EG; CEIOPS (2009f), 3.2.

im Fall von Verbriefungstransaktionen mittels Versicherungszweckgesellschaften nicht erforderlich, da das Kapital bereits vor Eintritt des Schadenereignisses von den Investoren voll eingezahlt wurde und somit kein Ausfallrisiko besteht. Hinzu kommt, dass unter den neuen Solvabilitätsregeln versicherungstechnische Rückstellungen bereits bei Abschluss des Vertrags und nicht ab dem Zeitpunkt, ab dem Versicherungsschutz besteht, anzusetzen sind. Insofern könnte bei klassischen Rückversicherungslösungen, wie bspw. fakultativ-obligatorischen Vertragsbeziehungen, die Situation entstehen, dass der Rückversicherer einen Vertrag früher ansetzen muss als der Erstversicherer, da der Zeitpunkt des Vertragsabschlusses zwischen Versicherer und Erstversicherer von dem zwischen Erstversicherer und Rückversicherer abweichen kann. Wenn Erst- und Rückversicherer Unternehmen desselben Konzerns sind, könnte dies zu Problemen bei der bilanziellen Abbildung der konzerninternen Vertragsbeziehung führen. Diese Probleme könnten durch Verbriefungstransaktionen mittels Versicherungszweckgesellschaften gemindert werden, da hier davon ausgegangen werden kann, dass der Zeitpunkt der rechtlichen Vertragsbindung bei dem Sponsor wie auch bei der Versicherungszweckgesellschaft identisch ist.

Da Insurance Derivatives aus Sicht des Erwerbers in einer ökonomischen Bilanz zum beizulegenden Zeitwert aktiviert werden, haben Veränderungen des beizulegenden Zeitwerts dieser Derivate auch Einfluss auf den Überschuss der Vermögenswerte über die Schulden und somit auf die Eigenmittel.[254]

Bei Contingent-Capital-Transaktionen kann der Zufluss liquider Mittel zu anrechenbaren Eigenmitteln bei dem Versicherungsunternehmen führen. Sowohl Eigenkapitalpositionen als auch Vorzugsaktien und nachrangige Verbindlichkeiten können in Abhängigkeit ihrer Klassenzuordnung (Tiers) bei der Ermittlung der Eigenmittel einzubeziehen sein.[255]

254 Zur Problematik der Bewertung von Insurance Derivatives vgl. Abschnitt 6.4.1.
255 CEIOPS (2010), S. 295-307.

4 Grundlagen der Bilanzierung von Alternativen Risikotransferinstrumenten

4.1 Zwecke und Prinzipien der Rechnungslegung

4.1.1 Vorschriften nach HGB

Die Bilanzierung von Alternativen Risikotransferinstrumenten hat sich an den übergeordneten Zwecken und Prinzipien des jeweiligen Rechnungslegungssystems zu orientieren. Versicherungsunternehmen haben für die Bilanzierung nach deutschem Bilanzrecht die Generalnorm des § 264 Abs. 2 HGB zu beachten, nach der der Jahresabschluss unter Beachtung der Grundsätze ordnungsmäßiger Buchführung (GoB) ein den tatsächlichen Verhältnissen entsprechendes Bild der Vermögens-, Finanz- und Ertragslage zu vermitteln hat.[256] Die GoB stellen einen unbestimmten Rechtsbegriff dar und umfassen alle kodifizierten und nicht kodifizierten Buchführungs- und Bilanzierungsgrundsätze, die Unternehmen zur Abbildung der wirtschaftlichen Tatbestände nach deutschem Recht zu befolgen haben. Als Generalnorm bilden die GoB den übergeordneten Maßstab für die Ordnungsmäßigkeit von Jahresabschlüssen[257] und dienen zudem als Grundlage dazu, Regelungslücken im kodifizierten Bilanzrecht zu ergänzen bzw. auslegungsbedürftige Regelungen zu konkretisieren.[258] Die GoB werden aus den Zwecken der Rechnungslegung abgeleitet, die sich in der Dokumentations-, der Informations- bzw. Rechenschafts- sowie der Kapitalerhaltungsfunktion manifestieren.[259] Diese Rechnungslegungszwecke determinieren inhaltlich den Begriff der „tatsächlichen Verhältnisse“[260] (True and Fair View).[261]

---

256 Alle Versicherungsunternehmen haben generell nach § 341a HGB für die Bilanzierung die für große Kapitalgesellschaften geltenden Vorschriften zu beachten. Mit dem Begriff Jahresabschluss ist hier der Einzelabschluss eines Versicherungsunternehmens gemeint.

257 Vgl. Baetge et al. (2012b), Rn. 1-10.

258 Vgl. Baetge / Kirsch / Thiele (2012), Rn. 1-7; Baetge et al. (2012a), Rn. 3; Nguyen (2007a), S. 46-48. Im Verhältnis zu den im HGB kodifizierten Bilanzierungsvorschriften sind die GoB als unkodifizierte Generalnorm nachrangig und kommen dann zur Anwendung, wenn eine einschlägige HGB-Vorschrift nicht vorhanden bzw. wenn diese nicht eindeutig zu interpretieren ist.

259 Vgl. Baetge / Kirsch / Thiele (2012), Rn. 29-55; Reiner (2013), Rn. 26-28.

260 Der Begriff geht auf Art. 2 Abs. 3 der 4. EG-Bilanzrichtlinie 78/660/EWG zurück, die einen „true and fair view of the company's assets, liabilities, financial position and profit and loss“ fordert.

261 Vgl. Reiner (2013), Rn. 23-34. Der True and Fair View ist dabei auf die Einheit von Bilanz, Gewinn- und Verlustrechnung und Anhang zu beziehen, so dass Ansatz- und Bewertungsvorschriften, die für sich allein betrachtet den True and Fair View nicht erfüllen, durch entsprechende Anhangangaben zu ergänzen sind.

Die Dokumentationsfunktion leitet sich aus § 238 Abs. 1 HGB ab, nach der jeder Kaufmann verpflichtet ist, Bücher zu führen und in diesen seine Handelsgeschäfte und die Lage seines Vermögens ersichtlich zu machen. Diese Dokumentationsfunktion verlangt eine Buchführung aller Geschäftsvorfälle sowie der Vermögenslage des Unternehmens in der Berichtsperiode, die einem sachverständigen Dritten innerhalb einer angemessenen Zeit einen Überblick über die wirtschaftliche Situation des Unternehmens verschafft.

Die Rechenschafts- bzw. Informationsfunktion bezieht sich sowohl auf die Selbstinformation zum eigenen Schutz des bilanzierenden Unternehmens als auch mittelbar zum Schutz Dritter. Zudem dient sie der Information von externen Abschlussadressaten „zum Zweck von Kontrolle und Disposition“[262].

Die Kapitalerhaltungsfunktion schlägt sich in einem vorsichtig ermittelten, verlustantizipierenden, verteilungsfähigen Gewinn nieder,[263] worin sich der im deutschen Handelsrecht vorherrschende Gläubigerschutzgedanke ausdrückt. Der kapitalerhaltende Effekt kommt dabei v. a. durch die Anwendung von Bewertungsmethoden zustande, die einen zu hohen Ansatz von Vermögensgegenständen und einen zu niedrigen Ansatz von Schulden verhindern.[264]

Die GoB lassen sich in Grundsätze ordnungsmäßiger Bilanzierung i. S. d. Ermittlung der Vermögens- und Gewinnhöhe und in Grundsätze ordnungsmäßiger Information i. S. d. darüber hinausgehenden Rechenschafts- und Informationsfunktion unterscheiden.[265] Wesentliche[266] Gewinnermittlungs-GoB sind das Periodisierungsprinzip (§ 252 Abs. 1 Nr. 5 HGB), das Fortführungsprinzip (§ 252 Abs. 1 Nr. 2 HGB), das Vorsichtsprinzip (§ 252 Abs. 1 Nr. 4 HGB, § 341d HGB) mit dem damit verbundenen Realisations- (§ 252 Abs. 1 Nr. 4 HGB) und dem Imparitätsprinzip (§ 252 Abs. 1 Nr. 4 HGB) sowie dem Objektivierungsprinzip (unkodifiziert) in seinen Ausprägungen als Vermögensermittlungsprinzip (§ 246 Abs. 1 S. 1 HGB), Vollständigkeitsprinzip (§ 246 Abs. 1 S. 1 HGB) und Einzelbewertungsprinzip (§ 246 Abs. 2 HGB, § 252 Abs. 1 Nr. 3 HGB).[267]

Das Periodisierungsprinzip besagt, dass Aufwendungen und Erträge des Geschäftsjahres unabhängig von den entsprechenden Zahlungsein- und -ausgängen im Jahresabschluss zu erfassen sind. Das Fortführungsprinzip verlangt, dass für die Bewertung von Vermögensgegenständen und Schulden Fortführungswerte anstatt Liquidations- und Ablösebeträge zugrunde zu legen sind. Das grundlegende Prinzip für die Bewertung ist das Vorsichtsprinzip, welches durch das Realisations- und das Imparitätsprinzip weiter konkretisiert wird. Das Vorsichtsprinzip stellt sicher,

262 Pfitzer / Oser / Lauer (2012), Rn. 10.

263 Vgl. Baetge / Kirsch / Thiele (2012), Rn. 45.

264 Zusätzlich sieht das Gesetz diverse Vorschriften für Ausschüttungssperren vor.

265 Vgl. Ballwieser (2013a), Rn. 8.

266 Der Begriff der Wesentlichkeit besagt hier, dass die genannten Prinzipien die Basis für die Ableitung weiterer Prinzipien bzw. andere Prinzipien eine Ergänzung zu den genannten Prinzipien darstellen.

267 Vgl. Ballwieser (2013a), Rn. 14.

dass bei unsicheren Sachverhalten eine vorsichtige Bewertung erfolgt, um eine zu optimistische Darstellung der Unternehmenslage zu verhindern. Dies impliziert, dass dem Unternehmen zugehende und selbst geschaffene Güter höchstens mit den Anschaffungs- bzw. Herstellungskosten angesetzt werden dürfen und Gewinne erst bei Erbringung der Lieferungs- oder Leistungsverpflichtung vereinnahmt werden dürfen (Realisationsprinzip). Antizipierte, noch nicht realisierte Erfolgsbeitrage aus eingeleiteten Geschäften sind durch Abschreibungen auf Vermögensgegenstände bzw. durch die Bildung von Rückstellungen für drohende Verluste aus schwebenden Geschäften zu berücksichtigen (Imparitätsprinzip).[268] Das Objektivierungsprinzip manifestiert sich in der Anforderung, dass die Bilanz sämtliche Vermögensgegenstände, Schulden und Rechnungsabgrenzungsposten, zu enthalten hat, soweit gesetzlich nichts anderes geregelt ist, d. h., sofern keine Ansatzwahlrechte oder expliziten Bilanzierungsverbote existieren (Vollständigkeitsprinzip).[269] Damit ist die Bilanz kein reiner Zahlungsspeicher, sondern es wird „auf das mit den Auszahlungen Erlangte abgestellt"[270] und somit eine „Vergegenständlichung des Bilanzinhalts"[271] erreicht (Vermögensermittlungsprinzip), wobei sich das Eigenkapital als Saldo aller Vermögensgegenstände und Schulden ergibt. Ferner trägt zur Objektivierung bei, dass grundsätzlich Vermögensgegenstände und Schulden einzeln zu bewerten sind und Saldierungen nicht gestattet sind (Einzelbewertungsprinzip).[272] Eine explizite Ausnahme von dem Grundsatz der Einzelbewertung besteht für optional zu bildende Bewertungseinheiten, bei denen Vermögenswerte, Schulden, schwebende Geschäfte und mit hoher Wahrscheinlichkeit erwartete Transaktionen mit Finanzinstrumenten kombiniert werden, um gegenläufige Wertänderungen oder Zahlungsströme auszugleichen (§ 254 HGB).

Die Informations-GoB dienen dazu, die durch die Gewinnermittlungs-GoB – und insbesondere durch das Vorsichtsprinzip – verursachten Verzerrungen beim Einblick in die Vermögens-, Finanz- und Ertragslage durch Angaben im Anhang bzw. Lagebericht zu korrigieren.[273] Dies ergibt sich aus der Anforderung, dass der Jahresabschluss als Einheit von Bilanz, Gewinn- und Verlustrechnung und Anhang ein den tatsächlichen Verhältnissen entsprechendes Bild vermitteln muss.[274] Dies soll durch die Prinzipien der Adressatenorientierung und der Entscheidungsrelevanz, der neutralen Berichterstattung und der Unbeachtlichkeit der Vorsicht

---

268 Vgl. Baetge / Kirsch / Thiele (2012), Rn. 105; Stute / Kurt (2012), S. 252-253.
269 So dürfen bspw. keine schwebenden Geschäfte bilanziert werden.
270 Ballwieser (2013a), Rn. 44.
271 Ballwieser (2013a), Rn. 44.
272 Vgl. Ballwieser (2013a), Rn. 49.
273 Vgl. Ballwieser (2002), S. 115; Beisse (1988), S. 33.
274 Vgl. Reiner (2013), Rn. 6. Der Lagebericht ist nicht Teil des Jahresabschlusses und hat nicht die Aufgabe, Angaben im Jahresabschluss zu korrigieren, sondern soll das durch den Jahresabschluss vermittelte Bild in den Gesamtzusammenhang des Geschäftsverlaufs einordnen und vermeiden, dass insgesamt ein unzutreffender Eindruck entsteht; vgl. Lange (2013), Rn. 17.

sowie der Klarheit, Wesentlichkeit, Verlässlichkeit und Darstellungsstetigkeit erreicht werden, welche in ähnlicher Form auch in den Prinzipien der Rechnungslegung nach IFRS vorzufinden sind.[275]

4.1.2 Vorschriften nach IFRS

Kapitalmarktorientierte Mutterunternehmen haben gemäß § 315a HGB einen Konzernabschluss nach internationalen Rechnungslegungsvorschriften (IFRS) aufzustellen.[276] Somit haben Versicherungsunternehmen, für welche die handelsrechtlichen Vorschriften für große Kapitalgesellschaften (§ 341a Abs. 1 HGB) für die Erstellung des Einzelabschlusses gelten, auch die Vorschriften der IFRS bei der Erstellung eines Konzernabschlusses zu beachten. Im Gegensatz zu den vom Gläubigerschutzgedanken geprägten handelsrechtlichen Regelungen besteht das vorrangige Ziel der IFRS darin, die Informationsbedürfnisse von gegenwärtigen oder potenziellen Kapitalgebern durch entscheidungsnützliche Informationen über die Vermögens-, Finanz- und Ertragslage eines Unternehmens einschließlich deren Veränderungen zu erfüllen (Decision Usefulness). Entscheidungsnützlichkeit ist gegeben, wenn die Informationen die qualitativen Anforderungen der Relevanz (Relevance) und der tatsachengetreuen Darstellung (Faithful Presentation) erfüllen.[277]

Relevant sind Informationen, wenn sie einen Wert für Vorhersagen und die Nachprüfung früherer Einschätzungen liefern (CF.QC8-9) und zudem wesentlich sind.[278] Wesentlich sind Informationen dann, wenn ihr Weglassen oder ihre fehlerhafte Angabe die Entscheidungen der Jahresabschlussadressaten beeinflussen würde (IAS 1.7). Wesentlichkeit hängt von der Art und/oder der Größe eines Bilanzierungssachverhalts ab und ist unternehmensspezifisch auszulegen, so dass für den Begriff der Wesentlichkeit keine allgemeingültige quantitative Schwelle bestimmt werden kann (CF.QC11).[279]

---

275 Vgl. Ballwieser (2013a), Rn. 57-68.

276 Vgl. Busse von Colbe (2013), Rn. 5, Rn. 10.

277 Anzumerken, ist, dass das IASB-Rahmenkonzept nicht in das EU-Recht übernommen wurde. Insofern entfaltet das Rahmenkonzept keinen rechtsverbindlichen Charakter. Im Fall von Regelungslücken verweist IAS 8.10 jedoch darauf, dass die dann anzuwenden Bilanzierung- und Bewertungsmethoden relevant und verlässlich sein müssen, so dass mittelbar auf die qualitativen Anforderungen des Rahmenkonzepts verwiesen wird. Allerdings ist der Begriff der Verlässlichkeit in dem überarbeiteten Rahmenkonzept durch den Begriff der tatsachengetreuen Darstellung ersetzt worden, wodurch inhaltlich jedoch keine Änderungen der bisherigen Bilanzierungspraxis verbunden sein sollen, sondern lediglich eine begriffliche Schärfung; vgl. Ernst & Young (2013), S. 51.

278 Vgl. Baetge et al. (2012b), Rn. 42; Christensen / Demski (2003), S. 82-84, S. 108.

279 Das derzeit noch gültige Rahmenkonzept betont die quantitative Auslegung des Begriffs der Wesentlichkeit, wonach Wesentlichkeit eher eine Schwelle oder ein

Eine Darstellung ist tatsachengetreu, wenn sie vollständig, neutral und – soweit bei Schätzungen und anderen ermessensbehafteten Vorgängen möglich – fehlerfrei ist (CF.QC12-15).[280] Dies verlangt, dass alle Informationen, die für das Verständnis eines Bilanzierungssachverhalts notwendig sind, angegeben werden, unverzerrt dargestellt werden und keine Fehler bzw. Auslassungen bei der Abbildung des Bilanzierungssachverhalts oder bei der Auswahl und Anwendung der Methoden zur Generierung der Jahresabschlussinformation vorliegen.[281] Ergänzend werden die Kriterien der Vergleichbarkeit (im Zeitverlauf und zwischen verschiedenen Unternehmen), der intersubjektiven Nachprüfbarkeit, der Zeitnähe und der Verständlichkeit genannt, die zur Beurteilung eines Bilanzierungssachverhalts heranzuziehen sind, wenn Bewertungsalternativen einen ähnlichen Gehalt an Relevanz und Tatsachentreue besitzen.[282] Als Nebenbedingungen für die Jahresabschlussinformationen sind der Grundsatz der Unternehmensfortführung zugrunde zu legen und Kosten-Nutzen-Überlegungen für die Informationsbereitstellung einzubeziehen. Eine tatsachengetreue Darstellung von Jahresabschlussinformationen erfordert, dass Bilanzierungssachverhalte in Übereinstimmung mit den Definitionen und Erfassungskriterien für Vermögenswerte und Schulden sowie für Erträge und Aufwendungen des IFRS-Rahmenkonzepts abgebildet werden.[283] Dabei gewährleistet die vollständige und ordnungsgemäße Anwendung der IFRS annahmegemäß eine den tatsächlichen Verhältnissen entsprechende Darstellung der Vermögens-, Finanz- und Ertragslage.[284] Sollte in äußerst seltenen Fällen die Anwendung eines Rechnungslegungsstandards aus der Sicht der Unternehmensleitung zu einer irreführenden Darstellung führen, ist von den Regelungen des einzelnen Standards abzuweichen, um die geforderte Darstellung der tatsächlichen Verhältnisse zu erreichen (IAS 1.17 i. V. m. IAS 1.19).[285]

Grenzwert und weniger eine qualitative Anforderung ist, die eine Information haben muss, um nützlich zu sein (F.30); vgl. BAETGE ET AL. (2012b), Rn. 45.

280 Vgl. HOFFMANN / LÜDENBACH (2012), Rn. 16; HOFFMANN / DETZEN (2012), S. 53-54. Durch die Substitution des Begriffs der „Verlässlichkeit“ (Reliability) durch den der „tatsachengetreuen Darstellung“ (Faithful Presentation) sollte ursprünglich lediglich eine inhaltliche Klarstellung erreicht werden. Jedoch ist nun die Verifizierbarkeit (Verifiability) eines Sachverhalts kein Ausschlusskriterium mehr für die Abbildung im Abschluss; vgl. KIRSCH ET AL. (2012), S. 769-770.

281 Vgl. ERNST & YOUNG (2013), S. 50; LORSON / GATTUNG (2008), S. 559-661.

282 Vgl. NGUYEN / MOLINARI (2012), S. 107; PELGER (2011), S. 908.

283 Vgl. ZÜLCH / FISCHER (2012), Rn. 25

284 Vgl. ZÜLCH / FISCHER (2012), Rn. 29.

285 Insofern handelt es sich bei dem True and Fair View um ein Overriding Principle, das unter bestimmten Umständen ein Abweichen von den Rechnungslegungsstandards erlaubt, wenn kein den tatsächlichen Verhältnissen entsprechendes Bild der Vermögens-, Finanz- und Ertragslage vermittelt wird. Nach den handelsrechtlichen Vorschriften wäre dagegen ein solches Abweichen nicht zulässig.

4.1.3 Ableitung von Kriterien zur Würdigung der Bilanzierungsvorschriften

„Eine Bewertung von Rechnungslegungsnormen kann immer nur vor dem Hintergrund eines definierten Rechnungslegungszwecks erfolgen."[286] Dabei besteht ein Konflikt zwischen dem die handelsrechtlichen Vorschriften dominierenden Gläubigerschutzgedanken und dem Gedanken der Entscheidungsnützlichkeit in den IFRS.[287] Gemeinsam ist beiden Rechnungslegungssystemen jedoch der Anspruch, ein den tatsächlichen Verhältnissen entsprechendes Bild der Vermögens-, Finanz- und Ertragslage des Unternehmens (True and Fair View) zu vermitteln. Diese Zielsetzung wird in den handelsrechtlichen Vorschriften zunächst durch die tendenziell „informationsfeindlichen" Ansatz- und Bewertungsvorschriften der GoB – insbesondere durch das Vorsichtsprinzip – eingeschränkt. Die Informations-GoB verlangen dabei, dass eventuelle Defizite im Hinblick auf die Umsetzung des True and Fair View in Bilanz und Gewinn- und Verlustrechnung durch erläuternde und ergänzende Informationen im Anhang bzw. Lagebericht zu kompensieren sind.[288] Insofern erscheinen die tatsachengetreue Darstellung und die Entscheidungsrelevanz sowohl für die Bilanzierung von Alternativen Risikotransferinstrumenten nach HGB als auch nach IFRS als geeignete Würdigungskriterien. Da eine tatsachengetreue Darstellung mit der Forderung nach vollständigen, neutralen und fehlerfreien Informationen verbunden ist, ist zu untersuchen, inwiefern die Vorschriften zur Bilanzierung von Alternativen Risikotransferinstrumenten im Hinblick auf diese Kriterien Ermessens- und Gestaltungsspielräume eröffnen, die die qualitative Anforderung der tatsachengetreuen Darstellung potenziell einschränken können. Im Fall von Ermessens- und Gestaltungsspielräumen sind zudem Auswirkungen auf die Entscheidungsrelevanz zu erwarten, wenn bspw. wesentliche Informationen nicht, nicht vollständig oder in einem Posten, der die Natur der Transaktion nicht adäquat widerspiegelt, ausgewiesen werden. Dies würde sich auch auf Jahresabschlusskennzahlen auswirken, die in der Unternehmenspraxis zur Analyse der Vermögens-, Finanz- und Ertragslage herangezogen werden. Daneben wirkt sich auf die Entscheidungsrelevanz auch der auf einen Bilanzierungssachverhalt angewandte Wertmaßstab aus. Dabei messen Jahresabschlussadressaten dem beizulegenden Zeitwert als Wertmaßstab üblicherweise eine höhere Entscheidungsrelevanz bei als einem Wertansatz zu fortgeführten Anschaffungskosten, da er aufgrund seiner Aktualität einen besseren Indikator zur Beurteilung der Vermögens-, Finanz- und Ertragslage liefert. Aus informationsökonomischer Perspektive gilt das jedoch nur für Wertansätze, die leicht verifiziert werden können. Ist der beizulegende Zeitwert jedoch nur mit komplexen, schwer nachprüfbaren Methoden zu ermitteln, sind die Anschaffungskosten der geeignetere

286 Nguyen / Molinari (2012), S. 106.

287 Vgl. Reiner (2013), Rn. 33.

288 Um Doppelungen zu vermeiden, können Informationen statt im Anhang in einem Lagebericht angegeben werden.

Wertmaßstab: „items which are easily valued should be marked to market, whereas items whose value is hard to assess should be carried at historic costs."[289]

Die Würdigungskriterien der tatsachengetreuen Darstellung und Entscheidungsrelevanz stellen somit geeignete – jedoch nicht die einzig möglichen – Würdigungskriterien für die Bilanzierungsvorschriften von Alternativen Risikotransferinstrumenten nach HGB und IFRS dar. Beispielsweise könnte bei einer stärkeren Fokussierung auf den Gläubigerschutzgedanken erwogen werden, die Würdigung auch anhand der Bedeutung des Vorsichtsprinzips vorzunehmen. Dabei ist jedoch zu beachten, dass in dem überarbeiteten IFRS-Rahmenkonzept das Vorsichtsprinzip (Prudence) abgeschafft wurde, da es im Konflikt zu einer neutralen Berichterstattung steht. In der handelsrechtlichen Rechnungslegung hat es dagegen aufgrund des ausgeprägten Gläubigerschutzgedankens nach wie vor eine hohe Bedeutung und wird nicht lediglich i. S. v. Sorgfalt zur Bereitstellung fehlerfreier und verifizierbarer Informationen gesehen.[290] Somit fehlt bei diesem Kriterium die gemeinsame Basis für eine Würdigung. Das Kriterium der wirtschaftlichen Betrachtungsweise (Substance over Form) wird in dem IFRS-Rahmenkonzept ebenfalls nicht mehr explizit genannt, weil es nach der Ansicht des IASB Teil einer tatsachengetreuen bzw. glaubwürdigen Darstellung ist.[291] Weitere denkbare Würdigungskriterien sind bspw. die Vergleichbarkeit und die Verständlichkeit von Jahresabschlussinformationen, die sich auch aus beiden Regelwerken ableiten lassen. Nach IFRS handelt es sich jedoch dabei im Vergleich zu den Kriterien der Entscheidungsrelevanz und tatsachengetreuen Darstellung um nachgeordnete bzw. lediglich unterstützende qualitative Anforderungen, so dass die Verwendung der primären Kriterien der tatsachengetreuen Darstellung und der Entscheidungsrelevanz in dieser Arbeit vorgezogen wurden, da sie die unterstützenden Kriterien umfassen. Die primären Kriterien sind kumulativ zu erfüllen, damit entscheidungsnützliche Informationen bereitgestellt werden.[292] Da diese Kriterien auch mit den handelsrechtlichen Gewinnermittlungs- und Informations-GoB vereinbar sind, repräsentieren sie geeignete Würdigungskriterien für die Bilanzierungsvorschriften von Alternativen Risikotransferinstrumenten.

4.2 Regelungen zur Bilanzierung von Versicherungsverträgen

4.2.1 Vorschriften nach HGB

Handelsrechtlich ist der Begriff der Versicherung bzw. des Versicherungsvertrags nicht definiert.[293] Er wird jedoch durch die Rechtsprechung des Bundesverwal-

289 Christensen / Frimor (2007), S. 50.
290 Vgl. Ernst & Young (2013), S. 50.
291 Vgl. Wawrzinek (2013), Rn. 87.
292 Vgl. Kirsch et al. (2012), S. 764.
293 Vgl. KPMG (2007), S. 354.

tungsgerichts konkretisiert: „Danach liegt eine Versicherung dann vor, wenn sich ein Unternehmen gegen Entgelt für den Fall eines ungewissen Ereignisses zur Erbringung bestimmter Leistungen rechtlich verpflichtet, wobei das übernommene Risiko auf eine Vielzahl durch die gleiche Gefahr bedrohter Personen verteilt wird und der Risikoübernahme eine auf dem Gesetz der großen Zahlen beruhende Kalkulation zugrunde liegt."[294] Der Versicherer verspricht seine Leistung für den Fall des Eintritts eines ungewissen, wirtschaftlich nachteiligen Ereignisses, d. h. der Verwirklichung einer Gefahr, so dass der Versicherungsnehmer ein versicherbares Interesse hat, was einen bei Eintritt des Versicherungsfalls ersatzfähigen Schaden voraussetzt.[295] Entscheidend ist für die bilanzielle Behandlung von Alternativen Risikotransferinstrumenten als Rückversicherung daher, dass eine Entschädigung für die tatsächlichen Verluste des Vorversicherers erfolgt. Der Einsatz eines entschädigungsbezogenen Triggers ist somit eine Voraussetzung für die handelsrechtliche Bilanzierung als Rückversicherung.

Das von einem Rückversicherer übernommene versicherungstechnische Risiko manifestiert sich in einem Risiko hinsichtlich der Zahlungshöhe (Underwriting Risk) und einem Risiko hinsichtlich der Zahlungszeitpunkte (Timing Risk).[296] Das Risiko hinsichtlich der Zahlungshöhe bezeichnet das Risiko eines Verlusts, der sich als negative Differenz der Barwerte der Nettozahlungsströme zwischen Versicherungsnehmer und Erstversicherer bzw. Zedent und Rückversicherer ergibt (§ 2 Abs. 3 FinRVV i. V. m. § 2 Abs. 1 FinRVV). Das Risiko hinsichtlich der Zahlungszeitpunkte bzw. der Abwicklungsdauer repräsentiert das Risiko, dass sich die für das versicherungstechnische Risiko maßgeblichen Zahlungsströme hinsichtlich der Abwicklungsgeschwindigkeit einschließlich des Zeitpunkts der Rückversicherungsleistung anders als vom Rückversicherer angenommen und für diesen unter Berücksichtigung des Zeitwerts des Geldes wirtschaftlich nachteilig entwickeln (§ 2 Abs. 4 FinRVV).[297] Neben der Existenz von sowohl Zahlungshöhe- als auch Zahlungszeitpunktrisiko ist zudem gefordert, dass das übertragene Versicherungsrisiko ein hinreichendes Ausmaß annimmt.[298] Der hinreichende Risikotransfer ist gegeben, wenn das übernommene wirtschaftliche Gesamtrisiko, das sich aus der Übernahme sowohl eines erheblichen versicherungstechnischen Risikos als auch des Risikos hinsichtlich der Abwicklungsdauer ergibt, die Prämiensumme über die Gesamtlaufzeit des Versicherungsvertrags um einen begrenzten, aber erheblichen Betrag übersteigt (§ 121e Abs. 1 VAG).[299] Diese Voraussetzung ist bei der Übertragung von Risiken in der Nichtlebensversicherung

294 Dörner (1999), Rn. 41.
295 Vgl. Trafkowski (2009), S. 96; Dörner (1999), Rn. 42.
296 Vgl. Abschnitt 2.1.2.
297 Vgl. Laudage (2009), S. 138-139.
298 Vgl. KPMG (2007), S. 355.
299 Vgl. Abschnitt 3.2.1. Zur Erfüllung der Kriterien einer Finanzrückversicherung ist zusätzlich verlangt, dass dabei zumindest der Zeitwert des Geldes in Form von Verzinsungsfaktoren oder vertraglichen Bestimmungen berücksichtigt wird, so dass ein gezielter Risikotransfer ermöglicht wird, indem die wirtschaftlichen

erfüllt, wenn sich der Erwartungswert der Nettozahlungsströme aus möglichen Verlustszenarien mindestens auf 1 % der erwarteten Beiträge beläuft.

Sind die Bedingungen für eine Bilanzierung als Rückversicherungsvertrag erfüllt, bilanzieren Erst- und Rückversicherer die Transaktion unter Beachtung der ergänzenden handelsrechtlichen Vorschriften für Versicherungsunternehmen (§§ 341 bis 341p HGB) einschließlich der damit in Zusammenhang stehenden Verordnungen, wie die Verordnung über die Rechnungslegung von Versicherungsunternehmen (RechVersV, § 330 HGB i. V. m. § 341a Abs. 2 HGB), die u. a. für die Bilanz und die Gewinn- und Verlustrechnung ein bestimmtes Gliederungsschema vorsieht. Demnach werden versicherungstechnisch bedingte Erträge oder Aufwendungen in der versicherungstechnischen Rechnung abgebildet und somit von dem nicht versicherungstechnischen Ergebnis abgegrenzt. Entsprechend werden Bilanzpositionen, die im Zusammenhang mit einem versicherungstechnischen Risikotransfer stehen, in Posten ausgewiesen, in denen der versicherungstechnische Gehalt der Transaktion zum Ausdruck kommt. Insbesondere wird das übernommene Risiko in Form von versicherungstechnischen Rückstellungen, die sich aus Sicht des Zedenten in einen Bruttoanteil und einen Anteil der Rückversicherer an den versicherungstechnischen Rückstellungen unterteilen lassen, abgebildet. Der Anteil der Rückversicherer an den versicherungstechnischen Rückstellungen wird gemäß dem modifizierten Nettoprinzip in einer Vorspalte von dem Bruttoanteil auf der Passivseite der Bilanz abgesetzt. Die Bewertung der versicherungstechnischen Rückstellungen erfolgt nach kaufmännischer Beurteilung zum voraussichtlichen Erfüllungsbetrag ohne Abzinsung (§ 341e Abs. 1 S. 3 HGB). Die versicherungstechnischen Rückstellungen umfassen auch die Beitragsüberträge, die den Teil der gebuchten Bruttobeiträge repräsentieren, der Ertrag für eine bestimmte Zeit nach dem Abschlussstichtag darstellt (§ 341e Abs. 2 Nr. 1 HGB).

Liegt kein hinreichender Risikotransfer vor, sind die Voraussetzungen für eine Bilanzierung als Rückversicherung nicht erfüllt, so dass aus dem Vertragsverhältnis keine versicherungstechnischen Rückstellungen zu bilden sind. Dennoch können mit der Transaktion in Zusammenhang stehende Erträge und Aufwendungen versicherungstechnisch motiviert sein und somit in der versicherungstechnischen Rechnung auszuweisen sein.

Die ergänzenden handelsrechtlichen Regelungen für Versicherungsunternehmen sowie die konkretisierenden Vorschriften der Verordnung über die Rechnungslegung von Versicherungsunternehmen (RechVersV) gelten für Erst- und Rückversicherungsunternehmen, d. h. für Unternehmen, die den Betrieb von Versicherungsgeschäften zum Gegenstand haben und nicht Träger der Sozialversicherung sind (§ 341 Abs. 1 HGB, § 1 RechVersV). Diese Vorschrift schließt Versicherungszweckgesellschaften von dem Anwendungsbereich aus, da Versicherungszweckgesellschaften zwar Vertragspartner für einen Versicherungsvertrag

---

Ergebnisse zwischen den Vertragsparteien über die Gesamtlaufzeit des Vertrags ausgeglichen werden.

sein können, jedoch selbst kein Versicherungsgeschäft betreiben.[300] Dies wird auch durch die Formulierung im Versicherungsaufsichtsgesetz untermauert, wonach Versicherungszweckgesellschaften als eine separate Kategorie neben Versicherungsunternehmen klassifiziert werden (§ 1 Abs. 1 VAG, § 121g VAG). Gleichzeitig werden Versicherungszweckgesellschaften jedoch für aufsichtsrechtliche Zwecke in vielen Punkten – und insbesondere für die Finanzaufsicht – Rückversicherungsunternehmen gleichgestellt (§ 121g Abs. 2 VAG). Dies zeigt sich bspw. daran, dass Versicherungszweckgesellschaften auch die Bildung ausreichender versicherungstechnischer Rückstellungen sicherzustellen haben (§ 121a Abs. 4 VAG). Da der allgemeine Zweck der Rechnungslegung darin liegt, die wirtschaftlichen Besonderheiten des Unternehmens offenzulegen[301] – welche bei Versicherungszweckgesellschaften darin bestehen, versicherungstechnische Risiken aufzunehmen und an die Kapitalmarktteilnehmer weiterzugeben – ist es sachgerecht und erforderlich, die für Versicherungsunternehmen geltenden Vorschriften des Handelsrechts und der RechVersV auf in Deutschland ansässige Versicherungszweckgesellschaften sowohl im Vertragsverhältnis zwischen Sponsor und Versicherungszweckgesellschaft als auch im Vertragsverhältnis zwischen Versicherungszweckgesellschaft und Investoren analog anzuwenden.[302] Daraus folgt, dass sowohl das Vertragsverhältnis zwischen Sponsor und Versicherungszweckgesellschaft als auch das Vertragsverhältnis zwischen der Versicherungszweckgesellschaft und den Investoren bei wirtschaftlicher Betrachtung für bilanzielle Zwecke als Rückversicherung zu behandeln ist, obwohl Versicherungszweckgesellschaften selbst keinen formalen Rückversicherungsvertrag zur Retrozession von Risiken abschließen dürfen.[303]

---

300 Vgl. Dreher / Lange (2009), S. 199; Arhold (2008), S. 10-11.

301 Vgl. Hommel / Pauly-Grundmann / Feist (2013), Rn. 27.

302 Der Unterschied zur klassischen Rückversicherung besteht darin, dass der für die Erfüllung der Definition von Versicherung geforderte Ausgleich im Kollektiv bei einer Versicherungszweckgesellschaft nicht durch die Bündelung vieler unterschiedlicher Risiken im Unternehmen erfolgt, durch die sich Über- und Unterschäden ausgleichen, sondern durch das Kollektiv der Kapitalmarktteilnehmer.

303 Wäre für Versicherungszweckgesellschaften eine bilanzielle Behandlung als Rückversicherung nicht möglich, würde es bei der Versicherungszweckgesellschaft zu einer inkonsistenten Anwendung der Rechnungslegungsvorschriften für Versicherungsunternehmen kommen, da ein versicherungstechnischer Ausweis nur auf der „aufnehmenden Seite", nicht jedoch auf der „abgebenden Seite" erlaubt wäre. Wäre die Versicherungszweckgesellschaft beim Sponsor als Mutterunternehmen zu konsolidieren, wäre die Rückversicherungsbeziehung zwischen Sponsor und Versicherungszweckgesellschaft aus Konzernsicht zu eliminieren und es würde nur die nicht versicherungstechnische Vertragsbeziehung zu den Investoren ausgewiesen werden. Dies würde Gestaltungsspielräume eröffnen und auch die Natur der Zweckgesellschaft konterkarieren, da sie eben keinen Selbstzweck verfolgt, sondern lediglich den Transfer der Versicherungsrisiken auf den Kapitalmarkt sicherstellt.

4.2.2 Vorschriften nach IFRS

4.2.2.1 Gegenwärtiger Regelungsstand (IFRS 4 Phase I)

Im Gegensatz zu den handelsrechtlichen Regelungen existiert in der internationalen Rechnungslegung seit seinem Inkrafttreten zum 01.01.2005 mit IFRS 4 ein eigener branchenspezifischer Rechnungslegungsstandard, der die Bilanzierung von Versicherungsverträgen bei Erst- und Rückversicherungsunternehmen regelt.[304] Als Versicherer gilt dabei jedes Unternehmen, das einen Versicherungsvertrag im Bestand hat, unabhängig davon, ob auch für rechtliche Zwecke oder Aufsichtszwecke eine Einordnung als Versicherer gegeben ist (IFRS 4.5). IFRS 4 in seiner gegenwärtigen Form (Phase I) hat den Charakter eines Übergangsstandards, da er die Fortführung der bis Ende 2004 bereits angewandten Bilanzierungs- und Bewertungsmethoden für Versicherungsverträge gestattet. Dies bedeutet, dass Versicherungskontrakte und insbesondere die versicherungstechnischen Rückstellungen weiterhin nach der in Deutschland etablierten Praxis für die Konzernabschlusserstellung, entsprechend den einschlägigen US-GAAP, abgebildet werden. Die Anwendung von Bilanzierungs- und Bewertungsmethoden nach IFRS (IAS 8.10-8.12) darf daher bis zur Einführung eines endgültigen IFRS für Versicherungsverträge (Phase II) ausgesetzt werden.[305] Die einschlägigen US-GAAP haben somit mittelbar Einfluss auf die IFRS-Berichterstattung von Versicherungsunternehmen.

IFRS 4 enthält selbst keine detaillierten Vorschriften für die Bilanzierung von Versicherungsverträgen, definiert jedoch, was einen Versicherungsvertrag konstituiert: Es handelt sich dabei um einen Vertrag, bei dem eine Vertragspartei (der Versicherer bzw. Rückversicherer) signifikantes Versicherungsrisiko von einer anderen Vertragspartei (dem Versicherungsnehmer bzw. Erstversicherer) übernimmt, indem sie sich verpflichtet, den Versicherungsnehmer bzw. Erstversicherer zu entschädigen, wenn sich ein spezifiziertes, ungewisses, zukünftiges Ereignis (das versicherte Ereignis) auf diesen nachteilig auswirkt (IFRS 4.A).[306]

Demgegenüber enthalten die US-GAAP, ebenso wie die handelsrechtlichen Vorschriften, keine Formaldefinition eines Versicherungsvertrags, sondern beschreiben lediglich die wesentlichen Charakteristika von Erst- und Rückversicherungsverträgen.[307]

---

304 Vgl. Sauer (2012), Rn. 2.

305 Vgl. Sauer (2012), Rn. 19.

306 IFRS 4 schließt auch Rückversicherungsverträge mit ein, so dass die Definition ebenfalls für eine Vertragsbeziehung zwischen Rückversicherer (Zessionar) und Erstversicherer (Zedent) gilt; vgl. IFRS 4.2. Die Anforderung des ungewissen zukünftigen Ereignisses ist erfüllt, wenn das Eintreten des Ereignisses, der Eintrittszeitpunkt oder die verbundene Schadenhöhe ungewiss sind (IFRS 4.B2). Deterministische Ereignisse und Ereignisse, die von dem Unternehmen kontrollierbar sind, erfüllen damit nicht die Definition eines Versicherungsvertrags (ASC 944-20-20, ASC 340-30-20 ASC 944-20-20, ASC 340-30-20).

307 Eine Bilanzierung als (Rück-)Versicherungsvertrag erfolgt für alle Verträge, bei denen eine Entschädigung für Verluste oder Verpflichtungen garantiert wird, die

Die US-GAAP sehen den Hauptzweck von Versicherung in der ökonomischen Absicherung gegen Risikoereignisse, die innerhalb eines spezifizierten Zeitraums eintreten oder identifiziert werden (ASC 944-20-05-5).[308] Im Allgemeinen leistet der Versicherungsnehmer vor Eintritt oder Identifizierung des versicherten Ereignisses eine Zahlung oder Einlage an den Versicherer, der normalerweise bei Vertragsabschluss nicht weiß, ob (Grund), in welchem Umfang (Höhe) und wann (Zeitpunkt) Zahlungen zu leisten sind (ASC 944-20-05-6).[309] Die Entschädigung (Indemnification) des Versicherungsnehmers bzw. Zedenten durch den Versicherer bzw. Rückversicherer für seine erlittenen Verluste ist dabei ein zentrales Merkmal, so dass auch nach US-GAAP eine Bilanzierung als Versicherungsvertrag nur dann in Betracht kommt, wenn die Transaktion mit einem entschädigungsbezogenen Trigger ausgestattet ist (ASC 944-20-50-40).

Dies entspricht auch dem Verständnis von Versicherungsrisiko in IFRS 4. Der Standard grenzt den Begriff des Versicherungsrisikos negativ von dem Begriff des Finanzrisikos ab (IFRS 4.A), wonach ein Vertrag, der eine Vertragspartei einem Finanzrisiko aussetzt, ohne signifikantes Versicherungsrisiko zu übertragen, kein Versicherungsvertrag ist (IFRS 4.B8). Finanzrisiko wird definiert als das Risiko einer möglichen zukünftigen Änderung einer oder mehrerer der folgenden Variablen: Zinssatz, Preis des Finanzinstruments, Rohstoffpreis, Fremdwährungskurs, Preis- oder Kursindex, Kredit-Rating, Kredit-Index oder einer anderen Variable, unter der Voraussetzung, dass die nicht finanzielle Variable nicht spezifisch für eine Vertragspartei ist (IFRS 4.A). Durch die Betonung der für den Transfer von Versicherungsrisiko erforderlichen Spezifität der Variable wird deutlich, dass der Versicherungsnehmer bzw. Zedent durch das versicherte Ereignis tatsächlich betroffen sein muss, d. h., nachteilige Auswirkungen erleiden muss (IFRS 4.BC55). Verträge, die bspw. Zahlungen an eine Indexvariable knüpfen, die nicht die tatsächliche Schadenerfahrung des Versicherungsnehmers bzw. Zedenten widerspiegelt, sind nicht spezifisch und transferieren daher kein Versicherungsrisiko, sondern ein Finanzrisiko (IFRS 4.B9). „Zu einer Einordnung als Versicherungsvertrag fehlt diesen Instrumenten die zwingende Verknüpfung der Auszahlung an die Schädigung eines spezifischen Vertragspartners."[310] Wie nach den handelsrechtlichen Regelungen scheidet damit für Alternative Risikotransferinstrumente, die

---

aus der Übernahme von Versicherungsrisiko basieren, und ist unabhängig von der vertraglichen Ausgestaltung bzw. Bezeichnung; vgl. ASC 944-20-15-37.

308 Diese Formulierung wird im Hinblick auf Versicherungsverträge in ASC 944-20-05-40 sinngemäß wiederholt: Die Versicherung entschädigt den Versicherungsnehmer bzw. Zedenten für Verluste oder Verpflichtungen, die aus spezifizierten Ereignissen oder Umständen resultieren und die innerhalb einer spezifizierten Periode eintreten oder identifiziert werden. Der (Rück-)Versicherer erhält als Entgelt für die Risikoübernahme eine Zahlung vom Versicherungsnehmer oder Zedenten.

309 Der Eintritt des versicherten Ereignisses ist dabei zufällig bzw. stochastisch und damit außerhalb der Kontrolle des Versicherungsnehmers; vgl. ASC 340-30-20.

310 Sauer (2012), Rn. 9.

lediglich mit einem nicht entschädigungsbezogenen Trigger ausgestaltet sind, eine Bilanzierung als Versicherungsvertrag aus, da hier der Versicherte nicht notwendigerweise für die eingetretenen Verluste aus einem Schadenereignis entschädigt wird.[311] Der Versicherungsnehmer bzw. Zedent muss somit durch das versicherte Ereignis negativ betroffen sein und damit ein versicherbares Interesse haben.[312] IFRS 4 erwähnt explizit, dass bspw. Katastrophenanleihen als Versicherungsvertrag zu klassifizieren sind, wenn dadurch Versicherungsrisiko übertragen und der Emittent für seine tatsächlich erlittenen Verluste entschädigt wird (IFRS 4.B18k). Gleiches gilt für Versicherungs-Swaps oder ähnliche Verträge, die zu einer Zahlung aufgrund der Realisierung einer Variablen – wie bspw. der Veränderung einer klimatischen, geologischen oder sonstigen Variablen – führen, die spezifisch für eine Vertragspartei ist (IFRS 4.B18l). Zur Beurteilung, ob eine Transaktion bilanziell als ein (Rück-)Versicherungsvertrag zu klassifizieren ist, ist zudem zu klären, ob sowohl signifikantes Versicherungsrisiko transferiert wird als auch ein mit hinreichender Wahrscheinlichkeit zu erwartender signifikanter Verlust vorliegt (ASC 944-20-15-41).[313]

Die US-GAAP charakterisieren das Versicherungsrisiko als das Risiko, das aus der Unsicherheit hinsichtlich der Zahlungshöhe (Underwriting Risk) und der Zahlungszeitpunkte (Timing Risk) resultiert (ASC 944-20-20, ASC 340-30-05-2).[314] Dabei hängen sowohl die Höhe als auch der Zeitpunkt der Zahlungen des Rückversicherers an den Zedenten von der Höhe und dem Zeitpunkt der Leistungen des Zedenten gegenüber dem Versicherungsnehmer ab und variieren mit diesen (ASC 944-20-15-41, ASC 944-20-15-47, ASC 944-20-55-54). Das Zahlungshöherisiko ergibt sich aus der Unsicherheit hinsichtlich des Gesamtbetrags der vertraglichen Nettozahlungsströme bzgl. Prämien, Provisionen, Schäden und Schadenabwicklungskosten; das Zahlungszeitpunktrisiko resultiert aus der Unsicherheit hinsichtlich des Zeitpunkts von Einzahlungen und Auszahlungen der vertraglichen Nettozahlungsströme bzgl. Prämien, Provisionen, Schäden und Schadenabwicklungskosten (ASC 944-20-20, ASC 340-30-20). Der zeitliche Anfall der Schadenleistung muss auf dem zeitlichen Anfall des Schadenereignisses basieren (ASC 340-30-05-3, ASC 340-30-05-4), so dass eine zeitnahe Entlastung des Versicherungsnehmers bzw. Zedenten gewährleistet ist. Ein Versicherungs- oder Rückversicherungsvertrag, der nur signifikantes Zeitpunktrisiko überträgt, begrenzt das Risiko hinsichtlich der Zahlungshöhe und dient üblicherweise der Bereitstellung von Liquidität (ASC

311 Im Fall von Multi-Trigger-Vereinbarungen wird der Vertrag nur dann als Rückversicherungsvertrag behandelt, wenn eine Schadenzahlung nur durch ein identifizierbares, versicherbares Ereignis auftritt (z. B. Erdbeben), die Schadenzahlungen auf die Höhe der tatsächlich entstandenen Schäden begrenzt sind und Zahlungen nicht im Wesentlichen durch Non-Indemnity-Trigger-Vereinbarungen bestimmt sind.

312 Vgl. Ernst & Young (2013), S. 3648.

313 Vgl. Fischer / Hoffmann (2002), S. 61-62.

314 Vgl. Abschnitt 2.1.2; Ernst & Young (2012), S. 15.

340-30-05-5).[315] Ein Versicherungs- oder Rückversicherungsvertrag, der dagegen nur signifikantes Zahlungshöherisiko überträgt, beschränkt die Unsicherheit hinsichtlich der Zahlungszeitpunkte, so dass eine verzögerte Erstattung der Verluste durch den Rückversicherer ein Indikator dafür ist, dass kein Zahlungszeitpunktrisiko übertragen wurde (ASC 340-30-05-6).[316] Obwohl gegenwärtig von geringer praktischer Relevanz, da die US-GAAP für die Bilanzierung von Versicherungsverträgen derzeit auch unter IFRS Anwendung finden, ist in diesem Zusammenhang zu erwähnen, dass IFRS 4 in seiner gegenwärtigen Form nur eines dieser Merkmale fordert, um eine Bilanzierung als Versicherungsvertrag zu rechtfertigen (IFRS 4.BC30).[317]

Die Signifikanz des versicherungstechnischen Risikotransfers als weiteres Merkmal neben dem Transfer von Versicherungsrisiko ist nach IFRS 4 nur dann gegeben, wenn der Versicherer in Szenarien mit kommerzieller Substanz signifikante zusätzliche Leistungen zu erbringen hätte (IFRS 4.B23).[318] Signifikant sind die Leistungen, wenn der Versicherer mit hinreichender Wahrscheinlichkeit (Reasonable Possibility[319]) mit einer wesentlichen Verlusthöhe aus dem versicherten Ereignis zu rechnen hat.[320] Diese Anforderung verlangt eine Beurteilung der ökonomischen Eigenschaften des einzelnen (Rück-)Versicherungsvertrags auf Barwertbasis (IFRS 4.B23, IFRS 4.B25). Der Risikotransfer ist zu Vertragsbeginn auf Grundlage der zu diesem

---

315 Beispielsweise wird bei Erfahrungskonten kein Risiko hinsichtlich der Zahlungshöhe auf den Rückversicherer übertragen, da der Zedent negative Salden des Kontos im Zeitverlauf wieder ausgleichen muss. Somit ist die Leistung des Rückversicherers im Wesentlichen nicht von der tatsächlichen Verlusterfahrung des Zedenten abhängig.

316 Vgl. Ernst & Young (2012), S. 20. Ein Motivationsgrund für Vereinbarungen ohne Zahlungszeitpunktrisiko kann in der größeren Anzahl an Schutzdeckungen gesehen werden, die bei gleicher Prämienhöhe im Vergleich zu Schutzdeckungen mit Zahlungszeitpunktrisiko erhältlich wären; vgl. ASC 340-30-05-7.

317 Vgl. Burger / Gingg (2006), S. 17; Schradin (2004), S. 598. Dieses unterschiedliche Risikoverständnis schlägt sich auch in ED/2013/7.BCA156b nieder.

318 Vgl. Sauer (2012), Rn. 7. Mit zusätzlichen Leistungen sind Leistungen gemeint, die nicht anfallen würden, wenn das versicherte Ereignis nicht eintreten würde; vgl. IFRS 4.B24. Szenarien mit kommerzieller Substanz liegen vor, wenn deren Eintrittswahrscheinlichkeiten wirtschaftliche Entscheidungen beeinflussen bzw. „eine wahrnehmbare Wirkung auf die wirtschaftliche Sicht des Geschäfts haben"; vgl. Sauer (2012), Rn. 7; Sauer (2005), S. 1815-1820.

319 „Reasonably possible" bedeutet, dass die Wahrscheinlichkeit des Eintritts eines Ereignisses mehr als „höchst unwahrscheinlich" (remote), aber geringer als „wahrscheinlich" (likely) ist; vgl. ASC 944-20-20.

320 Vgl. Sauer (2012), Rn. 7; Nguyen / Grosche (2011b), S. 528; Dabei ist zu beachten, dass ein Transfer von signifikantem Versicherungsrisiko prinzipiell auch dann vorliegen kann, wenn die Eintrittswahrscheinlichkeit für das versicherte Ereignis extrem unwahrscheinlich ist oder der Barwert der bedingten Cash Flows im Verhältnis zu den gesamten verbleibenden Zahlungsströmen gering ist.

Zeitpunkt bekannten Tatsachen und Umstände durchzuführen (ASC 944-20-55-39, ASC 944-20-15-43). Die Beurteilung der Signifikanz des Verlusts soll durch den Vergleich der Barwerte aller vertraglichen Zahlungsströme mit den Barwerten der tatsächlich geleisteten oder noch zu leistenden Beträge erfolgen (ASC 944-20-15-51).[321] Ein konkreter Schwellenwert wird nicht vorgegeben, jedoch wird in der Praxis für den Transfer von Schaden-Unfall-Risiken, wie nach HGB, ein erwarteter Verlust des Rückversicherers von mindestens 1 % der Beiträge zugrunde gelegt.[322] Falls der Barwertvergleich zu dem Ergebnis kommt, dass ein signifikanter Verlust nicht hinreichend wahrscheinlich ist, soll dennoch der Risikotransfertest als erfüllt gelten, wenn der Rückversicherer im Wesentlichen das gesamte Versicherungsrisiko bzgl. der rückversicherten Anteile der Original-Policen übernommen hat.[323] Dabei ist ein komplettes Verständnis der Vertragsbeziehungen erforderlich, die insbesondere auf Vereinbarungen hin zu prüfen sind, welche die Übertragung von Zahlungshöhe- und/oder Zahlungszeitpunktrisiko begrenzen (ASC 944-20-15-40, ASC 340-30-05-3, ASC 340-30-05-4, ASC 340-30-05-5).

Wird festgestellt, dass kein signifikantes Versicherungsrisiko übertragen wird, jedoch durch den Vertrag finanzielle Vermögenswerte und Schulden entstehen, wird der Vertrag nach den Regeln des Deposit Accounting (Einlagenbilanzierung) abgebildet (IFRS 4.B20, ASC 944-20-05-2A, ASC 944-20-15-1B), was eine Bilanzierung als Finanzinstrument zur Folge hat.[324] Die IFRS bleiben im Hinblick auf die Regelungsdetails des Deposit Accounting vage: Eine Vertragspartei verbucht dabei die erhaltene Gegenleistung als finanziellen Vermögenswert statt als Ertrag, während die andere Vertragspartei die geleistete Gegenleistung als finanziellen Vermögenswert statt als Aufwand ansetzt. Dagegen enthalten die US-GAAP konkretere Vorgaben. Falls nur Zahlungshöherisiko oder weder Zahlungshöhe- noch Zahlungszeitpunktrisiko übertragen wird, erfolgt aus der Perspektive des Zedenten die Bewertung nach der Interest Method durch Verzinsung des Deposit Asset mit dem internen Zinsfuß (Effektivverzinsung) bzw. dem risikofreien Zinssatz (ASC 340-30-35, ASC 340-30-55-1 bis ASC 340-30-55-7). Die Erträge und Aufwendungen sind dabei als Zinserträge bzw. Zinsaufwendungen im Kapitalanlageergebnis zu erfassen. Wenn nur Zahlungshöherisiko übertragen wird, erfolgt die Bewertung auf Barwertbasis (ASC 340-30-55-8 bis ASC 340-30-55-11). Solange noch keine Schäden eingetreten sind, wird das Deposit

---

321 Die Diskontierung soll für jedes Szenario mit demselben Zinssatz erfolgen, der sowohl den Zeitpunkt der Zahlungen an den Rückversicherer als auch die Laufzeit, über die diese Zahlungsströme erwartungsgemäß vom Rückversicherer investiert werden, widerspiegelt; vgl. ASC 944-20-15-49.

322 Vgl. Abschnitt 3.2.1, Abschnitt 4.2.1, IAIS (2006), S. 45-51.

323 Vgl. ASC 944-20-15-53, ASC 944-20-55-55.

324 In diesem Fall gelten die Vorschriften des IAS 39/IFRS 9 und nicht die Vorschriften der US-GAAP. Zur Anwendung der Regelungen des Deposit Accounting nach US-GAAP vgl. Rockel et al. (2012), S. 301-307; Fischer / Hoffmann (2002), S. 68.

in Höhe der Rückversicherungsprämie angesetzt, für die noch kein Deckungsschutz erbracht wurde. Tritt ein Schaden ein, wird das Deposit um den Barwert der zukünftigen Schäden erhöht.[325] Die Gegenbuchung erfolgt aufgrund des erbrachten Rückversicherungsschutzes beim Zedenten als Verminderung der eigenen Schadenaufwendungen.

Überträgt ein Vertrag Versicherungsrisiko und ist ein Verlust hinreichend wahrscheinlich, werden die aus dem Vertrag resultierenden versicherungstechnischen Verpflichtungen in Form von Rückstellungen angesetzt, wenn sich das versicherungstechnische Ereignis ereignet hat (ASC 944-40-25-1), und mit dem bestmöglichen Schätzwert der Kosten, die zur Erfüllung der Verpflichtung notwendig sind, bewertet (ASC 944-40-30-1).[326] Prämien sind dabei über die Laufzeit des Vertrags in dem Verhältnis erfolgswirksam zu vereinnahmen, wie der Versicherungsschutz erbracht wurde (ASC 944-605-25-1), was impliziert, dass nicht der Rechnungslegungsperiode zuzurechnende Prämien als Beitragsüberträge zu erfassen sind.

Ist ein Derivat in einen Versicherungsvertrag eingebettet, ist dieses gesondert als Finanzinstrument nach IAS 39/IFRS 9 erfolgswirksam zum beizulegenden Zeitwert zu bewerten, es sei denn, das eingebettete Derivat stellt selbst einen Versicherungsvertrag dar (IFRS 4.7). Ebenso ist eine Einlagenkomponente, die in einen Versicherungsvertrag integriert ist, als Finanzinstrument nach IAS 39/IFRS 9 zu bewerten, sofern sie getrennt bewertet werden kann und die Bilanzierungsmethoden des Unternehmens sonst keine Berücksichtigung der Rechte und Verpflichtungen aus der Einlagenkomponente vorsehen (IFRS 4.10-4.12). Falls die Einlagenkomponente getrennt bewertet werden kann, die Bilanzierungsmethoden des Unternehmens jedoch eine Berücksichtigung der Rechte und Pflichten aus der Einlagenkomponente sicherstellen, besteht ein Wahlrecht für eine getrennte Bilanzierung (IFRS 4.10b).

4.2.2.2 Änderungen durch ED/2013/7 (IFRS 4 Phase II)

Das IASB hat am 20. Juni 2013 in dem überarbeiteten Standardentwurf ED/2013/7 die geplanten Vorschläge zur Bilanzierung von Versicherungsverträgen nach IFRS (IFRS 4 Phase II) veröffentlicht.[327] ED/2013/7 übernimmt die bisherigen Definitionsmerkmale für einen Versicherungsvertrag, so dass sich in diesem Punkt

325 Als Diskontierungszins wird der risikolose Zins von Staatsanleihen mit ähnlicher Laufzeit zugrunde gelegt; vgl. Rockel et al. (2012), S. 304-305.

326 Die Rückstellungen umfassen neben eingetreten und berichteten Schäden auch Rückstellungen für Schäden, die bereits eingetreten sind, jedoch noch nicht berichtet wurden (Incurred but not reported Claims, IBNR).

327 ED/2013/7 stellt eine Überarbeitung des ED/2010/8 dar. Die Kommentierungsfrist des ED/2013/7 endete am 25.10.2013. Werden seine Regelungen akzeptiert, wäre der Standard vermutlich frühestens für Perioden anzuwenden, die ab dem 01.01.2018 beginnen.

keine Änderungen zur bisherigen Regelung des IFRS 4 ergeben (ED/2013/7.A). Ein wichtiger Unterschied im Vergleich zu den bislang i. d. R. für die Bilanzierung von Versicherungsverträgen nach IFRS angewandten US-GAAP ist jedoch, dass das Vorliegen von Zahlungszeitpunktrisiko nicht mehr als explizite Komponente für eine Bilanzierung als Rückversicherungsvertrag gefordert wird (ED/2013/7. BCA156b). Eine Bilanzierung als Rückversicherungsvertrag soll demnach dann erfolgen, wenn der Vertrag signifikantes Versicherungsrisiko enthält, wobei das Zahlungszeitpunktrisiko in Form des Zeitwerts des Geldes bei der Bestimmung des hinreichend wahrscheinlichen Verlusts zu berücksichtigen ist (ED/2013/7. B18-B21). Begründet wird dies damit, dass eine Diskontierung der versicherungstechnischen Verpflichtungen nach US-GAAP nicht gefordert ist und somit das Zahlungszeitpunktrisiko gesondert zu prüfen ist. Da jedoch nach IFRS 4 (Phase II) zukünftig eine Diskontierung der versicherungstechnischen Rückstellungen verlangt ist, ist nach Ansicht des IASB somit kein explizites Zahlungszeitpunktrisiko erforderlich. In diesem Zusammenhang wiederholt das IASB die bereits aus IFRS 4 (Phase I) vertretene Auffassung, dass nicht zwingend sowohl Zahlungshöherisiko als auch Zahlungszeitpunktrisiko für eine Bilanzierung als Versicherungsvertrag vorliegen müssen (IFRS 4.BC30, ED/2013/7.BCA156b). Wie nach dem bisherigen Regelungsstand des IFRS 4 ist es für die Beurteilung der Signifikanz des Verlusts nötig, dass in Szenarien von wirtschaftlicher Bedeutung zusätzliche Leistungen zu erbringen sind, wobei auf einen Barwertkalkül abgestellt wird, der den Zeitwert des Geldes berücksichtigt (ED/2013/7.B18, ED/2013/7.BCA156c). Das Zahlungszeitpunktrisiko ist somit nur noch impliziter Bestandteil der Beurteilung, ob ein signifikanter Verlust vorliegt, und beschränkt sich allein auf die finanzmathematische Ermittlung des Barwerts zur Berücksichtigung des Zeitwerts des Geldes, nicht jedoch auf die qualitative – von der Beurteilung des signifikanten Verlusts unabhängigen – Einschätzung, ob für den Zedenten eine zeitnahe Entlastung gewährleistet ist, indem der Rückversicherer das Risiko übernimmt, dass die Leistungspflicht früher eintritt, als die Erträge aus der Anlage der vereinnahmten Prämien verdient werden können. Diese quantitative Interpretation des Zahlungszeitpunktrisikos kann die Übertragung von Versicherungsrisiko beschränken, wenn der Barwert der erwarteten Verluste aufgrund der zeitlichen Verzögerung der Entschädigungsleistung als nicht signifikant eingestuft wird: „As a result, contractual terms that delay timely reimbursement to the policyholder can eliminate significant insurance risk" (ED/2013/7.B20). Allerdings besteht auch die Möglichkeit, dass trotz der zeitlichen Verzögerung der Entschädigungsleistung der mögliche Verlust nach Berücksichtigung des Zeitwerts des Geldes als signifikant eingeschätzt wird. Der Standardentwurf für Versicherungsverträge macht zur Quantifizierung des Versicherungsrisikos keine Vorgaben (ED/2013/7. BCA164-BCA165).

In den US-GAAP kommt dagegen zum Ausdruck, dass die Beurteilung, ob signifikantes Versicherungsrisiko übertragen wird, unabhängig von der Frage ist, ob ein signifikanter Verlust hinreichend wahrscheinlich ist: „The tests are independent and the methods and assumptions used in the significant loss test

[...] are not relevant to the other test“ (ASC 944-20-55-51). „While the test for reasonable possibility of significant loss to the reinsurer provides for a present-value-based assessment of the economic characteristics of the reinsurance contract, the concept of timely reimbursement relates to the transfer of insurance risk [...], not the reasonable possibility of significant loss [...]. Accordingly, timely reimbursement shall be evaluated based solely on the length of time between payment of the underlying reinsured claims and reimbursement by the reinsurer” (ASC 944-20-15-48). „Any feature that can delay timely reimbursement violates the conditions for reinsurance accounting” (ASC 944-20-55-54). Ein hinreichend wahrscheinlicher Verlust kann somit nach IFRS 4 – im Gegensatz zu den gegenwärtigen US-GAAP – zukünftig vorliegen, ohne dass signifikantes Versicherungsrisiko in Form von sowohl Zahlungshöherisiko als auch Zahlungszeitpunktrisiko übertragen wird (ASC 944-20-55-52, ASC 944-20-55-53, ASC 944-20-55-54).

Das folgende Beispiel in Tabelle 1 verdeutlicht die Unterschiede hinsichtlich der bilanziellen Qualifizierung als Rückversicherungsvertrag, wobei ein signifikanter Verlust in Übereinstimmung mit der gängigen Praxis in der Nichtlebensversicherung und mangels anderweitiger Vorgaben in ED/2013/7 dann vorliegt, wenn der erwartete Verlust (Expected Reinsurer’s Deficit) mindestens 1 % der Prämien beträgt.[328] Betrachtet wird ein Rückversicherungsvertrag, für den vereinfachend angenommen wird, dass alle Zahlungsströme zum selben Zeitpunkt anfallen.[329] Es werden die folgenden drei Verlustszenarien identifiziert: Verlustszenario A mit einer Eintrittswahrscheinlichkeit von 0,5 % und einer erwarteten Schadenzahlung in Höhe von 30.000 Geldeinheiten (GE); Verlustszenario B mit einer Eintrittswahrscheinlichkeit von 1,0 % und erwarteten Schadenzahlungen in Höhe von 10.000 GE sowie Verlustszenario C mit einer Eintrittswahrscheinlichkeit von 1,5 % und erwarteten Schadenzahlungen in Höhe von 20.000 GE. Die vom Erstversicherer an den Rückversicherer zu zahlenden Prämien für den Risikotransfer belaufen sich in jedem Verlustszenario auf 1.000 GE.

328 Vgl. Abschnitt 3.2.1, Abschnitt 4.2.1.

329 Prämienzahlungen, Eintritt des Schadenereignisses und Schadenzahlungen fallen in diesem Beispiel in demselben Zeitpunkt an. So dass dies den theoretischen Extremfall einer zeitnahen Entlastung darstellt.

Tabelle 1: Ermittlung des Erwartungswerts des Verlusts (zeitnahe Entlastung) (Quelle: eigene Darstellung)

Angaben in GE/%	**Verlust-szenario A**	**Verlust-szenario B**	**Verlust-szenario C**	**Summe der Erwartungswerte der Verluste (absolut und in % der Prämie)**
Cash-Inflows (Prämie)	1.000	1.000	1.000	1.000
Cash-Outflows (Schadenzahlungen)	-30.000	-10.000	-20.000	
Verlust	-29.000	-9.000	-19.000	
Eintrittswahrschein-lichkeit (in %)	0,5	1,0	1,5	
Erwartungswert des Verlusts	-145	-90	-285	-520
Anteil des Erwartungswerts des Verlusts an der Prämie (in %)	14,5	9,0	28,5	-52,0

Das Rückversicherungsunternehmen übernimmt Versicherungsrisiko, da es aufgrund der Unsicherheit des Gesamtbetrags der Zahlungsströme sowohl einem Zahlungshöherisiko als auch aufgrund der Unsicherheit des Anfalls der Zahlungsströme einem Zahlungszeitpunktrisiko ausgesetzt ist. Aufgrund der Annahme, dass bei Eintritt des Schadenereignisses sofort die Entschädigungsleistung geleistet wird, kommt es zu einer zeitnahen Entlastung des Zedenten. Der Transfer des Versicherungsrisikos ist zudem signifikant, da der Erwartungswert der Verluste 52 % des Prämienbetrags ausmacht und somit deutlich über der geforderten 1 %-Grenze liegt. Somit qualifiziert die Transaktion sowohl nach dem gegenwärtigen IFRS 4-Regelungsstand bzw. den US-GAAP als auch nach ED/2013/7 für eine Bilanzierung als Rückversicherung.

In Abwandlung des genannten Beispiels erfolgt in Tabelle 2 die Leistung der Entschädigungszahlung vereinbarungsgemäß erst fünf Jahre nach dem Eintritt des Schadenereignisses bzw. des Abschlussstichtags, wobei für die Ermittlung der Barwerte der Schadenzahlungen jeweils ein Zinssatz von 5 % zugrunde gelegt wird, mit dem die Zahlungen aus dem obigen Beispiel diskontiert werden. Die Rückversicherungsprämie beträgt aufgrund der zeitlichen Verzögerung möglicher Schadenzahlungen nur noch 900 GE. Nach US-GAAP wäre die Transaktion nicht als Rückversicherung zu qualifizieren, da bei qualitativer Beurteilung bereits kein

Zahlungszeitpunktrisiko und somit kein Versicherungsrisiko transferiert wird. An dieser Beurteilung würde sich auch nichts ändern, wenn ein aus der Transaktion resultierender Verlust dennoch hinreichend wahrscheinlich wäre, da die Beurteilung, ob signifikantes Versicherungsrisiko transferiert wird, nach US-GAAP unabhängig von der Frage ist, ob ein möglicher Verlust aus der Transaktion hinreichend wahrscheinlich ist. Nach ED/2013/7 wird jedoch das Zahlungszeitpunktrisiko bereits bei der Bestimmung der Signifikanz des Verlusts quantitativ in Form der Barwertermittlung berücksichtigt. Der folgenden Tabelle 2 ist zu entnehmen, dass selbst bei einer Verzögerung der Schadenzahlungen um fünf Jahre der Erwartungswert des Verlusts deutlich über der geforderten 1 %-Grenze des Risikotransfertests liegt.

Tabelle 2: Ermittlung des Erwartungswerts des Verlusts (ohne zeitnahe Entlastung) (Quelle: eigene Darstellung)

Angaben in GE/%	**Verlust-szenario A**	**Verlust-szenario B**	**Verlust-szenario C**	**Summe der Erwartungswerte der Verluste (absolut und in % der Prämie)**
Cash-Inflows (Prämie)	900	900	900	900
Cash-Outflows (Schadenzahlungen – diskontiert mit 5 % über 5 Jahre)	-23.506	-7.835	-15.671	
Verlust	-22.606	-6.935	-14.771	
Eintrittswahrscheinlichkeit (in %)	0,5	1,0	1,5	
Erwartungswert des Verlusts	-113	-69	-222	-404
Anteil des Erwartungswerts des Verlusts an der Prämie (in %)	12,6	7,7	24,6	-44,9

Demnach wäre die Transaktion auch nach ED/2013/7 als Rückversicherung zu bilanzieren, während dies nach den derzeit geltenden US-GAAP nicht möglich ist.

Weitere Änderungen in ED/2013/7 im Vergleich zur derzeitigen Bilanzierungspraxis beziehen sich auf den Ansatz und die Bewertung der versicherungstechnischen Rückstellungen. Durch die neuen Bilanzierungsvorschriften soll eine Bilanzierung der versicherungstechnischen Rückstellungen zum beizulegenden

Zeitwert erreicht werden und somit der bisherige Asset-Liability Mismatch zwischen den versicherungstechnischen Verpflichtungen und den sie bedeckenden Kapitalanlagen, die – im Gegensatz zu den versicherungstechnischen Verpflichtungen – bereits nach IAS 39 größtenteils zum beizulegenden Zeitwert bewertet werden, beseitigt werden.[330] Die Verpflichtungen aus Erst- und Rückversicherungsverträgen werden in der Bilanz getrennt von den entsprechenden Vermögenswerten aus Erst- und Rückversicherungsverträgen gezeigt (ED/2013/7.54-7.55).

Versicherungsverträge sind entweder zu Beginn der Deckungsschutzperiode, zum Zeitpunkt, an dem die erste Zahlung vom Versicherungsnehmer bzw. Zedenten fällig wird, oder zu dem Zeitpunkt, zu dem aus dem Portfolio von Versicherungsverträgen, zu dem der Vertrag gehören wird, ein Verlust droht, anzusetzen (ED/2013/7.12). Dabei ist der jeweils frühere Zeitpunkt für den Ansatz entscheidend. Zur Bewertung versicherungstechnischer Verpflichtungen sind sämtliche positiven und negativen Zahlungsströme von bestehenden Versicherungsverträgen innerhalb der Deckungsschutzperiode, die zur Erfüllung der Verbindlichkeit durch das Versicherungsunternehmen erforderlich sind (Fulfilment Cash Flows), auf der Grundlage ihrer Eintrittswahrscheinlichkeiten für alle möglichen Szenarien zu schätzen (ED/2013/7.22, ED/2013/7.B40). Die so ermittelten Zahlungsströme sind um den Zeitwert des Geldes anzupassen. Die dabei verwendete Diskontierungsrate soll auf beobachtbaren Marktpreisen von Instrumenten basieren, deren Zahlungsstromeigenschaften denen des jeweiligen Versicherungsvertrags bspw. in Bezug auf zeitlichen Anfall, Währung und Liquidität entsprechen (ED/2013/7.25, ED/2013/7.B69).[331] Der so berechnete Barwert der Zahlungsströme ist um eine Risikomarge anzupassen, die darauf abzielt, den Einfluss der Unsicherheit in den Zahlungsströmen abzubilden (ED/2013/7.27, ED/2013/7.B76-B78).[332] Bei profitablen Versicherungsverträgen kann so im Zeitpunkt des Vertragsabschlusses ein Gewinn entstehen, wenn der Barwert der positiven risikoangepassten Zahlungsströme den der negativen übersteigt. Um einen Gewinnausweis bei Vertragsabschluss zu vermeiden, ist eine Servicemarge anzusetzen (ED/2013/7.28), die im Zeitverlauf mit der Erbringung des Versicherungsschutzes aufzulösen ist.[333] Für

---

330 Vgl. GEIB / HAMMERS (2012), Rn. 54-61.

331 Vgl. NGUYEN / GROSCHE (2012), S. 30-31; SCHWEINBERGER / HORSTKÖTTER (2010), S. 550.

332 ED/2013/7 sieht mit dem Premium Allocation Approach eine vereinfachte Bewertung für die verbleibende Laufzeit versicherungstechnischer Verpflichtungen vor, wenn die Verträge höchstens eine Laufzeit von einem Jahr aufweisen und zudem eine plausible Annäherung an den Wert, der sich bei Anwendung des Bewertungsmodells des Standards ergeben würde, gewährleistet ist (ED/2013/7.35-7.40).

333 Vgl. KNOLLER / SAUER (2014), S. 109-110; NGUYEN / GROSCHE (2011a), S. 429; HORSTKÖTTER / SCHWEINBERGER (2010), S. 550; ZIMMERMANN / SCHWEINBERGER (2007), S. 80-81. Dies kann der Fall sein, wenn am Markt eine Prämie durchsetzbar ist, die die unternehmensspezifischen Kosten der Vertragserfüllung übersteigt. Der Ansatz einer Servicemarge kann auch darin begründet liegen, dass aufgrund

erworbenen Rückversicherungsschutz (Reinsurance Contracts held, Reinsurance Asset) gelten die Ansatz- und Bewertungsvorschriften für versicherungstechnische Verpflichtungen analog (ED/2013/7.41, ED/2013/7.BCA128), wobei die versicherungstechnischen Vermögenswerte bzw. die Anteile der Rückversicherer an den erwarteten versicherungstechnischen Zahlungsströmen nicht mit versicherungstechnischen Verpflichtungen saldiert werden dürfen, sondern getrennt zu bilanzieren sind (ED/2013/7.55, ED/2013/7.BCA126). Typischerweise übersteigt der geleistete Betrag für den erworbenen Rückversicherungsschutz den erwarteten Barwert der Zahlungsströme einschließlich der Risikomarge, so dass die Servicemarge dazu führt, dass der versicherungstechnische Vermögenswert zu Vertragsbeginn – wenn die Rückversicherungsprämie gezahlt wird – in Höhe der Rückversicherungsprämie angesetzt wird (ED/2013/7.BCA127b, ED/2013/7.BCA143).[334] Mögliche Verluste aus dem Ausfall des Rückversicherers (Expected Credit Losses), werden als Risikoanpassung bei der Schätzung der Zahlungsströme berücksichtigt und sind sofort erfolgswirksam zu erfassen (ED/2013/7.41, ED/2013/7.BCA136-BCA138). Im Rahmen der Folgebewertung ist der Vertrag zu jedem Bilanzstichtag neu zu bewerten, wobei die Wertänderungen der Komponenten grundsätzlich in der Gewinn- und Verlustrechnung zu erfassen sind (ED/2013/7.56-7.60). Im Gegensatz zur bisherigen Bilanzierungspraxis von Versicherungsverträgen entstehen Erträge nicht durch Umsatz, sondern durch den Abbau bestehender Verpflichtungen, indem das Versicherungsunternehmen die geschuldete Leistung in Form der Gefahrtragung erbringt (ED/2013/7.BC76).[335] Die Darstellung in der Gewinn- und Verlustrechnung folgt einem Earned Premium Approach.[336] Die verdienten Beiträge (Insurance Contract Revenue) setzen sich somit aus der planmäßigen Auflösung der Cash-Flow-, Zins-, Risiko- und Servicemarge zusammen.[337] Als Teil der Cash-Flow-Marge werden erwartete

---

positiver Markterwartungen der Prämienbarwert den Verpflichtungsbarwert übersteigt. Ebenso möglich erscheint der Fall, dass bei der Prämienkalkulation vorsichtigere Annahmen getroffen werden bzw. Zuschläge in den Prämien eingepreist werden als im Rahmen der verpflichtungsseitigen Risikoadjustierung. Eine solche Servicemarge ist in Solvency II nicht vorgesehen, so dass es in IFRS zu einer kontinuierlichen Überbewertung des Erfüllungsbarwerts der Verpflichtungen aus profitablen Versicherungsverträgen kommt; vgl. NGUYEN / GROSCHE (2011a), S. 429, S. 431.

334 Bis zur Zahlung der Rückversicherungsprämie beträgt der versicherungstechnische Vermögenswert im Zeitpunkt des Vertragsabschlusses null, da die Servicemarge genau dem Betrag der Fulfilment Cash Flows mit entgegengesetztem Vorzeichen entspricht.

335 Vgl. HOMMEL / BIELKE / ZICKE (2013), S. 405; ELLENBÜRGER / ENGELÄNDER / KÖLSCHBACH (2013), S. 815.

336 Vgl. IASB (2013b), S. 23.

337 Einlage- bzw. Finanzierungskomponenten, die von dem Versicherungsvertrag nicht abzuspalten sind (ED/2013/7.10b, ED/2013/7.B31-B32), sind dennoch nicht

Aufwendungen für Schäden und erwartete andere versicherungstechnische Aufwendungen als verdiente Beiträge gezeigt, während nur die tatsächlichen Schadenaufwendungen und sonstigen versicherungstechnischen Aufwendungen den so ermittelten verdienten Beiträgen in der Gewinn- und Verlustrechnung gegenübergestellt werden und zusammen das operative Ergebnis bilden (ED/2013/7.57).[338] Aufgrund der im Vergleich zur bisherigen Bilanzierungspraxis völlig unterschiedlichen Erfassungslogik sind die verdienten Beiträge nach ED/2013/7 als Umsatzgröße auch nicht mit den gebuchten Bruttobeiträgen nach dem derzeitigen Regelungsstand von IFRS 4 vergleichbar.[339] Dies zeigt sich auch daran, dass die erhaltenen oder fälligen Beiträge erfolgsneutral die versicherungstechnische Verpflichtung des Erst- oder Rückversicherers erhöhen und geleistete Zahlungen die versicherungstechnische Verpflichtung erfolgsneutral mindern.[340] Somit werden die Prämien zwar im Zeitverlauf als Ertrag gezeigt, jedoch besteht kein zeitlicher Zusammenhang zur tatsächlichen Beitragszahlung.[341] Bei der Bestimmung des Zinsaufwands, der aus der Diskontierung resultiert (Zinsmarge, Unwinding of Discount), ist über die Vertragslaufzeit hinweg die Diskontierungsrate anzuwenden, die im Zugangszeitpunkt des Versicherungsvertrags galt (ED/2013/7.60h). Der Ausweis des daraus resultierenden Zinsaufwands erfolgt im Kapitalanlageergebnis.[342] Der Effekt auf die versicherungstechnische Verpflichtung, der aus der Veränderung der Diskontierungsrate resultiert, ist dagegen im sonstigen Gesamtergebnis (Other Comprehensive Income) und damit erfolgsneutral als Teil des Eigenkapitals zu zeigen (ED/2013/7.64).[343] Umfangreiche Angaben sind zu den in der Bilanz und in der Gewinn- und Verlustrechnung sowie im sonstigen Gesamtergebnis angesetzten Beträgen,[344] den wesentlichen Methoden, Annahmen und Schätzungen bei der Anwendung des Standards sowie der Art und dem Ausmaß der Risiken erforderlich (ED/2013/7.69).

In Versicherungsverträge eingebettete Derivate sind nur dann getrennt von dem Versicherungsvertrag zu bilanzieren, sofern sie nicht eng mit dem Versicherungsvertrag verbunden sind und das abgetrennte Finanzinstrument die Definition

---

als verdiente Beiträge (Insurance Contract Revenue) und Schadenaufwendungen (Incurred Claims) auszuweisen (ED/2013/7.58).

338 Schätzänderungen zukünftiger Cash Flows werden nur erfolgswirksam berücksichtigt, soweit sie sich nicht auf Anpassungen der Servicemarge beziehen (ED/2013/7.60d, ED/2013/7.B68).

339 Vgl. Hommel / Bielke / Zicke (2013), S. 408.

340 Vgl. Hommel / Bielke / Zicke (2013), S. 405; IASB (2013c), S. 20.

341 Vgl. KPMG (2013), S. 8.

342 Vgl. IASB (2013c), S. 6.

343 Vgl. IASB (2013a), S. 14; Ellenbürger / Engeländer / Kölschbach (2013), S. 816.

344 Hierbei sind Überleitungen der versicherungstechnischen Verpflichtungen und Vermögenswerte einschließlich ihrer jeweiligen Komponenten vom Periodenanfangsbestand zum Periodenendbestand im Tabellenformat erforderlich.

eines Derivats i. S. d. IFRS 9 erfüllen würde (ED/2013/7.10a). Ebenso sind Anlagekomponenten (Investment Components) nur dann von dem Versicherungsvertrag abzutrennen und als Finanzinstrument i. S. d. IFRS 9 zu bilanzieren, wenn sich die Anlagekomponente von der Versicherungskomponente unterscheidet (ED/2013/7.10b).[345] Dies ist dann der Fall, wenn die Anlagekomponente als ein eigener Vertrag mit gleichen Konditionen in demselben Markt oder Rechtsgebiet von Versicherungsunternehmen oder anderen Marktteilnehmern separat verkauft wird oder verkauft werden könnte (ED/2013/7.B31), es sei denn, dass die Anlagenkomponente und die Versicherungskomponente in hohem Maße zusammenhängen. Ein solcher enger Zusammenhang liegt vor, wenn eine Bewertung der einen Komponente nicht ohne die andere möglich ist oder der Versicherungsnehmer nur von beiden Komponenten zusammen profitieren kann (ED/2013/7.B32).[346]

4.3 Grundlagen der Bilanzierung von Finanzinstrumenten

4.3.1 Vorschriften nach HGB

Wenngleich mit Alternativen Risikotransferinstrumenten der Transfer versicherungstechnischer Risiken angestrebt wird, kann in Abhängigkeit von der jeweiligen Ausgestaltung aufgrund der Involvierung kapitalmarktspezifischer Instrumentarien auch eine Bilanzierung als Finanzinstrument in Betracht kommen.

Ein Finanzinstrument ist jede Vertragsform, die ohne Produktions- und Absatzprozess direkt oder indirekt zum Zu- oder Abfluss von flüssigen Mitteln oder Eigenkapitaltiteln führt.[347] Damit ein Finanzinstrument aktivierungsfähig ist, muss es sich um einen Vermögensgegenstand handeln. Dies setzt voraus, dass es sich um eine Sache oder ein Recht handelt, das selbständig verwertbar, d. h., grundsätzlich in Zusammenhang mit dem gesamten Betrieb veräußerbar ist, und selbständig bewertbar ist, d. h., einen greifbaren, konkretisierten Wert hat (abstrakte Aktivierungsfähigkeit).[348] Darüber hinaus darf für den jeweiligen Vermögensgegenstand kein explizites Aktivierungsverbot existieren (konkrete Aktivierungsfähigkeit). Ein Finanzinstrument ist passivierungsfähig, wenn es die Kriterien für eine Schuld erfüllt, was sich in einer „am Bilanzstichtag bestehenden

345 Anlagenkomponenten (Investment Components) sind die Beträge, die ein Versicherungsunternehmen an die Versicherungsnehmer unabhängig vom Eintritt des Versicherungsereignisses zurückzuzahlen hat (ED/2013/7.A).

346 Führt bspw. die Stornierung oder die Fälligkeit der einen Komponente zur Stornierung oder Fälligkeit der anderen Komponente besteht ein enger Zusammenhang und der gesamte Vertrag wird als Versicherungsvertrag bilanziert.

347 Vgl. Pellens et al. (2011), S. 557.

348 Vgl. Kussmaul (2012), Rn. 6; Koss / Wohlgemuth, (2010), Rn. 846. Zu beachten ist jedoch, dass eine Aktivierung grundsätzlich auch dann in Betracht kommt, wenn kein Vermögensgegenstand vorliegt, was sich bspw. bei den Rechnungsabgrenzungsposten und aktiven latenten Steuern zeigt.

Auszahlungs- oder Leistungsverpflichtung gegenüber Dritten aufgrund von Gesetz, Vertrag oder faktischem Leistungszwang, die hinreichend konkretisiert bzw. greifbar und unkompensiert ist,"[349] manifestiert (abstrakte Passivierungsfähigkeit). Existenz, Höhe und Fälligkeit der Schuld müssen jedoch nicht mit Sicherheit feststehen.[350] Schwebende Geschäfte werden aufgrund der mit ihnen bei Vertragsabschluss verbundenen Risiken als noch nicht hinreichend konkretisiert angesehen und werden daher grundsätzlich nicht bilanziert.[351] Allerdings ist bei drohenden Verlusten aus schwebenden Geschäften als Ausfluss des Imparitätsprinzips eine Drohverlustrückstellung zu bilden.[352] Wie für Vermögensgegenstände gilt auch für Schulden, dass für ihren Ansatz kein explizites Bilanzierungsverbot existieren darf (konkrete Passivierungsfähigkeit). Aufgrund des Vollständigkeitsgebots existiert bei gegebener Bilanzierungsfähigkeit auch grundsätzlich eine Bilanzierungspflicht.

Vermögensgegenstände werden im Zugangszeitpunkt zu Anschaffungs- oder Herstellungskosten bewertet, die zugleich auch die Wertobergrenze für die Folgebewertung darstellen. Die Anschaffungskosten beinhalten auch Anschaffungsnebenkosten, sofern sie als Einzelkosten dem Vermögensgegenstand direkt zugeordnet werden können.[353] Die Folgebewertung richtet sich danach, ob das Finanzinstrument ein Vermögensgegenstand ist, der nach den Vorschriften für das Anlage- oder Umlaufvermögen zu bilanzieren ist. Eine Bilanzierung nach den Vorschriften des Anlagevermögens verlangt, dass der Vermögensgegenstand dazu bestimmt ist, dauerhaft dem Geschäftsbetrieb zu dienen, was sowohl die dokumentierte Absicht als auch die Fähigkeit zum dauerhaften Halten der Wertpapiere voraussetzt.[354] Nach den Vorschriften des Anlagevermögens werden bei Versicherungsunternehmen Beteiligungen, Anteile an verbundenen Unternehmen, Ausleihungen an verbundene Unternehmen oder an Unternehmen, mit denen ein Beteiligungsverhältnis besteht, Namensschuldverschreibungen, Hypothekendarlehen und andere Forderungen und Rechte, sonstige Ausleihungen und Depotforderungen aus dem in Rückdeckung übernommenen Versicherungsgeschäft bewertet (§ 341b Abs. 1 HGB). Im Fall von Namensschuldverschreibungen ist alternativ auch ein Ansatz zum Nennbetrag möglich. Ist der Nennbetrag höher (niedriger) als die Anschaffungskosten, ist der Unterschiedsbetrag als passiver (aktiver) Rechnungsabgrenzungsposten zu bilanzieren, planmäßig aufzulösen und in seiner jeweiligen Höhe in der Bilanz oder im Anhang gesondert anzugeben (§ 341c Abs. 2 HGB).

349 Ballwieser (2013b), Rn. 69.

350 Vgl. Ballwieser (2013b), Rn. 69. Schulden lassen sich in Verbindlichkeiten und Rückstellungen unterteilen. Verbindlichkeiten sind hinsichtlich Existenz und Betrag sichere Schulden. Bei Rückstellungen ist dagegen die Existenz und/oder Höhe der Schuld unsicher.

351 Vgl. Kussmaul (2012), Rn. 11.

352 Vgl. Abschnitt 4.1.1.

353 Vgl. Grottel / Gadek (2012), Rn. 70.

354 Vgl. IDW RS VFA 2, Nr. 5, Nr. 8.

Dagegen haben Versicherungsunternehmen Kapitalanlagen in Form von Aktien, einschließlich eigener Anteile, Investmentanteile sowie sonstige festverzinsliche und nicht festverzinsliche Wertpapiere grundsätzlich nach den Vorschriften des Umlaufvermögens zu bewerten, es sei denn, dass sie dazu bestimmt sind, dauerhaft dem Geschäftsbetrieb zu dienen (§ 341b Abs. 2 HGB).[355]

Bei einer Zuordnung zum Anlagevermögen gilt das gemilderte Niederstwertprinzip, wonach eine Wertminderung nur dann in Form einer außerplanmäßigen Abschreibung zu berücksichtigen ist, wenn diese dauerhaft ist. Dies impliziert ein Wahlrecht für die Beibehaltung des Wertansatzes bei nur vorübergehender Wertminderung (§ 253 Abs. 3 S. 4 HGB).[356] Indizien, die eine dauerhafte Wertminderung vermuten lassen, sind

- die Höhe der Differenz zwischen Buchwert und Zeitwert am Abschlussstichtag: Je höher die Differenz, desto eher ist von einer dauerhaften Wertminderung auszugehen.
- die bisherige Dauer der bereits eingetretenen Wertminderung: Sofern in den dem Abschlussstichtag vorausgehenden sechs Monaten der Zeitwert permanent um mehr als 20 % unter dem Buchwert liegt oder der Durchschnittswert der täglichen Börsenkurse eines Wertpapiers in den letzten zwölf Monaten mehr als 10 % unter seinem Buchwert liegt, kann eine dauerhafte Wertminderung angenommen werden.
- ein stark abweichender Kursverlauf des betreffenden Wertpapiers von der allgemeinen Kursentwicklung sowie
- eine Verschlechterung der Bonität bzw. des Ratings des Emittenten.[357]

Bei einer Behandlung nach den Vorschriften des Umlaufvermögens gilt das strenge Niederstwertprinzip, wonach der im Vergleich zum Buchwert niedrigere beizulegende Wert am Abschlussstichtag anzusetzen ist (§ 253 Abs. 4 HGB). Sobald die Gründe für die Wertminderung nicht mehr vorliegen, sind Wertaufholungen zwingend bis maximal zu den Anschaffungskosten vorzunehmen (§ 253 Abs. 5 HGB). Finanzinstrumente, die Verbindlichkeiten darstellen, werden mit ihrem Erfüllungsbetrag, der dem Nominalbetrag der Schuld entspricht, angesetzt.[358] Ist der Nominalbetrag einer Anleihe geringer als der Ausgabebetrag, ist der Unterschiedsbetrag vom Emittenten als Rechnungsabgrenzungsposten zu passivieren und entsprechend der Kapitalnutzung über die Laufzeit zu verteilen. Liegt der Nominalbetrag über dem Ausgabebetrag der Anleihe (wie bspw. bei einer Nullkuponanleihe), ist nur der Ausgabebetrag zuzüglich aufgelaufener Zinsen zu passivieren,

---

355 Die Bewertung nach den Vorschriften des Umlaufvermögens stellt für Versicherungsunternehmen den Regelfall dar; vgl. IDW RS VFA 2, Nr. 4.

356 Planmäßige Abschreibungen kommen bei Finanzinstrumenten nicht in Betracht, da sie nicht abnutzbar sind.

357 Vgl. IDW RS VFA 2, Nr. 19; Kozikowski / Kreher (2012a), Rn. 352; Ellenbürger / Hammers (2012a), Rn. 90.

358 Vgl. Kozikowski / Schubert (2012c), Rn. 90.

da der jeweilige Abzinsungsbetrag eine nicht bilanzierungsfähige Verpflichtung aus dem schwebenden Kreditgeschäft darstellt.[359]

Neben originären bzw. nicht derivativen Finanzinstrumenten können auch derivative Finanzinstrumente zum Einsatz kommen. Derivative Finanzinstrumente sind als Kauf, Tausch oder anderweitig ausgestaltete Festgeschäfte oder Optionsgeschäfte ausgestaltet, die zeitlich verzögert zu erfüllen sind und deren Wert sich unmittelbar oder mittelbar vom Preis oder Maß eines Basiswerts ableitet, wobei als Basiswerte neben Finanzprodukten, wie bspw. Wertpapieren, Geldmarktinstrumenten, Zinssätzen, Devisen und Finanzindizes, auch Klima- oder andere physikalische Variablen und sonstige Indizes oder Messwerte in Frage kommen (§ 2 Abs. 2 WpHG).

Derivative Finanzinstrumente können auch zur Absicherung von Marktwert- oder Zinsänderungen eingesetzt werden, wobei ein Wahlrecht besteht, das abzusichernde Grundgeschäft und das derivative Finanzinstrument in seiner Funktion als Sicherungsinstrument zu einer Bewertungseinheit zusammenzufassen (§ 254 HGB). Voraussetzung dafür ist, dass eine Sicherungsabsicht besteht und der wirtschaftliche Zusammenhang von Grund- und Sicherungsgeschäft hinreichend dokumentiert ist. Die Effektivität der Sicherungsbeziehung ist im Zeitverlauf der Sicherungsbeziehung mindestens zu jedem Abschlussstichtag zu überwachen, wobei keine konkreten Effektivitätsgrade vorgegeben sind.[360] Bilanziell führt die Bildung von Bewertungseinheiten dazu, dass das handelsrechtliche Einzelbewertungsprinzip sowie das Realisations- und das Imparitätsprinzip eingeschränkt werden. Nur sofern sich die gegenläufigen Wertänderungen oder Zahlungsströme nicht ausgleichen (ineffektiver Teil), kommen die allgemeinen Bilanzierungs- und Bewertungsvorschriften zur Anwendung, so dass nur teilweise durch das Sicherungsgeschäft kompensierte Verluste des Grundgeschäfts verlustantizipierend zu berücksichtigen sind, während eine Überkompensation unberücksichtigt bleibt.[361]

Derivative Finanzinstrumente können auch in nicht derivative Finanzinstrumente mit Forderungs- bzw. Verbindlichkeitscharakter eingebettet sein, so dass insgesamt ein strukturiertes Finanzinstrument entsteht. Strukturierte Finanzinstrumente sind Vermögensgegenstände mit Forderungscharakter bzw. entsprechende Verbindlichkeiten, die im Vergleich zu den nicht strukturierten Finanzinstrumenten hinsichtlich ihrer Verzinsung, ihrer Laufzeit und/oder ihrer Rückzahlung besondere Ausstattungsmerkmale aufweisen.[362] Eine getrennte Bilanzierung der Komponenten ist dann erforderlich, wenn das strukturierte Finanzinstrument aufgrund des eingebetteten Derivats im Vergleich zum Basisinstrument

---

359 Vgl. Kozikowski / Schubert (2012c), Rn. 65; Winnefeld (2006b), Rn. 871-875. Der Unterschiedsbetrag zwischen dem Nominalwert und dem jeweiligen Barwert am Abschlussstichtag entspricht den noch nicht angefallenen Zinsen.

360 Vgl. Förschle / Usinger (2012), Rn. 40-42.

361 Vgl. Förschle / Usinger (2012), Rn. 50.

362 Vgl. IDW RS HFA 22, Rn. 2.

wesentlich erhöhte oder zusätzliche (andersartige) Risiken und Chancen aufweist.[363] Dies ist bspw. dann der Fall, wenn das Basisinstrument mit einem Derivat verbunden ist, das neben dem Bonitätsrisiko des Emittenten weiteren Risiken unterliegt.[364] Eine Rückausnahme besteht, wenn trotz Vorliegens der Voraussetzungen für eine getrennte Bilanzierung durch eine einheitliche Bilanzierung eine zutreffende Darstellung der Vermögens-, Finanz- und Ertragslage gewährleistet wird. Dies ist der Fall, wenn a) das strukturierte Finanzinstrument am Abschlussstichtag mit dem niedrigeren Wert aus beizulegendem Zeitwert und fortgeführten Anschaffungskosten bewertet wird (§ 253 Abs. 3, Abs. 4 HGB) und die Bewertung auf einer Notierung des strukturierten Produkts auf einem aktiven Markt basiert, b) das strukturierte Finanzinstrument zu Handelszwecken erworben wurde oder c) eine vertraglich vereinbarte unbedingte Kapitalgarantie des Emittenten besteht, mit der das eingesetzte Kapital zum Fälligkeitszeitpunkt garantiert wird und das strukturierte Finanzinstrument mit der Absicht und der Fähigkeit, es bis zur Endfälligkeit zu halten, zulässigerweise dem Anlagevermögen zugeordnet wird (§ 247 Abs. 2 HGB).[365]

4.3.2 Vorschriften nach IFRS

4.3.2.1 Gegenwärtiger Regelungsstand (IAS 39)

Die Bilanzierungsfähigkeit und -pflicht von Vermögenswerten und Schulden bestimmt sich grundsätzlich nach den für sie geltenden Definitionsmerkmalen des IFRS-Rahmenkonzepts. Nach dem Rahmenkonzept ist ein Vermögenswert eine Ressource, über die ein Unternehmen aufgrund eines Ereignisses in der Vergangenheit verfügen kann und deren Nutzung zukünftige wirtschaftliche Vermögensvorteile für das Unternehmen erwarten lässt (CF.4.4a).[366] Eine Schuld ist gemäß Rahmenkonzept definiert als eine gegenwärtige Verpflichtung aufgrund eines Ereignisses in der Vergangenheit, die einen zukünftigen Ressourcenabfluss, der wirtschaftlichen Nutzen verkörpert, erwarten lässt (CF.4.4b).[367] Zudem erfordert die Bilanzierungspflicht, dass der mit dem jeweiligen Jahresabschlussposten verbundene wirtschaftliche Nutzenzufluss oder -abfluss wahrscheinlich ist (CF.4.38a) und die Anschaffungs- oder Herstellungskosten bzw. der Wert des jeweiligen Jahresabschlusspostens verlässlich bestimmt werden können (CF.4.38b). Die Bilanzierungsfähigkeit von Finanzinstrumenten setzt allerdings das Vorliegen eines Vertrags voraus, so dass in diesem Fall nicht auf die genannten Definitionsmerkmale des Rahmenkonzepts für Vermögensgegenstände und Schulden rekurriert

---

363 Vgl. IDW RS HFA 22, Rn. 15; SCHARPF (2012a), Rn. 863-864; KPMG (2007), S. 120-121.

364 Vgl. IDW RS HFA 22, Rn. 16.

365 Vgl. IDW RS HFA 22, Rn. 14; SCHARPF (2012a), Rn. 863a.

366 Vgl. ERNST & YOUNG (2013), S. 55; BAETGE ET AL. (2012b), Rn. 74-75.

367 Vgl. ERNST & YOUNG (2013), S. 55; BAETGE ET AL. (2012b), Rn. 74-75.

wird. Ein Finanzinstrument ist definiert als ein Vertrag, der bei einem Unternehmen zu einem finanziellen Vermögenswert und bei einem anderen gleichzeitig zu einer finanziellen Verbindlichkeit oder einem Eigenkapitalinstrument führt (IAS 32.11). Finanzielle Vermögenswerte oder finanzielle Verbindlichkeiten sind im Zugangszeitpunkt mit dem beizulegenden Zeitwert, der dann den Anschaffungskosten entspricht, zu bewerten und in eine der folgenden, für die Folgebewertung maßgeblichen, Kategorien einzuordnen (IAS 39.9):[368]

- Zu Handelszwecken gehaltene Finanzinstrumente und Finanzinstrumente, die der Kategorie „erfolgswirksam zum beizulegenden Zeitwert bewertet" zugeordnet werden: Die Bewertung erfolgt zum beizulegenden Zeitwert, wobei sich sämtliche positiven wie negativen Wertänderungen in der Gewinn- und Verlustrechnung niederschlagen. Dem Handelsbestand zuzurechnen sind Finanzinstrumente, die primär mit der Absicht einer kurzfristigen Veräußerung zur kurzfristigen Gewinnerzielung erworben bzw. eingegangen wurden. Zum Handelsbestand zählen generell alle derivativen Finanzinstrumente, die nicht Teil einer Sicherungsbeziehung sind. Für alle finanziellen Vermögenswerte besteht ein Klassifizierungswahlrecht (Fair Value Option), um ökonomisch nicht gerechtfertigte Ergebnisvolatilitäten zu vermeiden. Dies ist bspw. bei einer Bewertung eines Grundgeschäfts zu fortgeführten Anschaffungskosten bei gleichzeitiger erfolgswirksamer Bewertung des der wirtschaftlichen Sicherung dienenden derivativen Finanzinstruments zum beizulegenden Zeitwert der Fall, wenn die Vorschriften zur Bilanzierung von Sicherungsgeschäften (Hedge Accounting) nicht anwendbar sind. Für finanzielle Verbindlichkeiten darf das Klassifizierungswahlrecht für eine Bilanzierung zum beizulegenden Zeitwert nur ausgeübt werden, wenn Inkonsistenzen bei der Bewertung oder dem Erfolgsausweis beseitigt oder wesentlich reduziert werden, die finanzielle Verbindlichkeit Teil eines Portfolios ähnlicher Finanzinstrumente ist, das auf Basis des beizulegenden Zeitwerts gesteuert wird, oder die finanzielle Verbindlichkeit ein eingebettetes Derivat aufweist, das nicht separiert werden muss, weil das gesamte zusammengesetzte Finanzinstrument zum beizulegenden Zeitwert bewertet wird.[369]
- Darlehen und Forderungen: Die Folgebewertung erfolgt zu fortgeführten Anschaffungskosten unter Anwendung der Effektivzinsmethode, wobei für die Einordnung in diese Kategorie keine Notierung auf einem aktiven Markt vorliegen darf, alle Zahlungen fest oder klar determinierbar sein müssen und nicht die Definition für Finanzinstrumente des Handelsbestandes erfüllt sein darf.
- Bis zur Endfälligkeit gehaltene finanzielle Vermögenswerte: Die Folgebewertung erfolgt zu fortgeführten Anschaffungskosten unter Anwendung der Effektivzinsmethode. Dabei muss eine feste Endfälligkeit vorliegen und alle Zahlungen müssen fest oder zumindest klar determinierbar sein. Zudem muss das Unternehmen die Absicht und die Fähigkeit haben, den finanziellen

368 Vgl. Pellens et al. (2011), S. 564-576.
369 Vgl. Hartenberger (2013), Rn. 59-60.

Vermögenswert tatsächlich bis zur Endfälligkeit zu halten, und die Voraussetzungen zur Einordnung in die Kategorie „Darlehen und Forderungen" dürfen nicht erfüllt sein.

- Zur Veräußerung verfügbare finanzielle Vermögenswerte: Die Folgebewertung erfolgt zum beizulegenden Zeitwert, wobei sich positive wie negative Wertänderungen im sonstigen Gesamtergebnis und damit erfolgsneutral in der Neubewertungsrücklage des Eigenkapitals niederschlagen. In diese Kategorie können – mit Ausnahme von Finanzinstrumenten, die zu Handelszwecken gehalten werden – auch Finanzinstrumente der anderen Kategorien eingeordnet werden.
- Finanzielle Verbindlichkeiten: Die Folgebewertung erfolgt zu fortgeführten Anschaffungskosten (IAS 39.47), es sein denn, dass bei Vorliegen der Voraussetzungen eine Einordnung in die Kategorie „erfolgswirksam zum beizulegenden Zeitwert" vorgenommen wurde.

Umklassifizierungen zwischen den Kategorien sind nur in bestimmten Fällen geboten bzw. zulässig. Bis zur Endfälligkeit gehaltene Finanzinstrumente sind in die Kategorie „zur Veräußerung verfügbar" umzuklassifizieren, wenn entweder die Halteabsicht freiwillig aufgegeben wird oder aufgrund von Veräußerung von ursprünglich als bis zur Endfälligkeit gehaltenen Wertpapieren eine zweijährige Sperrfrist zur Anwendung kommt.[370] Nach Ablauf der Sperrfrist kann bei Vorliegen der Voraussetzungen wieder eine Umklassifizierung in die Kategorie „bis zur Endfälligkeit gehalten" erfolgen. Darüber hinaus können nicht marktnotierte Forderungen, die ursprünglich zu Handelszwecken gehalten wurden und für die die Handelsabsicht entfallen ist, in die Kategorie „Darlehen und Forderungen" zugeordnet werden. Gleiches gilt für nicht marktnotierte Forderungen, die im Zugangszeitpunkt als „zur Veräußerung verfügbar" designiert wurden. Darüber hinaus ist in seltenen Ausnahmefällen eine Umklassifizierung der von zu Handelszwecken gehaltenen Finanzinstrumente der Kategorie „erfolgswirksam zum beizulegenden Zeitwert" in die Kategorien „zur Veräußerung verfügbar" und „zur Endfälligkeit gehaltene Finanzinstrumente" möglich (IAS 39.50B, IAS 39.50C), sofern nicht nur eine vorübergehende Halteabsicht besteht.[371] Finanzielle Vermögenswerte der Kategorie „zur Veräußerung verfügbar" können dagegen generell einer der anderen Kategorien zugeordnet werden, wenn nicht nur eine vorübergehende Halteabsicht besteht und im Fall einer beabsichtigten Einordnung in die Kategorie „Ausleihen

---

370 Vgl. Lüdenbach (2012b), Rn. 183.

371 Als neue bzw. fortgeführte Anschaffungskosten ist der beizulegende Zeitwert des Finanzinstruments zum Zeitpunkt der Umgliederung auszuweisen. Die Möglichkeit zur Umgliederung gilt nicht für Finanzinstrumente, die im Zugangszeitpunkt in die Kategorie „erfolgswirksam zum beizulegenden Zeitwert" designiert wurden. Für eine Umklassifizierung in „Darlehen und Forderungen" müssen keine seltenen Umstände vorliegen, sondern es wird lediglich gefordert, dass die Voraussetzungen für eine Einordnung in diese Kategorie von Beginn an vorlagen; vgl. Petersen / Zwirner (2009b), S. 67-69.

und Forderungen“ die Voraussetzungen von Beginn an vorgelegen haben.[372] Für Versicherungsunternehmen besteht ein Wahlrecht, bei einer Änderung der Bilanzierung- und Bewertungsmethoden für versicherungstechnische Rückstellungen alle oder einige finanzielle Vermögenswerte in die Kategorie „erfolgswirksam zum beizulegenden Zeitwert“ umzuwidmen. Generell besteht sonst keine Möglichkeit, im Nachhinein Finanzinstrumente in diese Kategorie umzuklassifizieren (IFRS 4.45).

Anschaffungsnebenkosten (Transaktionskosten) dürfen bei der erstmaligen Erfassung nur bei Finanzinstrumenten, die nicht erfolgswirksam zum beizulegenden Zeitwert bewertet werden, als Erhöhung der Anschaffungskosten berücksichtigt werden (IAS 39.43).

Im Gegensatz zu den handelsrechtlichen Regelungen sind nicht nur originäre, sondern auch derivative Finanzinstrumente, die schwebende Vertragsverhältnisse repräsentieren, zu aktivieren bzw. zu passivieren, sofern sie einen Zeitwert ungleich null haben.[373] Derivative Finanzinstrumente verlangen die kumulative Voraussetzung der folgenden Kriterien:[374]

- Der Wert des Finanzinstruments ändert sich infolge der Änderung eines festgelegten Zinssatzes, Wertpapierkurses, Rohstoffpreises, Wechselkurses, Preis- oder Zinsindexes, Bonitätsratings oder Kreditindexes oder einer ähnlichen Variablen (IAS 39.AG9-AG10).
- Das Finanzinstrument erfordert, verglichen mit andersgearteten Verträgen, die in ähnlicher Weise auf Änderungen der Marktbedingungen reagieren, keine oder nur eine geringe anfängliche Nettoinvestition (IAS 39.AG11).
- Das Finanzinstrument wird zu einem späteren Zeitpunkt beglichen.

Derivate Finanzinstrumente können als freistehende Derivate existieren oder auch zur Bildung einer Bewertungseinheit (Hedge Accounting) mit einem zugrundeliegenden Grundgeschäft eingesetzt werden, um dessen beizulegenden Zeitwert (Fair Value Hedge) oder zukünftige Zahlungsströme abzusichern (Cash Flow Hedge). Durch die Bildung von Bewertungseinheiten können Ausweis- und Bewertungsinkonsistenzen von Grund- und Sicherungsgeschäft von wirtschaftlich zusammengehörenden Sachverhalten vermieden werden.[375] Voraussetzung für den Einsatz als Sicherungsgeschäft ist jedoch, dass der beizulegende Zeitwert verlässlich bestimmbar ist und das Sicherungsgeschäft mit einem fremden Dritten ver-

---

372 Vgl. Hartenberger (2013), Rn. 80.

373 Vgl. Flintrop / Oertzen (2013), Rn. 40-41.

374 Vgl. KPMG (2007), S. 119.

375 Vgl. Lüdenbach (2012b), Rn. 235. Wenn bspw. das Grundgeschäft zu fortgeführten Anschaffungskosten bewertet wird, das Sicherungsgeschäft aufgrund seiner Derivateigenschaft jedoch erfolgswirksam zum beizulegenden Zeitwert, können Ergebnisvolatilitäten resultieren, da Wertänderungen beim Grundgeschäft nicht berücksichtigt werden, während sie sich bei dem Derivat in der Gewinn- und Verlustrechnung niederschlagen.

einbart wurde (IAS 39.73). Als Grundgeschäft kommen dabei neben bilanzierten Vermögenswerten und Schulden auch nicht bilanzierte feste Verpflichtungen, Nettoinvestitionen in eine wirtschaftlich selbständige Einheit im Ausland sowie mit hoher Eintrittswahrscheinlichkeit erwartete zukünftige Transaktionen (IAS 39.78) in Frage. Voraussetzung für die Bildung von Sicherungsbeziehungen ist, dass der Absicherungszusammenhang und die intendierten Risikomanagementziele und -strategien bereits beim Abschluss des Sicherungsgeschäfts dokumentiert sind, der Absicherungszusammenhang vorab als hochwirksam eingeschätzt wird sowie die tatsächlichen Ergebnisse in einer Bandbreite von 80-125 % liegen (IAS 39.88).[376]

Bei einer Absicherung des beizulegenden Zeitwertes (Fair Value Hedge) werden die gegenläufigen Wertänderungen von Grund- und Sicherungsgeschäft erfolgswirksam in der Gewinn- und Verlustrechnung abgebildet. Aus dem effektiven Teil der Sicherungsbeziehung resultiert somit kein Ergebniseffekt. Bei Finanzinstrumenten, die zu fortgeführten Anschaffungskosten bewertet werden, schlägt sich der ineffektive Teil ergebniserhöhend oder -mindernd nieder. Bei Finanzinstrumenten, die der Kategorie „zur Veräußerung verfügbar" zugeordnet sind, schlägt sich der ineffektive Teil der Sicherungsbeziehung im sonstigen Gesamtergebnis bzw. in der Neubewertungsrücklage des Eigenkapitals nieder.[377]

Bei einer Absicherung zukünftiger Zahlungsströme (Cash Flow Hedge) werden die Wertänderungen des beizulegenden Zeitwerts des Sicherungsinstruments im Eigenkapital berücksichtigt, soweit sie die Wertänderungen des zugrundeliegenden Grundgeschäfts zu 100 % ausgleichen; davon abweichende Wertentwicklungen werden in der Gewinn- und Verlustrechnung abgebildet.[378]

Falls (mindestens) ein derivatives Finanzinstrument in ein nicht derivatives Finanzinstrument (Basisvertrag) eingebettet ist, liegt ein strukturiertes Finanzinstrument vor, bei dem beide Komponenten getrennt zu bilanzieren sind, wenn die folgenden Merkmale kumulativ erfüllt sind (IAS 39.11):[379]

- Die wirtschaftlichen Merkmale und Risiken des eingebetteten Derivats sind nicht eng mit den wirtschaftlichen Merkmalen und Risiken des Basisvertrags verbunden.
- Ein eigenständiges Instrument mit den gleichen Bedingungen wie das eingebettete Derivat würde die Definition eines Derivats erfüllen.
- Das strukturierte Produkt wird nicht zum beizulegenden Zeitwert bewertet, dessen Änderungen sich unmittelbar erfolgswirksam in der Gewinn- und Verlustrechnung niederschlagen.

376 Vgl. Flintrop / Oertzen (2013), Rn. 72-76.

377 Wertänderungen des gesicherten Grundgeschäfts schlagen sich dann in der Gewinn- und Verlustrechnung nieder, soweit sie aus dem gesicherten Risiko resultieren. Das Grundgeschäft folgt somit der Bewertung des Sicherungsgeschäfts bzw. des Derivats.

378 Vgl. Lüdenbach (2012b), Rn. 255; Pellens et al. (2011), S. 633-639.

379 Vgl. Sellhorn / Hahn (2009), S. 399; KPMG (2007), S. 121-122.

Grundsätzlich ist eine getrennte Bilanzierung von Basisvertrag und Derivat vorzunehmen, wenn deren Wertentwicklungen nicht von den gleichen Einflussfaktoren bestimmt werden (IAS 39.11a), ein eigenständiges Finanzinstrument mit gleichen Vertragsbedingungen die Definition eines Derivats erfüllt (IAS 39.11b) und das zusammengesetzte Finanzinstrument nicht erfolgswirksam zum beizulegenden Zeitwert bewertet wird (IAS 39.11c).

4.3.2.2 Änderungen durch IFRS 9 und IFRS 13

Für Geschäftsjahre, die ab dem 01.01.2018 beginnen, ist die Bilanzierung von Finanzinstrumenten in IFRS 9 geregelt. Zukünftig sollen Finanzinstrumente den Kategorien „zu fortgeführten Anschaffungskosten“, „erfolgswirksam zum beizulegenden Zeitwert“ oder „erfolgsneutral zum beizulegenden Zeitwert“ zugeordnet werden. Für eine Zuordnung zu „zu fortgeführten Anschaffungskosten“ muss das Ziel des Geschäftsmodells für die Gruppe der Vermögenswerte, zu welcher der betreffende Vermögensgegenstand gehört, im Halten der Vermögenswerte zur Realisierung der vertraglichen Geldflüsse bestehen (subjektive Bedingung) und zudem müssen die vertraglichen Bestimmungen für den finanziellen Vermögenswert zu Geldflüssen an festgelegten Zeitpunkten führen, welche ausschließlich Zins und Tilgung auf die ausstehende Kapitalsumme (objektive Bedingung) darstellen (IFRS 9.4.1.2, IFRS 9.4.1.4).[380] Sind diese Voraussetzungen nicht erfüllt, sind die Wertänderungen von finanziellen Vermögenswerten erfolgswirksam zum beizulegenden Zeitwert zu erfassen (IFRS 9.5.7.1).[381] Auf Betreiben der Versicherungsbranche wurde IFRS 9 um eine Kategorie erweitert, die eine Bewertung von finanziellen Vermögenswerten zum beizulegenden Zeitwert vorsieht, wobei Wertänderungen erfolgsneutral innerhalb des Eigenkapitals (Other Comprehensive Income) erfasst werden.[382] Die Voraussetzung für eine Einordnung in diese Kategorie ist, dass die Zahlungsströme aus dem Finanzinstrument ausschließlich aus Zins und Tilgung bestehen und nach dem Geschäftsmodell weder eine explizite Halte- noch eine Veräußerungsabsicht vorliegt.[383]

---

380 Vgl. LÜDENBACH (2012), Rn. 338; GEHRER / KRAKUHN / TIETZ-WEBER (2011), S. 88. Der Anzahl nach seltene Verkäufe sind für eine Klassifizierung „zu fortgeführten Anschaffungskosten“ nicht schädlich.

381 Beim erstmaligen Ansatz besteht für Eigenkapitalinstrumente ohne Handelsabsicht ein unwiderrufliches Wahlrecht, die Wertänderungen aus solchen Anteilen im Eigenkapital zu erfassen. In diesem Fall sind auch Wertminderungen und spätere Veräußerungsgewinne/-verluste erfolgsneutral zu berücksichtigen (IFRS 9.5.7.5). Lediglich Dividendenerträge werden in der Gewinn- und Verlustrechnung erfasst. Für hybride Eigenkapitalinstrumente gilt dieses Wahlrecht jedoch nicht (IFRS 9.4.3.2).

382 Vgl. ECKES / GEHRER / SCHÜZ (2013), S. 62-63; WENG (2012), S. 28-30. Dieser Änderungsvorschlag aus ED/2012/4 wurde in IFRS 9 übernommen.

383 Für in diese Kategorie eingeordnete Eigenkapitalinstrumente besteht ein Verbot, dauerhafte Wertminderungen oder spätere Veräußerungsgewinne oder -verluste erfolgswirksam zu berücksichtigen (IFRS 9.5.7.5). Für Fremdkapitalinstrumente

Umklassifizierungen zwischen den Bewertungskategorien sind nur dann vorzunehmen, wenn sich das Geschäftsmodell zur Steuerung der finanziellen Vermögenswerte ändert (IFRS 9.4.4.1), was jedoch nach Ansicht des IASB nur selten eintreten wird. Wertänderungen von Vermögenswerten, die zum beizulegenden Zeitwert bewertet werden, werden erfolgswirksam erfasst (IFRS 9.5.7.1).[384] Eingebettete Derivate sind im Gegensatz zu der Regelung nach IAS 39 nicht mehr von dem Basisvertrag zu trennen, sofern der Basisvertrag ein finanzieller Vermögenswert i. S. d. IFRS 9 ist (IFRS 9.4.3.2).[385] Die Bilanzierung erfolgt dann wegen i. d. R. nicht feststehender Zins- und Tilgungszahlungen erfolgswirksam zum beizulegenden Zeitwert.[386] Unverändert bleibt die Behandlung von finanziellen Verbindlichkeiten, die entweder zu fortgeführten Anschaffungskosten oder erfolgswirksam zum beizulegenden Zeitwert zu bewerten sind (IFRS 9.4.2.1), wobei im Fall von eingebetteten Derivaten nach wie vor eine getrennte Bilanzierung der Komponenten vorzunehmen ist. Im Rahmen der Nutzung der Fair Value Option für finanzielle Verbindlichkeiten sind kreditrisikobedingte Änderungen des beizulegenden Zeitwertes erfolgsneutral zu erfassen, während der verbleibende Rest erfolgswirksam berücksichtigt wird (IFRS 9.5.7.7, IFRS 9.B5.7.134), sofern dadurch keine Ansatz- und Bewertungsinkonsistenzen entstehen oder vergrößert werden. Ist dies der Fall, sind alle Wertänderungen erfolgswirksam zu erfassen. Hinsichtlich der Bilanzierung von Sicherungsbeziehungen sollen nach ED/2010/13 Wertänderungen des Grund- und Sicherungsgeschäfts, die aus der Absicherung des beizulegenden Zeitwerts resultieren (Fair Value Hedge), wie auch die Absicherungen von Zahlungsströmen (Cash Flow Hedge), erfolgsneutral im Eigenkapital (Other Comprehensive Income) erfasst werden. Ineffektivitäten werden in die Gewinn- und Verlustrechnung umklassifiziert, wobei für die Effektivitätsbeurteilungen auf die Vorgabe von Bandbreiten verzichtet werden soll.[387]

Die Vorschriften zur Bewertung zum beizulegenden Zeitwert sind in IFRS 13 geregelt. Der beizulegende Zeitwert ist definiert als der „price that would be received to sell an asset or paid to transfer a liability in an orderly transaction between market participants at the measurement date" (IFRS 13.9).

---

hat beim Abgang der Finanzinstrumente eine erfolgswirksame Auflösung der innerhalb des sonstigen Gesamtergebnisses erfassten Wertveränderungen über die Gewinn- und Verlustrechnung zu erfolgen; HARTENBERGER (2013), Rn. 475.

384 Beim erstmaligen Ansatz besteht für Eigenkapitalinstrumente ohne Handelsabsicht ein unwiderrufliches Wahlrecht, die Wertänderungen aus solchen Anteilen im Eigenkapital zu erfassen. In diesem Fall sind auch Wertminderungen und spätere Veräußerungsgewinne/-verluste erfolgsneutral zu berücksichtigen (IFRS 9.5.7.5). Lediglich Dividendenerträge werden in der Gewinn- und Verlustrechnung erfasst. Für hybride Eigenkapitalinstrumente gilt dieses Wahlrecht jedoch nicht (IFRS 9.4.3.2).

385 Vgl. HARTENBERGER (2013), Rn. 516; SELLHORN / HAHN (2009), S. 403.

386 Vgl. LÜDENBACH (2012b), Rn. 349.

387 Vgl. MÄRKL / GLASER (2011), S. 125.

Der beizulegende Zeitwert stellt somit einen Veräußerungswert (Exit Price) dar.[388] Er ist dabei für Finanzinstrumente entweder aus notierten Preisen von auf aktiven Märkten gehandelten identischen Instrumenten abzuleiten (IFRS 13.76, Level 1 Inputs) oder, wenn dies nicht möglich ist, aus direkt oder indirekt beobachtbaren Inputparametern, was notierte Preise von auf aktiven Märkten gehandelten ähnlichen Instrumenten bzw. Preise auf inaktiven Märkten voraussetzt (IFRS 13.81, Level 2 Inputs).[389] Kann der beizulegende Zeitwert nach diesen beiden Arten nicht bestimmt werden, sind anerkannte Bewertungsmodelle bzw. -methoden heranzuziehen, um durch das Einbeziehen nicht beobachtbarer Marktparameter eine angemessene Annäherung an den Marktwert zu erreichen. Voraussetzung dafür ist, dass keine beobachtbaren Marktpreise für das Finanzinstrument existieren und eine Bewertung nur auf der Basis von Annahmen des Managements über erwartete zukünftige Zahlungsströme und risikoangepasste Zinssätze möglich ist (IFRS 13.87, Level 3 Inputs).[390] Entspricht der beizulegende Zeitwert im Zugangszeitpunkt nicht dem Transaktionspreis, ist der Differenzbetrag erfolgswirksam zu vereinnahmen, sofern der beizulegende Zeitwert auf der Basis beobachtbarer Marktpreise (Level 1 Inputs) oder ausschließlich beobachtbarer Inputparameter (Level 2 Inputs) ermittelt worden ist. Ist diese objektive Basis für die Wertermittlung nicht gegeben (Level 3 Inputs), ist der Differenzbetrag vom beizulegenden Zeitwert des Finanzinstruments abzugrenzen, gesondert von ihm auszuweisen und in den Folgeperioden erfolgswirksam aufzulösen (IFRS 13.60, IFRS 13.BC318).[391] Unterschiede zwischen dem beizulegenden Zeitwert und dem Transaktionspreis können aus dem Umstand resultieren, dass der beizulegende Zeitwert als Veräußerungspreis (Exit Price) ermittelt wird, die Zugangswerte jedoch in der Praxis aus realen Beschaffungspreisen (Entry Price) resultieren. Obwohl diese Preise i. d. R. nicht auseinanderfallen werden (IFRS 13.58), ist jedoch zu berücksichtigen, dass der beizulegende Zeitwert auf dem für das Unternehmen vorrangigen Markt zu bestimmen ist. Dies ist der Markt mit den größten Umsätzen oder der größten Geschäftstätigkeit. Ist ein solcher Hauptmarkt nicht identifizierbar, ist auf den vorteilhaftesten Markt abzustellen, wobei für die Bestimmung Transaktions- und Transportkosten zu berücksichtigen sind.[392] Wird das Unternehmen also ausnahmsweise auf einem Markt aktiv, der weder sein Hauptmarkt noch sein

388 Vgl. Wawrzinek (2013), Rn. 240.

389 Liegt kein aktiver Markt vor, sind Bewertungsmodelle anzuwenden, die mit der Marktwert-, der Kosten- oder der Kapitalwertmethode oder mit mehreren dieser Methoden vereinbar sind (IFRS 13.62); vgl. Fischer (2011), S. 237.

390 Vgl. Grosse (2011), S. 291; Hitz / Zachow (2011), S. 967-969.

391 Hartenberger (2013), Rn. 222; Wawrzinek (2013), Rn. 253; Zwirner / Froschhammer (2013), S. 451-452; Flick / Gehrer / Meyer (2011), S. 389-390.

392 Vgl. Flick / Gehrer / Meyer (2011), S. 389. Für die Bestimmung des relevanten Marktes ist keine erschöpfende Analyse sämtlicher Märkte vorzunehmen, jedoch sind alle leicht verfügbaren Informationen in die Analyse einzubeziehen. Transaktionskosten sind nicht Bestandteil des beizulegenden Zeitwerts,

vorteilhaftester Markt ist, kann der beizulegende Zeitwert von dem Transaktionspreis abweichen.[393]

4.4 Grundlagen zur Konsolidierung von Versicherungszweckgesellschaften

4.4.1 Bedeutung für den Einsatz von Verbriefungstransaktionen

Die Verbriefung von versicherungstechnischen Risiken in Form von Insurance-Linked Securities erfolgt meist durch Versicherungszweckgesellschaften, die i. d. R. kapitalmarktorientierte Kapitalgesellschaften darstellen.[394] Versicherungszweckgesellschaften können entweder vom Sponsor eigens für die Abwicklung einer einzelnen Verbriefungstransaktion gegründet werden, wobei die Gesellschaft nach der Abwicklung der Transaktion wieder aufgelöst wird (Client Special Purpose Vehicle), oder aber Gesellschaften sein, die Verbriefungstransaktionen für mehrere Kunden durchführen und nach der Abwicklung der Transaktion fortbestehen (Orphan Special Purpose Vehicle).[395] Je nach Ausgestaltung der Transaktion kann die Versicherungszweckgesellschaft ein vom Sponsor unabhängiges Unternehmen sein, so dass sich keine Konsolidierungspflicht ergibt, oder aber mit dem Sponsor rechtlich und/oder wirtschaftlich verflochten sein, so dass eine Konsolidierungspflicht vorliegt. Im Fall einer Konsolidierungspflicht hat der Sponsor als kapitalmarktorientiertes Mutterunternehmen die Versicherungszweckgesellschaft als Tochterunternehmen in einen Konzernabschluss nach IFRS einzubeziehen.[396] Die Rechnungslegungsvorschriften nach IFRS sind daher prinzipiell auch für Versicherungszweckgesellschaften relevant. Die Zielsetzung der Konsolidierungspflicht von Zweckgesellschaften besteht darin, die im Einzelabschluss der Unternehmen gesellschaftsrechtlich ausgelagerten Risiken im Konzernabschluss auf der Grundlage einer wirtschaftlichen Betrachtungsweise darzustellen.[397] Insofern wären konzerninterne Geschäftsbeziehungen zwischen Sponsor und der Versicherungszweckgesellschaft im Zuge der Konsolidierung zu eliminieren. In einem vom Sponsor aufzustellenden Konzernabschluss wären daher lediglich die von den Versicherungsnehmern übernommenen Risiken und der Risikotransfer in Form der konzernexternen Verbriefungstransaktion zu zeigen, nicht jedoch

Transportkosten nur dann, wenn der Standort wesentlich für die Preisfindung auf dem relevanten Markt ist.

393 Vgl. Hartenberger (2013), Rn. 214-217; Wawrzinek (2013), Rn. 240-241, Rn. 253.

394 Vgl. Abschnitt 2.3.2.1. Die Versicherungszweckgesellschaften sind meist in regulatorisch und steuerlich vorteilhaften Off-Shore-Domizilen ansässig. In Deutschland ist trotz expliziter aufsichtsrechtlicher Zulässigkeit die Verbreitung von Versicherungszweckgesellschaften noch gering.

395 Vgl. Horstkötter (2008), S. 40.

396 Vgl. Abschnitt 4.1.2.

397 Vgl. Zwirner / Busch (2011), S. 9.

die Transaktionen zwischen Sponsor und Versicherungszweckgesellschaft.[398] Bei der Untersuchung der Bilanzierungsvorschriften wird angenommen, dass die Versicherungszweckgesellschaft in einen vom Sponsor als Mutterunternehmen aufzustellenden Konzernabschluss nach IFRS einzubeziehen ist, so dass Sponsor und Versicherungszweckgesellschaft jeweils einen Einzelabschluss nach HGB zu erstellen haben und der Sponsor zudem für die Konzernberichterstattung die IFRS-Werte der Versicherungszweckgesellschaft zu berücksichtigen hat.[399]

4.4.2 Vorschriften nach HGB

Damit eine Konsolidierungspflicht der Versicherungszweckgesellschaft vorliegt, muss es sich um ein Tochterunternehmen handeln, auf das das Mutterunternehmen unmittelbar oder mittelbar einen beherrschenden Einfluss ausüben kann (§ 290 Abs. 1 HGB). Ein beherrschender Einfluss des Mutterunternehmens besteht, wenn es die Mehrheit der Stimmrechte der Gesellschafter besitzt, als Gesellschafter über Bestellungs- und Abberufungsrechte bei der Besetzung der die Finanz- und Geschäftspolitik bestimmenden Verwaltungs-, Leitungs- oder Aufsichtsorgane des Tochterunternehmens verfügt, aufgrund von Vertrag oder Satzung die Finanz- und Geschäftspolitik des Tochterunternehmens bestimmen kann oder es – im Fall von Zweckgesellschaften – bei wirtschaftlicher Betrachtung die Mehrheit der Risiken und Chancen eines solchen Unternehmens trägt (§ 290 Abs. 2 HGB).[400] Charakteristisches Merkmal der Zweckgesellschaft ist, dass sie zur Erreichung eines eng begrenzten und genau definierten Ziels des Mutterunternehmens dient. Die Geschäftstätigkeit der Zweckgesellschaft wird dabei „zugunsten der besonderen Geschäftsbedürfnisse eines anderen Unternehmens geführt."[401]

Bei einer rein rechtlichen Betrachtung, die auf die Mehrheit der Stimmrechte und Einflussrechte auf die Finanz- und Geschäftspolitik abstellt, liegt aufgrund der besonderen Ausgestaltungsmerkmale im Gegensatz zu einer wirtschaftlichen Betrachtung i. d. R. keine Beherrschung vor.[402] Häufig ist die begrenzte Zwecksetzung

---

398 Vgl. Zhu (2009), S. 121.

399 Die anfallenden Konsolidierungsbuchungen sind jedoch nicht Gegenstand dieser Untersuchung.

400 Vgl. Hoffmann (2011), S. 1401. Das Kriterium der Risiken und Chancen ist aus den IFRS-Vorschriften des IAS 27 und des SIC 12 entlehnt. Die Konsolidierungsvorschriften nach IFRS wurden jedoch aufgrund von Inkonsistenzen zwischen IAS 27 und SIC 12 überarbeitet, so dass die Konsolidierungspflicht von Zweckgesellschaften nach IFRS für Geschäftsjahre ab dem 01.01.2013 in IFRS 10 geregelt ist; vgl. Kozikowski / Kreher (2012b), Rn. 65-76; Glander / Blecher (2011), S. 474-475; Leinen (2009), S. 553-560. Bei einer asymmetrischen Verteilung der Chancen und Risiken bilden die Risiken das vorrangige Entscheidungskriterium; vgl. Deutscher Bundestag, Drucksache 16/12407, S. 89.

401 Deutscher Bundestag, Drucksache 16/12407, S. 89.

402 Vgl. Petersen / Zwirner (2009a), S. 28.

mit einem Autopilot-Mechanismus verbunden, durch den die Geschäftstätigkeit der Zweckgesellschaft vorherbestimmt und durch vertragliche Bestimmungen begrenzt oder von Anfang an festgelegt ist, so dass nach Gründung der Zweckgesellschaft keine Vertragspartei eine explizite Einflussmöglichkeit auf die Finanz- und Geschäftspolitik der Gesellschaft hat.[403] Unter Chancen bzw. Risiken werden dem Grund und der Höhe nach unsichere positive bzw. negative finanzielle Auswirkungen auf die Vermögens-, Finanz- und Ertragslage verstanden. Die Mehrheit der Nutzenzuflüsse muss demnach auch gegen den Widerstand Dritter gesichert werden können, damit von einem Mutter-Tochter-Verhältnis gesprochen werden kann. Ebenso kommt es bei den Risiken darauf an, dass das potenzielle Mutterunternehmen die Risiken faktisch wie ein Mehrheitsgesellschafter trägt.[404]

4.4.3 Vorschriften nach IFRS

IFRS 10 vereint die vormals in IAS 27 und SIC 12 niedergelegten Konsolidierungsvorschriften in einem einheitlichen Konsolidierungskonzept und vermeidet so das Nebeneinander des Kriteriums der Entscheidungsmacht, die Geschäfts- und Finanzpolitik eines Unternehmens zu bestimmen (IAS 27), und des für Zweckgesellschaften gültigen Kriteriums der Tragung der Mehrheit der Chancen und Risiken (SIC 12).[405] Eine Beherrschung und damit ein Mutter-Tochter-Verhältnis liegt vor, wenn das übergeordnete Unternehmen aufgrund bestehender Rechte die Fähigkeit hat, die relevanten Aktivitäten des untergeordneten Unternehmens zu bestimmen (Kriterium der Entscheidungsmacht), variablen Rückflüssen aus dem Engagement im untergeordneten Unternehmen ausgesetzt ist (Kriterium der Ergebnisvariabilität) und die Entscheidungsmacht genutzt werden kann, um die Höhe der Rückflüsse zu beeinflussen (Kriterium des Zusammenhangs zwischen Entscheidungsmacht und Ergebnisvariabilität) (IFRS 10.7).[406] Eine Beteiligung muss dabei nicht zwingend bestehen. Zur Beurteilung, ob eine Beherrschung vorliegt, sind als Faktoren der Zweck und die Struktur des Unternehmens, die praktische Fähigkeit des Investors, die relevanten Aktivitäten zu bestimmen, spezielle Beziehungen zwischen den Unternehmen und das Ausmaß der Ergebnisvariabilitäten, denen der Investor aus dem Engagement in dem untergeordneten Unternehmen ausgesetzt ist, zu berücksichtigen.[407] Die Existenz von Autopilot-Mechanismen allein

---

403 Vgl. Kozikowski / Kreher (2012b), Rn. 71.

404 Vgl. Kozikowski / Kreher (2012b), Rn. 75.

405 Vgl. Lüdenbach (2012c), Rn. 196; Rn. 57-59; Zülch / Burghardt (2009), S. 80; Gryshchenko (2010), S. 44.

406 Vgl. Busch / Roth (2012), S. 95-96; Busch / Zwirner (2012), S. 373-374; Lüdenbach (2012c), Rn. 215; Böckem / Stibi / Zoeger (2011), S. 399; Zülch / Erdmann / Popp (2011b), S. 590-592; Gryshchenko (2010), S. 42-46; Behys / Buschhüter / Wagner (2009), S. 61-73.

407 Vgl. Lüdenbach (2012c), Rn. 215-216; Böckem / Stibi / Zoeger (2011), S. 399. Obwohl bereits SIC 12.9 eine Gesamtbeurteilung aller Umstände fordert, wurde

ist damit kein Kriterium, um das Vorliegen von Entscheidungsmacht zu umgehen und ist auch für die Ergebnisvariabilität i. S. d. Beherrschungsdefinition nicht entscheidend und folglich auch kein Maßstab, um eine Konsolidierung der Versicherungszweckgesellschaft zu vermeiden.[408] Für die Beurteilung der Beherrschung soll damit nicht, wie nach HGB und der vormaligen IFRS-Regelung, auf die Mehrheit der Chancen und Risiken abgestellt werden, sondern vielmehr auf eine Gesamtwürdigung aller Faktoren, die die Beurteilung von Zweck und Struktur sowie aller relevanten Aktivitäten, die die Rückflüsse nachhaltig beeinflussen, einschließlich der Art und Weise, wie Entscheidungen darüber getroffen werden, umfassen.[409] Die Beurteilung der Konsolidierungspflicht lässt aufgrund der in hohem Maße auslegungsbedürftigen Kriterien weite Ermessens- und Gestaltungsspielräume zu. Insbesondere die Frage des Vorliegens von Entscheidungsmacht ist aufgrund von komplexen Machtteilungsvereinbarungen und Autopilot-Mechanismen oft schwer eindeutig zu beantworten.[410]

Zudem sind in IFRS 12 konzernbezogene Anhangangaben erforderlich, um den Abschlussadressaten entscheidungsnützliche Informationen zu der Art der Beteiligung an einem Unternehmen und den damit verbundenen Risiken bereitzustellen und die Auswirkungen auf die Vermögens-, Finanz- und Ertragslage des bilanzierenden Unternehmens zu erläutern. Dieses Ziel soll durch Angaben zu wesentlichen Ermessensentscheidungen und Annahmen, die bei der Einbeziehung der Beteiligung in den Konsolidierungskreis getroffen wurden (IFRS 12.7-12.9), Angaben zu Anteilen an Tochterunternehmen (IFRS 12.10-12.19), Angaben zu Anteilen an gemeinschaftlichen Vereinbarungen und assoziierten Unternehmen (IFRS 12.20-12.23) sowie Angaben zu Anteilen an nicht konsolidierten Zweckgesellschaften (IFRS 12.24-12.31), erreicht werden.[411]

---

dies in der Anwendungspraxis weitgehend vernachlässigt; vgl. LÜDENBACH / FREIBERG (2012), S. 47.

408 Vgl. BÖCKEM / STIBI / ZOEGER (2011), S. 406.

409 Vgl. DIETRICH / KRAKUHN / SIERLEJA (2011), S. 519-521; KÜTING / MOJADADR (2011), S. 276-277; LEITNER-HANETSEDER / SCHAUSBERGER (2011), S. 380-381.

410 Vgl. DIETRICH / KRAKUHN / SIERLEJA (2012), S. 24; GRYSHCHENKO (2010), S. 44.

411 Vgl. ZÜLCH / ERDMANN / POPP (2011a), S. 509-510.

5 Bilanzierung von Insurance-Linked Securities

5.1 Klassifizierung der Transaktion

Die Emission von Insurance-Linked Securities erfolgt im Regelfall in Form einer indirekten Emission über eine Versicherungszweckgesellschaft.[412] Das Versicherungsunternehmen, als Sponsor der Transaktion, schließt dazu mit der Versicherungszweckgesellschaft einen Vertrag ab, der dem Versicherungsunternehmen bei Eintritt eines definierten Ereignisses Zahlungsmittelzuflüsse garantiert. Der Eintritt des Ereignisses kann dabei auf der Grundlage der tatsächlichen Schadenerfahrung des Versicherungsunternehmens (entschädigungsbezogener Trigger) oder davon unabhängig (nicht entschädigungsbezogener Trigger) definiert werden.[413] Eine Bilanzierung der Transaktion als Rückversicherung kommt nach handelsrechtlichen und internationalen Rechnungslegungsvorschriften nur bei Einsatz eines entschädigungsbezogenen Triggers in Betracht, da nur in diesem Fall eine Kompensation für die tatsächlichen Verluste und damit ein versicherbares Interesse des risikotransferierenden Unternehmens vorliegt. Neben der Entscheidung über die Wahl des Triggers ist für die Klassifizierung der Transaktion auch entscheidend, ob das Kapital und/oder die Zinszahlungen unter Risiko stehen (Principal at Risk bzw. Coupon at Risk) oder letztlich die Rückzahlung des Kapitals nur zeitverzögert erfolgt und Zinsen nur bis zum Eintritt des Schadenereignisses anfallen (Payment deferred Bond).[414]

Bei einer Ausgestaltung als Principal at Risk mit entschädigungsbezogenem Trigger erfolgt die Bilanzierung der Vertragsbeziehung zwischen Sponsor und Versicherungszweckgesellschaft nach HGB und IFRS als Rückversicherung, da eine eventuelle Entschädigungsleistung von der tatsächlichen Verlusterfahrung des risikotransferierenden Unternehmens, die aus dem Eintritt eines ungewissen zukünftigen Ereignisses resultiert, abhängt. Der die Leistungspflicht auslösende Trigger ist somit spezifisch für das risikotransferierende Unternehmen, so dass kein Basisrisiko vorliegt. Die Transaktion überträgt signifikantes Versicherungsrisiko, da die risikoübernehmende Partei jeweils einem Zahlungshöherisiko ausgesetzt

412 Vgl. Abschnitt 2.3.2. Für den Sponsor hat eine indirekte Verbriefung den Vorteil, dass er selbst nicht in die Transformation der versicherungstechnischen Risiken in Wertpapiere involviert ist und somit die Administration der Transaktion auf die Versicherungszweckgesellschaft übertragen kann. Zudem sind bei Erfüllung der Definitionsmerkmale eines Rückversicherungsvertrags indirekte Emissionen nach deutschem Aufsichtsrecht für Erstversicherungsunternehmen explizit gestattet, während dies für direkte Emissionen im Versicherungsaufsichtsgesetz (VAG) weniger klar formuliert ist.

413 Vgl. Abschnitt 2.3.1.

414 Vgl. Abschnitt 2.3.3.1.

ist, da bei Eintritt des Schadenereignisses der von den Investoren bereitgestellte Kapitalbetrag aus der Anleiheemission von der Versicherungszweckgesellschaft an den Sponsor zu zahlen ist und die Investoren somit den Anspruch auf Kapitalrückzahlung, aber auch die Ansprüche auf die auf dem Kapitalbetrag basierenden zukünftigen Zinszahlungen verlieren. Da die Entschädigung unmittelbar nach Eintritt des Schadenereignisses zu leisten ist, um eine zeitnahe Entlastung zu gewährleisten, übernehmen die Versicherungszweckgesellschaft im Vertragsverhältnis mit dem Sponsor und die Investoren im Vertragsverhältnis mit der Versicherungszweckgesellschaft ein Zahlungszeitpunktrisiko. Es kann davon ausgegangen werden, dass die Transaktion – insbesondere wenn sie der Absicherung von Low-Frequency-High-Severity-Risiken dient – so ausgestaltet ist, dass der hinreichende Risikotransfer – im Sinne eines erwarteten Verlusts von mindestens 1 % der Prämieneinnahmen – erfüllt ist und der Risikotransfer damit als signifikant eingestuft werden kann.[415] Nach ED/2013/7 wird die Transaktion ebenfalls als Rückversicherung zu klassifizieren sein, da bei der Absicherung von Extremrisiken – selbst wenn das Zahlungszeitpunktrisiko nur in Form des Zeitwerts des Geldes berücksichtigt wird – mit einem signifikanten Verlust aus der Transaktion zu rechnen ist und die anderen Definitionsmerkmale aus IFRS 4 (Phase I) übernommen werden.[416]

Bei einer Ausgestaltung als Coupon at Risk mit entschädigungsbezogenem Trigger stehen nur die bis zum Ende der Laufzeit der Anleihe akkumulierten Zinszahlungen unter Risiko, während das Kapital unabhängig vom Eintritt des Schadenereignisses dann vollständig an die Investoren zurückzuzahlen ist.[417] Obwohl das Kapital im Vergleich zu den Zinszahlungen den größeren Betrag darstellt, kann der Wegfall einer Verzinsung, die letztlich dazu führt, dass die Investoren der Versicherungszweckgesellschaft das Kapital entgeltfrei bereitstellen, als signifikantes Zahlungshöherisiko angesehen werden.[418] Hinsichtlich der Übernahme von Zahlungszeitpunktrisiko ist jedoch festzustellen, dass bei Eintritt des Schadenereignisses die akkumulierten Zinszahlungen tatsächlich erst zum Ende der Laufzeit der Anleihe dem Sponsor bzw. der Versicherungszweckgesellschaft zur Verfügung stehen und nicht unmittelbar dann, wenn das Schadenereignis eingetreten ist. Die Entlastung resultiert dabei aus den Zinserträgen auf das bei Schadeneintritt zinslos bereitgestellte Kapital, nicht jedoch aus dem Wegfall der Zinszahlungsverpflichtungen an die Investoren selbst.[419] Insofern übernehmen die Investoren kein Zah-

---

415 Vgl. Abschnitt 3.2.1.

416 Vgl. Abschnitt 4.2.2.2.

417 Vgl. Abschnitt 2.3.2.

418 Hier ist im Einzelfall das Ergebnis des Risikotransfertests maßgeblich. Im Folgenden sei jedoch davon ausgegangen, dass ein Wegfall der Zinszahlungen auf das bereitgestellte Kapital die Übernahme eines signifikanten versicherungstechnischen Risikos bedeutet.

419 Vgl. Horstkötter (2008), S. 21, S. 159-160, S. 241. Die Zinszahlungsverpflichtung könnte von vornherein bei Wahl einer anderen Form des Risikotransfers vermieden werden.

lungszeitpunktrisiko, da ihre Leistungserbringung keiner zeitlichen Variabilität unterliegt und sie damit nicht dem Risiko ausgesetzt sind, dass Schadenzahlungen früher zu leisten sind, als sie durch gewinnbringende Anlage der vereinnahmten Rückversicherungsbeiträge verdient werden können. Eine Coupon-at-Risk-Transaktion transferiert somit nach den derzeit gültigen handelsrechtlichen und internationalen Rechnungslegungsvorschriften kein signifikantes Versicherungsrisiko, so dass die Voraussetzungen für eine Bilanzierung als Rückversicherung nicht erfüllt sind. Diese Beurteilung kann jedoch nach ED/2013/7 anders ausfallen, da zukünftig lediglich der hinreichend wahrscheinliche Eintritt eines signifikanten Verlusts aus der Transaktion für eine Bilanzierung als Rückversicherung nach IFRS gefordert wird.[420] Begründet somit der Wegfall der Zinszahlungen unter Berücksichtigung des Zeitwerts des Geldes einen signifikanten Verlust, sind die Voraussetzungen für die bilanzielle Behandlung als Rückversicherung erfüllt.[421]

Bei einer Ausgestaltung als Payment deferred Bond mit entschädigungsbezogenem Trigger erfolgt die Rückzahlung des Kapitals bei Eintritt des Schadenereignisses lediglich mit einer zeitlichen Verzögerung, sie entfällt jedoch nicht. Die Verzinsung in der ursprünglichen Laufzeit ist schadenverlaufsunabhängig, während für die Periode zwischen dem ursprünglichen und dem aufgeschobenen Fälligkeitstermin keine Zinsen anfallen.[422] Wie bei einem Coupon at Risk kann bei Eintritt eines versicherungstechnischen Ereignisses die unverzinsliche Kapitalbereitstellung über die ursprüngliche Laufzeit hinaus als ein von den Investoren übernommenes Zahlungshöherisiko gedeutet werden. Ein Zahlungszeitpunktrisiko wird jedoch auch bei einem Payment deferred Bond nicht übertragen, da die Entlastung für den Sponsor bzw. für die Versicherungszweckgesellschaft wie bei einer Coupon-at-Risk-Transaktion nicht durch den Wegfall von Zinszahlungen, sondern durch die Erträge auf das zinslos bereitgestellte Kapital erfolgt. Insofern sind eine Coupon-at-Risk-Transaktion und ein Payment deferred Bond in Bezug auf den für die Bilanzierung maßgeblichen Risikotransfer gleich zu behandeln, weshalb im Folgenden nur die Bilanzierung eines Coupon at Risk dargestellt wird.

Wird bei der Verbriefungstransaktion lediglich ein nicht entschädigungsbezogener Trigger eingesetzt, ist sie unabhängig von ihrer konkreten Ausgestaltung als Principal at Risk, Coupon at Risk oder Payment deferred Bond nicht als Rückversicherungsvertrag zu behandeln, da sich der Auslösemechanismus für die Leistung nicht auf die spezifischen Verluste des Sponsors bzw. der Versicherungszweckgesellschaft aus einem Schadenereignis bezieht und somit ein wesentliches Charakteristikum für eine Bilanzierung als Rückversicherungsvertrag nicht erfüllt ist. Die Leistungspflicht ist dann von einer externen Variablen abhängig, ohne dass das risikotransferierende Unternehmen zwingend einen Verlust aus einem Schadenereignis erlitten haben muss. In diesem Fall wird

420 Vgl. Abschnitt 4.2.2.2.
421 Vgl. Abschnitt 4.2.2.2.
422 Vgl. Horstkötter (2008), S. 16-17.

kein Versicherungsrisiko transferiert, so dass die Transaktion bilanziell als Finanzinstrument zu behandeln ist. Theoretisch sind unterschiedliche Ausgestaltungsvarianten denkbar, bei denen Insurance-Linked Securities mit mehreren entschädigungs- bzw. nicht entschädigungsbezogenen Triggern ausgestattet werden und Kapital- und/oder Zinszahlungen nur teilweise unter Risiko stehen. Nachfolgend werden die Grundformen mit jeweils einem Trigger dargestellt, bei denen Kapital und Zinsen (Principal at Risk) bzw. nur die Zinsen (Coupon at Risk) vollständig schadenverlaufsabhängig sind.

5.2 Ausgestaltung der Verbriefungstransaktion als Principal at Risk mit entschädigungsbezogenem Trigger

5.2.1 Vorschriften nach HGB

5.2.1.1 Ansatz und Ausweis

5.2.1.1.1 Vertrag zwischen Sponsor und Versicherungszweckgesellschaft

Das Versicherungsunternehmen als Sponsor der Transaktion schließt mit der Versicherungszweckgesellschaft einen Vertrag ab, der die Voraussetzungen für eine Bilanzierung als Rückversicherung erfüllt, da sich die Versicherungszweckgesellschaft verpflichtet, das Versicherungsunternehmen für dessen tatsächliche Verluste infolge eines Schadenereignisses zu entschädigen.[423] Der Sponsor leistet als Entgelt für die Risikoübernahme durch die Versicherungszweckgesellschaft eine Prämie, die er in der Gewinn- und Verlustrechnung als „Abgegebene Rückversicherungsbeiträge" ausweist (§ 37 RechVersV i. V. m. Formblatt 2, I.1.b RechVersV). Anzusetzen sind allerdings nur die den Rückversicherern gutgeschriebenen Beiträge.[424] Insbesondere wenn sich der Versicherungsschutz über mehrere Jahre erstreckt und Ratenzahlungen zu fixen Terminen vereinbart sind, wird somit im Zeitpunkt des Vertragsabschlusses nicht bereits der Gesamtbetrag der Rückversicherungsprämie für die Vertragslaufzeit als „Abgegebene Rückversicherungsbeiträge" angesetzt. Soweit sich die so bestimmte Rückversicherungsprämie auf Perioden nach dem Abschlussstichtag bezieht, ist sie in der Rückstellung für „Beitragsüberträge – Anteil für das in Rückdeckung gegebene Versicherungsgeschäft" (§ 24 RechVersV i. V. m. Formblatt 1, Passivposten E.1.2. RechVersV) abzugrenzen und über die Laufzeit des Versicherungsvertrags erfolgswirksam aufzulösen. Bis zur Zahlung des Rückversicherungsentgelts passiviert der Sponsor eine „Abrechnungsverbindlichkeit aus

---

423 Vgl. Abschnitt 5.1.

424 Dies entspricht dem Vorgehen bei den gebuchten Bruttobeiträgen, bei denen die im Geschäftsjahr fällig gewordenen Beiträge anzusetzen sind, auch wenn sie sich ganz oder teilweise auf ein späteres Geschäftsjahr beziehen; vgl. § 36 Abs. 1 Nr. 1 RechVersV.

dem Rückversicherungsgeschäft“ (§ 34 RechVersV i. V. m. Formblatt 1, Passivposten I.II. RechVersV), da es sich dabei um eine Schuld handelt, die dem Grunde und der Höhe nach sicher ist.[425] Spiegelbildlich setzt die Versicherungszweckgesellschaft als risikoübernehmendes Unternehmen das erhaltene Rückversicherungsentgelt als „Gebuchte Bruttobeiträge“ (§ 36 Abs. 3 RechVersV i. V. m. Formblatt 2, I.1.a RechVersV) an, passiviert eventuelle „Beitragsüberträge – Bruttobeitrag“ (§ 24 RechVersV i. V. m. Formblatt 1, Passivposten E.I.1. RechVersV) und aktiviert bis zum Empfang der Zahlung eine „Abrechnungsforderung aus dem Rückversicherungsgeschäft“ (§ 16 RechVersV i. V. m. Formblatt 1, Aktivposten E.II. RechVersV). Der Rückversicherungsvertrag gilt als schwebendes Geschäft, bei dem sich die Leistung des risikotransferierenden Unternehmens in Form der Prämienzahlung und die Leistung des risikoübernehmenden Unternehmens ausgeglichen gegenüberstehen.[426] Da die Prämien jedoch zu Beginn der Versicherungsperiode gezahlt werden, handelt es sich bei dem gewährten Versicherungsschutz um eine Nachleistungsverpflichtung. Im Fall des Schadeneintritts muss die Belastung des Versicherungsunternehmens durch die vorab vereinnahmten und in Höhe der erbrachten Versicherungsleistung teilweise realisierten Prämieneinnahmen gedeckt werden, so dass durch die Bildung versicherungstechnischer Rückstellungen ein Substanzverlust in Form von Ausschüttungen oder Steuerzahlungen vermieden werden soll.[427] Entgegen dem Grundsatz der Bilanzunwirksamkeit schwebender Geschäfte werden Rückversicherungsverträge somit bilanziell erfasst. Sofern aus einem schwebenden Geschäft ein Verpflichtungsüberschuss zu erwarten ist, ist aufgrund des handelsrechtlichen Imparitätsprinzips und des Realisationsprinzips eine Rückstellung für drohende Verluste aus schwebenden Geschäften zu bilden (§ 249 Abs. 1 HGB), die unter „Sonstige versicherungstechnische Rückstellungen“ (§ 31 Abs. 1 Nr. 2 RechVersV i. V. m. Formblatt 1, Passivposten E.VI. RechVersV) auszuweisen ist.[428]

Tritt das vertraglich definierte Schadenereignis nicht ein, ergeben sich aus dem Vertragsverhältnis zwischen Sponsor und Versicherungszweckgesellschaft bis auf die Auflösung der zu diesem Zeitpunkt bestehenden Rückstellungen keine weiteren Bilanzierungskonsequenzen.

---

425 Vgl. Ballwieser (2013c), Rn. 62.

426 Schwebende Geschäfte sind zweiseitig verpflichtende Verträge, die auf Leistungsaustausch gerichtet sind und die von dem, der zu liefern oder zu leisten hat, noch nicht vollständig erfüllt sind; vgl. Koss / Wohlgemuth (2010), Rn. 765.

427 Vgl. Hommel / Bonin / Schulte (2013), Rn. 2.

428 Vgl. Abschnitt 4.3.1; Koss / Wohlgemuth (2010), Rn. 767; Kozikowski / Schubert (2012b), Rn. 52-53. Nachfolgend wird angenommen, dass die vom Sponsor an die Versicherungszweckgesellschaft zu leistenden Beiträge ausreichend bemessen sind, um die Verpflichtungen aus der Verbriefungstransaktion erfüllen zu können, so dass die Bildung einer solchen Rückstellung nicht notwendig ist und auch aus den Erstversicherungsverträgen des Sponsors keine Notwendigkeit zur Bildung einer solchen Rückstellung resultiert.

Tritt das Schadenereignis jedoch ein, passiviert der Sponsor für das aus den Erstversicherungsverträgen übernommene Risiko eine „Rückstellung für noch nicht abgewickelte Versicherungsfälle – Bruttobetrag" (§ 341g HGB; Formblatt 1, Passivposten E.III.1. RechVersV). Der Anteil der Rückversicherer bzw. der Versicherungszweckgesellschaft daran wird dabei gemäß dem modifizierten Nettoprinzip von dem Bruttowert der Rückstellung auf der Passivseite in einer Vorspalte offen abgesetzt.[429] Die Gegenbuchungen für den Ansatz dieser Rückstellung schlagen sich in der Gewinn- und Verlustrechnung unter „Veränderung der Rückstellung für noch nicht abgewickelte Versicherungsfälle" nieder (Formblatt 2, I.4.b RechVersV). Die das Risiko übernehmende Versicherungszweckgesellschaft verbucht spiegelbildlich aufwandswirksam den vom Sponsor übernommenen Rückstellungsanteil „brutto". Bei der Versicherungszweckgesellschaft kompensiert in der Gewinn- und Verlustrechnung die aufwandswirksame Einbuchung der „Rückstellung für noch nicht abgewickelte Versicherungsfälle" den ertragswirksamen Wegfall der Zahlungsverpflichtung gegenüber den Investoren bei Eintritt des Schadenereignisses.[430] Die „Rückstellung für noch nicht abgewickelte Versicherungsfälle" bleibt bis zu ihrer vollständigen Abwicklung bestehen. Eine Schwankungsrückstellung ist im Schaden- und Unfallversicherungsgeschäft sowie dem Rückversicherungsgeschäft für das selbstbehaltene Geschäft und somit „brutto" zu bilden (§ 341h HGB i. V. m. Anlage zu § 29 RechVersV).[431] Sie dient dazu, zufällige Über- bzw. Unterschäden im Zeitverlauf auszugleichen. Da bei der Versicherungszweckgesellschaft die Schadenhöhe durch den Emissionserlös aus der jeweiligen Verbriefungstransaktion definitiv feststeht und die Mittel zum Ausgleich der Schäden vorab bereitgestellt werden, können aus Sicht der Versicherungszweckgesellschaft keine zufälligen Abweichungen des erwarteten Schadens vom Gesamtschaden eintreten, so dass die mit der Bildung der Schwankungsrückstellung verfolgte Zielsetzung, den Risikoausgleich im Kollektiv um einen Risikoausgleich in der Zeit zu ergänzen, auf das Geschäftsmodell einer Versicherungszweckgesellschaft nicht zutrifft. Da es sich um die Verbriefung einzelner Portfolien von Versicherungsrisiken handelt und der jeweilige Emissionserlös unmittelbar an die jeweilige Verbriefungstransaktion gebunden ist, ist keine Schwankungsrückstellung zu bilden. Die Leistungen der Versicherungszweckgesellschaft an den Sponsor im Schadenfall

429 Vgl. Rockel et al. (2012), S. 30-32.

430 Vgl. Abschnitt 5.2.1.1.2.

431 Die Bildung einer Schwankungsrückstellung dient dem Risikoausgleich in der Zeit und lässt sich auf die Periodisierungsgrundsätze des Realisationsprinzips zurückführen, nach dem den Prämienerträgen des Geschäftsjahres die sie alimentierenden Aufwendungen gegenüberzustellen sind; vgl. Hommel / Löw (2013), Rn 1-2. Dabei ist in jedem Jahr unabhängig vom Eintritt eines Über- oder Unterschadens ein bestimmter Betrag zuzuführen, bis der Sollbetrag erreicht ist, wobei bei Eintritt eines Überschadens ein bestimmter Betrag der Schwankungsrückstellung (erfolgswirksam) wieder zu entnehmen ist; vgl. Abschnitt I. Nr. 3 u. Nr. 5 der Anlage zu § 29 RechVersV.

werden entsprechend der Natur des Vertrags als Rückversicherungsvertrag in der Gewinn- und Verlustrechnung als „Zahlungen für Versicherungsfälle – Anteil der Rückversicherer“ (Sponsor) bzw. „Zahlungen für Versicherungsfälle – Bruttobetrag“ (Versicherungszweckgesellschaft) ausgewiesen (Formblatt 2, I.4.a RechVersV). Kommt es zur Auszahlung der Schadenleistung, wird die „Rückstellung für noch nicht abgewickelte Versicherungsfälle“ beim Sponsor und der Versicherungszweckgesellschaft erfolgswirksam aufgelöst.[432] Bei der Versicherungszweckgesellschaft werden so in der Gewinn- und Verlustrechnung die Aufwendungen für Versicherungsfälle gegenüber dem Sponsor in Form der „Veränderung der Rückstellung für noch nicht abgewickelte Versicherungsfälle“ und der „Zahlungen für Versicherungsfälle“ durch entsprechende Erträge aus der Transaktion mit den Investoren kompensiert.

5.2.1.1.2 Verpflichtungen der Versicherungszweckgesellschaft aus der Verbriefungstransaktion

Im Rahmen der Transformation der versicherungstechnischen Risiken in handelbare Wertpapiere emittiert die Versicherungszweckgesellschaft eine Anleihe, bei der der Kapitalbetrag und die Zinszahlungen unter Risiko stehen. Die Investoren werden damit zu Trägern von versicherungstechnischem Risiko und nehmen daher bei wirtschaftlicher Betrachtung die Rolle eines Rückversicherers ein. Das von den Investoren durch die Anleiheemission der Versicherungszweckgesellschaft vorab bereitgestellte Kapital ist bei Eintritt des Schadenereignisses verfügbar, so dass das Ausfallrisiko für die Versicherungszweckgesellschaft eliminiert wird. Die Transaktion zwischen der Versicherungszweckgesellschaft und den Investoren ist, wie die Transaktion zwischen Sponsor und Versicherungszweckgesellschaft, bei wirtschaftlicher Betrachtung ein Rückversicherungsvertrag und keine vom Eintritt des versicherungstechnischen Ereignisses abhängige Fremdkapitalaufnahme, die als Finanzinstrument zu bilanzieren wäre.[433] Allerdings überträgt die Versicherungszweckgesellschaft durch die Emission der Anleihe keinen Anteil an den versicherungstechnischen Rückstellungen auf die Investoren, so dass sie unter den entsprechenden Posten der Bilanz und der Gewinn- und Verlustrechnung keinen Anteil für das in Rückdeckung gegebene Versicherungsgeschäft ausweist, der den Forderungscharakter dieser Position gegenüber den Investoren als Rückversicherer ausdrücken würde. Da die Investoren durch die Kapitalbereitstellung im Zuge der Anleiheemission nicht nur eine Sicherheitsleistung zur Minimierung des Ausfallrisikos für die Versicherungszweckgesellschaft erbringen, sondern bereits die Entschädigungsleistung für den Schadenfall erbracht haben, hat die Versiche-

432 Horstkötter (2008), S. 237, schlägt in diesem Zusammenhang eine erfolgsneutrale Verbuchung der Versicherungsleistung gegen die Schadenreserve vor.
433 Vgl. Abschnitt 5.1. Wäre dies der Fall, wäre die Transaktion ein strukturiertes Finanzinstrument, bei der die Anleihe als nicht derivativer Basisvertrag mit einem derivativen Finanzinstrument in Form eines Optionsrechts kombiniert wird.

rungszweckgesellschaft aus rechtlicher Sicht gegenüber den Investoren keine Forderungen aus der Rückversicherungsbeziehung.

Die aus der Vereinnahmung des Emissionserlöses resultierende Verpflichtung kann als eine auflösend bedingte Verbindlichkeit i. S. d. § 158 Abs. 2 BGB interpretiert werden, bei der die rechtlich bestehende Verpflichtung (Kapitalrückzahlung und Zinszahlungen an die Investoren) mit dem Eintritt der Bedingung (Eintritt des Schadenereignisses) wegfällt.[434] Die Rückzahlung dieser Verbindlichkeit ist damit vom Eintritt des vertraglich festgelegten Schadenereignisses abhängig. Obwohl die Verbindlichkeit zivilrechtlich bis zum Bedingungseintritt existiert, ist die bilanzielle Behandlung von der Wahrscheinlichkeit des Bedingungseintritts abhängig. Ist der Bedingungseintritt unwahrscheinlich und die Verpflichtung damit quasi sicher, ist die Verpflichtung als eine Verbindlichkeit zu passivieren. Falls jedoch mit dem Bedingungseintritt zu rechnen ist, ist die Verpflichtung dem Grunde nach ungewiss und es kommt nur die Bildung einer Rückstellung für ungewisse Verbindlichkeiten in Betracht, für deren Bildung die künftigen Ausgaben in der Vergangenheit wirtschaftlich verursacht sein müssen.[435] Die Beurteilung des Wahrscheinlichkeitsgrades für eine Rückstellungsbildung basiert nach handelsrechtlichen Vorschriften weniger auf einer rein quantitativ-mathematischen (mehr als 50°%igen Wahrscheinlichkeit) als auf einer qualitativen Würdigung:[436] Wenn ein gedachter Erwerber des ganzen Unternehmens die Verpflichtung in seinem Kaufpreiskalkül berücksichtigen würde, so ist dem Bestehen der Verpflichtung ein hoher Wahrscheinlichkeitsgrad beizumessen, wobei nicht die Anzahl, sondern das Gewicht der Gründe entscheidend ist. Obwohl selbst im Fall von Naturkatastrophenereignissen der Bedingungseintritt, statistisch betrachtet, eher unwahrscheinlich ist, sind die wirtschaftlichen Auswirkungen des Bedingungseintritts für den Sponsor dennoch groß genug, um das Risiko durch eine Verbriefungstransaktion abzusichern. Insofern ist bei wirtschaftlicher Betrachtung der Bedingungseintritt als nicht unwahrscheinlich zu beurteilen.[437] Da angenommen werden darf,

---

434 Vgl. Kozikowski / Schubert (2012a), Rn. 223-225; Lemmen (2010), Rn. 1683; Winnefeld (2006a), Rn. 1455-1457.

435 Vgl. Kozikowski / Schubert (2012a), Rn. 225. Teilweise wird auch vorgeschlagen, auflösend bedingte Verbindlichkeiten unabhängig von der Wahrscheinlichkeit des Bedingungseintritts und der wirtschaftlichen Verursachung der künftigen Ausgaben in der Vergangenheit als Verbindlichkeiten zu passivieren; vgl. Adler / Düring / Schmaltz (1995), Rn. 122.

436 Vgl. Kozikowski / Schubert (2012b), Rn. 33; Ballwieser (2008a), Rn. 21; Ballwieser (2008b), Rn. 13; Moxter (1992), S. 430.

437 Berücksichtigt man allein die Wahrscheinlichkeit für das Bestehen der Verbindlichkeit, erscheint bei Low-Frequency-High-Severity-Ereignissen, wie Naturkatastrophen, aufgrund deren geringer Eintrittswahrscheinlichkeit ein Ausweis als auflösend bedingte Verbindlichkeit plausibel, während bei High-Frequency-Low-Severity-Ereignissen mit höherer Eintrittswahrscheinlichkeit die Verpflichtung zur Rückzahlung von Kapital und Zinsen eher ungewiss ist, so dass auf Basis

dass ein fiktiver Erwerber des Unternehmens eine solche ungewisse Verbindlichkeit aus einer Verbriefungstransaktion aufgrund ihrer Größenordnung in seinem Kaufpreiskalkül berücksichtigen würde, hätte die Versicherungszweckgesellschaft den Emissionserlös in Form einer Rückstellung für ungewisse Verbindlichkeiten unter „Sonstige Rückstellungen“ (Formblatt 1, Passivposten G.III. RechVersV) zu passivieren.[438] Die Gegenbuchung in der Gewinn- und Verlustrechnung erfolgt unter „Sonstige Aufwendungen“ (§ 48 RechVersV, Formblatt 2, II.5. RechVersV). Dies hat Auswirkungen auf die Verbuchung des vereinnahmten Emissionserlöses, der dann ertragswirksam als „Sonstige Erträge“ (§ 47 RechVersV; Formblatt 2, II.4. RechVersV) zu vereinnahmen ist. Allerdings ist zu beachten, dass in diesem Fall ein positiver Ergebniseffekt im Emissionszeitpunkt entsteht, da Rückstellungen mit einer Restlaufzeit von mehr als einem Jahr mit dem ihrer Restlaufzeit entsprechenden Marktzinssatz der vergangenen sieben Geschäftsjahre abzuzinsen sind (§ 253 Abs. 2 S. 1 HGB), der Emissionserlös jedoch im Emissionszeitpunkt in voller Höhe angesetzt wird. In den Folgeperioden ist die Rückstellung aufwandswirksam unter „Sonstige Aufwendungen“ (Formblatt 2, II.2. RechVersV) zuzuschreiben, bis sie zum Laufzeitende den Betrag in Höhe des Emissionserlöses erreicht hat. Die Emission der Anleihe ist aufgrund des Diskontierungseffekts somit kein ergebnisneutraler Vorgang. Ein Ergebniseffekt ist jedoch vor dem Hintergrund des Realisationsprinzips nicht wünschenswert, da die Transaktion im Emissionszeitpunkt ergebnisneutral zu halten ist, da zu diesem Zeitpunkt noch keine Leistungen erbracht wurden und daher dem zu aktivierenden Emissionserlös lediglich ein Passivposten in gleicher Höhe gegenüberstehen sollte.[439] Eine solche Erfolgsneutralität kann jedoch nur dann erreicht werden, wenn die Verpflichtung nicht als „Rückstellung für ungewisse Verbindlichkeiten“, sondern als Verbindlichkeit bilanziert werden würde. Die Verbindlichkeit könnte in diesem Fall als „Depotverbindlichkeit aus dem in Rückdeckung gegebenen Versicherungsgeschäft (§ 33 RechVersV i. V. m. Formblatt 1, Passivposten H. RechVersV) angesetzt werden, wodurch zudem der versicherungstechnische Charakter der Transaktion zum Ausdruck kommt. In diesem Fall steht der Verbindlichkeit in gleicher Höhe der Emissionserlös als „Laufende Guthaben bei Kreditinstituten, Schecks und Kassenbestand“ (Formblatt 1, Aktivposten F.II. RechVersV) gegenüber. Allerdings kommt nur durch den Ansatz einer Rückstellung der Unsicherheitscharakter der Zahlungsverpflichtung zum Ausdruck, der der Natur der Transaktion zugrunde liegt. Eine Verbindlichkeit stellt dagegen eine dem Grunde nach sichere – bzw. im Fall von auflösend bedingten Verbindlichkeiten nahezu sichere – Verpflichtung dar.

des Konkretisierungserfordernisses für ungewisse Verbindlichkeiten die Bildung einer Rückstellung naheliegender erscheint.

438 Ein Ausweis unter „Sonstige versicherungstechnische Rückstellungen“ (Formblatt 1, Passivposten E.VI. RechVersV) kommt nicht in Betracht, da deren Inhalte in § 31 RechVersV explizit geregelt sind.

439 Vgl. Abschnitt 4.1.1.

Die folgende Tabelle 3 illustriert die Unterschiede zwischen einer Bilanzierung als Depotverbindlichkeit und Rückstellung für ungewisse Verbindlichkeiten.

Tabelle 3: Ansatzalternativen für die Verpflichtung aus der Verbriefungstransaktion (HGB) (Quelle: eigene Darstellung)

Merkmal	**Depotverbindlichkeit**	**Rückstellung für ungewisse Verbindlichkeiten**
Ausdruck der versicherungstechnischen Natur der Transaktion	ja	nein
Ausdruck der Unsicherheit der Verpflichtung	nein	ja
Erfolgsneutralität der Emission	ja	nein

Die Versicherungszweckgesellschaft schuldet den Investoren für die Kapitalbereitstellung (Basiszins) und die Risikoübernahme (Bonuszins) ein Entgelt, das sich in periodischen Zinsaufwendungen niederschlägt. Aufgrund des Charakters der Principal-at-Risk-Transaktion als Rückversicherung handelt es sich bei dem Entgelt um „Abgegebene Rückversicherungsbeiträge",[440] so dass der Basiszins und der Bonuszins in demselben Posten der Gewinn- und Verlustrechnung ausgewiesen werden und bis zu ihrer Auszahlung unter „Abrechnungsverbindlichkeiten aus dem Rückversicherungsgeschäft" (Formblatt 1, Passivposten I.II. RechVersV) gespeichert werden. Eine Trennung der Komponenten, bei der der Basiszins in der nicht versicherungstechnischen Rechnung, der Bonuszins jedoch in der versicherungstechnischen Rechnung abgebildet wird, würde dem Charakter der Principal-at-Risk-Transaktion widersprechen, da der vereinbarte Zins insgesamt das Entgelt für den versicherungstechnischen Risikotransfer darstellt.[441]

Eine Rückstellung für drohende Verluste aus schwebenden Geschäften ist aus der Verbriefungstransaktion nur dann zu bilden, wenn aus der Transaktion ein Verpflichtungsüberschuss erwartet wird, wobei ein weiter Saldierungsbereich zugrunde zu legen ist.[442] Dies impliziert, dass bei der Versicherungszweckgesellschaft die vom Sponsor erhaltenen Prämien in die Beurteilung mit einzubeziehen sind. Zu erwarten wäre, dass mindestens der Basiszins durch die Investition des

440 Alternativ ist auch ein Ausweis des Basiszinses als „Zinsaufwendungen für einbehaltene Depots für das in Rückdeckung gegebene Versicherungsgeschäft" denkbar.

441 Vgl. Horstkötter (2008), S. 208.

442 Vgl. Mayer-Wegelin / Kessler / Höfer (2012), Rn. 66-67; Kozikowski / Schubert (2012b), Rn. 63-64.

Emissionserlöses in Kapitalanlagen verdient werden kann und der Bonuszins im Wesentlichen durch die vom Sponsor erhaltene Prämie abgedeckt ist, so dass das Entgelt ausreichend bemessen sein und kein Verpflichtungsüberschuss entstehen sollte.[443]

Bei Nichteintritt des Schadenereignisses zahlt die Versicherungszweckgesellschaft am Laufzeitende das Kapital an die Investoren zurück und begleicht die noch ausstehende Zinsverbindlichkeit der letzten Periode. Mit der Kapitalrückzahlung erlischt auch die der Anleihe zugrundeliegende Verpflichtung, die als Rückstellung für ungewisse Verbindlichkeiten oder Depotverbindlichkeit bilanziert wurde. Die Verpflichtung wird bei Nichteintritt des Schadenereignisses erfolgsneutral gegen „Laufende Guthaben bei Kreditinstituten, Schecks und Kassenbestand" (Formblatt 1, Aktivposten F.II. RechVersV) ausgebucht.

Tritt das vertraglich vereinbarte Ereignis dagegen ein, geht der Anspruch der Investoren auf Kapital und weitere Zinszahlungen unter. Der aufwandswirksamen Bildung einer Rückstellung für noch nicht abgewickelte Versicherungsfälle aus dem Vertragsverhältnis mit dem Sponsor steht bei der Versicherungszweckgesellschaft keine ertragswirksame Bildung des Anteils der Rückversicherers aus dem Vertragsverhältnis mit den Investoren gegenüber. Die ertragswirksame Auflösung der Rückstellung für ungewisse Verbindlichkeiten bzw. der Depotverbindlichkeit aus dem Vertragsverhältnis mit den Investoren erfolgt im Posten „Zahlungen für Versicherungsfälle – Anteil der Rückversicherer" (Formblatt 2, I.4.a.bb RechVersV). Die Zahlung der Entschädigungsleistung von der Versicherungsgesellschaft an den Sponsor ist aufwandswirksam als „Zahlungen für Versicherungsfälle – Bruttobetrag" (Formblatt 2, I.4.a.aa RechVersV) zu zeigen, so dass sich beide Effekte in der Gewinn- und Verlustrechnung ausgleichen.[444] Zudem wird im Zeitpunkt der Zahlung der Entschädigungsleistung an den Sponsor der Bruttobetrag der Rückstellung für noch nicht abgewickelte Versicherungsfälle erfolgswirksam aufgelöst. Die Verbuchung erfolgt aufgrund der Formblattstrenge der RechVersV im Posten „Veränderung der Rückstellung für noch nicht abgewickelte Versicherungsfälle" (Formblatt 2, I.4.b RechVersV).

Anfallende Aufwendungen für die Emission und Verwaltung der Anleihe sind aufgrund der bilanziellen Einordnung der Transaktion als Rückversicherung unter den „Aufwendungen des Versicherungsvertriebs für eigene Rechnung" (§ 43 Abs. 1 RechVersV i. V. m. Formblatt 2, I.7.a RechVersV) zu zeigen.[445]

---

443 Vgl. Horstkötter (2008), S. 174-175. Die Tatsache, dass die Investoren durch die Anleiheemission ihre Leistung für den Fall des Eintritts des Schadenereignisses bereits erbracht haben, beendet den Schwebezustand der Rückversicherungsbeziehung zwischen der Versicherungszweckgesellschaft und den Investoren jedoch nicht.

444 Vgl. Horstkötter (2008), S. 236-237.

445 Die Aufteilung der Verwaltungsaufwendungen hat auf die vorgegebenen Funktionsbereiche Regulierung von Versicherungsfällen, Rückkäufen und Rückgewährbeiträgen, Abschluss von Versicherungsverträgen, Verwaltung von Versicherungsverträgen und Verwaltung von Kapitalanlagen zu erfolgen.

5.2.1.1.3 Investition des Emissionserlöses in Kapitalanlagen

Die Erlöse aus der Verbriefungstransaktion investiert die Versicherungszweckgesellschaft typischerweise in festverzinsliche Wertpapiere höchster Bonität, um zum einen die den Investoren zugesagten Zinszahlungen zu gewährleisten und zum anderen bei Eintritt des Schadenereignisses einen sicheren und gleichzeitig schnell liquidierbaren Gegenwert zur Erfüllung der Ansprüche des Sponsors im Bestand zu haben. Aufgrund ihrer Sicherheit und Fungibilität eignen sich Inhaberschuldverschreibungen für die Investition des Emissionserlöses.[446] Sie erfüllen die Eigenschaften eines Vermögensgegenstands[447] und sind unter „Inhaberschuldverschreibungen und andere festverzinsliche Wertpapiere" (Formblatt 1, Aktivposten III.2. RechVersV) auszuweisen. Die entsprechenden Zinserträge werden unter „Erträge aus anderen Kapitalanlagen" (Formblatt 2, II.1.b RechVersV) ausgewiesen.

Bei Eintritt des vertraglich definierten Schadenereignisses ist die Kapitalanlage zu veräußern, wobei eventuelle Veräußerungsgewinne oder -verluste unter „Gewinne aus dem Abgang von Kapitalanlagen" (Formblatt 2, II.1.d RechVersV) bzw. „Verluste aus dem Abgang von Kapitalanlagen" (Formblatt 2, II.2.c RechVersV) ausgewiesen werden. Nach der Veräußerung der Kapitalanlage ist der unter „Laufende Guthaben bei Kreditinstituten, Schecks und Kassenbestand" vereinnahmte Betrag gegen den Buchwert der Inhaberschuldverschreibung im Zeitpunkt des Eintritts des Schadenereignisses sowie eventuelle Veräußerungsgewinne bzw. -verluste auszubuchen. Bei Nichteintritt des Ereignisses wird die Inhaberschuldverschreibung am Laufzeitende zurückgezahlt, was bei der Versicherungszweckgesellschaft einen erfolgsneutralen Aktivtausch der Inhaberschuldverschreibung gegen Guthaben bei Banken bewirkt.

Die Versicherungszweckgesellschaft vereinbart mit den Investoren i. d. R. eine variable Verzinsung, so dass über die gesamte Investitionsperiode ein marktgerechtes Entgelt für die Kapitalbereitstellung gewährleistet ist (Basiszins). Da das Kapital und die Zinszahlungsansprüche der Investoren unter Risiko stehen, werden sie eine Zusatzverzinsung für die Risikoübernahme (Bonuszins) verlangen, die sich in einem Aufschlag zu der vereinbarten variablen Verzinsung niederschlägt. Da die Versicherungszweckgesellschaft aus der Investition des Emissionserlöses in festverzinsliche Wertpapiere jedoch fixe Zinserträge vereinnahmt, wird sie einen Zinsswap durchführen, um die fixen Zinserträge gegen variable zu tauschen, mit denen dann das variable Zinsversprechen an die Investoren eingelöst werden kann. Zinsswaps stellen beidseitig noch nicht erfüllte Zinsverpflichtungen dar, die als schwebende Geschäfte grundsätzlich nicht bilanziert werden. Sofern aus dem Zinsswap jedoch ein Verlust droht, d. h., am Bilanzstichtag ein negativer

---

446 Vgl. Perridon / Steiner / Rathgeber (2012), S. 427-431.
447 Vgl. Abschnitt 4.3.1.

Marktwert[448] vorliegt, ist dieser in Form einer Rückstellung für drohende Verluste aus schwebenden Geschäften zu berücksichtigen.[449] Bei einem Zinsswap, der unter marktgerechten Konditionen abgeschlossen wird, entspricht jedoch üblicherweise der Barwert der variablen Zinszahlungen dem Barwert der fixen Zinszahlungen, so dass der Barwert des Swaps im Zeitpunkt seines Abschlusses null beträgt und daraus keine Bilanzierungskonsequenzen resultieren. Trotz seines Charakters als schwebendes Geschäft sind aus dem Zinsswap resultierende erhaltene bzw. geleistete Zinszahlungen erfolgswirksam unter „Sonstige Erträge“ (Formblatt 2, II.4. RechVersV) bzw. „Sonstige Aufwendungen“ (Formblatt 2, II.5. RechVersV) zu erfassen und Zinszahlungsströme, die sich auf den Zeitraum von der letzten Zinszahlung bis zum Abschlussstichtag beziehen, i. S. d. periodengerechten Abgrenzung in der Bilanz als „Andere Vermögensgegenstände“ (Formblatt 1, Aktivposten F.III. RechVersV) bzw. „Sonstige Verbindlichkeiten“ (Formblatt 1, Passivposten I.V. RechVersV) anzusetzen.[450] Eventuell bei Vertragsabschluss geleistete Upfront Payments gleichen marktabweichende Konditionen aus und dienen dazu, „zu einem marktkonformen Austausch mit dem Swap-Partner zu kommen“[451]. Upfront Payments haben den Charakter von Disagien bzw. Agien und sind daher als aktive bzw. passive Rechnungsabgrenzungsposten in der Bilanz auszuweisen und auf der Grundlage des vereinbarten Effektivzinses über die Laufzeit abzugrenzen.[452] Bei Eintritt des vertraglich definierten Schadenereignisses wird der Zinsswap erfolgswirksam aufgelöst, wobei die Ansprüche und Verpflichtungen aus dem Swap gegen Zahlung des aktuellen positiven bzw. negativen Marktwerts erlöschen.[453] Die aus der Auflösung des Zinsswaps resultierenden Beträge werden als „Sonstige Erträge“ (Formblatt 2, II.4. RechVersV) bzw. „Sonstige Aufwendungen“ (Formblatt 2, II.5. RechVersV) in

---

448 Der Marktwert ist dann negativ, wenn der Bilanzierende für eine Auflösung (Glattstellung) des Swaps einen bestimmten Betrag an den Kontrahenten bezahlen müsste. Bei der Ermittlung des Marktwerts sind Upfront Payments und abgegrenzte Zinsen zu berücksichtigen. Ein positiver oder negativer Marktwert, d. h. ein Saldobarwert ungleich null, bedeutet, dass eine der Vertragsparteien im Bewertungszeitpunkt am Markt aktuell günstigere oder ungünstigere Konditionen erhalten würde, als im Swap-Geschäft tatsächlich vereinbart wurde; vgl. Scharpf / Luz (2000), S. 472. Auch wenn sich bei Geschäftsabschluss, bezogen auf die getauschten Zinsen, eine Nettozahlungspflicht ergibt, ist keine Rückstellungsbildung erforderlich, sofern dies eine Folge der aktuellen Marktbedingungen ist. Nur im Fall von Bewertungseinheiten i. S. d. § 254 HGB dürfen Swaps mit positivem und Swaps mit negativem Marktwert für bilanzielle Zwecke miteinander verrechnet werden.

449 Vgl. Scharpf (2012a), Rn. 855.

450 Vgl. Scharpf (2012a), Rn. 854; Bertsch (2002), S. 460. In der Regel werden die Zahlungsansprüche und -verpflichtungen miteinander saldiert, so dass nur der Nettozahler eine Zahlungsverpflichtung hat; vgl. Scharpf (2012a), Rn. 849.

451 Scharpf (2012a), Rn. 853.

452 Vgl. Scharpf (2012a), Rn. 853; Bertsch (2002), S. 465.

453 Vgl. Förschle / Usinger (2012), Rn. 114.

der nicht versicherungstechnischen Rechnung ausgewiesen.[454] Der Zinsswap kann als Sicherungsgeschäft mit dem festverzinslichen Wertpapier als Grundgeschäft zu einer Bewertungseinheit zusammengefasst werden, so dass Wertänderungen des Grund- und Sicherungsgeschäfts in Bilanz und Gewinn- und Verlustrechnung nicht erfasst werden, soweit es sich um eine effektive Sicherungsbeziehung handelt.[455] Lediglich der ineffektive Teil der Sicherungsbeziehung wird im Fall von drohenden Verlusten durch eine entsprechende Rückstellung berücksichtigt.[456]

Die Versicherungszweckgesellschaft verbucht die erhaltenen Zinserträge aus dem festverzinslichen Wertpapier als „Erträge aus anderen Kapitalanlagen" (Formblatt 2, II.1.b.bb RechVersV). Die für Schaden-Unfallunternehmen und Rückversicherungsunternehmen geforderte Umgliederung der Erträge aus Kapitalanlagen in die Position „Technischer Zinsertrag" erfolgt bei der Versicherungszweckgesellschaft nicht, sofern das Geschäft nicht nach Art der Lebensversicherung betrieben wird und daher die Voraussetzungen des § 38 RechVersV nicht erfüllt sind.

5.2.1.2 Bewertung

5.2.1.2.1 Vertrag zwischen Sponsor und Versicherungszweckgesellschaft

Der Sponsor hat die Abrechnungsverbindlichkeit bis zur Zahlung mit dem Rückzahlungs- bzw. Erfüllungsbetrag anzusetzen. Dieser Betrag entspricht bei monetären Positionen dem Nominalbetrag der Verbindlichkeit, so dass der Betrag nicht abzuzinsen ist. Die Versicherungszweckgesellschaft bewertet dazu korrespondierend bis zum Erhalt der Zahlung die Abrechnungsforderung zum Nominalwert. Die bei Eintritt des vertraglich definierten Ereignisses zu bildende Rückstellung für noch nicht abgewickelte Versicherungsfälle ist bei der Erst- und Folgebewertung mit dem voraussichtlichen Erfüllungsbetrag bzw. dem zum Bilanzstichtag höheren beizulegenden Wert anzusetzen.[457] Die aus dem Vertragsverhältnis zwischen Spon-

---

454 Vgl. SCHARPF (2012a), Rn. 857. Sofern für die Auflösung bereits eine Rückstellung gebildet wurde, wird nur der den Rückstellungsbetrag übersteigende Betrag erfolgswirksam verbucht.

455 Dies impliziert, dass die Bilanzierung der Bewertungseinheit nach der „Einfrierungsmethode" bzw. „Methode der kompensatorischen Bewertung" erfolgt. Alternativ könnten nach der „Durchbuchungsmethode" auch Wertänderungen bei effektiven Sicherungsbeziehungen in Bilanz und Gewinn- und Verlustrechnung erfasst werden, wobei sich die gegenläufigen Wertänderungen in demselben Bilanz- bzw. GuV-Posten niederschlagen; vgl. SCHARPF (2012b), Rn. 319-327; FÖRSCHLE / USINGER (2012), Rn. 50-58.

456 Vgl. Abschnitt 4.3.1; SCHARPF (2012b), Rn. 319-331.

457 Vgl. HOMMEL / SCHULTE (2013), Rn. 41-44. Dies gilt für die Bewertung der Bruttorückstellung wie auch für den Anteil der Rückversicherer an den versicherungstechnischen Rückstellungen. Dabei ist gemäß § 341g Abs. 2 HGB für bis zum Abschlussstichtag eingetretene, aber bis zur inventurmäßigen Erfassung noch nicht gemeldete Versicherungsfälle eine pauschale Bewertung erforderlich, so dass hier nicht der Grundsatz der Einzelbewertung gilt.

sor und Versicherungszweckgesellschaft im Schadenfall zu bildende Rückstellung für noch nicht abgewickelte Versicherungsfälle bestimmt sich nach dem verbrieften Transaktionsbetrag, so dass sich hieraus keine Bewertungsprobleme ergeben. Das generelle Abzinsungsgebot für Rückstellungen mit einer Restlaufzeit von mehr als einem Jahr (§ 253 Abs. 2 S. 1 HGB)[458] gilt explizit nicht für versicherungstechnische Rückstellungen, die nach den Wertverhältnissen am Abschlussstichtag zu bewerten sind (§ 341e Abs. 1 S. 3 HGB).[459] Dies betrifft sowohl die Rückstellungsbildung bei dem Sponsor gegenüber den Versicherungsnehmern als auch die bei der Versicherungszweckgesellschaft gegenüber dem Sponsor.

5.2.1.2.2 Verpflichtungen der Versicherungszweckgesellschaft aus der Verbriefungstransaktion

Die Rückstellung für ungewisse Verbindlichkeiten ist in Höhe des nach vernünftiger kaufmännischer Beurteilung notwendigen Erfüllungsbetrags anzusetzen und bei einer Restlaufzeit von mehr als einem Jahr mit dem durchschnittlichen Marktzinssatz der vergangenen sieben Geschäftsjahre abzuzinsen (§ 253 Abs. 1 S. 2 HGB, § 253 Abs. 2 S. 1 HGB). In den Folgeperioden ist, solange das Schadenereignis nicht eintritt, eine aufwandswirksame Zuschreibung in Höhe des periodischen Abzinsungsbetrags vorzunehmen, bis der Wert der Rückstellung am Laufzeitende den Rückzahlungsbetrag erreicht hat. Im Fall der Bildung einer Depotverbindlichkeit ist auch diese bei der Erst- und Folgebewertung mit dem Erfüllungs- bzw. Rückzahlungsbetrag anzusetzen, wobei jedoch keine Abzinsung vorzunehmen ist. Die den Investoren periodisch geschuldeten Zinsen begründen aufgrund des Charakters der Transaktion als Rückversicherung eine eigene „Abrechnungsverbindlichkeit aus dem Rückversicherungsgeschäft“ (Formblatt 1, Passivposten I.II. RechVersV), die ebenfalls zum Erfüllungsbetrag zu bewerten ist.[460]

5.2.1.2.3 Investition des Emissionserlöses in Kapitalanlagen

Kapitalanlagen der Kategorie „Inhaberschuldverschreibungen und andere festverzinsliche Wertpapiere“ (Formblatt 1, Aktivposten C.III.2. RechVersV) werden grundsätzlich nach den für das Umlaufvermögen geltenden Vorschriften bewertet, es sei denn, dass sie dauerhaft dem Geschäftsbetrieb dienen sollen, was eine Bewertung gemäß den Vorschriften des Anlagevermögens nach sich ziehen würde (§ 341b Abs. 2 HGB). Das Kriterium der dauerhaften Halteabsicht ist jedoch nicht erfüllt, da die Kapitalanlage gerade bei Eintritt des Schadenereignisses veräußert werden soll. Im Zugangszeitpunkt erfolgt die Bewertung zu Anschaffungskosten (§ 253 Abs. 1 HGB), wobei direkt zurechenbare Transaktionskosten aktiviert

458 Vgl. HALL / HARTH / KESSLER (2009), S. 278-279.
459 Vgl. ELLENBÜRGER / HAMMERS (2012b), Rn. 30.
460 Vgl. BALLWIESER (2013c), Rn. 67.

werden können oder wahlweise auch sofort aufwandswirksam erfasst werden können.[461] Die Anschaffungskosten stellen für die Bewertung in den Folgeperioden die Wertobergrenze dar. Sämtliche Wertminderungen sind erfolgswirksam zu berücksichtigen (§ 253 Abs. 4 HGB), wobei bei einer Werterholung eine Zuschreibungspflicht besteht, die maximal auf die Höhe der ursprünglichen Anschaffungskosten begrenzt ist (§ 253 Abs. 5 HGB).[462] Der Zinsswap, mit dessen Hilfe feste Zinszahlungen in variable transformiert werden, wird nicht bewertet, da er aufgrund seines Charakters als schwebendes Geschäft nicht bilanziert wird.[463] Sofern jedoch aufgrund eines negativen Marktwerts am Bilanzstichtag eine Rückstellung für drohende Verluste aus schwebenden Geschäften zu bilden ist, wird diese mit dem nach vernünftiger kaufmännischer Beurteilung notwendigen Erfüllungsbetrag bewertet (§ 253 Abs. 1 HGB). Etwas anderes gilt, wenn von dem Wahlrecht Gebrauch gemacht wird, den Zinsswap als Sicherungsgeschäft für den Wert der Kapitalanlage als Grundgeschäft zu einer Bewertungseinheit zusammenzufassen. In diesem Fall gleichen sich bei einem effektiven Sicherungszusammenhang die Wertänderungen aus, so dass bei einer Nettobetrachtung kein Ergebniseffekt resultiert.[464] Lediglich für den ineffektiven Teil finden die allgemeinen Bewertungsvorschriften Anwendung, mit der Folge, dass eine Deckungslücke verlustantizipierend zu erfassen ist, während eine Überkompensation des beim Grundgeschäft eingetretenen Verlusts nicht berücksichtigt wird.[465]

5.2.1.3 Angaben

5.2.1.3.1 Vertrag zwischen Sponsor und Versicherungszweckgesellschaft

Der Vertrag zwischen dem Sponsor und der Versicherungszweckgesellschaft stellt bei der Ausgestaltung der Transaktion als Principal at Risk einen Rückversicherungsvertrag dar. Verlangt werden vom Sponsor und der Versicherungszweckgesellschaft Angaben zu den auf die Posten der Gewinn- und Verlustrechnung angewandten Bilanzierungs- und Bewertungsmethoden (§ 284 Abs. 2 Nr. 1 HGB), wobei Abweichungen von diesen anzugeben und zu begründen sind sowie der Einfluss der Abweichungen auf die Vermögens-, Finanz und Ertragslage zu erläutern ist (§ 284 Abs. 2 Nr. 3 HGB). Dies umfasst Angaben zu den Methoden der Ermittlung der versicherungstechnischen Rückstellungen (mit Ausnahme der Rückstellung für Beitragsrückerstattung) jeweils gesondert für das selbst abgeschlossene

---

461 In diesem Fall kommt für den Ausweis der Posten „Aufwendungen für die Verwaltung von Kapitalanlagen, Zinsaufwendungen und sonstige Aufwendungen für die Kapitalanlagen" (Formblatt 2, II.2.a RechVersV) in Betracht.

462 Vgl. Winkeljohann / Taetzner (2012), Rn. 648; Kessler (2009), S. 243. Da eine Investition in Kapitalanlagen mit hohem Rating der Gegenpartei erfolgt, werden bonitätsbedingte Wertschwankungen minimiert.

463 Vgl. Scharpf (2012b), Rn. 21.

464 Vgl. Scharpf (2012b), Rn. 288-292, Rn. 319-331.

465 Vgl. Förschle / Usinger (2012), Rn. 50; Abschnitt 4.3.2.

und in Rückdeckung übernommene Geschäft sowie die Erläuterung von wesentlichen Methodenänderungen gegenüber dem vorausgegangenen Geschäftsjahr (§ 52 Nr. 1c RechVersV).[466] Darüber hinaus sind, unter Einbeziehung der Vorjahresangaben, Angaben zu bestimmten versicherungstechnischen Positionen erforderlich (§ 51 Abs. 4 RechVersV i. V. m. § 341a Abs. 2 S. 2 HGB). Diese Angaben beinhalten eine Unterteilung der gebuchten Bruttobeiträge, der versicherungstechnischen Bruttoaufwendungen, des Rückversicherungssaldos, des versicherungstechnischen Ergebnisses für eigene Rechnung sowie der versicherungstechnischen Bruttorückstellungen jeweils für das selbst abgeschlossene Versicherungsgeschäft, das in Rückdeckung übernommene sowie das gesamte Versicherungsgeschäft in Versicherungszweiggruppen, Versicherungszweigen und -arten.[467] Für das selbst abgeschlossene Versicherungsgeschäft ist zudem die Anzahl der mindestens einjährigen Versicherungsverträge anzugeben. Die gebuchten Bruttobeiträge sind zudem nach der geographischen Herkunft nach Inland, andere EU-Staaten und Drittländern zu unterscheiden (§ 51 Abs. 5 RechVersV). Rückversicherungsunternehmen müssen lediglich eine Untergliederung der gebuchten Bruttobeiträge nach dem Schaden- und Unfallversicherungsgeschäft und dem Lebensversicherungsgeschäft angeben (§ 51 Abs. 6 RechVersV). Bei Abrechnungsverbindlichkeiten mit einer Restlaufzeit von unter einem Jahr – was für Abrechnungsverbindlichkeiten für Prämien ein realistischer Zeitraum ist – ist deren Betrag bei jedem gesondert ausgewiesenen Posten zu vermerken (§ 268 Abs. 5 S. 1 HGB).[468]

Der Sponsor hat als Versicherungsunternehmen zudem einen Lagebericht nach den für große Kapitalgesellschaften geltenden Vorschriften zu erstellen (§ 341a Abs. 1 HGB).[469] Dabei sind der Geschäftsverlauf einschließlich der Geschäftsergebnisse und die Lage des Unternehmens darzustellen und zu analysieren, wobei auch die bedeutsamsten finanziellen Leistungsindikatoren einzubeziehen und im Hinblick auf die im Jahresabschluss ausgewiesenen Beträge und Angaben zu erläutern sind (§ 289 Abs. 1 S. 1-3 HGB). Die voraussichtliche Entwicklung ist bezüglich der wesentlichen Chancen und Risiken und der ihnen zugrundeliegenden Annahmen darzustellen (§ 289 Abs. 1 S. 4 HGB). Die im Lagebericht geforderten

466 Dabei geht es um die Erläuterung, „wie im konkreten Fall Wahlrechte ausgeübt und Ermessensspielräume ausgefüllt wurden"; Ellrott (2012a), Rn. 85.

467 Sind die gebuchten Bruttobeiträge für das in Rückdeckung übernommene Versicherungsgeschäft weniger als 10 % der gebuchten Bruttobeiträge des gesamten Versicherungsgeschäfts, kann eine Trennung entfallen.

468 Da im Anhang gemäß § 285 Nr. 1-2 HGB auch die Angabe des Gesamtbetrags der Verbindlichkeiten mit einer Restlaufzeit von mehr als fünf Jahren nach dem vorgeschriebenen Gliederungsschema gefordert wird, bietet sich eine Darstellung in Form eines Verbindlichkeitenspiegels an.

469 Für eine nach HGB rechnungslegungspflichtige Versicherungszweckgesellschaft leitet sich die Aufstellungspflicht aus § 264 HGB ab, sofern es sich um eine mittelgroße oder große Kapitalgesellschaft handelt. Die Größenkriterien des § 267 HGB sind zu beachten.

Angaben zielen darauf ab, die Jahresabschlussinformationen von Bilanz, Gewinn- und Verlustrechnung und Anhang zu ergänzen und zu erläutern, so dass insgesamt ein den tatsächlichen Verhältnissen entsprechendes Bild der Vermögens-, Finanz- und Ertragslage vermittelt wird.[470] Ergänzend sind im Lagebericht von allen Versicherungsunternehmen die betriebenen Versicherungszweige und -arten im selbst abgeschlossenen und im in Rückdeckung übernommenen Versicherungsgeschäft anzugeben und über den jeweiligen Geschäftsverlauf in den Versicherungszweiggruppen, Versicherungszweigen und -arten zu berichten (§ 57 Abs. 2 RechVersV).

5.2.1.3.2 Verpflichtungen der Versicherungszweckgesellschaft aus der Verbriefungstransaktion

Im Rahmen der Berichterstattung über die angewandten Bilanzierungs- und Bewertungsmethoden (§ 284 Abs. 2 Nr. 1 HGB) ist auch auf die Ausübung von Ermessensspielräumen einzugehen, so dass bspw. die Gründe darzulegen sind, warum eine Bilanzierung als Rückstellung für ungewisse Verbindlichkeiten bzw. Depotverbindlichkeit vorgenommen wurde.[471] Sofern die Rückstellung für ungewisse Verbindlichkeiten unter dem Posten „Sonstige Rückstellung" (Formblatt 1, Passivposten G.III. RechVersV) nicht gesondert ausgewiesen wird, ist sie im Anhang zu erläutern, sofern sie einen nicht unerheblichen Umfang hat (§ 285 Nr. 12 HGB). Ein solcher Umfang ist bei einer versicherungstechnischen Verbriefungstransaktion zu vermuten. Die Zinszahlungsverpflichtung stellt aufgrund der Natur der Transaktion als Rückversicherung eine Abrechnungsverbindlichkeit aus dem Rückversicherungsgeschäft dar, von der angenommen werden darf, dass sie sofort fällig ist. Der Betrag der Verbindlichkeiten mit einer Restlaufzeit von bis zu einem Jahr ist bei jedem gesondert ausgewiesenen Posten zu vermerken (§ 268 Abs. 5 S. 1 HGB).[472] Bei der Bilanzierung einer Depotverbindlichkeit anstatt einer Rückstellung für ungewisse Verbindlichkeiten ist in Abhängigkeit von der Laufzeit der Anleihe zu beachten, dass der Gesamtbetrag der Verbindlichkeiten mit einer Restlaufzeit von mehr als fünf Jahren (§ 285 Nr. 1a HGB) anzugeben ist.[473] Aufgrund der Anforderung, dass Verbindlichkeiten mit einer Restlaufzeit von bis zu einem Jahr anzugeben sind, bietet sich die Darstellung in Form eines Verbindlichkeitenspiegels an. Die Versicherungszweckgesellschaft hat zudem den Gesamtbetrag der besicherten Verbindlichkeiten einschließlich der Art und Form der Sicherheiten anzugeben (§ 285 Nr. 1b HGB).[474] Da der Gesetzeswortlaut nur Verbindlichkeiten erwähnt,

470 Vgl. Ellrott (2012c), Rn. 4.
471 Vgl. Ellrott (2012a), Rn. 85-86.
472 Vgl. Abschnitt 5.2.1.3.1.
473 Vgl. Abschnitt 5.2.1.3.1.
474 Vgl. Ellrott (2012b), Rn. 9; Oser / Holzwarth (2012), Rn. 129. Zu berichten ist nur über die für eigene Verbindlichkeiten der Kapitalgesellschaft gewährten Sicherheiten. Nicht anzugeben sind Sicherheiten, die der Kapitalgesellschaft von Dritten gewährt werden.

ergibt sich eine Angabepflicht nur, wenn eine Depotverbindlichkeit und keine Rückstellung für ungewisse Verbindlichkeiten bilanziert wurden. Die Sicherheit bezieht sich auf die Garantie des von den Investoren in Form des Emissionserlöses bereitgestellten Kapitals, das in festverzinsliche und mit hohem Rating versehene, von unabhängigen Treuhändern verwaltete Kapitalanlagen investiert wird.

5.2.1.3.3 Investition des Emissionserlöses in Kapitalanlagen

Für Kapitalanlagen gilt ebenfalls die Anforderung, dass die Bilanzierungs- und Bewertungsmethoden und Abweichungen davon zu erläutern sind (§ 284 Abs. 2 Nr. 1 u. Nr. 3 HGB, § 54 RechVersV i. V. m. § 56 Abs. 6 RechVersV). Ferner ist der Zeitwert der Kapitalanlagen anzugeben, wobei dieser höchstens mit dem voraussichtlich realisierbaren Wert unter Berücksichtigung des Grundsatzes der Vorsicht anzusetzen ist (§ 56 Abs. 5 RechVersV). Für den Zinsswap, der die erhaltenen festverzinslichen Zinszuflüsse gegen variable tauscht, um die variablen Zinsansprüche der Investoren zu erfüllen, hat das Unternehmen das Wahlrecht, eine Bewertungseinheit zu bilden. Das bloße Halten von Grundgeschäft und geeignetem Sicherungsinstrument allein ist dafür nicht ausreichend. Hierbei ist im Anhang oder Lagebericht zu erläutern, mit welchem Betrag die Grundgeschäfte zur Absicherung welcher Risiken in welchen Arten von Bewertungseinheiten einbezogen werden und welche Höhe die abgesicherten Risiken aufweisen (§ 285 Nr. 23a HGB). Zudem ist für die jeweils abgesicherten Risiken anzugeben, warum, in welchem Umfang und für welchen Zeitraum sich die gegenläufigen Wertänderungen oder Zahlungsströme künftig voraussichtlich ausgleichen werden, wobei die Methode der Ermittlung der Effektivität der Sicherungsbeziehung ebenfalls anzugeben ist (§ 285 Nr. 23b HGB). Weiterhin sind in Bezug auf den Einsatz von Finanzinstrumenten im Lagebericht die damit verbundenen Risikomanagementziele und -methoden zu erläutern (§ 289 Abs. 2 Nr. 2a HGB) und es ist auf Preisänderungs-, Ausfall- und Liquiditätsrisiken sowie Risiken aus Zahlungsstromschwankungen einzugehen (§ 289 Abs. 2 Nr. 2b HGB).[475]

5.2.1.4 Buchungsbeispiel

Das folgende fiktive Buchungsbeispiel illustriert die Bilanzierung einer Principal-at-Risk-Transaktion nach HGB durch Abbildung der einzelnen Geschäftsvorfälle in Bilanz und Gewinn- und Verlustrechnung.[476]

---

475 Vgl. ELLROTT (2012c), Rn. 70-74.

476 Die Buchungssätze zu dem jeweiligen Geschäftsvorfall sind mit Buchstaben in Klammern gekennzeichnet. Der Abschluss der Gewinn- und Verlustrechnung durch Buchung des Jahresüberschusses/-fehlbetrags, als Saldo aller Erträge und Aufwendungen der jeweiligen Periode, in die entsprechende Posten innerhalb des Eigenkapitals ist nicht mit einem Buchstaben versehen, da es sich hier um eine rein technische Buchung handelt, die nicht spezifisch für eine Verbriefungstransaktion ist. Zudem wird zur Vereinfachung angenommen, dass bei der

Im Rahmen einer indirekten Verbriefungstransaktion emittiert eine Versicherungszweckgesellschaft (ISPV) eine Anleihe mit einem Kapitalbetrag von 100.000 Geldeinheiten (GE) mit vierjähriger Laufzeit bei der Kapital und Zinsen in Abhängigkeit vom Eintritt eines definierten Schadenereignisses unter Risiko stehen. Am Ende von Jahr 2 (t_2) tritt annahmegemäß das Schadenereignis ein. Der den Investoren geschuldete variable Zins besteht aus einem fixen Bonuszins von 5,00 % und einem variablen Basiszins, der annahmegemäß in t_0 und t_1 jeweils 3,00 %, in t_2 3,10 %, in t_3 3,13 % und in t_4 2,76 % beträgt. Die Zinssätze beziehen sich auf den Kapitalbetrag i. H. v. 100.000 GE. Im Zeitpunkt des Vertragsabschlusses und der Anleiheemission zu Beginn von Jahr 1 (t_0) haben sowohl der Sponsor als auch die Versicherungszweckgesellschaft ein Eigenkapital von 500.000 GE, dem jeweils derselbe Betrag als Guthaben bei Banken gegenübersteht. Der Sponsor leistet an das ISPV eine Einmalprämie i. H. v. 20.000 GE für den versicherungstechnischen Risikotransfer. Aufgrund der wirtschaftlichen Natur der Transaktion als Rückversicherung wird die Prämie als „Abgegebene Rückversicherungsbeiträge“ bzw. „Gebuchte Bruttobeiträge“ bilanziert (a).

Bilanz Sponsor (t_0)			
Aktiva			Passiva
Guthaben bei Banken	500.000 (a) -20.000	Eigenkapital Jahresüberschuss/ -fehlbetrag	500.000 -20.000
Bilanzsumme	480.000	Bilanzsumme	480.000

GuV Sponsor (t_0)			
Soll			Haben
Abgegebene Rückversicherungsbeiträge	(a) 20.000	Jahresüberschuss/ -fehlbetrag	20.000
	–		–

Bei dem ISPV wird der Zufluss liquider Mittel aus der Emission der Anleihe i. H. v. 100.000 GE erfolgsneutral unter „Guthaben bei Banken“ gegen eine „Depotverbindlichkeit aus dem in Rückdeckung gegebenen Versicherungsgeschäft“ verbucht (b).[477] Der Emissionserlös wird in Inhaberschuldverschreibungen investiert (c), die nach den für das Umlaufvermögen geltenden Vorschriften bewertet

Verbriefungstransaktion keine Verwaltungsaufwendungen und keine Aufwendungen für die Verwaltung von Kapitalanlagen anfallen und dass Zahlungen sofort geleistet werden, so dass keine Abrechnungsforderungen oder Abrechnungsverbindlichkeiten entstehen.

477 Für das Beispiel wird der Ansatz einer Depotverbindlichkeit anstatt einer Rückstellung für ungewisse Verbindlichkeiten gewählt, da ein Beispiel mit einer Verbuchung als Rückstellung für ungewisse Verbindlichkeiten der Bilanzierung nach IFRS ähneln würde und so die Unterschiede in der Bilanzierung besser illustriert werden können.

werden und mit einem fixen Zinssatz von 3,00 % pro Jahr verzinst werden. Die erhaltenen fixen Zinserträge werden mittels eines Swap-Vertrags in eine variable Verzinsung transformiert, wobei die oben genannten variablen Zinssätze gelten, die auf den Kapitalbetrag i. H. v. 100.000 GE bezogen werden.[478] Die Inhaberschuldverschreibung wird mit dem Swap-Vertrag zu einer Bewertungseinheit zusammengefasst, so dass Wertminderungen der Kapitalanlage aufgrund des Zinsanstiegs in t_2 durch eine gegenläufige Wertentwicklung des Swap-Vertrags kompensiert werden und bei einer angenommenen effektiven Sicherungsbeziehung keine Ergebniswirkung entfalten.

Bilanz ISPV (t_0)

Aktiva			Passiva
Guthaben bei Banken	500.000	Eigenkapital	500.000
	(a) +20.000	Jahresüberschuss/-fehlbetrag	20.000
	(b) +100.000		
	(c) -100.000		
Inhaberschuldverschreibungen	(c) 100.000	Depotverbindlichkeit	(b) 100.000
Bilanzsumme	620.000	Bilanzsumme	620.000

GuV ISPV (t_0)

Soll			Haben
Jahresüberschuss/-fehlbetrag	20.000	Gebuchte Bruttobeiträge	(a) 20.000
	–		–

Im Zeitpunkt t_1 (Ende des ersten Geschäftsjahres) fallen beim Sponsor keine weiteren Buchungen an, so dass die Bilanz des Sponsors in t_1 der von t_0 entspricht. Das ISPV vereinnahmt aus der Inhaberschuldverschreibung laufende Zinserträge von 3.000 GE pro Jahr (d). Das ISPV leistet in t_1 die den Investoren geschuldeten Zinsen von 8.000 GE – bestehend aus dem Basiszins i. H. v. 3.000 GE und dem Bonuszins i. H. v. 5.000 GE – (e), die aufgrund der wirtschaftlichen Natur der Principal-at-Risk-Transaktion als Rückversicherung als „Abgegebene Rückversicherungsbeiträge“

478 Bei einem angenommenen Diskontierungszins von 3,00 % entspricht der Barwert der fixen Zinszahlungen auf den Kapitalbetrag i. H v. 100.000 GE dem Barwert der variablen Zinszahlungen, so dass der Zinsswap zu marktgerechten Konditionen abgeschlossen wird und als ausgeglichenes schwebendes Geschäft bilanziell nicht erfasst wird.

erfasst werden. Aufgrund des Zinsanstiegs von t_0 auf t_1 fällt der Marktwert der Inhaberschuldverschreibung um 1.000 GE.

Bilanz ISPV (t_1)			
Aktiva			Passiva
Guthaben bei Banken	520.000 (d) +3.000 (e) -8.000	Eigenkapital Jahresüberschuss/ -fehlbetrag	520.000 -5.000
Inhaberschuldverschreibungen	100.000	Depotverbindlichkeit	100.000
Bilanzsumme	615.000	Bilanzsumme	615.000

GuV ISPV (t_1)			
Soll			Haben
Abgegebene Rückversicherungsbeiträge	(e) 8.000	Erträge aus anderen Kapitalanlagen (Inhaberschuldverschreibungen)	(d) 3.000
		Jahresüberschuss/ -fehlbetrag	5.000
	–		–

Dieser Anstieg wird jedoch durch den gegenläufigen Wertanstieg des Swaps annahmegemäß vollständig kompensiert und führt zu keiner Erfassung in der Bilanz und Gewinn- und Verlustrechnung.[479]

Im Zeitpunkt t_2 (Ende des zweiten Geschäftsjahres) tritt das Schadenereignis ein. Aus dem Vertragsverhältnis mit den Versicherungsnehmern bilanziert der Sponsor – mit dem Ausweis nach dem modifizierten Nettoprinzip auf der Passivseite der Bilanz – erfolgswirksam eine „Rückstellung für noch nicht abgewickelte Versicherungsfälle“ i. H. v. 500.000 GE und den korrespondierenden Anteil von Rückversicherern an der Rückstellung gegenüber dem ISPV i. H. v. 100.000 GE ((f) und (g)).

479 Dabei wird die Anwendung der „Einfrierungsmethode” bzw. „Methode der kompensatorischen Bewertung“ unterstellt.

Bilanz Sponsor (t_2)			
Aktiva			Passiva
Guthaben bei Banken	480.000	Eigenkapital	480.000
		Jahresüberschuss/-fehlbetrag	-400.000
		Rückstellung für noch nicht abgewickelte Versicherungsfälle	(f) 500.000 (g) -100.000
Bilanzsumme	480.000	Bilanzsumme	480.000

GuV Sponsor (t_2)			
Soll			Haben
Veränderung der Rückstellung für noch nicht abgewickelte Versicherungsfälle – brutto	(f) 500.000	Veränderung der Rückstellung für noch nicht abgewickelte Versicherungsfälle – Anteil Rückversicherer	(g) 100.000
		Jahresüberschuss/-fehlbetrag	400.000
	–		–

Das ISPV bildet korrespondierend zu den Buchungen beim Sponsor in t_2 aufwandswirksam eine „Rückstellung für noch nicht abgewickelte Versicherungsfälle – brutto" (h) i. H. v. 100. 000 GE und vereinnahmt aus der Inhaberschuldverschreibung die laufenden festverzinslichen Zinserträge i. H. v. 3.000 GE (Zins von 3 % auf 100.000 GE) (i) und leistet an die Investoren die geschuldeten Zinsen bzw. Rückversicherungsbeiträge i. H. v. 8.100 GE (variabler Basiszins in t_2 3.100 GE, Bonuszins 5.000 GE) (j). Ein „Sonstiger Ertrag" i. H. v. 100 GE resultiert in t_2 aus dem Zinsswap (k), da in dieser Periode die erhaltenen variablen Zinsen i. H. v. 3.100 GE über den fixen Zinszahlungen i. H. v. 3.000 GE liegen.

Bilanz ISPV (t_2)

Aktiva			Passiva
Guthaben bei Banken	515.000 (i) +3.000 (j) -8.100 (k) +100 (l) +104.000	Eigenkapital	515.000
		Jahresüberschuss/ -fehlbetrag	-1.000
Inhaberschuldverschreibungen	100.000 (l) -100.000	Rückstellung für noch nicht abgewickelte Versicherungsfälle – brutto	(h) 100.000
		Depotverbindlichkeit	100.000 (m) -100.000
Bilanzsumme	614.000	Bilanzsumme	614.000

GuV ISPV (t_2)

Soll			Haben
Veränderung der Rückstellung für noch nicht abgewickelte Versicherungsfälle – brutto	(h) 100.000	Erträge aus anderen Kapitalanlagen (Inhaberschuldverschreibungen)	(i) 3.000
Abgegebene Rückversicherungsbeiträge	(j) 8.100	Sonstige Erträge (Ertrag aus Swap-Vertrag)	(k) 100
		Gewinn aus dem Abgang von Kapitalanlagen	(l) 4.000
		Zahlungen für Versicherungsfälle – Anteil Rückversicherer	(m) 100.000
		Jahresüberschuss/ -fehlbetrag	1.000
	–		–

Aus dem Verkauf der Inhaberschuldverschreibung – unter Berücksichtigung der Vereinnahmung der akkumulierten Zinseszinsen bei Eintritt des Schadenereignisses – resultiert bei dem ISPV ein Veräußerungsgewinn von 4.000 GE (l). Zudem löst das ISPV die Depotverbindlichkeit erfolgswirksam auf (m), da der Kapitalbetrag den Investoren bei Eintritt des Schadenereignisses nicht mehr geschuldet wird.

In t_3 (Ende des dritten Geschäftsjahres) wird die Entschädigungsleistung von dem ISPV an den Sponsor ausgezahlt. Der Sponsor löst die Rückstellung für noch nicht abgewickelte Versicherungsfälle (brutto und Anteil der Rückversicherer) auf ((n) und (o)) und zahlt den Betrag i. H. d. tatsächlichen Schadens von 450.000 GE (50.000 GE waren zu viel zurückgestellt), an die Versicherungsnehmer aus (p). Zugleich vereinnahmt der Sponsor die Entschädigungszahlung von der Versicherungszweckgesellschaft (q).

Bilanz Sponsor (t_3)

Aktiva			Passiva
Guthaben bei Banken	480.000 (p) -450.000 (q) +100.000	Eigenkapital	80.000
		Jahresüberschuss/-fehlbetrag	50.000
		Rückstellung für noch nicht abgewickelte Versicherungsfälle	500.000 -100.000 (n) -500.000 (o) +100.000
Bilanzsumme	130.000	Bilanzsumme	130.000

GuV Sponsor (t_3)

Soll			Haben
Veränderung der Rückstellung für noch nicht abgewickelte Versicherungsfälle – Anteil Rückversicherer	(o) 100.000	Veränderung der Rückstellung für noch nicht abgewickelte Versicherungsfälle – brutto	(n) 500.000
Zahlungen für Versicherungsfälle – brutto	(p) 450.000	Zahlungen für Versicherungsfälle – Anteil Rückversicherer	(q) 100.000
Jahresüberschuss/-fehlbetrag	50.000		
	–		–

Das ISPV löst ebenfalls die für die Verpflichtung gegenüber dem Sponsor gebildete Rückstellung für noch nicht abgewickelte Versicherungsfälle auf (r) und leistet die Entschädigungszahlung an den Sponsor (s), die erfolgswirksam als Zahlungen für Versicherungsfälle erfasst wird. Diesem Bruttoaufwand steht die ertragswirksame Auflösung der Depotverbindlichkeit aus der Vorperiode gegenüber.

Bilanz ISPV (t_3)			
Aktiva			Passiva
Guthaben bei Banken	614.000 (s) -100.000	Eigenkapital	514.000
		Jahresüberschuss/-fehlbetrag	–
		Rückstellung für noch nicht abgewickelte Versicherungsfälle – brutto	100.000 (r) -100.000
Bilanzsumme	514.000	Bilanzsumme	514.000

GuV ISPV (t_3)			
Soll			Haben
Zahlungen für Versicherungsfälle – brutto	(s) 100.000	Veränderung der Rückstellung für noch nicht abgewickelte Versicherungsfälle – brutto	(r) 100.000
	–		–

5.2.2 Vorschriften nach IFRS

5.2.2.1 Ansatz und Ausweis

5.2.2.1.1 Vertrag zwischen Sponsor und Versicherungszweckgesellschaft

Die Vertragsbeziehung zwischen dem Sponsor und der Versicherungszweckgesellschaft wird nach IFRS wie nach HGB als Rückversicherung behandelt.[480] Nach internationalen Vorschriften gilt jedoch keine Formblattstrenge für die Bilanz und die Gewinn- und Verlustrechnung, wie sie für die Bilanzierung nach HGB durch die RechVersV vorgegeben ist. Ebenso ist die Bildung einer Schwankungsrückstellung nach IFRS nicht zulässig, da sie keine Außenverpflichtung des Unternehmens

480 Vgl. Abschnitt 6.1.

repräsentiert und zum Ausgleich zukünftiger Schäden dient.[481] Der Ausweis der versicherungstechnischen Rückstellungen erfolgt nach IFRS unter Heranziehung der US-GAAP für versicherungstechnische Rückstellungen nach dem Bruttoprinzip und nicht dem modifizierten Nettoprinzip wie nach HGB, da die Bruttorückstellungen passiviert (Versicherungszweckgesellschaft) werden, der Anteil der Rückversicherer an den versicherungstechnischen Rückstellungen jedoch aktiviert wird (Sponsor). Der Zeitpunkt des Ansatzes der Rückstellung erfolgt wie nach HGB, wenn das versicherte Ereignis eintritt (ASC 944-40-25-1, ASC 944-40-25-34).[482] Der Sponsor ist dabei in der Rolle des Zedenten, während die Versicherungszweckgesellschaft als Rückversicherer fungiert. Nach dem geplanten Rechnungslegungsstandard für Versicherungsverträge (IFRS 4 Phase II) sind Rückversicherungsverträge anzusetzen, wenn der Versicherungsschutz beginnt bzw. die zugrundeliegenden Verträge angesetzt werden (ED/2013/7.41). Im Unterschied zu den handelsrechtlichen Vorschriften, nach denen nur die jeweils fällige bzw. gutgeschriebene Prämie anzusetzen ist,[483] ist nach dem gegenwärtigen Regelungsstand von IFRS 4 bei Mehrjahresverträgen, selbst wenn sie periodische Ratenzahlungen vorsehen, die gesamte Prämie (Gebuchte Bruttobeiträge bzw. Abgegebene Rückversicherungsbeiträge) bei Vertragsbeginn anzusetzen, wobei die nicht auf die Berichtsperiode entfallenden Prämienanteile als Beitragsüberträge abgegrenzt werden und über die Laufzeit aufgelöst bzw. verdient werden. Bis zur Zahlung bzw. zum Erhalt der Rückversicherungsprämie ist auch nach IFRS eine Abrechnungsverbindlichkeit bzw. eine Abrechnungsforderung zu bilden, welche die Kriterien für eine Schuld bzw. einen Vermögenswert erfüllen, da mit ihnen ein Abfluss (Sponsor) bzw. Zufluss (Versicherungszweckgesellschaft) von ökonomischem Nutzen verbunden ist, der seinen Ursprung in einem vergangenen Ereignis hat.[484]

Zur Feststellung eines drohenden Verlusts aus Versicherungsverträgen ist an jedem Bilanzstichtag ein Liability-Adequacy-Test durchzuführen, durch den ermittelt wird, ob die erwarteten Schadenaufwendungen durch die zukünftigen Prämieneinnahmen gedeckt werden können (IFRS 4.15-4.19). Bei kurzfristigen Verträgen ist eine eventuell zu bildende Drohverlustrückstellung unter den Beitragsüberträgen auszuweisen.[485] Wie nach HGB wird jedoch nachfolgend davon

---

481 Vgl. Rockel et al. (2012), S. 219-220. Die Bildung eines Postens innerhalb des Eigenkapitals ist nach IFRS 4.BC93 gestattet. Eine Schwankungsrückstellung wäre nach HGB nur vom Sponsor aus den Vertragsverhältnissen mit den Versicherungsnehmern zu bilden.

482 Zu berücksichtigen sind dabei jedoch auch eingetretene Schadensereignisse, die dem Versicherer noch nicht gemeldet wurden und insofern Schätzungen in Form der Teilrückstellung für Incurred-But-Not-Reported Claims (IBNR) verlangen.

483 Vgl. Abschnitt 5.2.1.1.1.

484 Vgl. Hoffmann / Lüdenbach (2012), Rn. 85, Rn. 91.

485 Vgl. Rockel et al. (2012), S. 223-226. Bei langfristigen Verträgen sind die Deckungsrückstellung aufwandswirksam zu erhöhen oder die aktivierten Abschlusskosten abzuschreiben. In Anlehnung an die US-GAAP zeichnen sich kurzfristige Verträge (Short Duration Contracts) dadurch aus, dass sie für eine

ausgegangen, dass die vereinbarten Prämienzahlungen risikoadäquat sind und somit kein Verlust aus der Transaktion droht.

Nach ED/2013/7 sind die Verpflichtungen und Ansprüche aus der Rückversicherungsbeziehung zwischen Sponsor und Versicherungszweckgesellschaft durch verschiedene Komponenten abzubilden, die die Schätzung der Zahlungsströme und deren Diskontierung, die Berücksichtigung einer Risikomarge sowie einer Servicemarge umfassen.[486] Erhaltene Prämienzahlungen (Versicherungszweckgesellschaft) erhöhen die versicherungstechnische Verpflichtung erfolgsneutral, geleistete Prämienzahlungen (Sponsor) erhöhen die Ansprüche aus der Rückversicherungsnahme erfolgsneutral. Versicherungstechnischer Ertrag wird nach ED/2013/7 nur noch durch die Veränderung der Servicemarge, der Risikomarge und den erwarteten Schadenaufwendungen determiniert (ED/2013/7.B88-B90), so dass im Gegensatz zur bisherigen Praxis kein Bezug mehr zu den gebuchten Prämien als versicherungstechnischer Umsatzgröße gegeben ist.

5.2.2.1.2 Verpflichtungen der Versicherungszweckgesellschaft aus der Verbriefungstransaktion

Obwohl Verbriefungstransaktionen explizit als Rückversicherungsvertrag klassifiziert werden können (IFRS 4.B18k), liefert IFRS 4 kaum Hinweise, wie diese Verpflichtungen aus solchen Verbriefungstransaktionen zu bilanzieren sind. Die Besonderheit der Transaktion ergibt sich in bilanzieller Hinsicht daraus, dass durch sie keine versicherungstechnischen Rückstellungen – wie bei einem traditionellen Rückversicherungsvertrag üblich – auf die Investoren übertragen werden und somit kein Anteil der Rückversicherer an den versicherungstechnischen Rückstellungen bzw. Forderungen gegen Rückversicherer zu aktivieren sind. Ein solcher Vermögenswertposten mit Forderungscharakter gegenüber den Investoren besteht bei der Versicherungszweckgesellschaft aus rechtlicher Sicht auch nicht, da die Investoren durch die Kapitalbereitstellung in Form des Emissionserlöses bereits ihre Leistungspflicht im Fall des Eintritts des Schadenereignisses erfüllt haben.

Auch die US-GAAP, deren Regelungen für die Bilanzierung von Versicherungsverträgen nach IFRS nach dem gegenwärtigen Regelungsstand Anwendung finden können (IFRS 4.25), enthalten hierzu keine Anhaltspunkte. Interpretiert man die Kapitalbereitstellung durch die Investoren in Form des Emissionserlöses vor Eintritt des Schadenereignisses als eine in einen Versicherungsvertrag eingebettete Einlagenkomponente, so sieht der Standard unter bestimmten Voraussetzungen eine verpflichtende bzw. freiwillige getrennte Bilanzierung von der Einlagenkomponente und der Versicherungskomponente vor (IFRS 4.IG1.20, IFRS 4.10b).[487] Die Einla-

bestimmte kurze Zeitspanne Versicherungsschutz und dem Versicherer am Ende der Vertragslaufzeit das Recht einräumen, das Vertragsverhältnis aufzulösen oder die Vertragsbedingungen anzupassen (ASC 944-20-15-5 bis ASC 944-20-15-7).

486 Vgl. Abschnitt 4.2.2.2.

487 Vgl. Abschnitt 4.2.2.1.

genkomponente wäre dann nach IAS 39 bzw. IFRS 9 als finanzielle Verbindlichkeit anzusetzen, wobei sich die damit in Zusammenhang stehenden Zinsaufwendungen für die Kapitalbereitstellung in Form des Basiszinses im Kapitalanlageergebnis niederschlagen würden, während sich die versicherungstechnische Komponente lediglich in der aufwandswirksamen Erfassung des Bonuszinses widerspiegeln würde.[488] Da die Einlagenkomponente separat bewertbar ist und angenommen werden darf, dass alle Rechte und Pflichten aus der Einlagenkomponente gemäß den Bilanzierungsrichtlinien des Unternehmens abzubilden sind,[489] bestünde ein Wahlrecht, die Einlagenkomponente getrennt von der Versicherungskomponente zu bilanzieren. Eine Bilanzierung der Einlagenkomponente als finanzielle Verbindlichkeit i. S. v. IAS 39 bzw. IFRS 9 impliziert jedoch einen sicheren bzw. unbedingten, wenn auch der Höhe nach nicht zwingend bestimmten Zahlungsmittelabfluss.[490] Die Rückzahlung des Kapitals an die Investoren ist jedoch bei einem Principal at Risk schadenverlaufsabhängig und damit keine sichere Verpflichtung für die Versicherungszweckgesellschaft. Bei dem Kapitalbetrag handelt sich somit wie nach HGB nicht lediglich um eine Sicherheitsleistung, für die eine Verbindlichkeit zu passivieren wäre,[491] sondern bereits um die Leistungserbringung im Schadenfall. Der Charakter dieser vom Eintritt eines versicherungstechnischen Ereignisses abhängigen Verpflichtung ist der einer unsicheren oder im Fall von Katastrophenrisiken gar wenig wahrscheinlichen Schuld,[492] so dass eine Bilanzierung als finanzielle Verbindlichkeit die Natur der Transaktion nicht adäquat abbilden würde. Aufgrund der Möglichkeit, nach dem gegenwärtigen Regelungsstand von IFRS 4 bisher angewandte Bilanzierungs- und Bewertungsmethoden fortzuführen (IFRS 4.25), könnte die Versicherungszweckgesellschaft in Anlehnung an die Bilanzierungsmöglichkeit nach HGB eine Depotverbindlichkeit bilden und als „Einbehaltene Depots für das in Rückdeckung gegebene Versicherungsgeschäft" ausweisen, um den Charakter der Transaktion als Rückversicherung auszudrücken.

Wie nach HGB kommt bei einer solchen Bilanzierung als Verbindlichkeit jedoch die Bedingtheit bzw. Schadenverlaufsabhängigkeit der Verpflichtung in einer Principal-at-Risk-Transaktion nicht zum Ausdruck. Diese wird nur bei einer Bilanzierung der Verpflichtung als Rückstellung bzw. Eventualverbindlichkeit nach IAS 37 deutlich, zumal die IFRS kein den handelsrechtlichen Regelungen entsprechendes Konzept der auflösend bedingten Verbindlichkeit kennen.[493] Für Rückstellungen bzw. Eventualverbindlichkeiten gelten dabei die allgemeinen Definitionsmerkmale

488 Vgl. Horstkötter (2008), S. 189-190.
489 Vgl. Abschnitt 4.2.2.1
490 Vgl. Hoffmann (2012), Rn. 10. Nach IAS 32.11 umfasst eine finanzielle Verbindlichkeit die vertragliche Verpflichtung, Zahlungsmittel oder einen anderen finanziellen Vermögenswert an eine andere Unternehmung abzugeben oder finanzielle Vermögenswerte oder Verbindlichkeiten mit einer anderen Unternehmung unter potenziell nachteiligen Bedingungen austauschen zu müssen.
491 Vgl. Hartenberger (2013), Rn. 150.
492 Vgl. Hoffmann (2012), Rn. 2.
493 Vgl. Horstkötter (2008), S. 190.

für Schulden,[494] wobei im Fall von Rückstellungen Ungewissheit hinsichtlich Fälligkeit und/oder Höhe besteht (IAS 37.10). Es handelt sich um eine gegenwärtige Verpflichtung aufgrund eines verpflichtenden Ereignisses in der Vergangenheit. Der Abfluss von Ressourcen ist dann wahrscheinlich, wenn am Bilanzstichtag mehr Gründe für als gegen (more likely than not) das Bestehen oder Entstehen der Verpflichtung ersichtlich sind (IAS 37.15-37.16).[495] Für den Fall, dass mehr Gründe gegen als für eine Verpflichtung sprechen (Eintrittswahrscheinlichkeit kleiner oder gleich 50 %), ist keine Rückstellung anzusetzen (IAS 37.23).[496] Stattdessen hat das bilanzierende Unternehmen eine Eventualverbindlichkeit im Anhang zu erläutern (IAS 37.27, IAS 37.86), sofern der Ressourcenabfluss nicht gänzlich unwahrscheinlich ist. In diesem Fall würde ein Bilanzierungssachverhalt gänzlich keine Berücksichtigung im Jahresabschluss finden.[497] Die Anforderung, dass für den Ansatz mehr Gründe für als gegen einen Ressourcenabfluss sprechen müssen, weist auf eine mathematisch geforderte Eintrittswahrscheinlichkeit von mehr als 50 % hin. Insbesondere bei Low-Frequency-High-Severity-Ereignissen ist aufgrund ihrer geringen Eintrittswahrscheinlichkeit ein Ressourcenabfluss in Form der Rückzahlungsverpflichtung an die Investoren wahrscheinlich, so dass mehr Gründe für als gegen die Existenz der Verpflichtung, den Kapitalbetrag zurückzuzahlen, sprechen und somit eine Rückstellung zu bilden ist. Die mathematische Abgrenzung der Wahrscheinlichkeit unterstellt eine eindeutige Bestimmbarkeit der Wahrscheinlichkeit, die angesichts der Prognoseunsicherheit, die einer Rückstellungsbildung inhärent ist, regelmäßig nicht möglich ist, so dass – ähnlich der Vorgehensweise nach HGB – eher auf die qualitative Abwägung von Argumenten abzustellen ist.[498] Eine qualitative Beurteilung würde gewährleisten, dass selbst bei höherer Wahrscheinlichkeit des Bedingungseintritts bzw. geringer Wahrscheinlichkeit des Ressourcenabflusses eine Rückstellung zu bilden ist, da sonst wesentliche Informationen möglicherweise nicht erfasst werden würden. Die Beurteilung der Unwahrscheinlichkeit (IAS 37.23) hat dabei nach denselben Kriterien zu erfolgen wie die Einschätzung der Unwesentlichkeit, um die

---

494 Vgl. Abschnitt 4.3.2.1; Hoffmann (2012), Rn. 18.

495 Vgl. Hoffmann (2012), Rn. 37-49, Wulf (2012a), S. 81-82.

496 Vgl. Keitz et al. (2012), Rn. 607; Pellens et al. (2011), S. 450; Ballwieser (2008b), Rn. 43; Mayer-Wegelin / Kessler / Höfer (2012), Rn. 464, und Winnefeld (2006a), Rn. 864, gehen von 70-80 % aus.

497 Vgl. Hoffmann (2012), Rn. 19; Pellens et al. (2011), S. 431. Sofern ein Ressourcenabfluss als unwahrscheinlich zu qualifizieren ist, unterbleibt der Ansatz vollständig. Eventualschulden sind grundsätzlich nicht passivierungsfähig, weil mindestens ein Definitionsmerkmal von Rückstellungen oder mindestens ein Ansatzkriterium für die Rückstellungen oder sonstige Schulden nicht erfüllt ist; vgl. IAS 37.10; Hoffmann (2012), Rn. 106. Beide Kategorien setzen voraus, dass die an sich zu bilanzierende Verpflichtung nicht mit genügender Sicherheit bewertet werden kann.

498 Vgl. Senger / Brune (2012), Rn. 39-41.

Darstellung von entscheidungsrelevanten Informationen zu gewährleisten (CF.29-30), was eine restriktive Auslegung des Begriffs verlangt.[499] Wesentlichkeit ist ein unternehmensspezifischer Wert, der sich an der Art und/oder der Größe eines Bilanzierungssachverhalts orientiert (CF.QC11). Aus Sicht des Versicherungsunternehmens bzw. der Versicherungszweckgesellschaft ist das betreffende Versicherungsrisiko wesentlich genug, um es durch eine Verbriefungstransaktion über den Kapitalmarkt abzusichern, so dass von der Erfüllung des Wesentlichkeits- und damit mittelbar des Wahrscheinlichkeitskriteriums ausgegangen werden kann. Die Verpflichtung könnte als „Rückstellung für Insurance-Linked Securities" angesetzt werden, wobei die aufwandswirksame Gegenbuchung in der Gewinn- und Verlustrechnung als „Veränderung der Rückstellung für Insurance-Linked Securities" gezeigt werden könnte. Ähnlich dem Vorgehen nach HGB im Fall der Bildung einer Rückstellung für ungewisse Verbindlichkeiten würde der aufwandswirksamen Einbuchung der Rückstellung die ertragswirksame Vereinnahmung des Emissionserlöses als „Sonstige versicherungstechnische Erträge" gegenüberstehen.[500] Aufgrund der erforderlichen Abzinsung von Rückstellungen, bei denen der Erfüllungszeitpunkt nicht vor Ablauf eines Jahres zu erwarten ist, entsteht wie nach HGB ein Ergebniseffekt im Emissionszeitpunkt.[501] Durch die Aufzinsung der Rückstellung in den Folgeperioden wird der Ergebniseffekt im Emissionszeitpunkt durch entsprechende Aufwendungen bis zum Erfüllungszeitpunkt ausgeglichen. Obwohl diese Aufwendungen lediglich die Abwicklung des Diskontierungseffekts (Unwinding of Discount) über die Vertragslaufzeit hinweg reflektieren, sollten die Aufwendungen als „Veränderung der Rückstellung für Insurance-Linked Securities" ausgewiesen werden, um die versicherungstechnische Natur der Transaktion zum Ausdruck zu bringen.

---

499 Vgl. SENGER / BRUNE (2012), Rn. 40. In dem Diskussionspapier DP/2013/1 schlägt das IASB vor, zukünftig auf die Wahrscheinlichkeitsschwelle des Zu- oder Abfließens ökonomischer Ressourcen als Ansatzkriterium für Vermögenswerte und Schulden zu verzichten, so dass grundsätzlich alle Abschlusspositionen anzusetzen sind und sich Fragen der Wahrscheinlichkeit in der Bewertung niederschlagen: vgl. ERB / PELGER (2013), S. 523-524; FISCHER (2013), S. 293.

500 Vgl. Abschnitt 5.2.1.1.2. Durch die Verbuchung des Emissionserlöses als „Sonstige versicherungstechnische Erträge" und die Verbuchung der Rückstellung als „Veränderung der Rückstellung für Insurance-Linked Securities" schlagen sich die Beträge im versicherungstechnischen Ergebnis nieder.

501 Unter bestimmten Umständen können Rückstellungen nach IFRS auch erfolgsneutral erfasst werden, so dass der nach handelsrechtlichem Verständnis logische Zusammenhang von Rückstellungsbildung und aufwandswirksamer Gegenbuchung nach IFRS nicht in jedem Fall gilt; vgl. HOFFMANN (2012), Rn. 17. Das Erfordernis einer erfolgsneutralen Rückstellungsbildung gilt doch nur für Entsorgungs-, Rekultivierungs- und ähnliche Verpflichtungen, bei denen die zurückzustellenden Beträge als Anschaffungskosten zu aktivieren sind; vgl. PELLENS ET AL. (2011), S. 438-439.

Das bis zum Eintritt des Schadenereignisses periodisch fällige Entgelt für die Investoren in Form des Basis- und des Bonuszinses wird wie nach HGB aufgrund der versicherungstechnischen Natur der Verbriefungstransaktion als „Abgegebene Versicherungsbeiträge“ ausgewiesen und bis zu ihrer Auszahlung in einer Abrechnungsverbindlichkeit angesammelt.

Tritt das Schadenereignis während der vereinbarten Laufzeit nicht ein, sind die Kapitalanlage, in die der Emissionserlös investiert wurde, am Laufzeitende zu liquidieren und der Kapitalbetrag an die Investoren zurückzuzahlen, wobei die Zahlung an die Investoren und die Auflösung der „Rückstellung für Insurance-Linked Securities“ erfolgsneutral erfolgen.[502]

Bei Eintritt des Schadenereignisses ist die „Rückstellung für Insurance-Linked Securities“ aufwandswirksam auf den dem Sponsor geschuldeten Betrag zuzuschreiben („Veränderung der Rückstellung für Insurance-Linked Securities“) und zugleich der Buchwert der Rückstellung erfolgswirksam gegen den Anteil der Rückversicherer an den Schadenzahlungen aufzulösen, wodurch die Entlastung der Versicherungszweckgesellschaft durch den Wegfall der Verpflichtung zur Rückzahlung des Kapitalbetrags an die Investoren in der Gewinn- und Verlustrechnung zum Ausdruck kommt.[503] Falls jedoch die Versicherungszweckgesellschaft ihrerseits die Zahlung an den Sponsor in einer anderen Periode leistet, fallen in der Gewinn- und Verlustrechnung der Zeitpunkt, in dem die eigenen Bruttoaufwendungen für Schadenzahlungen ausgewiesen werden und der Zeitpunkt, in dem die Entlastung durch den Wegfall der Ansprüche der Investoren gezeigt wird, auseinander.

Die Versicherungszweckgesellschaft hat bei Eintritt des Schadenereignisses aufwandswirksam eine „Schadenrückstellung – brutto“ einzubuchen, um die vom Sponsor übernommene versicherungstechnische Verpflichtung abzubilden, wobei die Gegenbuchung aufwandswirksam in dem Posten „Veränderung der Schadenrückstellung – brutto“ gezeigt wird. Im Zeitpunkt der Zahlung der Entschädigungsleistung an den Sponsor wird die Schadenrückstellung ertragswirksam aufgelöst („Veränderung der Schadenrückstellung – brutto“) und die Zahlung aufwandswirksam („Aufwendungen für Versicherungsfälle – brutto“) erfasst, so dass sich beide Effekte in der Gewinn- und Verlustrechnung niederschlagen.

---

502 Eine Umbuchung der „Rückstellung für Insurance-Linked Securities“ in eine Verbindlichkeit wäre erforderlich, wenn zwischen Laufzeitende der Kapitalanlage und Rückzahlung des Kapitalbetrags an die Investoren ein Abschlussstichtag liegt, da es sich dann bereits um eine sichere Verbindlichkeit i. S. d. IAS 39 bzw. IFRS 9 handelt. Eine ergebniswirksame Auflösung der Rückstellung als Veränderung der Rückstellung, wie sie durch die GuV-Struktur in Formblatt 2 RechVersV gefordert wird, ist nach IFRS wegen der nicht bestehenden Formblattstrenge nicht zwingend verlangt.

503 Dies führt dazu, dass die Auflösung der Rückstellung – im Gegensatz zur Einbuchung – nicht als „Veränderung der Rückstellung für Insurance-Linked Securities“ verbucht wird, sondern als „Zahlungen für Versicherungsfälle – Anteil der Rückversicherer“.

Aufwendungen, die im Zusammenhang mit der Emission und Verwaltung der Anleihe anfallen, sind aufgrund der Eigenschaft der Transaktion als Rückversicherungsvertrag als „Aufwendungen für den Versicherungsbetrieb" (Verwaltungsaufwendungen) zu zeigen. Wie nach HGB kann davon ausgegangen werden, dass keine Drohverlustrückstellung zu bilden ist, da die vom Sponsor erhaltenen Prämienzahlungen ausreichen sollten, um zumindest die Bonuszinsverpflichtungen erfüllen zu können.[504]

Auch ED/2013/7 enthält keine konkreten Hinweise, wie Verbriefungstransaktionen, die die Definitionsmerkmale von Rückversicherungsverträgen erfüllen, bilanziell zu behandeln sind. Allerdings wird die Intention deutlich, dass das in dem Standardentwurf dargestellte Modell in Form des Komponentenansatzes auf alle Arten von Versicherungsverträgen anwendbar sein soll (ED/2013/7.BCA15). Daraus lässt sich ableiten, dass Verbriefungstransaktionen, die wirtschaftlich einen Rückversicherungsvertrag darstellen, bilanziell genauso wie traditionelle Rückversicherungsverträge zu behandeln sind. Vor diesem Hintergrund wäre der von den Investoren erworbene Rückversicherungsschutz bei der Versicherungszweckgesellschaft als Vermögenswert aus dem in Rückdeckung gegebenen Versicherungsgeschäft (Reinsurance Asset, Reinsurance Contract held) zu aktivieren. Für den Ansatz des versicherungstechnischen Vermögenswerts ist wie bei einer versicherungstechnischen Verpflichtung der Zeitpunkt entscheidend, ab dem der Deckungsschutz beginnt, sofern durch die Transaktion die aggregierten Verluste eines Portfolios von zugrundeliegenden Verträgen abgesichert werden, oder sonst, wenn die zugrundeliegenden Verträge angesetzt werden (ED/2013/7.41a). Zu Vertragsbeginn wird die Servicemarge so kalibriert, dass der versicherungstechnische Vermögenswert zu diesem Zeitpunkt der gezahlten Prämie, entspricht (ED/2013/7.41c, ED/2013/7.BCA127).[505] Prämienzahlungen an den Rückversicherer erhöhen erfolgsneutral den versicherungstechnischen Vermögenswert. Mangels genauerer Vorgaben wie die Verpflichtung der Versicherungszweckgesellschaft aus der Kapitalbereitstellung der Investoren durch die Anleiheemission zu bilanzieren ist, lässt ED/2013/7 darauf schließen, dass die Kapitalbereitstellung als eine Sicherheitsleistung i. S. d. IAS 39/IFRS 9, die das Ausfallrisiko der Investoren für die Versicherungszweckgesellschaft eliminiert, und damit als eine finanzielle Verbindlichkeit der Versicherungszweckgesellschaft behandelt werden soll. Dies lässt sich damit begründen, dass die Versicherungszweckgesellschaft bei wirtschaftlicher Betrachtung den Investoren den Kapitalbetrag grundsätzlich auch dann schuldet, wenn das Schadenereignis eingetreten ist. Lediglich, wenn die Investoren ihrer Verpflichtung zur Entschädigung der

---

504 Vgl. Abschnitt 5.2.1.1.2.

505 Da die Prämie erfolgsneutral gegen den versicherungstechnischen Vermögenswert verbucht wird, entspricht die Servicemarge dem (positiven oder negativen) Betrag des Barwerts der erwarteten Nettozahlungsströme bei Vertragserfüllung mit jeweils entgegengesetztem Vorzeichen, so dass der versicherungstechnische Vermögenswert vor der Verbuchung der gezahlten Rückversicherungsprämie null beträgt (ED/2013/7.IE8).

Versicherungszweckgesellschaft bei Eintritt des Schadenereignisses nicht nachkommen können, kann diese auf die Sicherheitsleistung zurückgreifen. Nur wenn der Emissionserlös bzw. die Kapitalbereitstellung nicht bereits als Leistungserbringung für den Fall des Eintritts des Schadenereignisses betrachtet wird, ist der Ansatz eines versicherungstechnischen Vermögenswerts, der Ansprüche aus der Rückversicherungsbeziehung repräsentiert, zu begründen. Aus rechtlicher Sicht wie auch aus Praktikabilitätsgründen für die Bereitstellung einer eventuellen Entschädigungsleistung, stellt die Sicherheitsleistung in Form des Emissionserlöses jedoch zugleich die Leistungserbringung der Investoren im Schadenfall dar.[506] Somit ist die Sicherheitsleistung bzw. die Kapitalbereitstellung durch die Investoren nach ED/2013/7 erfolgsneutral als Verbindlichkeit bzw. sichere Verpflichtung zu verbuchen. Um dem versicherungstechnischen Gehalt der Transaktion Ausdruck zu verleihen, ist die Verbindlichkeit als „Einbehaltene Depots für das in Rückdeckung gegebene Versicherungsgeschäft" auszuweisen. Die für die Kapitalbereitstellung geschuldeten Basiszinsen sind dazu korrespondierend aufwandswirksam als „Zinsaufwendungen für einbehaltene Depots für das in Rückdeckung gegebene Versicherungsgeschäft" zu verbuchen, während der Bonuszins als Rückversicherungsprämie erfolgsneutral gegen den versicherungstechnischen Vermögenswert verbucht wird. Alternativ können jedoch auch die Basiszinsen wie die Bonuszinsen als Rückversicherungsprämie verbucht werden, da Bonus- und Basiszinsen insgesamt das Entgelt für den versicherungstechnischen Risikotransfer darstellen.

5.2.2.1.3 Investition des Emissionserlöses in Kapitalanlagen

Die mit dem Emissionserlös erworbenen Wertpapiere sind einer der in IAS 39 bzw. IFRS 9 genannten Kategorien zuzuordnen, die zugleich die Bewertung determinieren. Da die Kapitalanlagen bei Eintritt des versicherten Ereignisses schnell liquidiert werden müssen, um die Ansprüche des Sponsors erfüllen zu können, bietet sich die Einordnung in die in IAS 39 genannte Kategorie „zur Veräußerung verfügbar" bzw. in die in IFRS 9 geplante Kategorie „ohne explizite Halte- oder Veräußerungsabsicht" an.[507] Eine Einordnung in die Bewertungskategorie „fortgeführten Anschaffungskosten" ist nach IFRS 9 jedoch nicht zulässig, da das Ziel eben nicht im Halten der Kapitalanlage besteht – was eine Voraussetzung für die Einordnung in diese Kategorie wäre – sondern in der Liquidierung im Bedarfsfall, d. h. beim Eintritt des Schadenereignisses. Ebenso ist auch nach IAS 39 keine Einordnung in Bewertungskategorien möglich, die eine Bewertung zu fortgeführten Anschaffungskosten implizieren würden. Dies liegt daran, dass die Wertpapiere für eine Einordnung als „Darlehen und Forderungen" nicht auf einem aktiven

506 Nach § 387 BGB dürfen Forderungen und Verbindlichkeiten gegeneinander aufgerechnet werden, wenn sie wechselseitig zwischen denselben Geschäftspartnern bestehen, die Leistungen gleichartig sind sowie die Forderung fällig und die Verbindlichkeit erfüllbar ist.

507 Vgl. Abschnitt 4.3.2.2.

Markt gehandelt werden dürfen – was der Anforderung einer schnellen Liquidierbarkeit im Bedarfsfall entgegensteht – und einer Einordnung als „bis zur Endfälligkeit gehalten“ der Natur der Principal-at-Risk-Transaktion widerspricht.[508]

Für den Ausweis von Kapitalanlagen in der Bilanz ist bei Versicherungsunternehmen typischerweise eine Gliederung der Positionen nach der Liquidierbarkeit der Kapitalanlagen vorzunehmen, sofern diese eine relevantere und verlässlichere Darstellung als eine Ordnung nach der Fristigkeit gewährleistet (IAS 1.51 i. V. m. IAS 1.60).[509] Die Bewertungskategorien haben in diesem Sinne in der Praxis auch Auswirkungen für den Ansatz und Ausweis von Kapitalanlagen.[510] Der Zinsswap, der ein unbedingtes Termingeschäft darstellt, ist im Gegensatz zu den handelsrechtlichen Vorschriften ein bilanzierungspflichtiges Finanzinstrument und im Zugangszeitpunkt nach IFRS grundsätzlich mit dem beizulegenden Zeitwert anzusetzen.[511] Da dieser Wert bei einem Swap null ist, sofern sich Rechte und Pflichten ausgleichen, wird der Swap im Zugangszeitpunkt mit diesem Wert in der IFRS-Bilanz angesetzt – mit dem Ergebnis, dass keine Verbuchung im Zugangszeitpunkt vorgenommen wird.[512] Eventuelle Upfront Payments stellen Korrekturposten zwischen den Konditionen des Finanzinstruments und dessen aktuellen Marktwert dar und sind als Anschaffungskosten zu aktivieren oder zu passivieren.[513] Wertänderungen des beizulegenden Zeitwerts in den Folgeperioden werden aufgrund der Natur des Swaps als Derivat ebenfalls erfolgswirksam erfasst, wobei sich diese Wertänderungen zusätzlich zu den laufenden Zinsausgleichszahlungen in der Gewinn- und Verlustrechnung niederschlagen und zu einer Volatilität des Ergebnisses führen können, sofern das Grund- und das Sicherungsgeschäft nicht zu einer Bewertungseinheit zusammengefasst werden.[514] Die Ausbuchung der Kapitalanlage erfolgt sowohl bei Eintritt des Schadenereignisses als auch bei Laufzeitende erfolgsneutral gegen Guthaben bei Banken, wobei im Fall einer Veräußerung vor Laufzeitende eventuelle Veräußerungsgewinne oder -verluste erfolgswirksam im Kapitalanlageergebnis zu berücksichtigen sind.

5.2.2.2 Bewertung

5.2.2.2.1 Vertrag zwischen Sponsor und Versicherungszweckgesellschaft

Etwaige Abrechnungsverbindlichkeiten bzw. -forderungen zwischen Sponsor und Versicherungszweckgesellschaft, die auf ausstehenden Zahlungen für den

508 Vgl. Abschnitt 4.3.2.1.
509 Vgl. Bischof et al. (2012), Rn. 88-94; Zülch / Fischer (2012), Rn. 81.
510 Vgl. Abschnitt 4.3.2.1. Dies lässt sich bspw. auch aus den Geschäftsberichten von Munich Re, Swiss Re und Allianz erkennen; vgl. Munich Re (2011), S. 154, S. 205-206; Allianz (2011), S. 182, S. 236; Swiss Re (2011d), S. 118.
511 Vgl. Abschnitt 4.2.2.2.
512 Vgl. Coenenberg / Haller / Schultze (2012), S. 288.
513 Vgl. Flintrop / Oertzen (2013), Rn. 47.
514 Vgl. Abschnitt 4.3.2.1.

Versicherungsschutz basieren, stellen eine sichere Verbindlichkeit bzw. Forderung dar und erfüllen daher die Kriterien für eine Bilanzierung als finanzielle Verbindlichkeit (Sponsor) bzw. als finanzieller Vermögenswert (Versicherungszweckgesellschaft) i. S. v. IAS 32.11.[515] Die Bewertung erfolgt im Zugangszeitpunkt zum beizulegenden Zeitwert, der dem Transaktionspreis bzw. den Anschaffungskosten entspricht, und in den Folgeperioden zu fortgeführten Anschaffungskosten. Aufgrund der Kurzfristigkeit der Forderung (Sponsor) bzw. Verbindlichkeit (Versicherungszweckgesellschaft) kann auf die Berücksichtigung eines Zinseffekts in Form einer Diskontierung verzichtet werden.[516]

Die bei Eintritt des Schadenereignisses von der Versicherungszweckgesellschaft zu bildende Schadenrückstellung bzw. der auf Seiten des Sponsors zu aktivierende Anteil der Rückversicherer an den Schadenrückstellungen ist in Übereinstimmung mit den US-GAAP mit dem Betrag anzusetzen, der zur Erfüllung der Verpflichtung schätzungsweise erforderlich ist, wobei auf Erfahrungswerte zurückzugreifen ist und Einflussfaktoren zu berücksichtigen sind, die die Annahmen der Vergangenheit verändern können (ASC 944-40-30-1).[517] Eine Abzinsung von Schadenrückstellungen (Unpaid Claims Liability) nach US-GAAP ist nur dann zulässig, wenn sie entweder aufsichtsrechtlich vorgeschrieben ist oder wenn auf Einzelschadenbasis der Erfüllungsbetrag bestimmbar und die Zahlungszeitpunkte festgelegt sind und der angewendete Diskontierungszinssatz angemessen ist (ASC 944-20-S99-1).[518] Der Sponsor legt auf Basis des Rückversicherungsvertrags mit der Versicherungszweckgesellschaft den Anteil der Rückversicherer an den versicherungstechnischen Rückstellungen in Übereinstimmung mit den Annahmen fest, die für die zugrundeliegende Verpflichtung aus den Erstversicherungsverträgen angewendet wurden (ASC 944-40-25-34).

Nach ED/2013/7 basieren die Bewertung der versicherungstechnischen Rückstellungen wie auch die Bewertung von Vermögenswerten aus Rückversicherungsbeziehungen auf einem Komponentenansatz („Building-Block-Modell"). Er beinhaltet den bestmöglichen Schätzwert der Zahlungsströme, die aus der Erfüllung des Versicherungsvertrags resultieren, deren Diskontierung zur Berücksichtigung des Zeitwerts des Geldes sowie eine Risikomarge, durch die bei versicherungstechnischen Verpflichtungen die Kompensation widergespiegelt wird, die ein Unternehmen für die Übernahme der Unsicherheit bzgl. der Höhe und des zeitlichen Anfalls der Zahlungsströme verlangen würde (ED/2013/7.A). Bei einem versicherungstechnischen Vermögenswert repräsentiert sie korrespondierend das Risiko, das auf den Risikoträger übertragen wurde (ED/2013/7.41b). Zusätzlich ist

515 Vgl. Schulze Osthoff / Schulz-Danso (2013), Rn. 22; Abschnitt 4.2.2.2.

516 Vgl. Hartenberger (2013), Rn. 156; Varain (2012), Rn. 275.

517 Die Schadenrückstellung ist dabei auf Portfoliobasis zu ermitteln (Gruppenbewertung.).

518 Vgl. Rockel et al. (2012), S. 162-163, S. 208; Horstkötter (2008), S. 244-247. In diesem Fall sind zu den diskontierten Rückstellungen Angaben im Anhang verlangt (ASC 944-40-50-5).

eine vertragliche Servicemarge zu berücksichtigen, die aus Sicht des Risikoträgers den noch nicht verdienten Gewinn aus der Erfüllung des Versicherungsvertrags und aus Sicht des risikotransferierenden Unternehmens den noch nicht realisierten Verlust repräsentiert.[519] Im Zugangszeitpunkt wird die Servicemarge bei profitablen Versicherungsverträgen mit dem Betrag angesetzt, der einen Wertansatz der versicherungstechnischen Verpflichtung bzw. des versicherungstechnischen Vermögenswerts von null ergibt, so dass ein Gewinnausweis bei Vertragsabschluss vermieden wird.[520] Der aus diesen Komponenten ermittelte Wert stellt den beizulegenden Zeitwert der versicherungstechnischen Verpflichtung bzw. des versicherungstechnischen Vermögenswerts dar. In den Folgeperioden sind aus Sicht des risikoübernehmenden Unternehmens Aufwendungen, die sich aus der Aufzinsung der Rückstellung mit dem zu Beginn festgelegten Diskontierungszinssatz ergeben, in der Gewinn- und Verlustrechnung innerhalb des Kapitalanlageergebnisses zu berücksichtigen, während der Effekt, der sich aus einer Änderung des Zinssatzes ergibt, erfolgsneutral im sonstigen Gesamtergebnis erfasst wird.[521] Ebenso sollen Veränderungen der Barwerte zukünftiger Zahlungsströme erfolgsneutral als Veränderung der vertraglichen Servicemarge erfasst werden, wenn sie sich auf zukünftigen Versicherungsschutz und zukünftige Leistungen beziehen (ED/2013/7.30c, ED/2013/7.31, ED/2013/7.B68).[522] Die Servicemarge ist über die Vertragslaufzeit in einer systematischen Art und Weise, die die Leistungserbringung am geeignetsten widerspiegelt, erfolgswirksam aufzulösen (ED/2013/7.32). Dies führt über die Vertragslaufzeit hinweg im Fall einer versicherungstechnischen Verpflichtung zur Realisierung von Ertrag und im Fall eines versicherungstechnischen Vermögenswerts zu Realisierung von Aufwand. Geleistete oder fällige Prämienzahlungen erhöhen dagegen erfolgsneutral die versicherungstechnische Verpflichtung des risikoübernehmenden Unternehmens (Versicherungszweckgesellschaft) bzw. den versicherungstechnischen Vermögenswert des risikotransferierenden Unternehmens (Sponsor).[523]

5.2.2.2.2 Verpflichtungen der Versicherungszweckgesellschaft aus der Verbriefungstransaktion

Die Rückstellung für Insurance-Linked Securities ist mit dem bestmöglichen Schätzwert zu bewerten, die zur Erfüllung der Verpflichtung am Abschlussstichtag erforderlich ist (IAS 37.36).[524] Die Verpflichtungshöhe entspricht dabei dem Betrag,

---

519 Vgl. Abschnitt 4.2.2.2.

520 Vgl. Abschnitt 4.2.2.2.

521 Vgl. Abschnitt 4.2.2.2.

522 Die vertragliche Servicemarge kann jedoch nur in dem Maße reduziert werden, wie sie selbst eine unvorteilhafte Entwicklung absorbieren kann, da die vertragliche Servicemarge nicht negativ werden darf (ED/2013/7.31).

523 Vgl. Abschnitt 4.2.2.2.

524 Vgl. Hoffmann (2012), Rn. 53.

den das verpflichtete Unternehmen bei vernünftiger kaufmännischer Beurteilung zahlen müsste, um die Verpflichtung zu erfüllen oder auf einen Dritten zu übertragen (IAS 37.37). Bei einer großen Anzahl gleichartiger Ereignisse und dem Vorliegen von Wahrscheinlichkeitsverteilungen für die jeweiligen Erfüllungsbeträge ist der statistische Erwartungswert heranzuziehen (IAS 37.39). Ist eine einzelne Verpflichtung zu bewerten, ist der Betrag mit der größten Eintrittswahrscheinlichkeit zu wählen (IAS 37.40).[525] Wenn andere mögliche Ergebnisse jedoch größtenteils über oder größtenteils unter dem wahrscheinlichsten Wert liegen, ist für die bestmögliche Schätzung ein höherer bzw. niedrigerer Betrag heranzuziehen.[526] Im Fall der vom Eintritt des Schadenereignisses abhängigen Kapitalrückzahlungsverpflichtung entspricht der bestmögliche Schätzwert dem Emissionserlös, da dies – wenn das Schadenereignis eintritt – der einzige und damit auch der wahrscheinlichste Wert der Rückstellung für Insurance-Linked Securities ist.[527] Eine Diskontierung ist vorzunehmen, wenn der daraus resultierende Zinseffekt wesentlich ist (IAS 37.45), was immer dann der Fall ist, wenn mit einer Inanspruchnahme aus der Verpflichtung nach einem Zeitraum von mehr als einem Jahr zu rechnen ist.[528] Als Zinssatz ist ein Kalkulationszins vor Steuern zu verwenden, der die aktuellen Markteinschätzungen im Hinblick auf die Fristigkeit der Ressourcenabflüsse sowie die für die Verpflichtung spezifischen Risiken widerspiegelt (IAS 37.47).[529] Insofern stellt der auf den jeweiligen Bilanzstichtag diskontierte Betrag aus der Anleiheemission den bestmöglichen Schätzwert der Verpflichtung dar. Die Rückstellung für Insurance-Linked Securities wird im Zugangszeitpunkt aufgrund des Diskontierungseffekts mit einem geringeren Betrag angesetzt als der ertragswirksam vereinnahmte und aktivierte Emissionserlös, so dass im Zugangszeitpunkt der Ertrag aus dem Emissionserlös den Aufwand aus der Rückstellungsbildung in der Gewinn- und Verlustrechnung der Versicherungszweckgesellschaft übersteigt.[530] In den Folgeperioden erfolgt bei Nichteintritt des Schadenereignisses eine aufwandswirksame periodische Aufzinsung, die als „Veränderung der Rückstellung für Insurance-Linked Securities" auszuweisen ist, bis der Rückstellungsbetrag am

525 Vgl. Künkele / Zwirner (2012), S. 331-332; Wulf (2012b), S. 118-119; Horstkötter (2008), S. 192. Bei der Bewertung der Rückstellung sind nur die Szenarien für den Nichteintritt des Triggers relevant, da nur hier eine Verpflichtung gegenüber den Investoren besteht.

526 Vgl. Keitz et al. (2012), Rn. 101; Senger / Brune (2012), Rn. 53; Pellens et al. (2011), S. 432-434.

527 Dabei wird davon ausgegangen, dass die Kapitalrückzahlung bei Eintritt des Schadenereignisses vollständig entfällt. Denkbar sind jedoch auch Ausgestaltungen, bei denen der Anspruch der Investoren auf Rückzahlung des Kapitalbetrags nur teilweise entfällt; vgl. Abschnitt 2.3.2.1.

528 Vgl. Hoffmann (2012), Rn. 127; Pellens et al. (2011), S. 434.

529 Vgl. Schrimpf-Dörges (2013), Rn. 74-75.

530 Vgl. Abschnitt 5.2.2.1.2.

Laufzeitende den zurückzuzahlenden Kapitalbetrag erreicht.[531] Sofern während der Vertragslaufzeit kein Schadenereignis eingetreten ist, wird die Rückstellung am Ende der Vertragslaufzeit erfolgsneutral gegen den aktivierten Kapitalbetrag aufgelöst.

Tritt das Schadenereignis dagegen während der Vertragslaufzeit ein, ist die Rückstellungshöhe zum Bilanzstichtag zu überprüfen und erfolgswirksam an aktuelle Entwicklungen anzupassen (IAS 37.59). Dies bewirkt, dass der Buchwert der Rückstellung im Zeitpunkt des Schadeneintritts um die für die Restvertragslaufzeit noch zu erwarteten Zinsaufwendungen kumuliert erhöht wird. Dies ist erforderlich, da die Rückstellung ausschließlich mit solchen Auszahlungen verrechnet werden darf, für die sie ursprünglich gebildet wurde (IAS 37.61).[532] Die ertragswirksame Auflösung der Rückstellung erfolgt als „Schadenzahlungen – Anteil der Rückversicherer", so dass sich die Entlastung der Versicherungszweckgesellschaft in Höhe des Entschädigungsbetrags bzw. Emissionserlöses in der Gewinn- und Verlustrechnung niederschlägt und die Bruttoschadenaufwendungen aus dem Vertragsverhältnis mit dem Sponsor kompensieren.

Wurde die Verpflichtung aus der Verbriefungstransaktion unter Fortführung der unter IFRS 4 gestatteten Bilanzierungsmethoden als „Einbehaltene Depots für das in Rückdeckung gegebene Versicherungsgeschäft" – und damit als Verbindlichkeit und nicht als Rückstellung – abgebildet, erfolgt die Bewertung dieser dann sicheren Verpflichtung nach IAS 39 bzw. IFRS 9 zu fortgeführten Anschaffungskosten. Die Verbindlichkeit wird dann im Zugangszeitpunkt mit einem Betrag in Höhe des Emissionserlöses bewertet. In den Folgeperioden wird die Verbindlichkeit um den periodischen Basiszins, der auf die Kapitalbereitstellung entfällt, erhöht („Zinsaufwendungen für einbehaltene Depots für das in Rückdeckung gegebene Versicherungsgeschäft").[533] Durch diesen Ausweis der Verpflichtung und der mit ihr in Zusammenhang stehenden Zinszahlungen kommt der versicherungstechnische Charakter der Transaktion zum Ausdruck. Der periodische Bonuszins wird als „Abgegebene Rückversicherungsbeiträge" bis zu seiner Auszahlung als Abrechnungsverbindlichkeit abgegrenzt.

Nach ED/2013/7 resultiert aus der als Principal at Risk ausgestalteten Verbriefungstransaktion ein versicherungstechnischer Vermögenswert, der in Analogie zu den versicherungstechnischen Verpflichtungen nach dem Komponentenansatz

531 Die Zinsen stellen nach IAS 37.60 Fremdkapitalkosten dar. Der Ausweis als „Veränderung der Rückstellung für Insurance-Linked Securities" betont jedoch den versicherungstechnischen Gehalt der Transaktion und steht im Einklang mit der Verbuchung der Veränderungen von versicherungstechnischen Rückstellungen.

532 Vgl. Pellens et al. (2011), S. 435.

533 Alternativ ist auch ein Ausweis der Basiszinsaufwendungen als „Abgegebene Rückversicherungsbeiträge" denkbar, da Bonus- und Basiszinsen bei einer Principal-at-Risk-Transaktion insgesamt das Entgelt für den versicherungstechnischen Risikotransfer darstellen.

zu bewerten ist.[534] Zusätzlich ist bei der Bewertung des versicherungstechnischen Vermögenswerts das Ausfallrisiko der Gegenpartei und das Risiko möglicher Auseinandersetzungen über die Rechtmäßigkeit von Entschädigungsansprüchen bei der Schätzung der Zahlungsströme zu berücksichtigen (ED/2013/7.41b, ED/2013/7. BCA137). Da das Kapital bereits vor Eintritt des Schadenereignisses von den Investoren bereitgestellt wird, ist das Ausfallrisiko der Investoren für die Versicherungszweckgesellschaft eliminiert. Von der Versicherungszweckgesellschaft an die Investoren geleistete oder fällige Bonuszinszahlungen erhöhen als Rückversicherungsprämien den versicherungstechnischen Vermögenswert erfolgsneutral, während die Verteilung der vertraglichen Servicemarge über die Vertragslaufzeit den versicherungstechnischen Vermögenswert aufwandswirksam als Reduzierung der verdienten Beiträge vermindert. Die Kapitalbereitstellung der Investoren ist als Verbindlichkeit zu passivieren, die jedoch wie nach dem bisherigen Regelungsstand von IFRS 4, um den versicherungstechnischen Gehalt der Transaktion auszudrücken, als „Einbehaltene Depots für das in Rückdeckung gegebene Versicherungsgeschäft" auszuweisen wäre. Die auf die Kapitalbereitstellung entfallenden Basiszinsen sind als „Zinsaufwendungen für einbehaltene Depots für das in Rückdeckung gegebene Versicherungsgeschäft" auszuweisen und bis zur Auszahlung in der Depotverbindlichkeit abzugrenzen oder alternativ wie die Bonuszinsen als abgegebene Rückversicherungsprämien zu behandeln.[535] Der Effekt aus der Abwicklung der zu Vertragsbeginn vorgenommenen Diskontierung der Zahlungsströme (Unwinding of Discount) ist innerhalb des Kapitalanlageergebnisses auszuweisen, soweit er sich auf den zu Vertragsbeginn zugrunde gelegten Zinssatz bezieht. Effekte aus Veränderungen der Diskontierungsrate sind erfolgsneutral im sonstigen Gesamtergebnis bzw. im Eigenkapital auszuweisen.

5.2.2.2.3 Investition des Emissionserlöses in Kapitalanlagen

Die Inhaberschuldverschreibungen werden der Kategorie „zur Veräußerung verfügbar" zugeordnet. Daraus folgt für die Erst- und Folgebewertung ein Ansatz zum beizulegenden Zeitwert (IAS 39.43). Positive wie negative Wertänderungen werden dabei gleichermaßen als unrealisierte Gewinne und Verluste erfolgsneutral innerhalb des sonstigen Gesamtergebnisses bzw. innerhalb des Eigenkapitals berücksichtigt.[536] Im Zugangszeitpunkt entspricht der beizulegende Zeitwert dem Wert der Gegenleistung.[537] Transaktionskosten, sofern sie direkt dem Erwerb zurechenbare Nebenkosten darstellen, sind bei Kapitalanlagen der Kategorie „zur Veräußerung verfügbar" erfolgswirksam zu berücksichtigen. Nur im Fall von dauerhaften Wertminderungen, die bei einem Wertverlust von über 20 % der Anschaffungskosten oder einer

---

534 Vgl. Abschnitt 4.2.2.2.
535 Vgl. Fußnote 533.
536 Vgl. Lüdenbach (2012b), Rn. 30.
537 Vgl. Hartenberger (2013), Rn. 156; Varain (2012), Rn. 109.

Wertminderungsdauer von über sechs Monaten vorliegen,[538] ist eine erfolgswirksame Abwertung vorzunehmen. Zukünftige Wertaufholungen sind bei Fremdkapitalinstrumenten der Kategorie „zur Veräußerung verfügbar" erfolgswirksam, jedoch nur maximal bis zur Höhe zuvor vorgenommener Wertminderungen durchzuführen. Darüber hinausgehende Wertaufholungen werden erfolgsneutral behandelt.[539] Der Swap-Vertrag, bei dem die aus der Kapitalanlage vereinnahmten fixen Zinsen gegen variable getauscht werden, wird in den Folgeperioden aufgrund seiner Natur als Derivat „erfolgswirksam zum beizulegenden Zeitwert" bewertet. Ein solcher Zinsswap dient neben dem Effekt, für die Investoren eine marktgerechte variable Verzinsung sicherzustellen, der Wertabsicherung der festverzinslichen Kapitalanlage.[540] Als Sicherungsinstrument könnte der Swap-Vertrag auch zusammen mit dem festverzinslichen Wertpapier als Grundgeschäft zu einer Sicherungsbeziehung designiert werden (Fair Value Hedge, IAS 39.86a), um Bewertungsunterschiede zwischen beiden Positionen zu vermeiden, da sonst die kompensatorische Wirkung der Wertentwicklungen nicht entsprechend abgebildet wird. Ohne eine Sicherungsbeziehung werden die Wertänderungen der festverzinslichen Kapitalanlage erfolgsneutral im sonstigen Gesamtergebnis und die des Derivats in der Gewinn- und Verlustrechnung abgebildet.[541] Durch die Investition in ein festverzinsliches Wertpapier ist das Unternehmen dem Risiko eines Marktwertverlusts ausgesetzt, da die vereinbarten Zinsen über die Laufzeit steigen können.[542] An Stelle der Verbuchung der Wertänderungen des festverzinslichen Wertpapiers innerhalb des sonstigen Gesamtergebnisses bzw. des Eigenkapitals werden die Wertänderungen des festverzinslichen Wertpapiers bei Bildung einer Sicherungsbeziehung erfolgswirksam in der Gewinn- und Verlustrechnung verbucht, wo sich auch der jeweils gegenläufige Effekt aus der Bewertung des Swap-Vertrages niederschlägt (IAS 39.89).[543] Für eine Bilanzierung als Sicherungsbeziehung müssen die geforderten Dokumentations- und Effektivitätsanforderungen erfüllt sein (IAS 39.88).[544] Alternativ besteht die Option, die festverzinsliche Kapitalanlage auch in die Kategorie „erfolgswirksam zum beizulegenden Zeitwert" zu designieren

538 Vgl. Abschnitt 4.3.2.

539 Vgl. Hartenberger (2013), Rn. 241. Wertaufholungen bei Eigenkapitalinstrumenten werden dagegen erfolgsneutral erfasst.

540 Vgl. Abschnitt 5.2.1.1.3.

541 Vgl. Varain (2012), Rn. 397-398; Lüdenbach (2012b), Rn. 234-237. Die Regelungen des Hedge Accounting sind nicht verpflichtend, sondern stellen bei Erfüllung der Voraussetzungen ein Wahlrecht für jede Sicherungstransaktion dar; vgl. Varain (2012), Rn. 392.

542 Dies könnte auch durch Ratingverschlechterungen verursacht sein, so dass der Risikozuschlag steigt.

543 Vgl. Varain (2012), Rn. 402-407. Dieses Vorgehen entspricht der „Durchbuchungsmethode", bei der sämtliche Wertänderungen – und nicht nur die ineffektiven Teile der Sicherungsbeziehung – in der Gewinn- und Verlustrechnung abgebildet werden.

544 Vgl. Abschnitt 4.3.2.

(Fair Value Option). Dies ist immer dann zulässig, wenn dadurch zweckdienlichere Informationen vermittelt werden, weil eine Inkonsistenz von Ansatz und Bewertung eliminiert oder vermindert werden kann oder eine Gruppe von finanziellen Vermögenswerten und/oder Verbindlichkeiten gemeinsam gesteuert wird und ihre Wertentwicklung anhand des beizulegenden Zeitwerts beurteilt wird (IAS 39.9).[545] Auch nach IFRS 9 ist durch die Bewertungskategorie für Finanzinstrumente, für die weder eine explizite Halte- noch eine Veräußerungsabsicht besteht, sowohl eine erfolgswirksame als auch eine erfolgsneutrale Bewertung der Kapitalanlage zum beizulegenden Zeitwert möglich. Darüber hinaus besteht auch nach IFRS 9 die Möglichkeit zur Ausübung der Fair Value Option (IFRS 9.4.1.5, IFRS 9.4.2.2).[546]

5.2.2.3 Angaben

5.2.2.3.1 Vertrag zwischen Sponsor und Versicherungszweckgesellschaft

Da es sich bei der Vertragsbeziehung zwischen dem Sponsor und der Versicherungszweckgesellschaft bei wirtschaftlicher Betrachtung um einen Rückversicherungsvertrag handelt, sind die für Versicherungsverträge geforderten Angaben zu beachten. Es sind sowohl die Beträge im Jahresabschluss, die aus Versicherungsverträgen stammen, zu identifizieren und zu erläutern (IFRS 4.36) als auch Angaben zu machen, die es den Abschlussadressaten ermöglichen, Art und Ausmaß von Risiken in dem Rückversicherungsvertrag zu beurteilen (IFRS 4.38).

Die abschlussbezogenen Angaben (IFRS 4.37) erfordern insbesondere Angaben zu den Bilanzierungs- und Bewertungsmethoden von Versicherungsverträgen sowie zu den korrespondierenden Vermögenswerten, Schulden, Aufwendungen und Erträgen aus Versicherungsverträgen.[547] Zudem sind die Ermittlungsverfahren zur Bestimmung der Annahmen, die sich auf die Bewertung der bilanzierten Positionen aus Versicherungsverträgen auswirken – wenn möglich unter Angabe quantitativer Informationen – zu beschreiben und der aus einer Änderung dieser Annahmen resultierende Effekt auf die versicherungstechnischen Verpflichtungen und versicherungstechnischen Vermögenswerte offenzulegen. Zudem ist die Veränderung der versicherungstechnischen Rückstellungen, der korrespondierenden Rückversicherungsanteile und der aktivierten Abschlusskosten auszuweisen.[548]

---

545 Vgl. Varain (2012), Rn. 202-206; Lüdenbach (2012b), Rn. 31-32.

546 Vgl. Hartenberger (2013), Rn. 476.

547 Der Sponsor hat zudem in seiner Funktion als Erstversicherer die erfolgswirksam erfassten Gewinne und Verluste aus dem Rückversicherungsvertrag auszuweisen und, sofern er diese abgrenzt und in den Folgeperioden auflöst, den Auflösungsbetrag und die Abgrenzungsposten zu Periodenbeginn und Periodenende anzugeben. Sofern die Kapitalflussrechnung nach der direkten Methode erstellt wird, sind auch die aus Versicherungsverträgen resultierenden Zahlungsströme zu nennen.

548 Vgl. Schlüter / Bonin (2013), Rn. 57.

Neben diesen abschlussbezogenen Angaben sind weitere zukunftsbezogene Angaben zu den Zielen, Strategien und Verfahren zur Steuerung der versicherungstechnischen Risiken und der dazu angewandten Methoden gefordert (IFRS 4.39). Informationen zur Sensitivität bzgl. der Auswirkungen relevanter Risikovariablen auf Eigenkapital und Gewinn- und Verlustrechnung, Konzentration und Schadenentwicklung von Versicherungsrisiken sind jeweils vor und nach Anwendung der Rückversicherung anzugeben. Ferner sind in Anlehnung an die Berichterstattungserfordernisse von Finanzinstrumenten (IFRS 7) Angaben zu Ausfall-, Liquiditäts- und Marktrisiken zu machen.[549]

ED/2013/7 übernimmt im Wesentlichen die Anforderungen des gegenwärtigen Regelungsstands von IFRS 4,[550] indem qualitative und quantitative Informationen zu den Positionen der Bilanz und der Gewinn- und Verlustrechnung, die aus Versicherungsverträgen resultieren, zu den wesentlichen Annahmen bei der Anwendung des Standards einschließlich deren Veränderung sowie zu Art und Ausmaß der Risiken, die aus Versicherungsverträgen resultieren, anzugeben sind (ED/2013/7.69). Die Angaben zu den Positionen der Bilanz und der Gewinn- und Verlustrechnung verlangen eine Überleitung des Anfangsbestands zum Endbestand des Buchwerts getrennt für versicherungstechnische Verpflichtungen und versicherungstechnische Vermögenswerte (ED/2013/7.74). Dabei wird zwischen Beträgen unterschieden, die sich auf bereits eingetretene Schäden beziehen, und solchen, die sich auf die verbleibenden Perioden des Rückversicherungsschutzes beziehen (ED/2013/7.75). Zudem sind Überleitungen vom Anfangs- auf den Endbestand des erwarteten Barwerts zukünftiger Zahlungsströme, der Risikomarge und der vertraglichen Servicemarge anzugeben (ED/2013/7.76). Diese Überleitungen sollen zudem die erhaltenen Prämien für die Bereitstellung von Versicherungsschutz bzw. die gezahlten Prämien für den Erwerb von Rückversicherungsschutz, die gezahlten oder erhaltenen Schadenzahlungen, die weiteren in der Gewinn- und Verlustrechnung angegebenen Beträge sowie Gewinne und Verluste, die aus der Veränderung oder der Ausbuchung von Versicherungsverträgen resultieren (ED/2013/7.78), enthalten. Die erhaltenen Prämien sind zu den aus Versicherungsverträgen resultierenden Erträgen in Verbindung zu setzen (ED/2013/7.79) und der Zusammenhang zwischen der Verzinsung des Versicherungsvertrags und den korrespondierenden Kapitalanlageerträgen ist aufzuzeigen (ED/2013/7.82).

Informationen zu den angewandten Annahmen bei der Anwendung des Standards beziehen sich auf die Bewertungsmethoden, insbesondere im Hinblick auf die Risikomarge, den Diskontierungszins, den Ansatz der vertraglichen Servicemarge und nicht getrennt bilanzierte Einlagenkomponenten. Die Angaben zu Art und Ausmaß der Risiken zielen darauf ab, die Jahresabschlussadressaten dabei zu unterstützen, die Art, die Beträge, den zeitlichen Anfall und die Unsicherheit der

549 Vgl. Schlüter / Bonin (2013), Rn. 59; Sauer (2012), Rn. 43-45.
550 Vgl. Schweinberger / Horstkötter (2010), S. 552.

Zahlungsströme zu verstehen (ED/2013/7.86). Dies beinhaltet Angaben zu den Risiken und ihrer Entstehung sowie den Zielen, Strategien und Prozessen des Risikomanagements einschließlich eventueller Veränderungen zur Vorperiode (ED/2013/7.87). Ebenso sind die Auswirkungen der jeweiligen aufsichtsrechtlichen Vorschriften zu erläutern (ED/ 2013/7.88). Gefordert werden Informationen – jeweils vor und nach Rückversicherung – zu Sensitivitätsanalysen bzgl. der Auswirkungen des Versicherungsrisikos auf das Ergebnis und das Eigenkapital des Unternehmens sowie zu Risikokonzentrationen nach Regionen und Branchen (ED/2013/7.89). Zudem sind Informationen zur Schadenabwicklung und weiteren nicht versicherungsspezifischen Risikoarten gefordert, wobei gesondert auf Kredit-, Liquiditäts- und Marktrisiken einzugehen ist (ED/2013/7.90-94).

5.2.2.3.2 Verpflichtungen der Versicherungszweckgesellschaft aus der Verbriefungstransaktion

Beim Ansatz einer Rückstellung für Insurance-Linked Securities nach IAS 37 sind qualitative Angaben zur Art der Rückstellung, eine Darstellung der Ungewissheit über den Zahlungsabfluss der Höhe und der Zeit nach sowie eine Darlegung der wesentlichen Annahmen über die künftige Entwicklung sowie mögliche Kompensationen von dritter Seite erforderlich (IAS 37.85).[551] Die Rückstellungen sind zudem nach wirtschaftlich definierten Kategorien zusammenzufassen und in einer Überleitung vom Anfangsbestand zum Endbestand der Berichtsperiode – bspw. in Form eines Rückstellungsspiegels – aufzuschlüsseln (IAS 37.84),[552] was Zuführungen, Auflösungen, den Zinseffekt und Inanspruchnahmen einschließt. Zudem sind Angaben zur Fristigkeit der Zahlungsverpflichtungen und qualitative Angaben zu einzelnen Rückstellungsposten erforderlich, was bspw. Diskontierungszinssätze bei längeren Laufzeiten einschließt.

Die Verpflichtung zur periodischen Zahlung der Rückversicherungsprämie in Form von Basis- und Bonuszinsen, die besteht, solange das Schadenereignis nicht eingetreten ist und die als Verbindlichkeit zu bilanzieren sind – sofern die geschuldeten Zinsen am Bilanzstichtag nicht gezahlt wurden –, stellt eine dem Grunde und der Höhe nach sichere Verpflichtung dar, so dass sich die Angabepflichten an denen von finanziellen Verbindlichkeiten i. S. d. IFRS 7 orientieren. Dies erfordert neben den Angaben zu den Bilanzierungs- und Bewertungsmethoden den Einbezug der Verbindlichkeit in eine Darstellung, die die verschiedenen Klassen finanzieller Verbindlichkeiten mit den jeweiligen Bewertungskategorien des IAS 39/IFRS 9 in Beziehung setzt, sowie eine Analyse der Verbindlichkeitsklassen hinsichtlich der vereinbarten Fälligkeitstermine.[553] Erfolgt eine Bilanzierung der bedingten Kapi-

551 Vgl. Hoffmann (2012), Rn. 168.

552 Vgl. Hoffmann (2012), Rn. 169-170; Schrimpf-Dörges (2013), Rn. 205.

553 Vgl. Schulze Osthoff / Schulz-Danso (2013), Rn. 119-122, Rn. 144. Angaben zum beizulegenden Zeitwert sind nicht erforderlich, wenn der Buchwert eine

talrückzahlungsverpflichtung als Verbindlichkeit, die als „Einbehaltene Depots für das in Rückdeckung gegebene Versicherungsgeschäft" ausgewiesen wird, so wird diese nach IAS 39/IFRS 9 bilanziert, so dass sich die Angabeerfordernisse aus IFRS 7 ergeben, wobei im Rahmen der Risikoberichterstattung auch auf Kredit-, Liquiditäts- und Marktrisiken einzugehen ist.[554] Die Angabepflichten zu dem nach ED/2013/7 zu bildenden versicherungstechnischen Vermögenswert sind in dem vorhergehenden Abschnitt 5.2.2.3.1 dargestellt.

5.2.2.3.3 Investition des Emissionserlöses in Kapitalanlagen

Der Kapitalzufluss aus der Emission der Anleihe wird bei einem Principal at Risk in festverzinsliche Kapitalanlagen der Kategorie „zur Veräußerung verfügbar" investiert und zugleich ein Zinsswap abgeschlossen, um die vereinnahmten fixen Zinsen gegen variable zu tauschen. IFRS 7 verlangt Angaben zur Bedeutung von Finanzinstrumenten für das Unternehmen sowie Angaben zu Art und Umfang der aus den eingesetzten Finanzinstrumenten resultierenden Risiken.[555] Die Angaben zu den Risiken aus Finanzinstrumenten beziehen sich insbesondere auf qualitative und quantitative Angaben zu Ausfall-, Liquiditäts- und Marktrisiken (IFRS 7.32). Die Kapitalbereitstellung von Seiten der Investoren bereits vor Eintritt des Schadenereignisses eliminiert jedoch das Ausfallrisiko für die Versicherungszweckgesellschaft bzw. indirekt für den Sponsor.

Im Rahmen der Erläuterung der Bedeutung der Finanzinstrumente für das Unternehmen ist auf die Bilanzierungs- und Bewertungsmethoden einzugehen und die Bewertungskategorien des IAS 39 sind auf die Positionen von Bilanz und Gewinn- und Verlustrechnung überzuleiten, wobei der beizulegende Zeitwert dem in der Bilanz ausgewiesenen Buchwert gegenüberzustellen ist (IFRS 7.8, IFRS 7.25).[556] Ferner sind die Nettoergebnisse nach den Bewertungskategorien des IAS 39 aufzuschlüsseln, was Wertminderungen, Zuschreibungen, realisierte Abgangserfolge und nachträgliche Eingänge aus abgeschriebenen Finanzinstrumenten umfasst.[557] Ebenso sind die Gesamtzinserträge und -aufwendungen auf nicht erfolgswirksam zum beizulegenden Zeitwert bewerteten Finanzinstrumenten anzugeben (IFRS 7.20b). Zudem sind für Finanzinstrumente, die zum beizulegenden Zeitwert bewertet werden, Informationen zu den Bewertungsverfahren und der Entwicklung der verwendeten Eingangsparameter zu veröffentlichen (IFRS 13.93). Werden die festverzinsliche Kapitalanlage und der Zinsswap zu einem Fair Value Hedge zusammengefasst, sind die Art des Sicherungsgeschäfts, die Art der abgesicher-

---

vernünftige Annäherung an den beizulegenden Zeitwert darstellt (IFRS 7.29), was bei kurzfristigen Abrechnungsverbindlichkeiten der Fall ist; vgl. HARTENBERGER (2013), Rn. 280.

554 Vgl. Abschnitt 5.2.2.3.3.

555 Vgl. LÜDENBACH (2012), Rn. 287-321.

556 Vgl. HARTENBERGER (2013), Rn. 276-277.

557 Vgl. HARTENBERGER (2013), Rn. 300.

ten Risiken sowie das als Sicherungsinstrument eingesetzte Finanzinstrument zu beschreiben und die beizulegenden Zeitwerte des Sicherungsinstruments und des Grundgeschäfts einschließlich der aus der Änderung des beizulegenden Zeitwerts des Sicherungsinstruments resultierenden Gewinne und Verluste anzugeben (IFRS 7.22, IFRS 7.24a).

5.2.2.4 Buchungsbeispiel

Das folgende Buchungsbeispiel basiert auf dem Buchungsbeispiel in Abschnitt 5.2.1.4 für eine Bilanzierung nach HGB. Sämtliche Geschäftsvorfälle sind identisch und werden wiederum mit den jeweiligen – mit Buchstaben markierten Buchungssätzen – in Bilanz und Gewinn- und Verlustrechnung dargestellt. Im Unterschied wird bei dem IFRS-Buchungsbeispiel die Verpflichtung der Versicherungszweckgesellschaft (ISPV) aus der Verbriefungstransaktion nicht als Depotverbindlichkeit bilanziert – wie aufgrund der in IFRS 4 eingeräumten Möglichkeit, bislang angewandte Bilanzierung- und Bewertungsmethoden fortzuführen gestattet – sondern als Rückstellung für Insurance-Linked Securities (ILS) bilanziert, um diese alternative Bilanzierungsmöglichkeit zu illustrieren.

Auf Seiten des Sponsors, der eine Einmalprämie i. H. v. 20.000 GE an die Versicherungszweckgesellschaft zahlt und als „Abgegebene Rückversicherungsbeiträge" ausweist (a), entspricht die Buchung in t_0 (Beginn des ersten Geschäftsjahres und Zeitpunkt der Emission der Anleihe) der nach HGB.

Bilanz Sponsor (t_0)			
Aktiva			Passiva
Guthaben bei Banken	500.000	Eigenkapital	500.000
	(a) -20.000	Jahresüberschuss/-fehlbetrag	-20.000
Bilanzsumme	480.000	Bilanzsumme	480.000

GuV Sponsor (t_0)			
Soll			Haben
Abgegebene Rückversicherungsbeiträge	(a) 20.000	Jahresüberschuss/-fehlbetrag	20.000
	–		–

Auf Seiten des ISPV werden die erhaltenen Prämien dazu korrespondierend als „Gebuchte Bruttobeiträge" verbucht (a). Der Emissionserlös wird – korrespondierend zu der aufwandswirksamen Verbuchung der Rückstellung für Insurance-Linked Securities (ILS) gegen „Veränderung der Rückstellung für Insurance-Linked Securities" (b) – ertragswirksam als „Sonstige versicherungstechnische Erträge" erfasst (c). Für die Abzinsung der Rückstellung wird bei einer vierjährigen Laufzeit der Anleihe ein Diskontierungszins von 5 % zugrunde gelegt, was in t_0 zu einem Barwert von 82.270 GE führt. Der Emissionserlös wird in Kapitalanlagen der Kategorie „zur Veräußerung verfügbar" investiert (d). Zudem wird in t_0 ein Zinsswap abgeschlossen, um die fixen Zinserträge gegen variable zu tauschen. Zusammen mit der festverzinslichen Kapitalanlage als Grundgeschäft bildet der Zinsswap als Sicherungsinstrument eine Bewertungseinheit. Da der Swap zu marktgerechten Konditionen abgeschlossen wird, beträgt der beizulegende Zeitwert null und es erfolgt somit in t_0 keine bilanzielle Erfassung.

Bilanz ISPV (t_0)			
Aktiva			Passiva
Guthaben bei Banken	500.000 (a) +20.000 (c) +100.000 (d) -100.000	Eigenkapital Jahresüberschuss/-fehlbetrag	500.000 37.730
Kapitalanlagen – zur Veräußerung verfügbar	(d) 100.000	Rückstellung für ILS	(b) 82.270
Bilanzsumme	620.000	Bilanzsumme	620.000

GuV ISPV (t_0)			
Soll			Haben
Veränderung der Rückstellung für ILS	(b) 82.270	Gebuchte Bruttobeiträge	(a) 20.000
Jahresüberschuss/-fehlbetrag	37.730	Sonstige versicherungstechnische Erträge	(c) 100.000
	–		–

Im Zeitpunkt t_1 (Ende des ersten Geschäftsjahres) fallen beim Sponsor keine weiteren Buchungen an. Das ISPV verbucht die Zinserträge aus Kapitalanlagen, die in der Kapitalanlage angesammelt werden (d) und leistet die Basis- und Bonuszinsen als „Abgegebene Rückversicherungsbeiträge“ an die Investoren (e). Der Marktwertrückgang der Kapitalanlagen um 1.000 GE (f) wird durch einen gegenläufigen Anstieg des Swap-Vertrags ausgeglichen (g).[558] Die Rückstellung für Insurance-Linked Securities wird aufwandswirksam aufgezinst (Unwinding of Discount), wobei die Aufwendungen in der Gewinn- und Verlustrechnung als „Veränderung der Rückstellung für Insurance-Linked Securities“ verbucht werden, um den versicherungstechnischen Gehalt der Transaktion zum Ausdruck zu bringen (h).

558 Im Gegensatz zur Vorgehensweise nach HGB wird hier die „Durchbuchungsmethode“ dargestellt.

Bilanz ISPV (t_1)

Aktiva		Passiva	
Guthaben bei Banken	520.000 (d) +3.000 (e) -8.000	Eigenkapital	537.730
		Jahresüberschuss/ -fehlbetrag	-9.114
Kapitalanlagen – zur Veräußerung verfügbar	100.000 (f) -1.000 (g) +1.000	Rückstellung für ILS	82.270 (h) +4.114
Bilanzsumme	615.000	Bilanzsumme	615.000

GuV ISPV (t_1)

Soll		Haben	
Abgegebene Rückversicherungsbeiträge	(e) 8.000	Zinserträge aus Kapitalanlagen – zur Veräußerung verfügbar	(d) 3.000
Abschreibungen auf Kapitalanlagen (Absicherungsaufwand)	(f) 1.000	Zuschreibungen auf Kapitalanlagen (Absicherungsertrag)	(g) 1.000
Veränderung der Rückstellung für ILS	(h) 4.114	Jahresüberschuss/ -fehlbetrag	9.114
	–		–

Im Zeitpunkt t_2 (Ende des zweiten Geschäftsjahres) tritt das Schadenereignis ein. Aus dem Vertragsverhältnis mit den Versicherungsnehmern bilanziert der Sponsor erfolgswirksam eine Schadenrückstellung i. H. v. 500.000 GE und den korrespondierenden Anteil der Rückversicherer an der Schadenrückstellung gegenüber dem ISPV i. H. v. 100.000 GE ((i) und (j)).

Bilanz Sponsor (t_2)			
Aktiva			Passiva
Guthaben bei Banken	480.000	Eigenkapital	480.000
		Jahresüberschuss/ -fehlbetrag	-400.000
Anteil der Rückversicherer an der Schadenrückstellung	(j) 100.000	Schadenrückstellung - brutto	(i) 500.000
Bilanzsumme	580.000	Bilanzsumme	580.000

GuV Sponsor (t_2)			
Soll			Haben
Veränderung der Schadenrückstellung - brutto	(i) 500.000	Veränderung der Schadenrückstellung - Anteil Rückversicherer	(j) 100.000
		Jahresüberschuss/ -fehlbetrag	400.000
	-		-

Das ISPV zinst in t_2 die Rückstellung für Insurance-Linked Securities wiederum aufwandswirksam („Veränderung der Rückstellung für Insurance-Linked Securities“) auf (k) und bucht den Buchwert der Rückstellung erfolgswirksam gegen „Veränderung der Rückstellung für Insurance-Linked Securities“ – die den Unterschied zwischen dem Buchwert der Rückstellung und dem bei Schadeneintritt von den Investoren zu leistenden Betrag darstellt – und „Zahlungen für Versicherungsfälle – Anteil der Rückversicherer“ aus (l). Gleichzeitig wird eine Bruttoschadenrückstellung für die Verpflichtung gegenüber dem Sponsor eingebucht (m). Die Gegenbuchung wird erfolgswirksam als Veränderung der Schadenrückstellung erfasst. Zudem vereinnahmt das ISPV aus der Kapitalanlage des festverzinslichen Wertpapiers der „Kategorie zur Veräußerung verfügbar“ laufende Zinserträge i. H. v. 3.000 GE (n) und veräußert dann die Kapitalanlage, wobei ein Veräußerungsgewinn von 4.000 GE (o) resultiert. Zudem zahlt das ISPV die den Investoren für die zweite Periode geschuldeten Zinsen bzw. Rückversicherungsbeiträge i. H. v. 8.100 GE (Basiszins in t_2 3.100 GE, Bonuszins 5.000 GE) (p). Aus dem Zinsswap resultiert in t_2 ein Ertrag von 100 GE (q).

Bilanz ISPV (t_2)

Aktiva			Passiva
Guthaben bei Banken	515.000 (n) +3.000 (o) +104.000 (p) -8.100 (q) +100	Eigenkapital Jahresüberschuss/-fehlbetrag	528.616 -14.616
Kapitalanlagen – zur Veräußerung verfügbar	100.000 (o) -100.000	Schadenrückstellung – brutto	(m) 100.000
		Rückstellung für ILS	86.384 (k) +4.319 (l) +9.297 (l) -100.000
Bilanzsumme	614.000	Bilanzsumme	614.000

GuV ISPV (t_2)

Soll			Haben
Abgegebene Rückversicherungsbeiträge	(p) 8.100	Laufende Erträge aus Kapitalanlagen (Erträge aus Inhaberschuldverschreibungen)	(n) 3.000
Veränderung der Rückstellung für ILS	(k) 4.319 (l) 9.297	Zahlungen für Versicherungsfälle – Anteil Rückversicherer	(l) 100.000
Veränderung der Schadenrückstellung – brutto	(m) 100.000	Sonstige nicht versicherungstechnische Erträge (Ertrag aus Swap-Vertrag)	(q) 100
		Gewinne aus dem Abgang von Kapitalanlagen	(o) 4.000
		Jahresüberschuss/-fehlbetrag	14.616
	–		–

In t_3 (Ende des dritten Geschäftsjahres) löst der Sponsor die Bruttoschadenrückstellung sowie den Anteil der Rückversicherer daran erfolgswirksam auf ((r) und (s)). Zugleich werden die Einzahlung von dem ISPV und die Auszahlung vom Sponsor an die Versicherungsnehmer erfolgswirksam verbucht ((t) und (u)). Das ISPV löst die Schadenrückstellung für die Verpflichtung gegenüber dem Sponsor erfolgswirksam auf (v) und leistet die vereinbarte Zahlung an den Sponsor, die erfolgswirksam als „Zahlungen für Versicherungsfälle – brutto" verbucht wird (w).

Bilanz Sponsor (t_3)

Aktiva			Passiva
Guthaben bei Banken	480.000 (t) -450.000 (u) +100.000	Eigenkapital	80.000
		Jahresüberschuss/ -fehlbetrag	50.000
Anteil der Rückversicherer an der Schadenrückstellung	100.000 (s) -100.000	Schadenrückstellung – brutto	500.000 (r) -500.000
Bilanzsumme	130.000	Bilanzsumme	130.000

GuV Sponsor (t_3)

Soll			Haben
Veränderung der Schadenrückstellung – Anteil Rückversicherer	(s) 100.000	Veränderung der Schadenrückstellung – brutto	(r) 500.000
Zahlungen für Versicherungsfälle – brutto	(t) 450.000	Zahlungen für Versicherungsfälle – Anteil Rückversicherer	(u) 100.000
Jahresüberschuss/ -fehlbetrag	50.000		
	–		–

Bilanz ISPV (t_3)			
Aktiva			Passiva
Guthaben bei Banken	614.000 (w) -100.000	Eigenkapital Jahresüberschuss/ -fehlbetrag	514.000 –
		Schadenrückstellung – brutto	100.000 (v) -100.000
Bilanzsumme	514.000	Bilanzsumme	514.000

GuV ISPV (t_3)			
Soll			Haben
Zahlungen für Versicherungsfälle – brutto	(w) 100.000	Veränderung der Schadenrückstellung – brutto	(v) 100.000
	–		–

Aus ED/2013/7 lässt sich entnehmen, dass der zukünftige Rechnungslegungsstandard für Versicherungsverträge für alle Arten von Versicherungsverträgen gelten soll (ED/2013/7.BCA15). Das würde implizieren, dass die Versicherungszweckgesellschaft bzw. der Emittent bei einer Principal-at-Risk-Transaktion, die wirtschaftlich als Rückversicherung zu betrachten ist, im Gegensatz zur bisherigen Praxis, einen versicherungstechnischen Vermögenswert (Reinsurance Asset, Reinsurance Contract held) anzusetzen hätte. Dieser ist wie eine versicherungstechnische Verpflichtung nach dem Komponentenansatz zu bewerten.[559]

Für die Schätzung der aus dem versicherungstechnischen Vermögenswerts resultierenden Zahlungsströme wird aus der Perspektive des risikotransferierenden Unternehmen bzw. des ISPV in Anlehnung an das IFRS-Buchungsbeispiel davon ausgegangen, dass die Wahrscheinlichkeit des Schadeneintritts in t_1 5 % beträgt. Da das Schadenereignis innerhalb der vierjährigen Laufzeit nur einmal die Entschädigungsleistung auslösen kann, hängt die Eintrittswahrscheinlichkeit in t_2, t_3 und t_4 davon ab, ob das Ereignis bereits in den Vorperioden eingetreten ist. In t_2 beträgt die Wahrscheinlichkeit für den Eintritt des Ereignisses daher 4,75 % (95 % • 5 %), in t_3 4,51 % (95 % • 95 % • 5 %) und t_4 4,29 % (95 % • 95 % • 95 % • 5 %). Bei Eintritt des Schadenereignisses ist die Entschädigung durch die Investoren i. H. d. Emissionserlöses von 100.000 GE zu erwarten. Die Zahlungen fallen annahmegemäß am Periodenende an. Wird für jede Periode ein Diskontierungszinssatz von 5 % zugrunde gelegt, so resultiert in t_0 ein Barwert der erwarteten Zahlungsmittelzuflüsse von 16.495 GE. Den erwarteten und auf den Emissionszeitpunkt diskontierten Zahlungsmittelzuflüssen von 16.495 GE stehen die entsprechenden Zahlungsmittelabflüsse aus der geschuldeten Rückversicherungsprämie in Form der geschuldeten Basis- und Bonuszinsen

559 Vgl. Abschnitt 4.2.2.2.

i. H. v. 25.090 GE gegenüber. Diese werden jedoch nur fällig, solange das Schadenereignis noch nicht eingetreten ist, so dass die Wahrscheinlichkeit für die Zahlung der Rückversicherungsprämie in t_1 95 % auf einen Betrag von 8.000 GE, in t_2 90 % (95 % • 95 %) auf einen Betrag von 8.100 GE, in t_3 86 % (95 % • 95 % • 95 %) auf einen Betrag von 8.130 GE und in t_4 81 % (95 % • 95 % • 95 % • 95 %) auf einen Betrag von 7.760 GE beträgt. Die Diskontierung mit einem Zinssatz von 5 % ergibt den Betrag i. H. v. 25.090 GE. Die Zinsmarge in jeder Periode wird als Differenz zwischen den nominalen und diskontierten Zahlungsströmen ermittelt. Zudem ist die Risikoanpassung bei der Ermittlung der Fulfilment Cash Flows zu berücksichtigen. Die Risikomarge reflektiert das transferierte Risiko und berücksichtigt bei einem versicherungstechnischen Vermögenswert die erwarteten Verluste aufgrund des Ausfalls der Vertragspartei oder Auseinandersetzungen mit der Vertragspartei über die Rechtmäßigkeit von Entschädigungsansprüchen nach einem versicherten Ereignis (Expected Credit Losses) (ED/2013/7.BCA136-BCA138). Die Risikoanpassung betrage in t_0 500 GE und wird über die Vertragslaufzeit zu jährlich 25 %, d. h. 125 GE pro Jahr, aufgelöst. Die Risikomarge werde zudem pro Jahr mit 5 % verzinst. Der Differenzbetrag zwischen den risikoangepassten erwarteten diskontierten Zahlungsströmen i. H. v. 9.095 GE und dem Wert null repräsentiert die Servicemarge in t_0. Dies liegt daran, dass der versicherungstechnische Vermögenswert im Zeitpunkt der Emission, der den Beginn des Rückversicherungsschutzes markiert, i. H. d. geschuldeten Rückversicherungsprämie erfolgsneutral gegen Guthaben bei Banken und damit mit dem Wert null anzusetzen ist (ED/2013/7.BCA143). Die Rückversicherungsprämie wird durch die nachschüssig am jeweiligen Periodenende gezahlten Basis- und Bonuszinsen ausgedrückt, so dass im Zeitpunkt der Emission keine Rückversicherungsprämie geschuldet wird. Die Servicemarge ist in den Folgeperioden um den auf die Periode entfallenden Zinsanteil zu erhöhen und zugleich systematisch gemäß der Leistungserbringung durch den Rückversicherer zu vermindern. Bei einem Zinssatz von 5 % und Anwendung des Annuitätenfaktors auf die Servicemarge i. H. v. 9.095 GE lässt sich ihre Entwicklung über die Vertragslaufzeit wie in Tabelle 4 dargestellt, illustrieren. Der Annuitätenfaktor (ANF) ist definiert als $ANF = \frac{(1+i)^n * i}{(1+i)-1}$ wobei i den Zinssatz und n die Anzahl der Perioden repräsentiert.

Tabelle 4: Entwicklung der Servicemarge bei kontinuierlichem Leistungsverlauf (Quelle: In Anlehnung an Hommel / Bielke / Zicke (2013), S. 409)

Zeitpunkt	Anfangsbestand	Zinsertrag (5 %)	Serviceaufwand	Summe GuV	Endbestand
t_1	9.095	455	-2.565	-2.110	6.985
t_2	6.985	349	-2.565	-2.216	4.769
t_3	4.769	238	-2.565	-2.327	2.442
t_4	2.442	123	-2.565	-2.442	0

Die folgende Tabelle 5 zeigt zusammenfassend die Komponenten des versicherungstechnischen Vermögenswerts.

Tabelle 5: Komponenten des versicherungstechnischen Vermögenswerts (Quelle: eigene Darstellung)

	t_1	t_2	t_3	t_4	Summe
Erwartungswert der Entschädigungsleistung (Cash-Inflows)	5.000	4.750	4.513	4.287	18.550
Erwartungswert der Prämienzahlungen (Cash-Outflows)	-7.600	-7.310	-6.970	-6.321	-28.201
Barwert des Erwartungswerts der Entschädigungsleistung in t_0 (diskontiert mit 5 %)	4.762	4.308	3.898	3.527	16.495
Barwert des Erwartungswerts der Prämienzahlungen in t_0 (diskontiert mit 5 %)	-7.238	-6.631	-6.021	-5.200	-25.090
Zinsmarge	-124	-238	-335	-361	-1.057
Risikomarge in t_0					-500
Barwert der Fulfilment Cash Flows in t_0					-9.095
Servicemarge in t_0					9.095

Der von den Investoren durch die Emission der Anleihe bereitgestellte Kapitalbetrag ist lediglich als Sicherheitsleistung zu betrachten, da auch bei Verbriefungstransaktionen, die wirtschaftlich Rückversicherungsverträge darstellen, die Ansprüche des Rückversicherungsschutz erwerbenden Unternehmens als eigenständiger versicherungstechnischer Vermögenswert anzusetzen sind und insofern einen Anspruch ausdrücken, der nur dann gegeben ist, wenn die Kapitalbereitstellung nicht gleichzeitig als Entschädigungsleistung im Fall des Eintritts des Schadensereignisses betrachtet wird.[560] Die Verbuchung des Emissionserlöses erfolgt somit erfolgsneutral, so dass einer Aktivierung als „Guthaben bei Banken" eine

560 Rechtlich betrachtet, hat die Versicherungszweckgesellschaft mit der Vereinnahmung des Emissionserlöses bei Eintritt des Schadenereignisses keine Ansprüche gegenüber den Investoren.

entsprechende Verbindlichkeit als „Einbehaltene Depots für das in Rückdeckung gegebene Versicherungsgeschäft“[561] gegenübersteht.

Im Folgenden werden die Verbuchung des versicherungstechnischen Vermögenswerts sowie des Emissionserlöses und der korrespondierenden Verpflichtung bei dem die Verbriefungstransaktion durchführenden Unternehmen, d. h. der Versicherungszweckgesellschaft (ISPV) dargestellt.[562]

Im Zeitpunkt t_0 (Beginn des ersten Geschäftsjahres und Emissionszeitpunkt der Anleihe) vereinnahmt die Versicherungszweckgesellschaft den Emissionserlös i. H. v. 100.000 GE und passiviert eine Verbindlichkeit für einbehaltene Depots aus dem in Rückdeckung gegebenen Versicherungsgeschäft (a).

Bilanz ISPV (t_0)			
Aktiva			Passiva
Guthaben bei Banken	500.000 (a) 100.000	Eigenkapital	500.000
		Depotverbindlichkeit	(a) 100.000
Bilanzsumme	600.000	Bilanzsumme	600.000

GuV ISPV (t_0)	
Soll	Haben
–	–

Im Zeitpunkt t_1 (Ende des ersten Geschäftsjahres) ist der versicherungstechnische Vermögenswert i. H. d. zu diesem Zeitpunkt geschuldeten Basis- und Bonuszinses anzusetzen (b).[563] Die Servicemarge ist zu verzinsen (c) und gleichzeitig der Serviceaufwand (d) zu erfassen. Veränderungen der Servicemarge werden als „Verdiente Beiträge“ (Insurance Contract Revenue) erfasst. Der Effekt aus der Aufzinsung der Zahlungsströme (Zinsmarge) um eine Periode ist als „Verzinsung des

561 In der Darstellung der Verbuchung wird der Posten als „Depotverbindlichkeit“ bezeichnet.

562 Die weiteren Geschäftsvorfälle im Rahmen der Verbriefungstransaktion werden nicht dargestellt, da die bedeutendsten Änderungen des ED/2013/7 für Verbriefungstransaktionen, die wirtschaftlich einen Rückversicherungsvertrag darstellen, aus dem Vertragsverhältnis zwischen dem die Verbriefung durchführenden Unternehmen – das bei einer indirekten Verbriefung eine Versicherungszweckgesellschaft ist – und den Investoren resultieren. Das Vertragsverhältnis zwischen Sponsor und Versicherungszweckgesellschaft stellt auch nach ED/2013/7 einen Rückversicherungsvertrag dar bei dem die Rechte und Pflichten nach dem Komponentenansatz („Building-Block-Modell“) bewertet werden.

563 In dem Buchungsbeispiel werden die Basiszinsen wie die Bonuszinsen behandelt und nicht als „Zinsaufwendungen für einbehaltene Depots für das in Rückdeckung gegebene Versicherungsgeschäft“ ausgewiesen; vgl. Abschnitt 5.2.2.2.2.

versicherungstechnischen Vermögenswerts“ abzubilden (e). Gleiches gilt für die Verzinsung der Risikomarge (500 GE • 5 %) (f), während der Anteil der Risikomarge (125 GE), der auf die Gefahrtragung der jeweiligen Periode entfällt, aufwandswirksam unter „Verdiente Beiträge“ aufzulösen ist (g).

Bilanz ISPV (t_1)

Aktiva		Passiva	
Guthaben bei Banken	600.000 (b) -8.000	Eigenkapital Jahresüberschuss/ -fehlbetrag	500.000 -2.086
Versicherungstechnischer Vermögenswert	(b) +8.000 (c) +455 (d) -2.565 (e) +124 (f) +25 (g) -125	Depotverbindlichkeit	100.000
Bilanzsumme	597.914	Bilanzsumme	597.914

GuV ISPV (t_1)

Soll		Haben	
Verdiente Beiträge (Servicemarge)	(d) 2.565	Verdiente Beiträge (Zinsanteil der Servicemarge)	(c) 455
Verdiente Beiträge (Risikomarge)	(g) 125	Zinsertrag (Zinsmarge) Zinsertrag (Risikomarge) Jahresüberschuss/ -fehlbetrag	(e) 124 (f) 25 2.086
	–		–

Im Zeitpunkt t_2 (Ende des zweiten Geschäftsjahres) tritt das Schadenereignis ein. Die Basis- und Bonuszinszahlungen der zweiten Periode erhöhen den versicherungstechnischen Vermögenswert erfolgsneutral (h). Die Verzinsung der Servicemarge wird ertragswirksam (i), der Serviceaufwand der zweiten Periode aufwandswirksam (j) und der Aufzinsungseffekt der zweiten Periode ertragswirksam erfasst (k). Die Risikomarge wird verzinst (400 GE • 5 %) (l) und der auf die zweite Periode entfallende Anteil der Risikomarge (125 GE) wird aufwandswirksam aufgelöst (m). Die Depotverbindlichkeit wird ertragswirksam gegen den Anteil der Rückversicherer an den Schadenaufwendungen (Incurred Claims and Expenses) aufgelöst (n). In diesem

Posten werden auch die eigenen Schadenaufwendungen der Versicherungszweckgesellschaft gegenüber dem Sponsor ausgewiesen (o). Der Buchwert des versicherungstechnischen Vermögenswerts wird aufwandswirksam ausgebucht (p).

Bilanz ISPV (t_2)

Aktiva			Passiva
Guthaben bei Banken	592.000 (h) -8.100 (o) -100.000	Eigenkapital	497.914
		Jahresüberschuss/ -fehlbetrag	-14.490
Versicherungstechnischer Vermögenswert	5.914 (h) +8.100 (i) +349 (j) -2.565 (k) +238 (l) +20 (m) -125 (p) -12.407	Depotverbindlichkeit	100.000 (n) -100.000
Bilanzsumme	483.424	Bilanzsumme	483.424

GuV ISPV (t_2)

Soll			Haben
Verdiente Beiträge (Servicemarge)	(j) 2.565	Verdiente Beiträge (Zinsanteil der Servicemarge)	(i) 349
Verdiente Beiträge (Risikomarge)	(m) 125	Zinsertrag (Zinsmarge)	(k) 238
Verdiente Beiträge	(p) 12.407	Zinsertrag (Risikomarge)	(l) 20
Schadenaufwendungen – brutto	(o) 100.000	Schadenaufwendungen – Anteil Rückversicherer	(n) 100.000
		Jahresüberschuss/ -fehlbetrag	14.490
	–		–

5.3 Ausgestaltung der Transaktion als Coupon at Risk mit entschädigungsbezogenem Trigger

5.3.1 Vorschriften nach HGB

5.3.1.1 Ansatz und Ausweis

5.3.1.1.1 Vertrag zwischen Sponsor und Versicherungszweckgesellschaft
Bei einer Ausgestaltung der Verbriefungstransaktion als Coupon at Risk wird der versicherungstechnische Risikotransfer zwischen Sponsor und Versicherungszweckgesellschaft durch die Vereinbarung zur verbindlichen Rückzahlung des Kapitalbetrags eingeschränkt, so dass lediglich die bis zum Schadeneintritt akkumulierte Zinszahlungsverpflichtung unter Risiko steht. Im Gegensatz zu einer Principal-at-Risk-Transaktion wird kein signifikantes Versicherungsrisiko übertragen, da es an dem Transfer von Zahlungszeitpunktrisiko mangelt.[564] Der Sponsor entrichtet ein Entgelt für den versicherungstechnischen Risikotransfer – auch wenn dieser nicht signifikant ist – und die bei der Versicherungszweckgesellschaft anfallenden Verwaltungsaufwendungen. Der Sponsor weist diese Entgelte unter „Sonstige versicherungstechnische Aufwendungen f. e. R." (Formblatt 2, II.8. RechVersV; § 44 RechVersV) aus. Eine Unterteilung des Entgelts in einen Basis- und einen Bonuszins ist nicht erforderlich, da der Sponsor insgesamt ein Entgelt für den nichtsignifikanten Risikotransfer an die Versicherungszweckgesellschaft leistet. Ein Ansatz beim Sponsor als „Abgegebene Rückversicherungsbeiträge" wie bei einer Principal-at-Risk-Transaktion kommt nicht in Betracht, da die Voraussetzungen für eine Bilanzierung als Rückversicherung nicht erfüllt sind. Dazu korrespondierend ist eine eventuelle Zahlungsverbindlichkeit beim Sponsor unter „Sonstige Verbindlichkeiten" (Formblatt 1, Passivposten I.V. RechVersV) und nicht als „Abrechnungsverbindlichkeit aus dem Rückversicherungsgeschäft" (Formblatt 1, Passivposten I.II. RechVersV) auszuweisen.[565] Die Bilanzierung bei der Versicherungszweckgesellschaft erfolgt spiegelbildlich zu der beim Sponsor. Da die Voraussetzungen für eine Bilanzierung als Rückversicherungsvertrag nicht erfüllt sind, wird aus dem Vertragsverhältnis zwischen Sponsor und Versicherungszweckgesellschaft bei Eintritt des Schadenereignisses keine Rückstellung für noch nicht abgewickelte Versicherungsfälle (Versicherungszweckgesellschaft) mit entsprechendem Anteil der Rückversicherer an den versicherungstechnischen Rückstellungen (Sponsor) wie bei einem Principal at Risk gebildet, sondern nur bei der Versicherungszweckgesellschaft eine Rückstellung für ungewisse Verbindlichkeiten für die vom Eintritt des Schadenereignisses abhängige Pflicht zur Zahlung der über die Laufzeit aus der Anleihe akkumulierten Zinsen an den Sponsor.[566] Ein Ansatz einer solchen Rückstellung erfolgt dann, wenn sie so wahrscheinlich ist,

---

564 Vgl. Abschnitt 5.1.

565 Vgl. Horstkötter (2008), S. 274-275.

566 Aus den Vertragsverhältnissen mit den Versicherungsnehmern bildet der Sponsor jedoch versicherungstechnische Rückstellungen, sofern diese Verträge die Kriterien für einen Versicherungsvertrag erfüllen.

dass ein gedachter Erwerber des Unternehmens sie in der Kaufpreiskalkulation berücksichtigen würde und sie zum Bilanzstichtag entweder rechtlich entstanden oder wirtschaftlich verursacht wurde und mit der Inanspruchnahme zu rechnen ist.[567] Tritt das Schadenereignis nicht ein, wird die Rückstellung, erfolgswirksam gegen „Sonstige Erträge" aufgelöst. Tritt das Schadenereignis während der Vertragslaufzeit ein, werden die zurückgestellten Beträge in eine „Sonstige Verbindlichkeit" (Formblatt 1, Passivposten I.V. RechVersV) gegenüber dem Sponsor umgebucht, da eine Umwidmung der Rückstellung erfolgen muss, wenn die Ungewissheit dem Grunde und der Höhe nach wegfällt.[568] Diese Umwidmung erfolgt erfolgsneutral, da die RechVersV für Rückstellungen für ungewisse Verbindlichkeiten – anders als für versicherungstechnische Rückstellungen – keine Abbildung einer solchen Veränderung in der Gewinn- und Verlustrechnung vorsieht. Als „Sonstige Verbindlichkeit" werden auch diejenigen Zinsen aufwandswirksam verbucht, die nach Eintritt des Schadenereignisses bis zur Fälligkeit der Anleihe anfallen.[569] Bei der Auszahlung an den Sponsor wird die Verbindlichkeit bei der Versicherungszweckgesellschaft erfolgsneutral gegen „Laufende Guthaben bei Kreditinstituten, Schecks und Kassenbestand" (Formblatt 1, Aktivposten F.II. RechVersV) ausgebucht. Der Sponsor vereinnahmt die erhaltene Zahlung als „Sonstige Erträge" (Formblatt 2, II.4. RechVersV).

5.3.1.1.2 Verpflichtungen der Versicherungszweckgesellschaft aus der Verbriefungstransaktion

Genauso wie das Vertragsverhältnis zwischen Sponsor und Versicherungszweckgesellschaft keinen Rückversicherungsvertrag darstellt, ist auch die Verbriefungstransaktion im Verhältnis zu den Investoren bei synchroner bilanzieller Behandlung nicht als Rückversicherungsvertrag anzusehen. Der von der Versicherungszweckgesellschaft vereinnahmte Emissionserlös repräsentiert eine unbedingte Rückzahlungsverpflichtung, die entweder unter „Sonstige Verbindlichkeiten" (Formblatt 1, Passivposten I.V. RechVersV) oder „Anleihen" (Formblatt 1, Passivposten I.III. RechVersV) auszuweisen ist und erfolgsneutral gegen „Laufende Guthaben bei Kreditinstituten, Schecks und Kassenbestand" (Formblatt 1, Aktivposten F.II. RechVersV) verbucht wird. Bei der aus Basis- und Bonuszins bestehenden Zinszahlungsverpflichtung handelt es sich, wie im Vertragsverhältnis zwischen Sponsor und Versicherungszweckgesellschaft, um eine auflösend bedingte Verbindlichkeit, deren Existenz vom Eintritt des Schadenereignisses abhängt und

567 Vgl. Kozikowski / Schubert (2012b), Rn. 24; Abschnitt 5.2.1.

568 Vgl. Mayer-Wegelin / Kessler / Höfer (2012), Rn. 253.

569 Eine Rückstellung für drohende Verluste aus schwebenden Geschäften ist aus dem Vertragsverhältnis zwischen Sponsor und Versicherungszweckgesellschaft annahmegemäß nicht zu bilden, da sich die Leistungen ausgeglichen gegenüberstehen und daher kein Verpflichtungsüberschuss droht.

somit schadenverlaufsabhängig ist.[570] Da es sich um keine sichere Verpflichtung handelt, ist die Zinszahlungsverpflichtung gegenüber den Investoren über die Vertragslaufzeit als Rückstellung für ungewisse Verbindlichkeiten unter „Sonstige Rückstellungen“ (Formblatt 1, Passivposten G.III. RechVersV) zu akkumulieren.[571] Die Zinsaufwendungen sind dabei jedoch – anders als in der Vertragsbeziehung zwischen Sponsor und Versicherungszweckgesellschaft – in eine Basiszins- und eine Bonuszinskomponente aufzuteilen, da hier das schadenverlaufsabhängige Entgelt für den nicht signifikanten Risikotransfer aus dem auf dem Kapitalmarkt gültigen Zins für die Anleihe (Basiszins) und einem Zusatzentgelt für das Risiko, dass die Investoren auf eine Verzinsung ihrer Kapitalbereitstellung verzichten müssen, besteht (Bonuszins). Der periodisch geschuldete Basiszins, der das Entgelt für die zurückzuzahlende Kapitalbereitstellung darstellt, wird unter den „Sonstigen Aufwendungen“ (§ 48 RechVersV; Formblatt 2, II.5. RechVersV) ausgewiesen. Der Bonuszins als Entgelt für das übernommene Risiko des versicherungstechnisch bedingten Ausfalls der Zinszahlungen schlägt sich in „Sonstige versicherungstechnische Aufwendungen f. e. R.“ (§ 44 RechVersV; Formblatt 2, I.8. RechVersV) nieder.[572] Da es sich bei der Transaktion bei wirtschaftlicher Betrachtung mangels versicherungstechnischen Risikotransfers um keine Rückversicherung handelt, kommt ein Ausweis als „Abgegebene Rückversicherungsbeiträge“ wie bei einer Principal-at-Risk-Transaktion nicht in Betracht.

Unabhängig davon, ob das Schadenereignis eintritt oder nicht, werden die Kapitalanlage, in die der Emissionserlös investiert wurde, bis zum Laufzeitende gehalten und der Kapitalbetrag an die Investoren zurückgezahlt. Dabei wird die Anleiheverbindlichkeit erfolgsneutral gegen „Laufende Guthaben bei Kreditinstituten, Schecks und Kassenbestand“ (Formblatt 1, Aktivposten F.II. RechVersV) ausgebucht. Tritt das Schadenereignis nicht ein, sind zudem die in der Rückstellung für ungewisse Verbindlichkeiten akkumulierten Zinszahlungen erfolgsneutral gegen „Laufende Guthaben bei Kreditinstituten, Schecks und Kassenbestand“ (Formblatt 1, Aktivposten F.II. RechVersV) auszubuchen. Bei Eintritt des Schadenereignisses werden die als „Sonstige Rückstellung“ (Formblatt 1, Passivposten G.III. RechVersV) akkumulierten Basis- und Bonuszinsen erfolgsneutral in eine „Sonstige Verbindlichkeit“ (Formblatt 1, Passivposten I.V. RechVersV) gegenüber dem Sponsor umgebucht, in der dann auch die weiteren Zinsaufwendungen, die

570 Vgl. Abschnitt 5.2.1.1.2.

571 Vgl. Abschnitt 5.3.1.1.1.

572 Vgl. Horstkötter (2008), S. 206-208, S. 212-213. In der versicherungstechnischen Rechnung sind alle Aufwendungen und Erträge auszuweisen, die mit dem Versicherungsgeschäft (das versicherungstechnische Ergebnis ist das Geschäftsergebnis, das aus der Produktion und dem Absatz von Versicherungsschutz erzielt wird) im Zusammenhang stehen. Dies ist unabhängig von dem Bestehen des Risikotransfertests. Der Verzicht auf eine Aufteilung der Aufwendungen für die Risiko- und die Finanzierungskomponente erscheint aus Vereinfachungs- und Wesentlichkeitsgründen vertretbar; vgl. Horstkötter (2008), S. 213.

vom Zeitpunkt nach Eintritt des Schadenereignisses bis zum Laufzeitende der Anleihe anfallen, aufwandswirksam angesammelt werden. Am Laufzeitende wird der Gesamtbetrag der über die Laufzeit akkumulierten Zinsen von der Versicherungszweckgesellschaft an den Sponsor gezahlt und erfolgsneutral gegen „Laufende Guthaben bei Kreditinstituten, Schecks und Kassenbestand" (Formblatt 1, Aktivposten F.II. RechVersV) ausgebucht.

Aufwendungen, die bei der Versicherungszweckgesellschaft im Zuge der Emission und der laufenden Verwaltung anfallen, sind als „Sonstige Aufwendungen" (Formblatt 2, II.5. RechVersV; § 48 RechVersV) zu qualifizieren, sofern eine Aufteilung in einen versicherungstechnischen und einen nicht versicherungstechnischen Teil nicht möglich oder praktikabel ist.

5.3.1.1.3 Investition des Emissionserlöses in Kapitalanlagen

Während bei einer Ausgestaltung als Principal at Risk die Fungibilität der Kapitalanlage entscheidend ist, ist diese bei einer Coupon-at-Risk-Transaktion nicht relevant, da der Kapitalbetrag selbst bei Eintritt des Schadenereignisses erst am Laufzeitende an die Investoren zurückzuzahlen ist. Es bietet sich eine Investition in festverzinsliche Wertpapiere in Form von „Namensschuldverschreibungen" (Formblatt 1, Aktivposten III.4.a RechVersV) an, die wegen ihrer geringeren Fungibilität eine höhere Verzinsung erwarten lassen als „Inhaberschuldverschreibungen und andere Wertpapiere", die leichter gehandelt werden können.[573] Die Zinserträge aus der festverzinslichen Kapitalanlage sind unter „Erträge aus anderen Kapitalanlagen" (Formblatt 2, II.1.b RechVersV) auszuweisen und dienen dazu, mindestens die den Investoren geschuldeten periodischen Basiszinsaufwendungen zu erwirtschaften.[574] Die Bilanzierung der Zinsswapvereinbarung sowie die Bildung von Bewertungseinheiten erfolgen wie bei einer Principal-at-Risk-Transaktion.[575] Veräußerungsgewinne und -verluste treten bei einer Coupon-at-Risk-Transaktion i. d. R. nicht auf, da die festverzinsliche Kapitalanlage bis zum Laufzeitende gehalten wird.

---

573 Vgl. Horstkötter (2008), S. 175.

574 Der Bonuszins kann entweder durch eine Verzinsung der Kapitalanlage, die über dem Basiszins liegt, verdient werden oder muss durch das vom Sponsor geleistet Entgelt gedeckt sein.

575 Vgl. Abschnitt 5.2.1.1.3. Der Zinsswap dient bei einer Coupon-at-Risk-Transaktion allein der Absicherung des Bilanzwerts, hat jedoch anders als bei einer Principal-at-Risk-Transaktion keine Auswirkungen auf die Absicherung des Marktwerts im Hinblick auf eine Veräußerung, da der Coupon at Risk bis zum Laufzeitende gehalten wird.

5.3.1.2 Bewertung

5.3.1.2.1 Vertrag zwischen Sponsor und Versicherungszweckgesellschaft

Die „Sonstige Verbindlichkeit", die auf Seiten des Sponsors die Verpflichtung zur Zahlung des Entgelts für den nicht signifikanten Risikotransfer repräsentiert, ist für die Erst- und die Folgebewertung mit dem Rückzahlungsbetrag und bei der Versicherungszweckgesellschaft spiegelbildlich als Forderung mit ihren Anschaffungskosten anzusetzen und ist aufgrund ihrer Kurzfristigkeit nicht zu diskontieren. Die von der Versicherungszweckgesellschaft zu bildendende Rückstellung für ungewisse Verbindlichkeiten, die unter „Sonstige Rückstellungen" (Formblatt 1, Passivposten G.III. RechVersV) ausgewiesen wird, sowie die bei Eintritt des Schadenereignisses durch Umwidmung zu bildende „Sonstige Verbindlichkeit" (Formblatt 1, Passivposten I.V. RechVersV) zur Zahlung der bis zum Laufzeitende akkumulierten Basis- und Bonuszinsen an den Sponsor sind bei der Erst- und Folgebewertung jeweils mit ihrem Erfüllungsbetrag anzusetzen.[576]

5.3.1.2.2 Verpflichtungen der Versicherungszweckgesellschaft aus der Verbriefungstransaktion

Da die Anleihe unabhängig vom Eintritt des Schadenereignisses in jedem Fall bis zum Laufzeitende gehalten wird, könnte die Ausgestaltung als Nullkuponanleihe erfolgen. In diesem Fall ist der Ausgabebetrag geringer als der Rückzahlungs- bzw. der Erfüllungsbetrag, da die Zinsen und Zinseszinsen bereits internalisiert wurden. Der Unterschiedsbetrag darf jedoch nicht als Agio aktiviert werden und über die Laufzeit aufgelöst werden, da zum Abschlussstichtag nur der jeweilige Rückzahlungsbetrag geschuldet wird und die zukünftigen Zinsen ein nicht bilanzierungsfähiges schwebendes Geschäft darstellen.[577] Die Verbindlichkeit zur Rückzahlung des Kapitalbetrags wird somit in Höhe des Ausgabebetrags bewertet und durch die Effektivverzinsung, d. h. die Akkumulierung der periodisch fälligen Basis- und Bonuszinsen inklusive der darauf entfallenden Zinseszinseffekte, periodisch erhöht.[578] Bei einer Ausgestaltung als Nullkuponanleihe erhöhen die Basis- und Bonuszinsen die Verbindlichkeit, so dass eine Ausgestaltung der Verbriefungstransaktion bei der die Zinsen nicht vorab internalisiert werden, die Schadenverlaufsabhängigkeit der Zinsen besser abbildet. Diese Schadensverlaufsabhängigkeit kommt durch eine Rückstellung für ungewisse Verbindlichkeiten, die durch die Verbuchung der Basis- und Bonuszinsen periodisch erhöht wird, zum Ausdruck. Bei Schadeneintritt wird die zu bildende „Sonstige Verbindlichkeit" – in die die bis dahin in der Rückstellung für ungewisse Verbindlich-

---

576 Der Sponsor bilanziert jedoch aus dem Vertragsverhältnis mit den Versicherungsnehmern, das einen Versicherungsvertrag darstellt, eine Rückstellung für noch nicht abgewickelte Versicherungsfälle.

577 Vgl. Horstkötter (2008), S. 173.

578 Vgl. Kozikowski / Schubert (2012c), Rn. 65; Horstkötter (2008), S. 206-207.

keiten akkumulierten Zinsen umgebucht werden und in der die vom Zeitpunkt des Schadenereignisses bis zur Fälligkeit der Anleihe noch anfallenden Zinsen abgebildet werden – ebenfalls zum Erfüllungsbetrag, der den aufgelaufenen Zinsbeträgen entspricht, angesetzt.

5.3.1.2.3 Investition des Emissionserlöses in Kapitalanlagen

Die Bewertung der Namensschuldverschreibung erfolgt nach den Vorschriften des Anlagevermögens (§ 341b Abs. 1 S. 2 HGB). Demnach ist die Bewertung grundsätzlich zu fortgeführten Anschaffungskosten vorzunehmen, sofern nicht von dem Wahlrecht zur Nennwertbewertung (§ 341c Abs. 1 HGB) Gebrauch gemacht wird.[579] Im Fall der Nennwertbilanzierung ist der Unterschiedsbetrag zwischen Anschaffungskosten und Nennwert als Rechnungsabgrenzungsposten zu aktivieren (Nennwert < Anschaffungskosten) oder zu passivieren (Nennwert > Anschaffungskosten) und planmäßig über die Laufzeit erfolgswirksam aufzulösen (§ 341c Abs. 2 HGB). Die Bewertung nach den Vorschriften des Anlagevermögens verlangt eine Bilanzierung nach dem gemilderten Niederstwertprinzip, nach dem eine Wertminderung nur bei vermutlich dauerhafter Wertminderung gefordert ist.[580] Da es sich bei der Namensschuldverschreibung um eine Finanzanlage handelt, darf wahlweise durch eine außerplanmäßige Abschreibung der niedrigere beizulegende Wert am Abschlussstichtag angesetzt werden (§ 253 Abs. 3 S. 4 HGB i. V. m. § 341b Abs. 1 S. 3 HGB), die erfolgswirksam unter „Abschreibungen auf Kapitalanlagen" (Formblatt 2, II.2.b RechVersV) zu verbuchen ist. Zuschreibungen sind maximal bis zu den fortgeführten Anschaffungskosten vorzunehmen (§ 253 Abs. 5 HGB) und unter „Erträge aus Zuschreibungen" auszuweisen (Formblatt 2, II.1.c RechVersV).[581] Ein Wertansatz über den fortgeführten Anschaffungskosten ist jedoch aufgrund des Realisationsprinzips nicht zulässig. Die Bewertung des Zinsswaps erfolgt wie bei einer Principal-at-Risk-Transaktion, wobei im Fall der Bildung einer Bewertungseinheit nur dauerhafte Wertminderungen durch den Swap kompensiert werden, da die zugrundeliegende Namensschuldverschreibung nach dem gemilderten Niederstwertprinzip bewertet wird.

5.3.1.3 Angaben

5.3.1.3.1 Vertrag zwischen Sponsor und Versicherungszweckgesellschaft

Im Unterschied zu einem Principal at Risk handelt es sich bei einem Coupon at Risk bilanziell nicht um einen Rückversicherungsvertrag, so dass das vom Sponsor geleistete Entgelt keine Rückversicherungsprämie, sondern „Sonstige versicherungstechnische Aufwendungen f. e. R" darstellt. Somit sind im Unterschied zu einem

579 Vgl. Rockel et al. (2012), S. 48-49.

580 Vgl. Abschnitt 4.3; Kozikowski / Kreher (2012a), Rn. 350-352; Ellenbürger / Hammers (2012a), Rn. 91.

581 Vgl. Hall / Harth / Kessler (2009), S. 158-159.

Principal at Risk bei der Versicherungszweckgesellschaft keine weiteren Angaben und Aufteilungen der gebuchten Bruttobeiträge erforderlich (§ 51 RechVersV) und auch keine Erläuterungen zu den Methoden der Ermittlung der versicherungstechnischen Rückstellungen gefordert (§ 52 RechVersV), da aus dem Vertragsverhältnis zwischen Sponsor und Versicherungszweckgesellschaft keine versicherungstechnischen Rückstellungen gebildet werden. Die bei Eintritt des Schadenereignisses bei der Versicherungszweckgesellschaft zu bildende „Sonstige Verbindlichkeit" (Formblatt 1, Passivposten I.V. RechVersV), die aus der Umwidmung der Rückstellung für ungewisse Verbindlichkeiten resultiert, kann aus Gründen der Klarheit in einem Verbindlichkeitenspiegel berücksichtigt werden, der zwischen Restlaufzeiten von bis zu einem Jahr, zwischen ein und fünf Jahren sowie mehr als fünf Jahren unterscheidet (§ 268 Abs. 5 HGB, § 285 Nr. 1 u. Nr. 2 HGB).[582] Die Rückstellung für ungewisse Verbindlichkeiten wird im Posten „Sonstige Rückstellungen" (Formblatt 1, Passivposten G.III. RechVersV) ausgewiesen und ist zu erläutern, wenn sie nicht bereits in der Bilanz gesondert ausgewiesen wird und einen nicht unerheblichen Umfang hat (§ 285 Nr. 12 HGB).[583] Generell sind die angewandten Bilanzierungs- und Bewertungsmethoden für die Posten der Bilanz und der Gewinn- und Verlustrechnung anzugeben, soweit diese Informationen für das Verständnis und die Beurteilung der Vermögens-, Finanz- und Ertragslage erforderlich sind (§ 284 Abs. 2 Nr. 1 HGB). Die Angaben für die Lageberichterstattung nach § 289 HGB gelten entsprechend.[584]

5.3.1.3.2 Verpflichtungen der Versicherungszweckgesellschaft aus der Verbriefungstransaktion

Die Angaben entsprechen im Wesentlichen denen aus dem Vertragsverhältnis zwischen Sponsor und Versicherungszweckgesellschaft. Die Anleihe stellt eine Verbindlichkeit der Versicherungszweckgesellschaft dar, die – sofern die Restlaufzeit mehr als fünf Jahre beträgt – im Anhang im Rahmen der Berichterstattung über den Gesamtbetrag der Verbindlichkeiten und der gesicherten Verbindlichkeiten zu berücksichtigen ist und die in dem in der RechVersV vorgeschriebenen Gliederungsschema im Rahmen der Erstellung eines Verbindlichkeitenspiegels aufzugliedern ist (§ 285 Nr. 1 u. Nr. 2 HGB). Die periodisch anfallenden Zinsaufwendungen werden bis zum Eintritt des Schadenereignisses als Rückstellung für ungewisse Verbindlichkeiten unter „Sonstige Rückstellungen" (Formblatt 1, Passivposten G.III. RechVersV) ausgewiesen, die zu erläutern ist, sofern der Posten einen nicht unerheblichen Umfang hat und nicht bereits in der Bilanz gesondert ausgewiesen wird (§ 285 Nr. 12 HGB). Zudem gilt wie auch im Vertragsverhältnis zwischen

582 Vgl. Ellrott (2012b), Rn. 18.

583 Die Veröffentlichung eines Rückstellungsspiegels, aus dem die Entwicklung der Rückstellungen einschließlich der Effekte aus Auf- und Abzinsung hervorgeht, wird in der Gesetzesbegründung des BilMoG lediglich empfohlen.

584 Vgl. Abschnitt 5.2.1.3.1.

Sponsor und Versicherungszweckgesellschaft, dass die Bilanzierungs- und Bewertungsmethoden zu erläutern sind, sofern sie für das Verständnis und die Beurteilung der Vermögens-, Finanz- und Ertragslage erforderlich sind (§ 284 Abs. 2 Nr. 1 HGB).

5.3.1.3.3 Investition des Emissionserlöses in Kapitalanlagen

In Bezug auf die von der Versicherungszweckgesellschaft gehaltenen Kapitalanlagen kann aufgrund der Bewertung der Namensschuldverschreibung nach den Vorschriften des Anlagevermögens bzw. bei einer Bilanzierung zum Nennwert eine Angabe erforderlich sein, weshalb eine Bewertung über dem beizulegenden Zeitwert erfolgt. Eine Bewertung über dem beizulegenden Zeitwert könnte bspw. auftreten, wenn eine außerplanmäßige Abschreibung bei Anwendung des gemilderten Niederstwertprinzips unterblieben ist. Zudem sind die Gründe zu nennen, warum die Abschreibung unterlassen wurde und die Anhaltspunkte, die darauf hindeuten, dass die Wertminderung nicht dauerhaft ist. Der beizulegende Zeitwert ist zusammen mit dem Buchwert des einzelnen finanziellen Vermögensgegenstands bzw. angemessener Gruppierungen im Anhang anzugeben (§ 285 Nr. 18 HGB, § 54 RechVersV i. V. m. § 56 RechVersV). Zudem ist bei einer Bilanzierung der Namensschuldverschreibung zum Nennwert der Unterschiedsbetrag in der Bilanz oder im Anhang in seiner Höhe gesondert anzugeben (§ 341c Abs. 2 HGB). Ferner sind bei der Bildung von Bewertungseinheiten Angaben zu der betragsmäßigen Höhe des Grundgeschäfts, der Höhe und Art der abgesicherten Risiken sowie zu den Gründen, dem Umfang und dem Zeitraum des erwarteten Ausgleichs der Wertänderungen einschließlich der Methoden zur Ermittlung der Effektivität zu machen (§ 285 Nr. 23 HGB). Die Angaben für die Lageberichterstattung nach § 289 HGB gelten entsprechend.[585]

5.3.1.4 Buchungsbeispiel

Das folgende Buchungsbeispiel basiert auf dem Buchungsbeispiel der Principal-at-Risk-Transaktion nach HGB in Abschnitt 5.2.1.4.[586]

Im Zeitpunkt t_0 (Beginn des ersten Geschäftsjahres und Zeitpunkt der Emission der Anleihe) haben sowohl der Sponsor als auch die Versicherungszweckgesellschaft (ISPV) jeweils ein Eigenkapital von 500.000 GE, dem jeweils derselbe Betrag als „Guthaben bei Banken" gegenübersteht. In t_0 verbucht der Sponsor die Einmalprämie i. H. v. 20.000 GE als Entgelt für den Risikotransfer unter „Sonstige versicherungstechnische Aufwendungen" – auch wenn der Risikotransfer mangels Übertragung von

585 Vgl. Abschnitt 5.2.1.3.3.

586 Aus Gründen der Übersichtlichkeit werden bei dem Coupon-at-Risk-Buchungsbeispiel die im Rahmen des Zinsswaps anfallenden periodischen Ausgleichszahlungen nicht dargestellt. Der Betrag der Rückstellung für noch nicht abgewickelte Versicherungsfälle auf Seiten des Sponsors beträgt 450.000 GE statt 500.000 GE wie bei der Principal-at-Risk-Transaktion.

Zahlungszeitpunktrisiko nicht signifikant ist (a) und von der Versicherungszweckgesellschaft als „Sonstige versicherungstechnische Erträge" vereinnahmt wird (b). Das ISPV emittiert die Anleihe, wobei dem Zufluss liquider Mittel durch den Emissionserlös i. H. v. 100.000 GE unter „Guthaben bei Banken" eine „Sonstige Verbindlichkeit" in gleicher Höhe gegenübersteht (c). Der Emissionserlös wird in Namensschuldverschreibungen investiert (d), die nach den für das Anlagevermögen geltenden Vorschriften bewertet werden.

Bilanz Sponsor (t_0)			
Aktiva			Passiva
Guthaben bei Banken	500.000	Eigenkapital	500.000
	(a) -20.000	Jahresüberschuss/-fehlbetrag	-20.000
Bilanzsumme	480.000	Bilanzsumme	480.000

GuV Sponsor (t_0)			
Soll			Haben
Sonstige versicherungstechnische Aufwendungen	(a) 20.000	Jahresüberschuss/-fehlbetrag	20.000
	–		–

Bilanz ISPV (t_0)			
Aktiva			Passiva
Guthaben bei Banken	480.000	Eigenkapital	480.000
	(b) +20.000	Jahresüberschuss/-fehlbetrag	20.000
	(c) +100.000		
	(d) -100.000		
Namensschuldverschreibungen	(d) 100.000	Sonstige Verbindlichkeiten	(c) 100.000
Bilanzsumme	600.000	Bilanzsumme	600.000

GuV ISPV (t_0)			
Soll			Haben
Jahresüberschuss/-fehlbetrag	20.000	Sonstige versicherungstechnische Erträge	(b) 20.000
	–		–

Die fixen Zinseinnahmen aus der festverzinslichen Namensschuldverschreibung werden mittels eines Zinsswaps in variable Zinsen gewandelt. Da es sich bei dem

Swap-Vertrag um ein ausgeglichenes schwebendes Geschäft handelt, wird dieser Vorgang im Zugangszeitpunkt bilanziell nicht erfasst.[587]

Im Zeitpunkt t_1 (Ende des ersten Geschäftsjahres) fallen beim Sponsor keine weiteren Buchungen an. Das ISPV vereinnahmt aus der Namensschuldverschreibung laufende Zinserträge i. H. v. 3.000 GE pro Jahr, wobei die Zinserträge der Kapitalanlage gutgeschrieben werden (e). Das ISPV verbucht in einer „Sonstigen Rückstellung" die den Investoren geschuldeten Zinsen von 8.000 GE (Basiszins 3.000 GE, Bonuszins 5.000 GE) (f), die als „Sonstige Aufwendungen" (Basiszins) bzw. „Sonstige versicherungstechnische Aufwendungen" (Bonuszins) erfasst werden. Der Zinsanstieg von t_0 auf t_1 führt zu keiner Abwertung der Namensschuldverschreibung, die zu fortgeführten Anschaffungskosten gemäß dem gemilderten Niederstwertprinzip bewertet wird, da es sich hierbei um keine dauerhafte Wertminderung handelt.

Bilanz ISPV (t_1)

Aktiva			Passiva
Guthaben bei Banken	500.000	Eigenkapital	500.000
		Jahresüberschuss/-fehlbetrag	-5.000
Namensschuldverschreibungen	100.000 (e) +3.000	Sonstige Rückstellungen	(f) 8.000
		Sonstige Verbindlichkeiten	100.000
Bilanzsumme	603.000	Bilanzsumme	603.000

GuV ISPV (t_1)

Soll			Haben
Sonstige versicherungstechnische Aufwendungen	(f) 5.000	Erträge aus anderen Kapitalanlagen (Namensschuldverschreibungen)	(e) 3.000
Sonstige Aufwendungen	(f) 3.000	Jahresüberschuss/-fehlbetrag	5.000
	–		–

Im Zeitpunkt t_2 (Ende des zweiten Geschäftsjahres) tritt das Schadenereignis ein. Aus dem Vertragsverhältnis mit den Versicherungsnehmern bilanziert der Sponsor erfolgswirksam eine „Rückstellung für noch nicht abgewickelte Versicherungsfälle"

587 Eine Bewertungseinheit aus festverzinslicher Kapitalanlage und Swap-Vertrag wird in diesem Beispiel nicht gebildet, da die Kapitalanlage bis zum Laufzeitende gehalten wird, zu fortgeführten Anschaffungskosten gemäß dem gemilderten Niederstwertprinzip bewertet wird, und Wertänderungen, die im Fall einer Principal-at-Risk-Transaktion den Veräußerungserlös beeinflussen würden, bei einer Coupon-at-Risk-Transaktion keine Rolle spielen.

i. H. v. 450.000 GE (g). Da das Vertragsverhältnis mit der Versicherungszweckgesellschaft keinen Rückversicherungsvertrag darstellt, aktiviert der Sponsor ertragswirksam eine „Sonstige Forderung“ i. H. d. Emissionserlöses zuzüglich der bisher angefallenen Basis- und Bonuszinsen sowie der darauf entfallenden Zinseszinsen i. H. v. 8.000 GE (t_1) und 8.348 GE (t_2) (h).

Bilanz Sponsor (t_2)			
Aktiva			Passiva
Guthaben bei Banken	480.000	Eigenkapital	480.000
		Jahresüberschuss/ -fehlbetrag	-433.652
Sonstige Forderung	(h) 16.348	Rückstellung für noch nicht abgewickelte Versicherungsfälle – brutto	(g) 450.000
Bilanzsumme	496.348	Bilanzsumme	496.348

GuV Sponsor (t_2)			
Soll			Haben
Veränderung der Rückstellung für noch nicht abgewickelte Versicherungsfälle – brutto	(g) 450.000	Sonstige Erträge	(h) 16.348
		Jahresüberschuss/ -fehlbetrag	433.652
	–		–

Das ISPV verbucht – jeweils einschließlich des Zinseszinseffekts – den Basiszins i. H. v. 3.193 GE (100.000 GE • 3,10 % + 3.000 GE • 3,10 %) und den Bonuszins i. H. v. 5.155 GE (100.000 GE • 5,00 % + 5.000 GE • 3,10 %) der zweiten Periode gegen die „Sonstigen Rückstellung“ (i) und klassifiziert die Beträge erfolgsneutral in eine „Sonstige Verbindlichkeit“ um (j). Zudem vereinnahmt das ISPV die Verzinsung des um den Zinsertrag der ersten Periode erhöhten Betrags der Namensschuldverschreibung (103.000 GE • 3,10 %) i. H. v. 3.193 GE.

Bilanz ISPV (t_2)

Aktiva			Passiva
Guthaben bei Banken	500.000	Eigenkapital	495.000
		Jahresüberschuss/ -fehlbetrag	-5.155
Namensschuldverschreibungen	103.000 (j) +3.193	Sonstige Rückstellungen	8.000 (i) +8.348 (j) -16.348
		Sonstige Verbindlichkeiten	100.000 (j) +16.348
Bilanzsumme	606.193	Bilanzsumme	606.193

GuV ISPV (t_2)

Soll			Haben
Sonstige versicherungstechnische Aufwendungen	(i) 5.155	Erträge aus anderen Kapitalanlagen (Namensschuldverschreibungen)	(j) 3.193
Sonstige Aufwendungen	(i) 3.193	Jahresüberschuss/ -fehlbetrag	5.155
	–		–

In t_3 (Ende des dritten Geschäftsjahres) zahlt der Sponsor die Entschädigungszahlung i. H. v. 450.000 GE an die Versicherungsnehmer aus (k) und löst die Rückstellung für noch nicht abgewickelt Versicherungsfälle erfolgswirksam auf (l). Zudem erfasst er ertragswirksam die Basis- und Bonuszinsen i. H. v. 8.642 GE aus t_3 einschließlich der darauf entfallenden Zinseszinsen, wobei der Basiszins 3.324 GE (100.000 GE • 3,13 % + 6.193 GE • 3,13 %) und der Bonuszins 5.318 GE (100.000 GE • 5,00 % + 10.155 • 3,13 %) beträgt (m).

Bilanz Sponsor (t_3)

Aktiva			Passiva
Guthaben bei Banken	480.000 (k) -450.000	Eigenkapital Jahresüberschuss/-fehlbetrag	46.348 8.642
Sonstige Forderung	16.348 (m) +8.642	Rückstellung für noch nicht abgewickelte Versicherungsfälle – brutto	450.000 (l) -450.000
Bilanzsumme	54.990	Bilanzsumme	54.990

GuV Sponsor (t_3)

Soll			Haben
Zahlungen für Versicherungsfälle – brutto	(k) 450.000	Veränderung der Rückstellung für noch nicht abgewickelte Versicherungsfälle – brutto	(l) 450.000
Jahresüberschuss/-fehlbetrag	8.642	Sonstige Erträge	(m) 8.642
	–		–

Das ISPV vereinnahmt jeweils in t_3 die periodischen Zinsen und Zinseszinsen aus der festverzinslichen Kapitalanlage i. H v. 3.186 GE (106.193 GE • 3,00 %) (n) und akkumuliert die variable Verzinsung in t_3 aus Basis- und Bonuszins in einer „Sonstigen Verbindlichkeit“ gegenüber dem Sponsor (o).

Bilanz ISPV (t_3)			
Aktiva			Passiva
Guthaben bei Banken	500.000	Eigenkapital	489.845
		Jahresüberschuss/ -fehlbetrag	-5.456
Namensschuldverschreibungen	106.193 (n) +3.186	Sonstige Verbindlichkeiten	116.348 (o) +8.642
Bilanzsumme	609.379	Bilanzsumme	609.379

GuV ISPV (t_3)			
Soll			Haben
Sonstige versicherungstechnische Aufwendungen	(o) 5.318	Erträge aus anderen Kapitalanlagen (Namensschuldverschreibungen)	(n) 3.186
Sonstige Aufwendungen	(o) 3.324	Jahresüberschuss/ -fehlbetrag	5.456
	–		–

In t_4 (Ende des vierten Geschäftsjahres und Laufzeitende) verbucht der Sponsor die Basis- und Bonuszinsen der vierten Periode einschließlich der Zinseszinsen i. H. v. 8.450 GE, wobei auf den Basiszins 3.023 GE (100.000 GE • 2,76 % + 9.517 GE • 2,76 %) und auf den Bonuszins 5.427 GE (100.000 GE • 5,00 % + 15.473 • 2,76 %) entfallen (p) und bucht bei Empfang der Zahlung vom ISPV die „Sonstige Forderung" gegen „Guthaben bei Banken" aus (q).

Bilanz Sponsor (t_4)			
Aktiva			Passiva
Guthaben bei Banken	30.000 (q) +33.440	Eigenkapital	54.990
		Jahresüberschuss/ -fehlbetrag	8.450
Sonstige Forderung	24.990 (p) +8.450 (q) -33.440		
Bilanzsumme	63.440	Bilanzsumme	63.440

GuV Sponsor (t_4)			
Soll			Haben
Jahresüberschuss/ -fehlbetrag	8.450	Sonstige Erträge	(p) 8.450
	–		–

Das ISPV verbucht die Basis- und Bonuszinsen der vierten Periode i. H. v. insgesamt 8.450 GE (r). Zudem werden die periodischen Zinserträge aus der Namensschuldverschreibung einschließlich der Zinseszinsen vereinnahmt (s). Am Periodenende bzw. dem Fälligkeit der Namensschuldverschreibung wird der Buchwert der Namensschuldverschreibung einschließlich der akkumulierten Zinsen gegen „Guthaben bei Banken“ ausgebucht (t). Der durch die Emission aufgenommene Kapitalbetrag i. H. v. 100.000 GE wird an die Investoren zurückgezahlt und die „Sonstige Verbindlichkeit“ um diesen Betrag reduziert (u). Die akkumulierten Basis- und Bonuszinsen werden am Laufzeitende an den Sponsor gezahlt, so dass die „Sonstige Verbindlichkeit“ vollständig aufgelöst wird (v).

Bilanz ISPV (t_4)

Aktiva			Passiva
Guthaben bei Banken	500.000 (t) 112.660 (u) -100.000 (v) -33.440	Eigenkapital Jahresüberschuss/ -fehlbetrag	484.389 -5.169
Namensschuldverschreibungen	109.379 (s) +3.281 (t) -112.660	Sonstige Verbindlichkeiten	124.990 (r) +8.450 (u) -100.000 (v) -33.440
Bilanzsumme	479.220	Bilanzsumme	479.220

GuV ISPV (t_4)

Soll			Haben
Sonstige versicherungstechnische Aufwendungen	(r) 5.427	Erträge aus anderen Kapitalanlagen (Namensschuldverschreibungen)	(s) 3.281
Sonstige Aufwendungen	(r) 3.023	Jahresüberschuss/ -fehlbetrag	5.169
	–		–

5.3.2 Vorschriften nach IFRS

5.3.2.1 Ansatz und Ausweis

5.3.2.1.1 Vertrag zwischen Sponsor und Versicherungszweckgesellschaft

Wie nach den handelsrechtlichen Vorschriften erfüllt der Coupon at Risk auch nach IFRS bzw. US-GAAP nicht die Anforderungen an einen Rückversicherungsvertrag, da durch die Transaktion kein Zahlungszeitpunktrisiko i. S. e. zeitnahen

Entlastung durch die Investoren übertragen wird.[588] Die IFRS wie auch die US-GAAP sehen in diesem Fall die Anwendung der Einlagenbilanzierung (Deposit Accounting) vor (IFRS 4.B20, ASC 340-30-25-1).[589] Da IFRS 4 jedoch für Verträge, die mangels signifikanten Risikotransfers keinen Rückversicherungsvertrag i. S. d. Standards darstellen, explizit auf IAS 39 bzw. IFRS 9 verweist, hat die Bilanzierung nach diesen IFRS und nicht nach US-GAAP zu erfolgen, die aufgrund der in IFRS 4 eingeräumten Möglichkeit zu Fortführung von anerkannten Bewertungsmethoden für Rückversicherungsverträge mit signifikantem Risikotransfer anwendbar sind. Der Sponsor verbucht die gezahlte Prämie nicht aufwandswirksam, sondern aktiviert einen finanziellen Vermögenswert (Deposit Asset), während die Versicherungszweckgesellschaft die erhaltene Zahlung nicht ertragswirksam verbucht, sondern eine finanzielle Verbindlichkeit (Deposit Liability) ansetzt (IFRS 4.B20, ASC 340-30-30-1). Die US-GAAP können dennoch zur Konkretisierung dieser allgemein gehaltenen Vorschrift dienen, solange sie nicht im Widerspruch zu IAS 39 bzw. IFRS 9 stehen. Demnach hat der Sponsor bei einem Risikotransfer, der nur signifikantes Zahlungshöherisiko beinhaltet, das Deposit in Höhe des Teils der Rückversicherungsprämie zu aktivieren, für den noch kein Deckungsschutz erbracht wurde.[590] Insofern ist das gesamte zu Vertragsbeginn fällige Entgelt für den Rückversicherungsschutz erfolgsneutral zu aktivieren und in den Folgeperioden erfolgswirksam zu reduzieren. Diese Amortisation könnte als „Sonstige versicherungstechnische Aufwendungen" verbucht werden. Tritt das Schadenereignis ein, erhöht der Sponsor das Deposit um den Barwert der zukünftigen Zahlungen der Versicherungszweckgesellschaft, wobei die Gegenbuchung ertragswirksam unter „Zahlungen für Versicherungsfälle – Anteil der Rückversicherer" verbucht wird (ASC 340-30-35-5, ASC 340-30-45-3, ASC 340-30-55-8 bis ASC 340-30-55-11) und so die eigenen Bruttoaufwendungen aus den Erstversicherungsverträgen kompensiert werden. Die Verbuchung bei der Versicherungszweckgesellschaft erfolgt spiegelbildlich als Verbindlichkeit, die sich bei schadenfreiem Verlauf über die Vertragslaufzeit hinweg reduziert und bei Schadeneintritt in Höhe des Barwerts der zu leistenden Zahlungen erhöht. Bei der Ermittlung des Barwerts ist der risikolose Zins von Staatsanleihen mit ähnlichen Zahlungsstromcharakteristika anzuwenden (ASC 340-30-35-6).

Durch ED/2013/7 ergibt sich im Hinblick auf die bilanzielle Behandlung von Coupon-at-Risk-Transaktionen die Besonderheit, dass das Zahlungszeitpunktrisiko kein zwingendes Kriterium mehr für die Beurteilung ist, ob signifikantes Versicherungsrisiko übertragen wird (ED/2013/7.BCA156b).[591] Es kommt lediglich darauf an, ob unter Berücksichtigung des Zeitwerts des Geldes ein signifikanter Verlust

---

588 Vgl. Abschnitt 5.1.

589 Das Vertragsverhältnis zu den Versicherungsnehmern bleibt davon jedoch unberührt, so dass der Sponsor Erstversicherungsverträge, die die Voraussetzungen des IFRS 4 erfüllen, auch als solche bilanziert.

590 Vgl. Rockel et al. (2012), S. 311-312.

591 Vgl. Abschnitt 4.2.2.2.

für den Rückversicherer hinreichend wahrscheinlich ist. Diese Anforderung kann aufgrund der Übernahme von Zahlungshöherisiko in Form der akkumulierten Zinszahlungen aus der Anleihe, die den wahrscheinlichen Verlust repräsentieren, als erfüllt betrachtet werden. Insofern lassen die Hinweise in ED/2013/7 erkennen, dass auch ein Coupon at Risk zukünftig die Voraussetzung für eine Bilanzierung als Rückversicherungsvertrag erfüllen kann. Die bilanzielle Behandlung der Transaktion zwischen Sponsor und Versicherungszweckgesellschaft erfolgt dann analog zu der bei einem Principal at Risk.[592]

5.3.2.1.2 Verpflichtungen der Versicherungszweckgesellschaft aus der Verbriefungstransaktion

Durch die fehlende Übertragung von signifikantem Zahlungshöherisiko stellt die Verbriefungstransaktion, wie auch die Vertragsbeziehung zwischen Sponsor und Versicherungszweckgesellschaft, nach dem derzeit gültigen Regelungsstand von IFRS 4 bilanziell keinen Rückversicherungsvertrag dar (IFRS 4.B19a),[593] da die Investoren lediglich signifikantes Zahlungshöherisiko in Form des möglichen Ausfalls der kumulierten Zinszahlungen übernehmen, jedoch keine zeitnahe Entlastung gewährleistet ist. Bei der Transaktion handelt es sich bei wirtschaftlicher Betrachtung aber auch nicht um ein Finanzinstrument, in das ein Versicherungsvertrag eingebettet ist und für das – anders als bei in Finanzinstrumente eingebetteten Derivaten – keine getrennte Bilanzierung nach IAS 39/IFRS 9 vorzunehmen wäre. Wie im Vertragsverhältnis zwischen Sponsor und Versicherungszweckgesellschaft sind die Vorschriften des Deposit Accounting anzuwenden, die eine Bilanzierung der Transaktion nach IAS 39/IFRS 9 vorsehen. Während der Basiszins das Entgelt für die Kapitalbereitstellung durch die Investoren darstellt, ist der Bonuszins das Entgelt für das übernommene versicherungstechnische Risiko, auch wenn dieses nicht signifikant ist. Die Zinsen fallen jedoch nachschüssig an und werden den Investoren auch nicht unmittelbar gezahlt bzw. gutgeschrieben, so dass sie sich in diesem Punkt von der klassischen Rückversicherungsprämie, die i. d. R. vorschüssig für die Bereitstellung von Versicherungsschutz gezahlt wird, unterscheiden. Insofern würde auch keine Amortisation der Prämie anfallen, die erforderlich ist, um den versicherungstechnischen Vermögenswert mit dem Betrag anzusetzen, für den noch kein Deckungsschutz erbracht wurde.[594] Vor diesem Hintergrund wäre es sachgerecht, den Bonuszins einschließlich darauf entfallender Zinseszinseffekte periodisch aufwandswirksam als „Sonstige versicherungstechnische Aufwendungen“ und den Basiszins einschließlich darauf entfallender Zinseszinseffekte für die Kapitalbereitstellung als „Sonstige nicht versicherungstechnische Aufwendungen“ zu verbuchen. Bis zur Fälligkeit der Anleihe sind sowohl die Basiszinsen als auch die Bonuszinsen

---

592 Vgl. Abschnitt 5.2.2.1; Abschnitt 5.2.2.2; Abschnitt 5.2.2.3.

593 IFRS 4.B19 enthält Beispiele für Transaktionen, die bilanziell keinen (Rück-) Versicherungsvertrag darstellen.

594 Vgl. Abschnitt 4.2.2.1.

– wie bei einer Bilanzierung nach HGB – in einer Rückstellung zu akkumulieren, da es sich um keine sichere Verpflichtung gegenüber den Investoren handelt. Die Versicherungszweckgesellschaft schuldet bei Laufzeitende die über die Laufzeit der Anleihe akkumulierten Basis- und Bonuszinsen entweder den Investoren (bei schadenfreiem Verlauf) oder dem Sponsor (bei Eintritt des Schadenereignisses). Die Ausbuchung der Verbindlichkeit erfolgt in beiden Fällen erfolgsneutral gegen „Guthaben bei Banken".[595] Die Trennung der Verzinsung in eine versicherungstechnische und eine nicht versicherungstechnische Ergebniskomponente für den Ausweis in der Gewinn- und Verlustrechnung fördert die Transparenz der Berichterstattung. Jedoch lässt sich die Entflechtung der Komponenten nicht aus IFRS 4 ableiten, da diese Vorschriften nur für in Versicherungsverträge eingebettete Einlagen gelten (IFRS 4.10), aber eine Coupon-at-Risk-Transaktion mangels Transfer von signifikantem Versicherungsrisiko bereits keinen Rückversicherungsvertrag i. S. d. IFRS 4 darstellt.

Wie auch im Vertragsverhältnis zwischen Sponsor und Versicherungszweckgesellschaft lassen die Ausführungen in ED/2013/7 erkennen, dass zukünftig bei Vorliegen der Voraussetzungen eine Bilanzierung der Transaktion als Rückversicherung erfolgen soll, was eine Bilanzierung wie bei einer Principal-at-Risk-Transaktion nach sich ziehen würde.[596]

5.3.2.1.3 Investition des Emissionserlöses in Kapitalanlagen

Nach IAS 39 bietet sich eine Einordnung der Namensschuldverschreibung in die Kategorie „Darlehen und Forderungen" an, was eine Bewertung der Kapitalanlage zu fortgeführten Anschaffungskosten impliziert. Dies verlangt allerdings, dass das Finanzinstrument nicht auf einem aktiven Markt gehandelt wird und dass feste und klar determinierbare Zahlungen vorliegen.[597] Wird das Finanzinstrument auf einem aktiven Markt gehandelt, kann die Einordnung in die Kategorie „bis zur Endfälligkeit gehaltene Finanzinstrumente" erfolgen. Die Kapitalanlage ist bis zu ihrer Fälligkeit von der Versicherungszweckgesellschaft zu aktivieren und dann auszubuchen. Veräußerungsgewinne bzw. -verluste werden nicht anfallen, da die Anleihe bis zum Laufzeitende gehalten wird. Während der Vertragslaufzeit auftretende Wertänderungen werden dabei nur bei Erfüllung bestimmter Kriterien erfasst.[598] Die Zinserträge sind im Kapitalanlageergebnis auszuweisen. Auch nach IFRS 9 ist ein Ansatz der Namensschuldverschreibung zu fortgeführten Anschaffungskosten möglich, da sowohl die subjektive als auch die objektive

595 Die Anleihe könnte bei einer Coupon-at-Risk-Transaktion unter „Finanzielle Verbindlichkeiten für Insurance-Linked Securities" ausgewiesen werden, um die Natur der Transaktion widerzuspiegeln.

596 Vgl. Abschnitt 5.2.2.1.2.

597 Vgl. Abschnitt 4.3.2.1.

598 Vgl. Abschnitt 4.3.2.1.

Voraussetzung dafür erfüllt sind.[599] Der Zinsswap, durch den die von der Versicherungszweckgesellschaft aus der Namensschuldverschreibung vereinnahmten fixen Zinszahlungen gegen variable getauscht werden, sichert zugleich den Wert der Namensschuldverschreibung ab. In diesem Fall werden die gegenläufigen Wertänderungen der Namensschuldverschreibung und des Zinsswaps in der Gewinn- und Verlustrechnung erfasst. Wird keine Sicherungsbeziehung gebildet, wird der Zinsswap erfolgswirksam zum beizulegenden Zeitwert bewertet, so dass sämtliche Wertänderungen unmittelbar ergebniswirksam werden, während sich bei Namensschuldverschreibungen wegen der Bewertung zu fortgeführten Anschaffungskosten nur dauerhafte oder sehr gravierende Wertminderungen ergebniswirksam niederschlagen. Da die Namensschuldverschreibung bis zum Laufzeitende gehalten wird und nicht vorher veräußert werden muss, ist der Effekt der Wertabsicherung bei einer Coupon-at-Risk-Transaktion von untergeordneter Bedeutung.

5.3.2.2 Bewertung

5.3.2.2.1 Vertrag zwischen Sponsor und Versicherungszweckgesellschaft

Da die Vertragsbeziehung zwischen Sponsor und Versicherungszweckgesellschaft mangels Transfer von Zahlungshöherisiko keinen Rückversicherungsvertrag darstellt, verlangt IFRS 4 die Anwendung der Vorschriften des Deposit Accounting i. S. d. IAS 39 bzw. IFRS 9. Mangels konkretisierender Hinweise können die Vorschriften der US-GAAP herangezogen werden, sofern sie nicht im Widerspruch zu IAS 39 bzw. IFRS 9 stehen. Demnach hat der Sponsor das als finanziellen Vermögenswert anzusetzende Deposit bei der Erstbewertung in Höhe der geschuldeten Rückversicherungsprämie zu aktivieren. In den Folgeperioden ist der finanzielle Vermögenswert entsprechend der sich über die Vertragslaufzeit vermindernden Dauer des Versicherungsschutzes erfolgswirksam zu reduzieren („Sonstige versicherungstechnische Aufwendungen“), da das Deposit nur in der Höhe der Prämie angesetzt werden soll, für die noch kein Deckungsschutz erbracht wurde.[600]

Bei Eintritt des Schadenereignisses ist der Buchwert des Deposit Asset erfolgswirksam um den Barwert der zukünftigen Schadenzahlungen, d. h., der bis dato bei der Versicherungszweckgesellschaft akkumulierten und bis Vertragsende noch erwarteten Zinsbeträge, zu erhöhen. In den Folgeperioden ist der Buchwert des Deposit jeweils um den Betrag, der der risikolosen Verzinsung entspricht, aufzuzinsen, bis er zum Zeitpunkt der Fälligkeit der von der Versicherungszweckgesellschaft erwarteten Schadenzahlung entspricht. Die Bewertung der finanziellen Verbindlichkeit (Deposit Liability) bei der Versicherungszweckgesellschaft erfolgt spiegelbildlich.

599 Vgl. Abschnitt 4.3.2.2.
600 Vgl. Abschnitt 4.2.2.1.

5.3.2.2.2 Verpflichtungen der Versicherungszweckgesellschaft aus der Verbriefungstransaktion

Die Verpflichtung zur Kapitalrückzahlung stellt bei einer Coupon-at-Risk-Transaktion eine finanzielle Verbindlichkeit i. S. d. IAS 39 bzw. IFRS 9 dar. Die Bewertung erfolgt im Zugangszeitpunkt zum beizulegenden Zeitwert, der den Anschaffungskosten inkl. Transaktionskosten bzw. dem vereinnahmten Betrag entspricht (IAS 39.43).[601] In den Folgeperioden erfolgt nach IAS 39 eine Bewertung zu fortgeführten Anschaffungskosten. Dabei ist jedoch zu beachten, dass die Basis- und Bonuszinsen wegen ihrer Schadenverlaufsabhängigkeit in einer Rückstellung akkumuliert werden und nicht in der finanziellen Verbindlichkeit, die eine sicherer Verpflichtung repräsentiert. Die Verpflichtung der Versicherungszweckgesellschaft gegenüber den Investoren zur Rückzahlung des Kapitalbetrags ist somit über die Laufzeit hinweg i. H. d. Emissionserlöses zu bilanzieren. Auch nach IFRS 9 erfolgt für finanzielle Verbindlichkeiten eine Bewertung zu fortgeführten Anschaffungskosten, wobei jedoch auch hier die Basis- und Bonuszinsen als Rückstellung zu verbuchen sind.[602]

5.3.2.2.3 Investition des Emissionserlöses in Kapitalanlagen

Die in die Bewertungskategorie „Darlehen und Forderungen" oder „bis zur Endfälligkeit gehaltene Finanzinstrumente" eingeordnete Namensschuldverschreibung ist im Zugangszeitpunkt zu Anschaffungskosten inkl. Transaktionskosten, die dem beizulegenden Zeitwert entsprechen, zu bewerten (IAS 39.43). In den Folgeperioden erfolgt die Bewertung unter Anwendung der Effektivzinsmethode zu fortgeführten Anschaffungskosten. Die Zinserträge repräsentieren laufende Zinserträge. Eventuelle Wertminderungen sind aufwandswirksam zu erfassen, wobei eventuelle Wertaufholungen nur bis zur Höhe des Buchwerts möglich sind, der sich ohne die Abwertung ergeben hätte (IAS 39.59, IAS 39.65). Auch nach IFRS 9 erfolgt die Bilanzierung zu fortgeführten Anschaffungskosten, da sowohl die Zahlungsströme

---

601 Vgl. Lüdenbach (2012), Rn. 191. Nach IFRS erfolgt keine Abgrenzung eines Agios bzw. Disagios wie nach HGB. Transaktionskosten sind von der Verbindlichkeit abzusetzen. Eine Bilanzierung der finanziellen Verbindlichkeit zum beizulegenden Zeitwert kommt nur in Betracht, wenn Inkonsistenzen in der Bewertung oder beim Erfolgsausweis beseitigt oder wesentlich reduziert werden (IAS 39.9.b.i) oder ein Portfolio aufgrund einer dokumentierten Risikomanagement oder Investmentstrategie auf Zeitwertbasis geführt wird und dem verantwortlichen Management auf dieser Basis Bericht erstattet wird (IAS 39.9.b.ii). Außerdem ist die Fair Value Option für eingebettete Derivate anwendbar, bei denen die Komponenten des gesamten Finanzinstruments nicht zu trennen sind, da das Instrument als Ganzes zum beizulegenden Zeitwert bewertet wird (IAS 39.11A); vgl. Hartenberger (2013), Rn. 60. Diese Kriterien sind jedoch im Fall der finanziellen Verbindlichkeit aus der Anleiheemission nicht erfüllt.

602 Vgl. Abschnitt 4.3.2.2.

zu festgelegten Zeitpunkten ausschließlich Zins- und Tilgungszahlungen auf die ausstehende Kapitalsumme darstellen (objektive Bedingung) als auch das Ziel des Geschäftsmodells für die Gruppe der Vermögenswerte, zu der der betreffende Vermögenswert gehört, im Halten der Vermögenswerte zur Realisierung der vertraglichen Geldflüsse besteht (subjektive Bedingung).[603] Die Bewertung des Zinsswaps entspricht der bei einer Principal-at-Risk-Transaktion.[604]

5.3.2.3 Angaben

5.3.2.3.1 Vertrag zwischen Sponsor und Versicherungszweckgesellschaft

Da bei einer Ausgestaltung als Coupon at Risk das Vertragsverhältnis zwischen Sponsor und Versicherungszweckgesellschaft nach dem gegenwärtigen Regelungsstand nicht als Rückversicherungsvertrag, sondern grundsätzlich nach den Vorschriften des Deposit Accounting zu bilanzieren ist, gelten die Angabevorschriften für Finanzinstrumente. Das Deposit stellt einen finanziellen Vermögenswert auf Seiten des Sponsors bzw. eine finanzielle Verbindlichkeit auf Seiten der Versicherungszweckgesellschaft dar (IFRS 4.B20, ED/2013/7.B28). Aus IFRS 7, der die Angabevorschriften für Finanzinstrumente enthält, lässt sich ableiten, dass im Rahmen der Berichterstattung über die Bedeutung von Finanzinstrumenten für das Unternehmen die Klassen von bilanzierten finanziellen Vermögenswerten und Schulden auf die jeweiligen Bewertungskategorien überzuleiten, die Buchwerte den jeweiligen beizulegenden Zeitwerten gegenüberzustellen (IFRS 7.8, IFRS 7.25) und die Bilanzierungs- und Bewertungsmethoden einschließlich der mit ihnen verbundenen Bewertungsunsicherheiten anzugeben sind (IFRS 7.21 i. V. m. IAS 1.117, IAS 1.125). Aus den US-GAAP lassen sich weitere detaillierte Anforderungen entnehmen, die zwar unter IFRS nicht verpflichtend sind, jedoch Anhaltspunkte für eine entscheidungsnützliche Berichterstattung liefern können, da die Vorschriften von IFRS 7 nicht explizit auf Deposits Bezug nehmen, die aus einem nicht hinreichenden Transfer von Versicherungsrisiko resultieren. So sind die Verträge, auf die das Deposit Accounting angewendet wurde, zu beschreiben und der Gesamtbetrag sowohl der Deposit-Vermögenswerte als auch der Deposit-Verbindlichkeiten anzugeben (ASC 340-30-50-1). Da bei einer Ausgestaltung als Coupon at Risk lediglich signifikantes Zahlungshöherisiko vom Sponsor auf die Versicherungszweckgesellschaft übertragen wird, ist zudem der Barwert der anfänglich erwarteten Erstattung anzugeben (ASC 340-30-50-2). Des Weiteren sind Anpassungen der anfänglichen Barwerte einschließlich deren Komponenten (Zinsbetrag, Barwert der zusätzlichen erwarteten Erstattungen sowie der Barwert der Verminderungen der erwarteten Entschädigungen) getrennt anzugeben und die Amortisationsaufwendungen, die die Abnahme des für die Prämie erworbenen, im

603 Vgl. Abschnitt 4.3.2.2.
604 Vgl. Abschnitt 5.2.2.2.3.

Zeitverlauf abnehmenden Deckungsschutzes darstellen, auszuweisen (ASC 340-30-50-2). Im Rahmen der nach IFRS 7 ebenfalls geforderten Erläuterung der Risiken aus Finanzinstrumenten ist auf die damit verbundenen Ausfall-, Liquiditäts- und Marktrisiken einzugehen (IFRS 7.32).

5.3.2.3.2 Verpflichtungen der Versicherungszweckgesellschaft aus der Verbriefungstransaktion

Für die Verpflichtungen der Versicherungszweckgesellschaft gegenüber den Investoren gelten die für das Vertragsverhältnis zwischen Sponsor und Versicherungszweckgesellschaft dargestellten Vorschriften analog.[605] Bei der Zinszahlungsverpflichtung der Investoren handelt es sich um eine finanzielle Verbindlichkeit der Versicherungszweckgesellschaft gegenüber den Investoren, für die sich die Angabepflichten ebenfalls nach IFRS 7 richten.

5.3.2.3.3 Investition des Emissionserlöses in Kapitalanlagen

Für die Anlage des Investitionserlöses in Namensschuldverschreibungen, die der Kategorie „Darlehen und Forderungen" oder „bis zur Endfälligkeit gehaltene Finanzinstrumente" zugeordnet werden, gelten ebenfalls die Angabepflichten des IFRS 7, durch die die Bedeutung der Finanzinstrumente für die Vermögens-, Finanz- und Ertragslage des Unternehmens sowie die Art und das Ausmaß der damit verbundenen Risiken, einschließlich des Umgangs mit diesen Risiken, verdeutlicht werden soll. Für Finanzinstrumente, die zum beizulegenden Zeitwert bewertet werden, ist zudem anzugeben, welcher Hierarchieebene die für die Ermittlung des beizulegenden Zeitwerts relevante Bewertungsmethode zugeordnet wird (IFRS 7.IG.13A, IFRS 7.IG.13B). Unterschieden wird dabei zwischen notierten Preisen auf aktiven Märkten für identische Instrumente (Level 1 Inputs), direkt oder indirekt beobachtbare Inputparameter, die keine notierten Preise i. S. d. ersten Hierarchieebene sind (Level 2 Inputs) sowie nicht beobachtbare Inputparameter, die zur Annäherung an einen Marktwert mit anerkannten Bewertungsmodellen und -methoden zu verknüpfen sind (Level 3 Inputs).[606]

5.3.2.4 Buchungsbeispiel

Die Verbuchung der Verbriefungstransaktion durch die Versicherungszweckgesellschaft entspricht der nach HGB, so dass auf die Ausführungen in Abschnitt 5.3.1.4 verwiesen wird. Das Deposit Accounting kommt hier nicht zur Anwendung, da die Basis- und Bonuszinsen im Gegensatz zu Rückversicherungsprämien nachschüssig gezahlt werden und somit ein Wesensmerkmal von Rückversicherungsverträgen – selbst wenn der Risikotransfer nicht signifikant ist – nicht erfüllt ist. Das Deposit Accounting verlangt, dass die Prämien

---

605 Vgl. Abschnitt 5.3.2.3.1.
606 Vgl. Abschnitt 4.3.2.2.

erfolgsneutral als Vermögenswert i. H. d. noch nicht erbrachten Versicherungsleistung bilanziert werden, solange das Schadenereignis nicht eingetreten ist. Dies impliziert, dass die Prämien vorschüssig geleistet werden. Die folgenden Ausführungen konzentrieren sich daher auf die Bilanzierung der Coupon-at-Risk-Transaktion beim Sponsor nach den Vorschriften des Deposit Accounting, wobei die Buchungssätze mit Buchstaben in Bilanz und Gewinn- und Verlustrechnung gekennzeichnet sind. Es wird angenommen, dass das Eigenkapital in der Ausgangssituation 500.000 GE beträgt, dem Guthaben bei Banken in gleicher Höhe gegenüberstehen.

Die in t_0 (Beginn des ersten Geschäftsjahres und Vertragsabschluss) geleistete Einmalprämie i. H. v. 20.000 GE ist erfolgsneutral als Vermögenswert (Deposit Asset) zu aktivieren (a).

Bilanz Sponsor (t_0)			
Aktiva			Passiva
Guthaben bei Banken	500.000 (a) -20.000	Eigenkapital	500.000
Deposit Asset	(a) 20.000		
Bilanzsumme	500.000	Bilanzsumme	500.000

GuV Sponsor (t_0)	
Soll	Haben
–	–

In den Folgejahren ist der Deposit Asset erfolgswirksam und planmäßig gemäß der Leistungserbringung in Form der Gewährung von Versicherungsschutz zu reduzieren, wobei angenommen wird, dass pro Jahr 25 % der Prämie amortisiert werden (b).

Bilanz Sponsor (t_1)			
Aktiva			Passiva
Guthaben bei Banken	480.000	Eigenkapital	500.000
		Jahresüberschuss/-fehlbetrag	-5.000
Deposit Asset	20.000 (b) -5.000		
Bilanzsumme	495.000	Bilanzsumme	495.000

GuV Sponsor (t_1)			
Soll			Haben
Amortisierungsaufwand für Deposit Asset	(b) 5.000	Jahresüberschuss/-fehlbetrag	5.000
	–		–

Bei Eintritt des Schadenereignisses in t_2 (Ende des zweiten Geschäftsjahres) wird der Buchwert des Deposit Asset aufwandswirksam ausgebucht (c) und der Barwert der zukünftig von der Versicherungszweckgesellschaft (ISPV) erwarteten Schadenzahlungen – in Form der Basis- und Bonuszinszahlungen einschließlich der Zinseszinseffekte – erhöht. Diese betragen 33.440 GE,[607] was bei einer Restlaufzeit von zwei Perioden und einem Diskontierungszins (risikoloser Zins) von 3 % einen Barwert von 31.520 GE ergibt (d). Zugleich bildet der Sponsor aus dem Vertragsverhältnis mit den Versicherungsnehmern aufwandswirksam eine Schadenrückstellung i. H v. 500.000 GE (e).

607 Vgl. Abschnitt 5.3.1.4.

Bilanz Sponsor (t_2)			
Aktiva			Passiva
Guthaben bei Banken	480.000	Eigenkapital	495.000
		Jahresüberschuss/-fehlbetrag	-483.480
Deposit Asset	15.000 (b) -5.000 (c) -10.000 (d) +31.520	Schadenrückstellung – brutto	(e) 500.000
Bilanzsumme	511.520	Bilanzsumme	511.520

GuV Sponsor (t_2)			
Soll			Haben
Amortisierungsaufwand für Deposit Asset	(b) 5.000	Schadenaufwendungen – Anteil Rückversicherer	(d) 31.520
Veränderung der Schadenrückstellung – brutto	(e) 500.000	Jahresüberschuss/-fehlbetrag	483.480
Schadenaufwendungen – brutto	(c) 10.000		
	–		–

In t_3 (Ende des dritten Geschäftsjahres) leistet der Sponsor die Zahlung an die Versicherungsnehmer i. H. v. 450.000 GE (f) und löst die Schadenrückstellung erfolgswirksam auf (g). Der Deposit Asset wird um eine Periode aufgezinst, wobei ein Zinssatz von 3 % zugrunde gelegt wird und die Gegenbuchung als „Schadenaufwendungen – Anteil der Rückversicherer" erfasst wird (h).

Bilanz Sponsor (t_3)

Aktiva			Passiva
Guthaben bei Banken	480.000 (f) 450.000	Eigenkapital	11.520
		Jahresüberschuss/ -fehlbetrag	50.946
Deposit Asset	31.520 (h) +946	Schadenrückstellung – brutto	500.000 (g) -500.000
Bilanzsumme	62.466	Bilanzsumme	62.466

GuV Sponsor (t_3)

Soll			Haben
Zahlungen für Versicherungsfälle – brutto	(f) 450.000	Schadenaufwendungen – Anteil Rückversicherer	(h) 946
Jahresüberschuss/ -fehlbetrag	50.946	Veränderung der Schadenrückstellung – brutto	(g) 500.000
	–		–

In t_4 (Ende des vierten Geschäftsjahres) wird der Deposit Asset wiederum um eine Periode aufgezinst (i) und schließlich bei Erhalt der Zahlung vom ISPV gegen „Guthaben bei Banken" aufgelöst (j).

Bilanz Sponsor (t_4)

Aktiva			Passiva
Guthaben bei Banken	30.000 (j) 33.440	Eigenkapital	62.466
		Jahresüberschuss/ -fehlbetrag	974
Deposit Asset	32.466 (i) +974 (j) -33.440		
Bilanzsumme	63.440	Bilanzsumme	63.440

GuV Sponsor (t_4)

Soll			Haben
Jahresüberschuss/ -fehlbetrag	974	Schadenaufwendungen – Anteil Rückversicherer	(i) 974
	–		–

5.4 Ausgestaltung der Transaktion mit nicht entschädigungsbezogenem Trigger

5.4.1 Vorschriften nach HGB

5.4.1.1 Ansatz und Ausweis

5.4.1.1.1 Vertrag zwischen Sponsor und Versicherungszweckgesellschaft

Die bisherige Darstellung der als Principal at Risk oder Coupon at Risk ausgestalteten Transaktionen basiert auf einem entschädigungsbezogenen Trigger, so dass die Leistungspflicht nur dann eintritt, wenn der Sponsor tatsächlich Verluste aus einem Schadenereignis erleidet. Ist die Transaktion dagegen mit einem nicht entschädigungsbezogenen Trigger ausgestaltet, ist die Leistungspflicht nicht von den tatsächlichen Verlusten des Sponsors abhängig und erfüllt somit – unabhängig davon, ob es sich um eine Principal-at-Risk- oder Coupon-at-Risk-Transaktion handelt – nicht die Voraussetzungen für eine Bilanzierung als Rückversicherungsvertrag. In diesem Fall liegt kein versicherbares Interesse des Sponsors vor. Es handelt sich um einen Derivatevertrag, bei dem der Sponsor von der Versicherungszweckgesellschaft ein Optionsrecht erwirbt, bei Eintritt des nicht entschädigungsbezogenen Triggers und der damit verbundenen Realisierung eines definierten (Index-)Werts eine Zahlung zu verlangen. Ansatz und Ausweis entsprechen denen von als bedingten Termingeschäften ausgestalteten Insurance Derivatives ohne entschädigungsbezogenen Trigger, die in Abschnitt 6.2.1.1.1 dargestellt werden.

5.4.1.1.2 Verpflichtungen der Versicherungszweckgesellschaft aus der Verbriefungstransaktion

Basiert die Leistungspflicht der Investoren auf einem nicht entschädigungsbezogenen Trigger, handelt es sich – wie bei dem Vertragsverhältnis zwischen Sponsor und Versicherungszweckgesellschaft – um einen Derivatevertrag, der in die zu verzinsende Anleihe eingebettet ist. Damit liegt ein strukturiertes Finanzinstrument vor, das eine getrennte Bilanzierung der Komponenten erfordert, wenn diese aufgrund des eingebetteten Derivats im Vergleich zum Basisinstrument wesentlich erhöhte oder zusätzliche (andersartige) Risiken oder Chancen aufweisen.[608] Diese Bedingung ist bspw. dann erfüllt, wenn das eingebettete Derivat neben dem Bonitätsrisiko des Emittenten weiteren Risiken unterliegt.[609] Dies ist bei dem Einsatz eines nicht entschädigungsbezogenen Triggers, bei dem die Leistungspflicht der Investoren von der Realisierung einer versicherungstechnischen Variablen abhängt, der Fall.[610] Insofern sind die Anleiheverbindlichkeit und das darin eingebettete Optionsrecht getrennt zu bilanzieren. Eine Rückausnahme von dieser

608 Vgl. IDW RS HFA 22, Rn. 15; Abschnitt 4.3.2.
609 Vgl. IDW RS HFA 22, Rn. 16; Abschnitt 4.3.2.
610 Vgl. Lorenz / Wiechens (2008), S. 507.

Trennungspflicht besteht jedoch, wenn durch eine einheitliche Bilanzierung die Vermögens-, Finanz- und Ertragslage einheitlich dargestellt wird.[611] Diese Bedingung ist dann erfüllt, wenn das gesamte Instrument auf einem aktiven Markt gehandelt und zum niedrigeren beizulegenden Zeitwert bewertet wird, das gesamte Instrument zu Handelszwecken erworben wird oder eine unbedingte Kapitalgarantie seitens des Emittenten des Finanzinstruments besteht.[612] Bei einer Principal-at-Risk-Transaktion scheitert eine einheitliche Bilanzierung daran, dass finanzielle Verbindlichkeiten auch bei Vorliegen eines aktiven Marktes zum Erfüllungs- bzw. Rückzahlungsbetrag und nicht mit dem niedrigeren beizulegenden Zeitwert bewertet werden. Ein Erwerb zu Handelszwecken oder eine unbedingte Kapitalgarantie liegen ebenfalls nicht vor. Bei einer Coupon-at-Risk-Transaktion besteht dagegen von Seiten des Emittenten bzw. der Versicherungszweckgesellschaft eine unbedingte vertragliche Garantie für die Investoren zur Rückzahlung des Kapitals, so dass das eingesetzte Kapital der Investoren nicht über das Bonitätsrisiko des Emittenten hinaus gefährdet ist und die dem strukturierten Finanzinstrument innewohnenden besonderen Risiken daher nur die laufenden Zinszahlungen betreffen können.[613] Insofern erfüllt ein Coupon at Risk die Kriterien für eine einheitliche Bilanzierung.

Bei einem Principal at Risk ist somit die aus dem Emissionserlös resultierende finanzielle Verbindlichkeit unter „Anleihen“ (Formblatt 1, Passivposten I.III. RechVersV) anzusetzen. Das Optionsrecht ist im Zugangszeitpunkt mit seinen Anschaffungskosten anzusetzen, die der Optionsprämie entsprechen. Die Optionsprämie drückt sich in dem periodisch fälligen Bonuszins aus. Somit liegen im Zugangszeitpunkt keine zahlungswirksamen Anschaffungskosten für das Optionsrecht vor, sondern diese fallen erst am Ende der jeweiligen Periode in Form des Bonuszinses an. Insofern wird die Optionsprämie zinslos gestundet. Daher ist sie in Höhe des Barwerts der Bonuszinszahlungen über die Laufzeit der Anleihe unter „Andere Vermögensgegenstände“ (Formblatt 1, Aktivposten F.III. RechVersV) zu aktivieren und dazu korrespondierend die Bonuszinsverbindlichkeit mit ihrem Erfüllungsbetrag als „Sonstige Verbindlichkeit“ (Formblatt 1,

---

611 Da jedoch die Vermögens-, Finanz- und Ertragslage auch bei einer getrennten Bilanzierung zutreffend dargestellt sein kann, handelt es sich in diesem Fall um ein implizites Wahlrecht; vgl. Lorenz / Wiechens (2008), S. 508.

612 Vgl. Lorenz / Wiechens (2008), S. 507, Schaber / Rehm / Märkl (2008), S. 41-46.

613 Vgl. Schaber / Rehm / Märkl (2008), S. 45. Voraussetzung, damit diese Ausnahme greift, ist zudem, dass der Emittent die Absicht und die Fähigkeit hat, das strukturierte Finanzinstrument bis zur Fälligkeit zu halten, und das strukturierte Finanzinstrument gemäß § 247 Abs. 2 HGB zulässigerweise dem Anlagevermögen zugeordnet ist (IDW RS HFA 22, Rn. 14). Da für Versicherungsunternehmen nicht die Unterteilung in Anlage- und Umlaufvermögen existiert, sondern lediglich die dafür geltenden Bewertungsvorschriften, muss es sich bei einem Versicherungsunternehmen um eine Kapitalanlage handeln, die nach den Vorschriften des Anlagevermögens bewertet wird.

Passivposten I.V. RechVersV) zu passivieren. Da der Bonuszins immer erst am jeweiligen Periodenende zur Auszahlung kommt und nicht selbst verzinst wird, gleichen die Bonuszinszahlungen unverzinslichen Ratenzahlungen, die den erfolgsneutralen Ansatz einer zum Optionsrecht korrespondierenden Verbindlichkeit verlangen. Der Differenzbetrag zwischen dem Erfüllungsbetrag und dem Barwert ist als Disagio – mit planmäßiger Amortisierung über die Laufzeit der Verbindlichkeit – zu aktivieren (§ 250 Abs. 3 HGB) oder sofort aufwandswirksam zu erfassen.[614] Die periodischen Bonuszinszahlungen mindern erfolgsneutral gegen „Laufende Guthaben bei Kreditinstituten, Schecks und Kassenbestand" (Formblatt 1, Aktivposten F.II. RechVersV) die Bonuszinsverbindlichkeit. Der periodisch geschuldete Basiszins wird dagegen entsprechend seines Charakters als Entgelt für die Kapitalbereitstellung unter „Sonstige Aufwendungen" (Formblatt 2, II.5. RechVersV) verbucht und bis zur Auszahlung – dem Ausweis des zugrundeliegenden Finanzinstruments folgend – unter Anleihen ausgewiesen. Bei Nichteintritt des Triggers wird die Anleihe am Laufzeitende an die Investoren zurückgezahlt und zum selben Zeitpunkt bei Fälligkeit der Kapitalanlage, in die der Emissionserlös investiert wurde, erfolgsneutral gegen „Laufende Guthaben bei Kreditinstituten, Schecks und Kassenbestand" (Formblatt 1, Aktivposten F.II. RechVersV) ausgebucht. Zudem wird zu diesem Zeitpunkt auch der Buchwert des Optionsrechts ergebniswirksam unter „Sonstige Aufwendungen" aufgelöst (Formblatt 2, II.5. RechVersV). Wird der Trigger dagegen ausgelöst, wird die Versicherungszweckgesellschaft das Optionsrecht ausüben und den Buchwert wie bei Nichteintritt des Ereignisses aufwandswirksam ausbuchen. Ebenso sind in diesem Zeitpunkt ein eventuell gebildetes Disagio und der Buchwert der Bonuszinsverbindlichkeit erfolgswirksam aufzulösen. Die Anleiheverbindlichkeit ist erfolgswirksam in eine „Sonstige Verbindlichkeit" (Formblatt 1, Passivposten I.V. RechVersV) gegenüber dem Sponsor umzubuchen, da der Betrag dann dem Sponsor und nicht mehr den Investoren geschuldet wird. Durch eine erfolgswirksame Verbuchung wird die Entlastung durch den Wegfall der Pflicht zur Kapitalrückzahlung an die Investoren und die Belastung in Form der Verpflichtung zur Zahlung des Kapitalbetrags an den Sponsor als „Sonstige Erträge" bzw. „Sonstige Aufwendungen" gezeigt. Bei einer erfolgsneutralen Umbuchung würden diese Effekte nicht sichtbar, so dass eine erfolgswirksame Verbuchung die Transparenz der Darstellung erhöht.

Bei einer einheitlichen Bilanzierung des gesamten strukturierten Finanzinstruments im Rahmen einer Coupon-at-Risk-Transaktion erfolgt keine gesonderte Aktivierung des Optionsrechts, sondern der periodisch den Investoren geschuldete Bonuszins, der die Optionsprämie repräsentiert, wird wie der Basiszins unter „Sonstige Aufwendungen" (Formblatt 2, II.5. RechVersV) gebucht und

614 Vgl. Scharpf (2012a), Rn. 804; Horstkötter (2008), S. 256.

erhöht die Anleiheverbindlichkeit.[615] Der Anleihebetrag und die akkumulierten Basis- und Bonuszinsen werden entweder den Investoren (bei Nichteintritt des definierten Ereignisses) oder dem Sponsor (bei Eintritt des definierten Ereignisses) geschuldet.

Aufwendungen im Zusammenhang mit der Emission und Verwaltung der Anleihe werden ebenfalls als „Sonstige Aufwendungen“ (Formblatt 2, II.5. RechVersV) ausgewiesen, da es sich bei einer Ausgestaltung mit nicht entschädigungsbezogenem Trigger um keine versicherungstechnischen Aufwendungen handelt.

5.4.1.1.3 Investition des Emissionserlöses in Kapitalanlagen

Hinsichtlich des Ansatzes und des Ausweises der Kapitalanlagen, in die der Emissionserlös investiert wird, ergeben sich bei Principal-at-Risk-Transaktionen und Coupon-at-Risk-Transaktionen mit nicht entschädigungsbezogenem Trigger keine Unterschiede zur jeweiligen Ausgestaltung mit entschädigungsbezogenem Trigger, so dass auf die Ausführungen in Abschnitt 5.2.1.1.2 und Abschnitt 5.3.1.1.2 verwiesen wird.

5.4.1.2 Bewertung

5.4.1.2.1 Vertrag zwischen Sponsor und Versicherungszweckgesellschaft

Der Vertrag zwischen dem Sponsor und der Versicherungszweckgesellschaft stellt einen Derivatevertrag dar, bei dem der Sponsor als Optionsinhaber bei Eintritt des Triggers von der Versicherungszweckgesellschaft eine Leistung verlangen kann. Die Bewertung dieses Optionsrechts entspricht der von als bedingten Termingeschäften ausgestalteten Insurance Derivatives mit nicht entschädigungsbezogenem Trigger, so dass auf die Ausführungen in Abschnitt 6.2.1.2.1 verwiesen wird.

5.4.1.2.2 Verpflichtungen der Versicherungszweckgesellschaft aus der Verbriefungstransaktion

Bei einer Ausgestaltung als Principal-at-Risk-Transaktion sind die Komponenten des strukturierten Finanzinstruments getrennt zu bilanzieren und zu bewerten. Die Anleihe ist eine finanzielle Verbindlichkeit, die mit dem Nominalbetrag, der dem Erfüllungsbetrag entspricht, passiviert wird.[616] Bei einer Principal-at-Risk-Transaktion wird der Ausgabebetrag dem Nominalbetrag entsprechen, da ein eventueller Abschlag vom Nominalbetrag, wie bei einer Nullkuponanleihe, die

---

615 Da es sich aufgrund des nicht entschädigungsbezogenen Triggers um ein Finanzinstrument handelt, sind bei einer Coupon-at-Risk-Transaktion die Basis- und Bonuszinsen gegen die Anleihe zu verbuchen und nicht wie bei einem entschädigungsbezogenen Trigger in einer Rückstellung zu erfassen, die die Schadenverlaufsabhängigkeit bzw. Unsicherheit ausdrückt.

616 Vgl. Kozikowski / Schubert (2012), Rn. 51-52; Rn. 90.

Zinszahlungen vorwegnehmen würde, welche jedoch gerade vom Eintritt des Trigger-Ereignisses abhängig sind. Bei einer Coupon-at-Risk-Transaktion, bei der die Anleihe unabhängig vom Eintritt des Trigger-Ereignisses bis zum Laufzeitende gehalten wird, bietet sich dagegen eine solche Vorwegnahme der Zinsen in Form einer Nullkuponanleihe an, die zu einem geringeren Ausgabebetrag führt.[617] Im Gegensatz zu dem Basiszins, der das Entgelt für die Kapitalbereitstellung darstellt und aufwandswirksam gegen die Anleiheverbindlichkeit verbucht wird, repräsentiert der Bonuszins die Optionsprämie für das Optionsrecht, das auch in den Folgeperioden mit dem Barwert der über die Laufzeit vereinbarten Zahlungen anzusetzen ist.[618] Die dazu korrespondierende Bonuszinsverbindlichkeit ist i. H. d. Nominal- bzw. Erfüllungsbetrags der Bonuszinszahlungsverpflichtung zu passivieren. Der Differenzbetrag zwischen dem Erfüllungsbetrag und dem Barwert ist als Disagio – mit planmäßiger Amortisierung über die Laufzeit der Verbindlichkeit – zu aktivieren (§ 250 Abs. 3 HGB) oder sofort aufwandswirksam zu erfassen.[619] Der Problematik der Bewertung von Optionsrechten mit versicherungstechnischem Basiswert,[620] kann nach HGB mit dieser Bilanzierungsweise begegnet werden.

Bei einer Ausgestaltung als Coupon at Risk sind die Bedingungen für eine einheitliche Bilanzierung von Anleihe und Optionsrecht erfüllt. Das Optionsrecht wird hier nicht gesondert als Vermögenswert bilanziert, sondern erhöht in Form der periodischen und über die Laufzeit hinweg akkumulierten Bonuszinsen den Betrag der Anleiheverbindlichkeit, die zu jedem Bilanzstichtag mit ihrem Erfüllungsbetrag anzusetzen ist.

---

617 Im Gegensatz zu einer Coupon-at-Risk-Transaktion mit entschädigungsbezogenem Trigger, bei der die den Investoren bis zum Eintritt des Schadenereignisses geschuldeten Basis- und Bonuszinsen in einer Rückstellung abgegrenzt werden, werden die Zinsen bei einer Coupon-at-Risk-Transaktion ohne entschädigungsbezogenen Trigger aufgrund der einheitlichen Bilanzierung von Anleihe und Optionsrecht in der Anleiheverbindlichkeit erfasst.

618 Die Höhe des an die Investoren zu leistenden Bonuszinses hängt dabei vom Zeitpunkt des Eintritts des Trigger-Ereignisses ab. Tritt das Ereignis bereits nach einer Periode ein, wird die Optionsprämie durch den Bonuszins nach Ablauf der ersten Periode repräsentiert. Tritt das Trigger-Ereignis jedoch erst zum Ende der Laufzeit ein, stellen die bis dahin angefallenen periodischen Bonuszinszahlungen in Summe das Entgelt für das Optionsrecht dar. Für die Ermittlung des Barwerts ist jedoch auf die Bonuszinszahlungen über die gesamte Laufzeit abzustellen. Bei der Berechnung des Barwerts des Optionsrechts können Eintrittswahrscheinlichkeiten des Trigger-Ereignisses berücksichtigt werden; vgl. Horstkötter (2008), S. 256-257.

619 Vgl. Scharpf (2012a), Rn. 804; Horstkötter (2008), S. 256.

620 Vgl. Abschnitt 6.4.1.

5.4.1.2.3 Investition des Emissionserlöses in Kapitalanlagen

Wie auch beim Ansatz und Ausweis der mit dem Emissionserlös erworbenen Kapitalanlagen ergeben sich für die Bewertung der Kapitalanlagen bei Principal-at-Risk-Transaktionen und Coupon-at-Risk-Transaktionen mit nicht entschädigungsbezogenem Trigger keine Unterschiede zur jeweiligen Ausgestaltung mit entschädigungsbezogenem Trigger, so dass auf die Ausführungen in Abschnitt 5.2.1.2.3 und Abschnitt 5.3.1.2.3 verwiesen wird.

5.4.1.3 Angaben

5.4.1.3.1 Vertrag zwischen Sponsor und Versicherungszweckgesellschaft

Der Vertrag zwischen Sponsor und Versicherungszweckgesellschaft entspricht einem Derivatevertrag, bei dem der Sponsor von der Versicherungszweckgesellschaft bei Eintritt des Triggers eine Leistung verlangen kann. Die erforderlichen Angaben zu diesem Optionsrecht entsprechen denen von als bedingten Termingeschäften ausgestalteten Insurance Derivatives mit nicht entschädigungsbezogenem Trigger, so dass auf die Ausführungen in Abschnitt 6.2.1.3.1 verwiesen wird.

5.4.1.3.2 Verpflichtungen der Versicherungszweckgesellschaft aus der Verbriefungstransaktion

Bei einer Verbriefungstransaktion, die mit einem nicht entschädigungsbezogenen Trigger ausgestaltet ist, handelt es sich um eine strukturierte finanzielle Verbindlichkeit, für die die Bilanzierungs- und Bewertungsmethoden anzugeben und zu erläutern sind (§ 284 Abs. 2 HGB).[621] Zudem ist der Gesamtbetrag der Verbindlichkeiten mit einer Restlaufzeit bis zu einem Jahr und mehr als fünf Jahren bspw. in Form eines Verbindlichkeitenspiegels anzugeben. Da das Optionsrecht ein derivatives Finanzinstrument darstellt, das nicht zum beizulegenden Zeitwert bewertet wird, sind bei einer Ausgestaltung als Principal-at-Risk-Transaktion, die eine getrennte Bilanzierung der Komponenten des strukturierten Finanzinstruments verlangt, auch Angaben zu machen zu Art und Umfang des Derivats, dessen beizulegendem Zeitwert, sofern er verlässlich ermittelbar ist, der angewandten Bewertungsmethode zur Bestimmung des beizulegenden Zeitwerts, dem Buchwert und dem Bilanzposten der Erfassung sowie ggfs. den Gründen, warum der beizulegende Zeitwert nicht bestimmt werden kann (§ 285 Nr. 19 HGB). Bei einer Coupon-at-Risk-Transaktion wird der die Optionsprämie repräsentierende Bonuszins aufgrund der einheitlichen Bilanzierung des strukturierten Finanzinstruments in der Zinsverbindlichkeit akkumuliert, so dass die Angaben für Derivate dann nicht einschlägig sind.

621 Vgl. IDW RS HFA 22, Rn. 25.

5.4.1.3.3 Investition des Emissionserlöses in Kapitalanlagen

Hinsichtlich der Angabepflichten für Kapitalanlagen ergeben sich bei Principal-at-Risk-Transaktionen und Coupon-at-Risk-Transaktionen mit nicht entschädigungsbezogenem Trigger keine Unterschiede zur jeweiligen Ausgestaltung mit entschädigungsbezogenem Trigger, so dass auf die Ausführungen in Abschnitt 5.2.1.3.3 und Abschnitt 5.3.1.3.3 verwiesen wird.

5.4.1.4 Buchungsbeispiel

Das folgende Buchungsbeispiel basiert, wie die vorhergehenden Buchungsbeispiele für eine Bilanzierung nach HGB, auf den in Abschnitt 5.2.1.4 dargestellten Geschäftsvorfällen bei einer Principal-at-Risk-Transaktion mit entschädigungsbezogenem Trigger. Das folgende Beispiel konzentriert sich jedoch auf die Abbildung der bilanziellen Unterschiede des Vertragsverhältnisses zwischen Sponsor und Versicherungszweckgesellschaft und der Verbriefungstransaktion durch die Versicherungszweckgesellschaft bei einer Principal-at-Risk-Transaktion mit nicht entschädigungsbezogenem Trigger und verzichtet bspw. auf die Darstellung der Swap-Transaktion, da diese Geschäftsvorfälle bereits bei den Darstellungen von Principal-at-Risk-Transaktionen und Coupon-at-Risk-Transaktionen mit entschädigungsbezogenem Trigger behandelt wurden. In t_0 (Beginn des ersten Geschäftsjahres und Zeitpunkt der Anleiheemission) aktiviert der Sponsor das Optionsrecht i. H. d. geleisteten Prämie i. H v. 20.000 GE (a), während die Versicherungszweckgesellschaft eine entsprechende Verbindlichkeit („Sonstige Verbindlichkeit") passiviert (b). Die Versicherungszweckgesellschaft emittiert zudem die Anleihe, die unter „Anleihen" ausgewiesen wird und aktiviert den Emissionserlös (c).[622] Dieser wird in Inhaberschuldverschreibungen investiert (d). Die Versicherungszweckgesellschaft aktiviert zudem das in die Anleihe eingebettete Optionsrecht i. H. d. Bonuszinses, das mit seinem Barwert (18.586 GE) erfolgsneutral gegen eine entsprechende Verbindlichkeit, die zum Erfüllungsbetrag angesetzt wird (20.000 GE), und gegen ein Disagio i. H. d. Unterschiedsbetrags der beiden Beträge gebucht wird (e).[623]

622 Der Ausweis erfolgt in diesem Beispiel als „Anleihe" und nicht als „Sonstige Verbindlichkeit" wie bei einer Coupon-at-Risk-Transaktion mit entschädigungsbezogenem Trigger, um zu verdeutlichen, dass es sich bei der Transaktion um ein strukturiertes Finanzinstrument handelt und nicht um einen Rückversicherungsvertrag, der kein signifikantes Versicherungsrisiko transferiert.

623 Der Barwert i. H. v. 18.586 GE resultiert aus der Summe der mit einem Zinssatz von 3,00 % auf den Zeitpunkt t_0 diskontierten Bonuszinsen von 5.000 GE pro Jahr über die vierjährige Vertragslaufzeit.

Bilanz Sponsor (t_0)			
Aktiva			Passiva
Guthaben bei Banken	500.000 (a) -20.000	Eigenkapital	500.000
Andere Vermögensgegenstände (Optionsrecht)	(a) 20.000		
Bilanzsumme	500.000	Bilanzsumme	500.000

GuV Sponsor (t_0)	
Soll	Haben
–	–

Bilanz ISPV (t_0)			
Aktiva			Passiva
Guthaben bei Banken	500.000 (b) +20.000 (c) +100.000 (d) -100.000	Eigenkapital	500.000
Inhaberschuldverschreibungen	(d) 100.000		
Andere Vermögensgegenstände (Optionsrecht)	(e) 18.586	Anleihen	(c) 100.000
Aktiver Rechnungsabgrenzungsposten	(e) 1.414	Sonstige Verbind lichkeiten (Optionsverbindlichkeit)	(b) 20.000 (e) 20.000
Bilanzsumme	640.000	Bilanzsumme	640.000

GuV ISPV (t_0)	
Soll	Haben
–	–

In t_1 (Ende des ersten Geschäftsjahrs) fallen beim Sponsor keine weiteren Buchungen an. Die Versicherungszweckgesellschaft verbucht Zinserträge aus der festverzinslichen Anlage des Emissionserlöses i. H v. 3.000 GE (f) und leistet die Basiszinsen i. H. v. ebenfalls 3.000 GE an die Investoren (g). Der aktive Rechnungsabgrenzungsposten wird jährlich zu 25 % aufgelöst, so dass sich ein Aufwand von 354 GE ergibt (h). Die Zahlung des Bonuszinses i. H. v. 5.000 GE an die Investoren wird erfolgsneutral gegen die Optionsverbindlichkeit gebucht (i).

Bilanz ISPV (t_1)			
Aktiva			Passiva
Guthaben bei Banken	520.000 (f) 3.000 (g) -3.000 (i) -5.000	Eigenkapital Jahresüberschuss/-fehlbetrag	500.000 -354
Inhaberschuldverschreibungen	100.000		
Andere Vermögensgegenstände (Optionsrecht)	18.586	Anleihen	100.000
Aktiver Rechnungsabgrenzungsposten	1.414 (h) -354	Sonstige Verbindlichkeiten (Optionsverbindlichkeit)	40.000 (i) -5.000
Bilanzsumme	634.646	Bilanzsumme	634.646

GuV ISPV (t_1)			
Soll			Haben
Sonstige Aufwendungen	(g) 3.000 (h) 354	Erträge aus anderen Kapitalanlagen (Inhaberschuldverschreibungen)	(f) 3.000
		Jahresüberschuss/-fehlbetrag	354
	–		–

In t_2 (Ende des zweiten Geschäftsjahres) tritt das Schadenereignis ein. Der Sponsor bucht das Optionsrecht aufwandswirksam aus (j) und verbucht den Anspruch auf die Entschädigungsleistung i. H. v. 100.000 GE ertragswirksam als „Sonstige Forderung" (k).

Bilanz Sponsor (t_2)			
Aktiva			Passiva
Guthaben bei Banken	480.000	Eigenkapital	500.000
		Jahresüberschuss/-fehlbetrag	80.000
Sonstige Forderungen	(k) 100.000		
Andere Vermögensgegenstände (Optionsrecht)	20.000 (j) -20.000		
Bilanzsumme	580.000	Bilanzsumme	580.000

GuV Sponsor (t_2)			
Soll			Haben
Sonstige Aufwendungen	(j) 20.000	Sonstige Erträge	(k) 100.000
Jahresüberschuss/-fehlbetrag	80.000		
	–		–

Die Versicherungszweckgesellschaft verbucht in t_2 die Zinserträge aus der Kapitalanlage in Inhaberschuldverschreibungen i. H v. 3.000 GE (l) und leistet den Basiszins i. H. v. 3.100 GE (m) und den Bonuszins i. H. v. 5.000 GE (n) an die Investoren. Der aktive Rechnungsabgrenzungsposten wird um eine weitere Periode i. H. v. 354 GE aufgelöst (o). Die Buchwerte des Optionsrechts, der korrespondierenden Verbindlichkeit und des aktiven Rechnungsabgrenzungspostens werden erfolgswirksam aufgelöst (p) genauso wie die Verbindlichkeit aus der Stillhalterposition gegenüber dem Sponsor (q). Zudem wird die Inhaberschuldverschreibung veräußert (r) und die Anleiheverbindlichkeit erfolgswirksam aufgelöst (s) und eine „Sonstige Verbindlichkeit" gegenüber dem Sponsor erfolgswirksam eingebucht (t).

Bilanz ISPV (t_2)

Aktiva			Passiva
Guthaben bei Banken	515.000 (l) +3.000 (m) -3.100 (n) -5.000 (r) +104.000	Eigenkapital Jahresüberschuss/ -fehlbetrag	499.646 14.254
Inhaberschuldverschreibungen	100.000 (r) -100.000	Anleihen	100.000 (s) -100.000
Andere Vermögensgegenstände (Optionsrecht)	18.586 (p) -18.586	Sonstige Verbindlichkeiten (Optionsverbindlichkeit)	35.000 (n) -5.000 (p) -10.000 (q) -20.000 (t) 100.000
Aktiver Rechnungsabgrenzungsposten	1.060 (o) -354 (p) -706		
Bilanzsumme	613.900	Bilanzsumme	613.900

GuV ISPV (t_2)

Soll			Haben
Sonstige Aufwendungen	(m) 3.100 (o) 354 (p) 9.292	Erträge aus anderen Kapitalanlagen (Inhaberschuldverschreibungen)	(l) 3.000
Sonstige Aufwendungen	(t) 100.000	Gewinne aus dem Abgang von Kapitalanlagen	(r) 4.000
Jahresüberschuss/ -fehlbetrag	14.254	Sonstige Erträge	(q) 20.000 (s) 100.000
	–		–

In t_3 (Ende des dritten Geschäftsjahres), zahlt die Versicherungszweckgesellschaft die Leistung an den Sponsor aus (u), so dass die „Sonstige Forderung“ beim Sponsor und die „Sonstige Verbindlichkeit" bei der Versicherungszweckgesellschaft (v) erlöschen.

Bilanz Sponsor (t_3)			
Aktiva			Passiva
Guthaben bei Banken	480.000 (u) +100.000	Eigenkapital	580.000
Sonstige Forderungen	100.000 (u) -100.000		
Bilanzsumme	580.000	Bilanzsumme	580.000

GuV Sponsor (t_3)	
Soll	Haben
–	–

Bilanz ISPV (t_3)			
Aktiva			Passiva
Guthaben bei Banken	613.900 (v) -100.000	Eigenkapital	513.900
		Sonstige Verbindlichkeiten	100.000 (v) -100.000
Bilanzsumme	513.900	Bilanzsumme	513.900

GuV ISPV (t_3)	
Soll	Haben
–	–

Da bei einer Coupon-at-Risk-Transaktion eine einheitliche Bilanzierung des Optionsrechts und der Anleihe vorgenommen wird, werden die Basis- und Bonuszinsen erfolgswirksam verbucht. Die Bilanzierung entspricht daher der bei einer Coupon-at-Risk-Transaktion mit entschädigungsbezogenem Trigger, wie sie in Abschnitt 5.3.1.4 dargestellt ist. Da es sich bei einer Transaktion mit einem nicht entschädigungsbezogenen Trigger bilanziell um ein reines Finanzinstrument und nicht um eine Rückversicherungstransaktion ohne signifikanten Risikotransfer handelt, bietet sich für den Ausweis der Verbindlichkeit aus der Anleiheemission der Posten „Anleihen" statt „Sonstige Verbindlichkeiten" und für den Ausweis der Bonuszinsen der Posten „Sonstige Aufwendungen" statt „Sonstige versicherungstechnische Aufwendungen" an.

5.4.2 Vorschriften nach IFRS

5.4.2.1 Ansatz und Ausweis

5.4.2.1.1 Vertrag zwischen Sponsor und Versicherungszweckgesellschaft

Wie nach den handelsrechtlichen Vorschriften liegt bei einer Ausgestaltung der Verbriefungstransaktion mit einem nicht entschädigungsbezogenen Trigger bilanziell kein Rückversicherungsvertrag, sondern ein Derivatevertrag vor. Der Vertrag kann als ein Optionsgeschäft interpretiert werden, bei dem die Leistungspflicht von der Realisierung einer Variablen – die für den Sponsor nicht spezifisch ist – und der darauffolgenden Ausübung des Optionsrechts durch den Sponsor abhängig ist. Die bilanzielle Behandlung entspricht der von als bedingten Termingeschäften ausgestalteten Insurance Derivatives mit nicht entschädigungsbezogenem Trigger, so dass auf die Ausführungen in Abschnitt 6.2.2.1.1 verwiesen wird.

5.4.2.1.2 Verpflichtungen der Versicherungszweckgesellschaft aus der Verbriefungstransaktion

Auch nach IFRS handelt es sich bei der Verbriefungstransaktion mit einem nicht entschädigungsbezogenen Trigger um ein strukturiertes Finanzinstrument, das aus einem nicht derivativen Basisinstrument – der finanziellen Verbindlichkeit aus der Anleiheemission – und einem Derivat in Form des Optionsrechts besteht. Eine getrennte Bilanzierung der Komponenten ist erforderlich, da die Voraussetzungen für eine Trennungspflicht erfüllt sind (IAS 39.11):[624] Die wirtschaftlichen Merkmale und die Risiken des eingebetteten Derivats (Optionsrecht) sind aufgrund seines versicherungstechnischen Basiswerts nicht eng mit den wirtschaftlichen Merkmalen und Risiken des Basisvertrags (Anleihe) verbunden; auch als eigenständiges Instrument würde das eingebettete Derivat die Definition eines Derivats erfüllen und das strukturierte Produkt wird nicht insgesamt zum beizulegenden Zeitwert – bei erfolgswirksamer Erfassung der Wertänderungen – bewertet.[625] Sowohl bei einer Ausgestaltung der Transaktion als Principal at Risk als auch als Coupon at Risk bietet sich ein Ausweis der Anleihe als „Finanzielle Verbindlichkeit für Insurance-Linked Securities" an, wobei die bis zum Eintritt des Trigger-Ereignisses periodisch fälligen Basiszinsen als „Zinsaufwendungen für Insurance-Linked Securities" gezeigt werden könnten.[626] Die periodisch fälligen Bonuszinsen stellen wie nach HGB die Anschaffungskosten für das Optionsrecht dar, das im Zugangszeitpunkt und

---

624 Vgl. Abschnitt 4.3.2.1.

625 Würde bei Erfüllung der Voraussetzungen die Fair Value Option für die finanzielle Verbindlichkeit ausgeübt werden, könnte demnach auf eine getrennte Bilanzierung verzichtet werden.

626 Die Bildung einer finanziellen Verbindlichkeit für Verbriefungstransaktionen mit nicht entschädigungsbezogenem Trigger wird zudem durch IAS 32.25 unterstützt, wonach eine finanzielle Verbindlichkeit auch dann auszuweisen ist, wenn die Erfüllung vom Eintreten oder Nichteintreten ungewisser künftiger Ereignisse

in den Folgeperioden unter den Kapitalanlagen des Handelsbestands auszuweisen und erfolgswirksam zum beizulegenden Zeitwert zu bilanzieren ist. Dabei stellt sich das Problem der Bestimmung des beizulegenden Zeitwerts von Optionen mit versicherungstechnischem Basiswert. Für die Erläuterung dieser Problematik wird auf Abschnitt 6.4.1 verwiesen. Im Zugangszeitpunkt kann davon ausgegangen werden, dass die wahrscheinlichkeitsgewichteten und auf den Zugangszeitpunkt diskontierten Bonuszinszahlungen den beizulegenden Zeitwert abbilden. Da jedoch im Zugangszeitpunkt keine Zahlungen anfallen, sondern erst zum jeweiligen Periodenende, ist wie bei einer Bilanzierung nach HGB eine korrespondierende Verbindlichkeit anzusetzen, die die die erwarteten aber undiskontierten Bonuszinszahlungen widerspiegelt. Der Differenzbetrag ist anders als nach HGB sofort aufwandswirksam zu erfassen, da die IFRS keine Rechnungsabgrenzungsposten kennen, so dass diese nur dann erfasst werden dürfen, wenn sie die Definitionsmerkmale von Vermögenswerten bzw. Schulden erfüllen, was auf den Differenzbetrag nicht zutrifft.[627] In den Folgeperioden vermindern die periodisch gezahlten Bonuszinsen erfolgsneutral die Verbindlichkeit für die Bonuszinszahlungen. Wertänderungen des Optionsrechts werden innerhalb des Kapitalanlageergebnisses als Zu- und Abschreibungen auf Kapitalanlagen ausgewiesen.

Tritt das Trigger-Ereignis nicht ein, wird das Kapital an die Investoren zurückgezahlt, die finanzielle Verbindlichkeit erfolgsneutral gegen „Guthaben bei Banken" ausgebucht und der Buchwert des Optionsrechts und der verbleibenden Verbindlichkeit aufwandswirksam ausgebucht. Bei Eintritt des Trigger-Ereignisses sind das Optionsrecht und die korrespondierende Verbindlichkeit ebenfalls aufwandswirksam aufzulösen und die Verbindlichkeit für Insurance-Linked Securities wird – ebenfalls erfolgswirksam, um die Entlastungswirkung in der Gewinn- und Verlustrechnung zu zeigen – in eine Verbindlichkeit gegenüber dem Sponsor umgebucht. Entsprechen die Anschaffungskosten bzw. der Transaktionspreis im Zugangszeitpunkt nicht dem beizulegenden Zeitwert, ist die Differenz als Zugangsgewinn bzw. -verlust zu erfassen (IFRS 13.60). Wird der beizulegende Zeitwert nicht durch einen beobachtbaren Marktpreis oder durch beobachtbare Inputparameter ermittelt, ist der Zugangsgewinn bzw. -verlust abzugrenzen und in den Folgeperioden so aufzulösen, wie es auch andere Marktteilnehmer tun würden.[628]

5.4.2.1.3 Investition des Emissionserlöses in Kapitalanlagen

Hinsichtlich der Bilanzierung der Investition des Emissionserlöses in Kapitalanlagen ergeben sich bei Principal-at-Risk-Transaktionen und Coupon-at-Risk-Transaktionen

---

abhängt, die außerhalb der Kontrolle sowohl des Emittenten als auch des Inhabers des Instruments liegen; vgl. MENTZ (2012), Rn. 82.

627 Vgl. SCHUBERT / KRÄMER (2012), Rn. 58-59. So ist mit dem Differenzbetrag kein erwarteter wirtschaftlicher Nutzenzufluss verbunden, was eine Voraussetzung für eine Aktivierung wäre.

628 Vgl. HARTENBERGER (2013), Rn. 222.

mit nicht entschädigungsbezogenem Trigger keine Unterschiede zur jeweiligen Ausgestaltung mit entschädigungsbezogenem Trigger, so dass auf die Ausführungen in Abschnitt 5.2.2.2.3 und Abschnitt 5.3.2.2.3 verwiesen wird.

5.4.2.2 Bewertung

5.4.2.2.1 Vertrag zwischen Sponsor und Versicherungszweckgesellschaft

Der Vertrag zwischen Sponsor und Versicherungszweckgesellschaft entspricht einem Derivatevertrag, bei dem der Sponsor von der Versicherungszweckgesellschaft bei Eintritt des Triggers eine Leistung verlangen kann. Die Bewertung dieses Optionsrechts entspricht der von als bedingten Termingeschäften ausgestalteten Insurance Derivatives mit nicht entschädigungsbezogenem Trigger, so dass auf die Ausführungen in Abschnitt 6.2.2.2.1 verwiesen wird.

5.4.2.2.2 Verpflichtungen der Versicherungszweckgesellschaft aus der Verbriefungstransaktion

Das strukturierte Finanzinstrument – bestehend aus der finanziellen Verbindlichkeit aus der Anleiheemission und dem eingebetteten Optionsrecht – ist grundsätzlich getrennt zu bewerten.[629] Dabei sind der Basisvertrag und der Derivatevertrag nach den jeweils für sie geltenden Vorschriften zu bewerten.[630] Dies impliziert für die finanzielle Verbindlichkeit eine Bilanzierung zu fortgeführten Anschaffungskosten, während das Derivat erfolgswirksam zum beizulegenden Zeitwert zu bewerten ist.[631] Ist allerdings eine getrennte Bewertung von Basisvertrag und Derivat nicht möglich, ist das strukturierte Produkt insgesamt erfolgswirksam zum beizulegenden Zeitwert zu bewerten und als eine Verbindlichkeit auszuweisen. Eine Ausnahme von der Trennungspflicht besteht, wenn das gesamte strukturierte Finanzinstrument bereits erfolgswirksam zum beizulegenden Zeitwert bewertet wird (IAS 39.11, IAS 39.11A). Angesichts der Schwierigkeit der Ermittlung des beizulegenden Zeitwerts von nicht börsengehandelten Derivaten ist sowohl nach IAS 39 als auch nach IFRS 9 davon auszugehen, dass i. d. R. keine Bewertung des gesamten Instruments zum beizulegenden Zeitwert erfolgt und somit eine getrennte Bilanzierung der Komponenten des strukturierten Finanzinstruments vorzunehmen sein wird.[632] Der beizulegende Zeitwert des Optionsrechts bestimmt sich aus dem

---

629 Vgl. Abschnitt 5.4.2.1.1.

630 Vgl. Varain (2012), Rn. 64.

631 Ist der beizulegende Zeitwert des in die Anleihe eingebetteten Optionsrechts nicht verlässlich ermittelbar, darf der Zeitwert hilfsweise im Rahmen der Restwertmethode als Differenz des beizulegenden Zeitwerts des strukturierten Instruments und des Basisvertrags ermittelt werden. Das Problem ist jedoch, dass bereits der Zeitwert des strukturierten Instruments aufgrund der fehlenden verlässlichen Bewertbarkeit des Optionsrechts nicht verlässlich ermittelt werden kann.

632 Im Gegensatz zur gegenwärtigen Behandlung unter IAS 39 sieht IFRS 9 keine getrennte Bilanzierung von eingebetteten Derivaten mehr vor, sofern der nicht

inneren Wert des Optionsrechts und dem Zeitwert des Optionsrechts. Zu Vertragsbeginn geht der innere Wert gegen null, während der Zeitwert, der die erwarteten Wertentwicklungen widerspiegelt, zu diesem Zeitpunkt seinen Maximalwert erreicht. Gegen Ende der Vertragslaufzeit verringert sich der Zeitwert und erreicht schließlich den Wert null. Das Problem für die Bewertung von Optionsrechten mit versicherungstechnischem Basiswert besteht darin, dass diese Basiswerte nicht gehandelt werden und für sie auch keine allgemein anerkannten Bewertungsmodelle existieren.[633] Es lässt sich argumentieren, dass der beizulegende Zeitwert des Optionsrechts als Summe von dessen inneren Wert und dessen Zeitwert im Zugangszeitpunkt dem Barwert des Erwartungswerts der Bonuszinszahlungen – der zudem die Anschaffungskosten des Optionsrechts repräsentiert – entspricht. Da im Zugangszeitpunkt noch keine Schadenereignisse eingetreten sein können, die zu Abweichungen von einem definierten Referenzindexwerts führen könnten, ist der innere Wert null, so dass der Zeitwert des Optionsrechts im Zugangszeitpunkt durch den Barwert der erwarteten Bonuszinszahlungen bestimmt wird.[634]

5.4.2.2.3 Investition des Emissionserlöses in Kapitalanlagen

Wie auch beim Ansatz und Ausweis der mit dem Emissionserlös erworbenen Kapitalanlagen ergeben sich für die Bewertung der Kapitalanlagen bei Principal-at-Risk-Transaktionen und Coupon-at-Risk-Transaktionen mit nicht entschädigungsbezogenem Trigger keine Unterschiede zur jeweiligen Ausgestaltung mit entschädigungsbezogenem Trigger, so dass auf die Ausführungen in Abschnitt 5.2.2.2.3 und Abschnitt 5.3.2.2.3 verwiesen wird.

5.4.2.3 Angaben

5.4.2.3.1 Vertrag zwischen Sponsor und Versicherungszweckgesellschaft

Der Vertrag zwischen Sponsor und Versicherungszweckgesellschaft entspricht einem Derivatevertrag, bei dem der Sponsor von der Versicherungszweckgesellschaft bei Eintritt des Triggers eine Leistung verlangen kann. Die erforderlichen Angaben zu diesem Optionsrecht entsprechen denen von als bedingten Termingeschäften ausgestalteten Insurance Derivatives mit nicht entschädigungsbezogenem Trigger, so dass auf die Ausführungen in Abschnitt 6.2.2.3.1 verwiesen wird.

---

derivative Basisvertrag ein finanzieller Vermögenswert im Anwendungsbereich von IFRS 9 ist. Für finanzielle Verbindlichkeiten ist die Regelung im Vergleich zu IAS 39 unverändert.

633 Vgl. Abschnitt 6.4.1.

634 Es kann jedoch auch argumentiert werden, dass der Zeitwert – der die möglichen zukünftigen positiven Wertentwicklungen aus Sicht des Käufers des Optionsrechts ausdrückt – aufgrund der i. d. R. geringen Eintrittswahrscheinlichkeit des Schadenereignisses gegen null tendiert und die Anschaffungskosten des Optionsrechts null betragen; vgl. Horstkötter (2008), S. 262.

5.4.2.3.2 Verpflichtungen der Versicherungszweckgesellschaft aus der Verbriefungstransaktion

Bei der mit einem nicht entschädigungsbezogenen Trigger ausgestatteten Verbriefungstransaktion handelt es sich um ein strukturiertes Finanzinstrument, für das Angaben zu den Bilanzierungs- und Bewertungsmethoden (IFRS 7.21, IFRS 7.B5) sowie qualitative und quantitative Angaben zu in Finanzinstrumenten enthaltenen Risiken, die den Bilanzadressaten ein Urteil über deren Art und Umfang vermitteln, zu machen sind (IFRS 7.31-7.34). Dies betrifft insbesondere Angaben zu Kredit-, Markt- und Liquiditätsrisiken, wobei für versicherungstechnische Verbriefungstransaktionen v. a. Angaben zur Liquidität im Mittelpunkt stehen dürften, die eine Fälligkeitsanalyse nicht derivativer finanzieller Verbindlichkeiten erfordern (IFRS 7.39a). Für derivative Verbindlichkeiten ist eine Fälligkeitsanalyse für Instrumente darzustellen, deren vertragliche Laufzeiten für das Verständnis des zeitlichen Eintretens der Zahlungsströme entscheidend sind (IFRS 7.39b). Zudem ist für die Klasse von finanziellen Verbindlichkeiten, in die die zu fortgeführten Anschaffungskosten bewertete finanzielle Verbindlichkeit aus der Verbriefungstransaktion eingeordnet wurde, der beizulegende Zeitwert anzugeben, so dass ein Vergleich mit dem Buchwert möglich ist (IFRS 7.25). Darüber hinaus sind für die Klasse von finanziellen Verbindlichkeiten die angewandten Methoden zur Ermittlung des beizulegenden Zeitwerts bzw. bei der Verwendung von Bewertungsverfahren die zugrundeliegenden Annahmen anzugeben (IFRS 7.27), was auch Informationen zur Bewertungshierarchie des beizulegenden Zeitwerts und Änderungen in den Bewertungshierarchieklassen einschließt (IFRS 7.IG.13A und IFRS 7.IG.13B).

5.4.2.3.3 Investition des Emissionserlöses in Kapitalanlagen

Hinsichtlich der Angabepflichten für die Kapitalanlagen ergeben sich bei Principal-at-Risk-Transaktionen und Coupon-at-Risk-Transaktionen mit nicht entschädigungsbezogenem Trigger keine Unterschiede zur jeweiligen Ausgestaltung mit entschädigungsbezogenem Trigger, so dass auf die Ausführungen in Abschnitt 5.2.2.3.3 und Abschnitt 5.3.2.3.3 verwiesen wird.

5.4.2.4 Buchungsbeispiel

Bei einer Ausgestaltung ohne entschädigungsbezogenen Trigger stellt das Vertragsverhältnis zwischen Sponsor und Versicherungszweckgesellschaft – unabhängig von der Ausgestaltung als Principal at Risk oder Coupon at Risk einen Optionsvertrag dar. Ebenso ist das Vertragsverhältnis zwischen Versicherungszweckgesellschaft und Investoren als ein strukturiertes Finanzinstrument anzusehen, in das ein Optionsrecht eingebettet ist. Für ein Buchungsbeispiel einer Verbriefungstransaktion mit einem nicht entschädigungsbezogenen Trigger wird auf das Buchungsbeispiel einer Verbriefungstransaktion mit nicht entschädigungsbezogenem Trigger nach HGB in Abschnitt 5.4.1.4 verwiesen. Dieses gilt für eine IFRS-Bilanzierung analog mit dem Unterschied, dass nach IFRS positive wie negative Änderungen des beizulegenden Zeitwerts in den Folgeperioden erfolgswirksam verbucht werden und ein Unterschiedsbetrag zwischen Anschaffungskosten und beizulegendem Zeitwert im Zugangszeitpunkt – in Abhängigkeit der Ermittlungsmethode des beizulegenden Zeitwerts – entweder sofort erfolgswirksam erfasst wird oder zunächst abgegrenzt wird und in den Folgeperioden erfolgswirksam aufgelöst wird.

5.5 Würdigung

5.5.1 Tatsachengetreue Darstellung

Eine tatsachengetreue Darstellung setzt voraus, dass die Informationen vollständig, neutral und fehlerfrei sind.[635] Dies impliziert, dass alle wesentlichen und damit entscheidungsrelevanten Informationen eines Sachverhalts korrekt und nachvollziehbar abgebildet werden und dabei Ermessens- und Gestaltungsspielräume, die zu einer verzerrten Darstellung der Vermögens-, Finanz- und Ertragslage führen können, eingeschränkt sind.

Mangels konkreter Vorschriften der relevanten Rechnungslegungsstandards ergeben sich für die Bilanzierung von Insurance-Linked Securities im Einzelfall mehrere Möglichkeiten für ihre bilanzielle Abbildung, so dass grundsätzlich auf die jeweiligen Prinzipien der Rechnungslegung rekurriert werden muss, um eine sachgerechte Darstellung zu erzielen.[636] Dies trifft sowohl auf die GoB-basierten handelsrechtlichen Regelungen, aber auch auf IFRS 4 zu, der bspw. Insurance-Linked Securities in Form von Katastrophenanleihen mit entschädigungsbezogenem Trigger, die zudem signifikantes Versicherungsrisiko übertragen, als einen (Rück-)Versicherungsvertrag klassifiziert, jedoch selbst keine weiteren Hinweise für seine bilanzielle Abbildung liefert. Dieser Mangel an Regelungsklarheit wiegt umso schwerer, als durch versicherungstechnische Verbriefungstransaktionen gerade keine versicherungstechnischen Rückstellungen, deren Ansatz und Bewertung im Mittelpunkt von IFRS 4 stehen, auf die Investoren transferiert werden.[637]

---

635 Vgl. Abschnitt 4.1.2.

636 Vgl. Küting (2011), S. 1408; Pfaff / Kukule (2006), S. 546-547. Die Offenheit und Auslegungsbedürftigkeit der Vorschriften kann dabei zu einer Entobjektivierung der Berichterstattung führen, da individuelle Einschätzungen erforderlich werden, und damit faktisch Wahlrechte geschaffen werden, die Ermessensspielräume gewähren.

637 IFRS 4 spricht in diesem Zusammenhang von versicherungstechnischen Verpflichtungen (Insurance Liabilities). In Bezug auf Insurance-Linked Securities erscheint dies irreführend, da es sich auch bei einem Principal at Risk um versicherungstechnische Verpflichtungen handelt (schadenverlaufsabhängige Verpflichtung von Kapital und Zinsen). Da jedoch IFRS 4 mit versicherungstechnischen Verpflichtungen eigentlich versicherungstechnische Rückstellungen meint, sind die Ansatz- und Bewertungsvorschriften des IFRS 4 nicht auf einen Principal at Risk anzuwenden, obwohl dieser selbst auch einen Versicherungsvertrag darstellt.

Das Problem existiert dabei weniger in dem Vertragsverhältnis zwischen Sponsor und Versicherungszweckgesellschaft, das als klassischer Rückversicherungsvertrag ausgestaltet werden kann, als vielmehr in der Verbriefungstransaktion zwischen Versicherungszweckgesellschaft und den Investoren, die bei wirtschaftlicher Betrachtung zwar wie ein Rückversicherungsvertrag wirken kann, jedoch formal Eigenschaften von Finanzinstrumenten aufweisen.

Bei einer als Principal at Risk ausgestalteten Verbriefungstransaktion handelt es sich nach handelsrechtlichen wie auch nach internationalen Vorschriften um einen Rückversicherungsvertrag. Die schadenverlaufsabhängige Verpflichtung zur Kapitalrück- und Zinszahlung kann handelsrechtlich als eine auflösend bedingte Verbindlichkeit interpretiert werden. Ermessensspielräume ergeben sich bei der Beurteilung der Wahrscheinlichkeit des Bedingungseintritts: Ist der Bedingungseintritt unwahrscheinlich und die Verpflichtung damit quasi sicher, kann handelsrechtlich eine Verbindlichkeit bilanziert werden. Im Gegensatz dazu ist eine Rückstellung für ungewisse Verbindlichkeiten zu bilden, wenn mit dem Bedingungseintritt zu rechnen ist, d. h., ein fiktiver Erwerber des Unternehmens würde die unsichere Verpflichtung in seinem Kaufpreiskalkül berücksichtigen.[638] Andere Literaturmeinungen fordern für auflösend bedingte Verbindlichkeiten stets den Ansatz einer Verbindlichkeit.[639] In bilanzieller Hinsicht kommt die Schadenverlaufsabhängigkeit jedoch nur in einer Rückstellung für ungewisse Verbindlichkeiten zum Ausdruck. Würde das Versicherungsunternehmen den Bedingungseintritt für völlig unwahrscheinlich bzw. quasi für sicher halten, könnte gefragt werden, warum es überhaupt eine Verbriefungstransaktion zur Absicherung des Risikos initiiert. Der Grund ist jedoch gerade, dass die Auswirkungen des Eintritts des Schadenereignisses so gravierend sind, dass das Unternehmen mit ihm unter wirtschaftlichen Gesichtspunkten rechnet, auch wenn die statistische Eintrittswahrscheinlichkeit – insbesondere bei Low-Frequency-High-Severity-Ereignissen – möglicherweise relativ gering ist. Bilanziell ergeben sich daraus zwei Konsequenzen: Die Rückstellung ist im Gegensatz zu einer Verbindlichkeit aufwandswirksam zu bilden sowie ggfs. abzuzinsen und der Ausweis erfolgt in einem Posten, aus dem der versicherungstechnische Gehalt der Transaktion nicht deutlich wird. Wird jedoch für den Ansatz einer Verbindlichkeit argumentiert, könnte ein Ausweis unter „Depotverbindlichkeiten aus dem in Rückdeckung gegebenen Versicherungsgeschäft" (Formblatt 1, Passivposten H. RechVersV) in Betracht kommen, was der versicherungstechnischen Natur der Principal-at-Risk-Transaktion besser entsprechen würde als ein relativ unspezifischer Ausweis als Rückstellungen für ungewisse Verbindlichkeiten im Posten „Sonstige Rückstellungen" (Formblatt 1, Passivposten G.III. RechVersV). Bei Depotverbindlichkeiten handelt es sich um Beträge, die vom bilanzierenden Versicherungsunternehmen als Sicherheit einbehalten oder ihm vom Rückversicherer zu diesem Zweck belas-

638 Vgl. Abschnitt 5.2.1.1.2.

639 Vgl. Adler / Düring / Schmaltz (1995), Rn. 122.

sen worden sind (§ 33 Abs. 1 RechVersV). Eine Sicherheitsleistung impliziert, dass lediglich das Ausfallrisiko der Vertragspartei eliminiert werden soll, sie entbindet jedoch nicht von der zugrundeliegenden Verpflichtung zu Lieferung oder Leistung. Bei einer gewöhnlichen Geschäftsabwicklung ohne Ausfall des Sicherungsgebers ist die Sicherheitsleistung zurückzuzahlen, so dass es sich für den Empfänger der Sicherheitsleistung um eine sichere Verpflichtung bzw. Verbindlichkeit handelt. Die Rückzahlung der Sicherheitsleistung ist somit von der Bonität der Vertragspartei abhängig, während die Verpflichtung zur Kapitalrückzahlung bei einem Principal at Risk von dem Eintritt des Schadenereignisses abhängt. Insofern spricht dies für die handelsrechtliche Bilanzierung einer Rückstellung anstatt einer Verbindlichkeit. Auch ist in diesem Fall der Umstand, dass Auszahlungsverpflichtungen, die aus Aktivazugängen resultieren, unabhängig davon, ob die künftigen Auszahlungen der Höhe nach sicher sind, als Verbindlichkeit zu bilanzieren sind,[640] nicht einschlägig. Die Verpflichtung aus der Verbriefungstransaktion ist nämlich bereits aufgrund der Schadenverlaufsabhängigkeit dem Grunde nach ungewiss.

Zu beachten ist jedoch, dass in Abhängigkeit von der Bilanzierung der Verpflichtung aus der Verbriefungstransaktion der Emissionserlös ertragswirksam (Rückstellung für ungewisse Verbindlichkeiten) oder erfolgsneutral (Depotverbindlichkeit) zu verbuchen ist. Da Rückstellungen aufwandswirksam zu bilden sind, wäre der Emissionserlös in gleicher Höhe ertragswirksam zu verbuchen, damit im Emissionszeitpunkt kein Ergebniseffekt resultiert. Es ist jedoch zu berücksichtigen, dass Rückstellungen mit einer Restlaufzeit von mehr als einem Jahr abzuzinsen sind. Dies führt dazu, dass der Ertrag aus der Vereinnahmung des Emissionserlöses höher ist als der Aufwand aus der Bildung der entsprechenden Rückstellung für ungewisse Verbindlichkeiten und somit im Emissionszeitpunkt ein Ergebniseffekt als Saldo zwischen dem Ertrag aus der Emission und dem Aufwand aus der Bildung der diskontierten Rückstellung für ungewisse Verbindlichkeiten entsteht. Ein solcher Ergebniseffekt im Emissionszeitpunkt steht jedoch dem handelsrechtlichen Realisationsprinzip entgegen, bei dem Gewinn als Saldo von Erträgen und Aufwendungen erst im Zuge der Leistungserbringung in Form der Bereitstellung von Versicherungsschutz durch die Investoren entsteht. Dieser Punkt spricht wiederum für die Bilanzierung der Verpflichtung als Depotverbindlichkeit.

Die Argumentationsansätze verdeutlichen, dass die Bilanzierung der Verpflichtung aus einer Principal-at-Risk-Transaktion in hohem Maße auslegungsbedürftig ist. Möglich erscheint entweder eine Bilanzierung als Rückstellung für ungewisse Verbindlichkeiten, in der zwar der Unsicherheitscharakter der Bilanzposition, nicht jedoch der versicherungstechnische Gehalt deutlich wird, oder eine Bilanzierung als Depotverbindlichkeit, aus der nicht der Unsicherheitscharakter der Bilanzposition, jedoch dafür der versicherungstechnische Gehalt deutlich wird.

Ähnliche Auslegungsspielräume ergeben sich bei einer Bilanzierung einer Principal-at-Risk-Transaktion nach IFRS 4, der Verbriefungstransaktionen, bei denen

640 Vgl. Kozikowski / Schubert (2012a), Rn. 205.

Kapital und/oder Zinsen schadenverlaufsabhängig sind, als Rückversicherungsverträge qualifiziert. IFRS 4 in seiner gegenwärtigen Form gestattet die Fortführung der bisher angewandten Bilanzierungspraxis, so dass eine Bilanzierung als Rückstellung für ungewisse Verbindlichkeiten oder als Depotverbindlichkeit auch nach IFRS 4 vorgenommen werden könnte. IFRS 4 gibt zudem als Anhaltspunkt für die Ableitung der Bilanzierung, dass Einlagenkomponenten in (Rück-)Versicherungsverträgen getrennt bilanziert werden können, wenn sie künstlich in einen Versicherungsvertrag eingebettet wurden, jedoch auch als eigenständige Verträge existieren könnten (IFRS 4.10).[641] Vor diesem Hintergrund könnte die Kapitalbereitstellung der Investoren als Einlagenkomponente eines Rückversicherungsvertrags verstanden werden, die dann bei der Versicherungszweckgesellschaft als finanzielle Verbindlichkeit nach IAS 39/IFRS 9 zu bilanzieren wäre. Dies wirft jedoch wiederum das Problem auf, dass es sich bei der Kapitalbereitstellung bei Principal-at-Risk-Transaktionen gerade nicht um eine sichere Verpflichtung handelt, was eine Bilanzierung als Finanzinstrument jedoch implizieren würde. Vor diesem Hintergrund erscheint zur Erreichung einer sachgerechten Erfassung der Transaktion eine Bilanzierung der Verpflichtung aus der Verbriefungstransaktion als Rückstellung nach IAS 37 angemessen, da nur hierdurch die Unsicherheit bzw. Schadensverlaufsabhängigkeit der Verpflichtung zum Ausdruck kommt. Weil dies jedoch aus den Vorschriften nicht eindeutig hervorgeht, werden auch hier die Ermessensspielräume evident, die sich bei der Bilanzierung von Verbriefungstransaktionen ergeben können und dabei auch die zwischenbetriebliche Vergleichbarkeit von Abschlüssen beeinträchtigen. Die Ermessensspielräume resultieren dabei auch aus der Ähnlichkeit von Insurance-Linked Securities und Finanzinstrumenten. So könnte die mit einem entschädigungsbezogenen Trigger ausgestattete Verbriefungstransaktion prinzipiell auch als ein in ein Finanzinstrument eingebetteter Versicherungsvertrag interpretiert werden, was zur Folge hätte, dass die Komponenten nach HGB und IFRS nicht getrennt voneinander zu bilanzieren sind.[642] In diesem Fall wäre das gesamte Produkt als Finanzinstrument zu bilanzieren, wobei die versicherungstechnische Komponente nicht zum Ausdruck kommt. Diese Auffassung übersieht allerdings, dass eine Verbriefungstransaktion mit entschädigungsbezogenem Trigger aus wirtschaftlicher Sicht für sich selbst betrachtet bereits einen Rückversicherungsvertrag darstellt, und es sich somit nicht lediglich um ein Finanzinstrument mit eingebetteter Versicherungskomponente handelt. Eine Bilanzierung der Verpflichtungen aus der Verbriefungstransaktion nach IAS 37

---

641 Vgl. Geib (2009), Rn. 23. Eine Verpflichtung zur Entflechtung besteht dann, wenn eine getrennte Bewertung der Einlagenkomponente möglich ist und darüber hinaus die Rechte und Pflichten aus der Einlagenkomponente bei einer ungetrennten Bilanzierung nicht vollständig angesetzt werden. Dies ist jedoch bei der Verbriefungstransaktion nicht der Fall.

642 Vgl. Schaber / Rehm / Märkl (2008), S. 205-207. Eine Abspaltungspflicht würde nach HGB bzw. IDW HFA 22 und IFRS nur dann in Betracht kommen, wenn es sich um ein in ein Finanzinstrument eingebettetes Derivat handelt, was bei einem Versicherungsvertrag nicht der Fall ist.

verlangt allerdings, dass der Ressourcenabfluss wahrscheinlich ist, um einen Ansatz zu rechtfertigen, wobei eine Wahrscheinlichkeit von über 50 % gefordert wird.[643] Ist die Wahrscheinlichkeit für den Ressourcenabfluss geringer als 50 % aber höher als ca. 5 % und damit zumindest nicht unwahrscheinlich, so ist eine Angabe als Eventualverbindlichkeit im Anhang erforderlich.[644] Wird der Ressourcenabfluss mit einer Wahrscheinlichkeit von unter 5 % als unwahrscheinlich beurteilt, bleibt die Transaktion völlig unberücksichtigt. Die sich ergebenden Ermessensspielräume bei der Beurteilung der Wahrscheinlichkeit werden auch hier deutlich. Insbesondere bei Low-Frequency-High-Severity-Ereignissen wie Naturkatastrophenereignissen kann von einer geringen Eintrittswahrscheinlichkeit und damit von einer hohen Wahrscheinlichkeit des Ressourcenabflusses in Form der Rückzahlung des Kapitalbetrags an die Investoren ausgegangen werden, so dass eine Rückstellung anzusetzen wäre. Bei der Absicherung von High-Frequency-Low-Severity-Ereignissen kann die Einschätzung jedoch anders ausfallen, so dass sich die Beurteilung des Ansatzes der Verpflichtung generell an dem Wesentlichkeitsgrundsatz orientieren sollte (IAS 1.29). Informationen sind wesentlich, wenn ihr Weglassen oder ihre fehlerhafte Darstellung die auf der Basis von Jahresabschlussinformationen getroffenen wirtschaftlichen Entscheidungen der Adressaten beeinflussen können (CF.QC11). Wesentlichkeit ist somit vielmehr eine Schwelle oder ein Grenzwert und weniger eine primäre qualitative Anforderung, die eine Information haben muss, um entscheidungsnützlich zu sein (CF.30).[645] Vor dem Hintergrund des Wesentlichkeitsgrundsatzes erscheint somit ein Ansatz der Verpflichtung aus der Verbriefungstransaktion zwingend erforderlich, um ein den tatsächlichen Verhältnissen entsprechendes Bild der Vermögens-, Finanz- und Ertragslage zu gewährleisten. Dies entspricht auch der handelsrechtlichen Sichtweise, die für die Frage des Ansatzes einer Rückstellung auf das Gewicht der Gründe abstellt. Eine rein an mathematischen Wahrscheinlichkeiten orientierte Beurteilung der Vorgaben des IAS 37 könnte nämlich bei Low-Frequency-High-Severity-Risiken dazu führen, dass der Bilanzansatz entweder unterbleibt oder nur eine Angabe im Anhang erforderlich ist. Allerdings gestatten die IFRS, in Ausnahmefällen von der Anwendung einzelner Standards abzuweichen, wenn dies sonst zu einer irreführenden Darstellung der Vermögens-, Finanz- und Ertragslage führen würde (IAS 1.13, IAS 1.15 i. V. m. IAS 1.19). Solche Abweichungen sind anzugeben, zu begründen und zu quantifizieren. Dieses Overriding Principle betont, dass die Informationsfunktion der normativen Einhaltung der IFRS

643 Vgl. Senger / Brune (2012), Rn. 36-37.

644 Vgl. Ernst & Young (2013), S. 1822; Senger / Brune (2012), Rn. 40-41. Wird die Wahrscheinlichkeit des Eintretens der Verpflichtung höher als unwahrscheinlich (remote), aber geringer als wahrscheinlich (more likely than not) eingestuft, liegt eine Eventualverbindlichkeit vor, die – sofern wirtschaftlich sinnvoll ermittelbar – relativ vage gehaltene Angaben zu möglichen finanziellen Auswirkungen, Angaben zu den geschätzten Beiträgen und den Zeitpunkt der Bezahlung sowie der Möglichkeit einer Kompensation erfordert; vgl. Hoffmann (2012), Rn. 173.

645 Vgl. Wawrzinek (2013), Rn. 59-60; Hoffmann / Lüdenbach (2012), Rn. 63.

überzuordnen ist, um eine Bilanzierung zu gewährleisten, die dem Gedanken des True and Fair View gerecht wird.[646] Andernfalls könnte eine enge Auslegung des Wahrscheinlichkeitskriteriums in IAS 37 im Extremfall dazu führen, dass bei sehr geringer Wahrscheinlichkeit des Ressourcenabflusses ein Rückstellungsansatz unterbleibt. Falls die Versicherungszweckgesellschaft ein vom Sponsor zu konsolidierendes Unternehmen ist und beide einen gültigen Rückversicherungsvertrag abgeschlossen haben, wird die Rückversicherungsbeziehung zwischen Sponsor und Versicherungszweckgesellschaft aus Konzernsicht eliminiert. Aus Konzernsicht verbleiben nur die Verpflichtung des Sponsors aus den Erstversicherungsverträgen und die (erfolgswirksame) Vereinnahmung des Emissionserlöses, dem dann keine Verpflichtung gegenüberstehen würde, so dass sich dadurch das Konzerneigenkapital erhöhen würde. Dies würde neben einer tatsachengetreuen Darstellung auch die Entscheidungsrelevanz von Informationen einschließlich der Aussagekraft damit in Zusammenhang stehender Kennzahlen einschränken.

Bei einer Ausgestaltung der Verbriefungstransaktion als Coupon at Risk mit entschädigungsbezogenem Trigger sind die Voraussetzungen zur Bilanzierung der Transaktion als Rückversicherungsvertrag nach HGB und IFRS nicht erfüllt. Es fehlt an der Übertragung von Zahlungszeitpunktrisiko, so dass insgesamt kein signifikantes Versicherungsrisiko transferiert wird. Die Entlastung der Versicherungszweckgesellschaft bzw. des Sponsors erfolgt durch die Zinserträge auf das im Schadenfall zinslos zur Verfügung stehende Kapital.[647] Auch hier ergeben sich mangels konkreter Vorgaben Entscheidungsspielräume, die insbesondere die Fragen des Ansatzes und des Ausweises der Verpflichtung aus der Verbriefungstransaktion umfassen. Nach HGB ist die sichere Verpflichtung zur Rückzahlung der Anleihe als Verbindlichkeit zu passivieren. Ebenso stellen die darauf entfallenden Zinszahlungen an die Investoren eine schadensverlaufsabhängige und damit unsichere Verpflichtung dar, so dass die Verpflichtung als Rückstellung für ungewisse Verbindlichkeiten zu erfolgen hat. Allerdings lassen sich auch Argumente für den Ansatz einer Verbindlichkeit bzw. sicheren Verpflichtung finden, da die Zinsen entweder den Investoren (bei schadenfreiem Verlauf) oder aber dem Sponsor (bei Eintritt des Schadenereignisses) geschuldet werden. Da es sich bei einer

646 Vgl. Zülch / Fischer (2012), Rn. 29; Förschle / Kroner (2012a), Rn. 215-216. Solche Abweichungen sind jedoch grundsätzlich nur für neue bzw. nicht oder nicht eindeutig geregelte Bilanzierungsfragen zulässig und daher restriktiv anzuwenden. Durch ED/2010/1 wird eine Überarbeitung von IAS 37 angestrebt, wonach die Beurteilung des wahrscheinlichen Ressourcenabflusses Unternehmen nicht mehr von dem Ansatz wesentlicher Verpflichtungen abhalten soll. Das „more-likely-than-not"-Kriterium wäre dann nur noch für die Bewertung von Bedeutung.

647 Der Wegfall der Zinsverpflichtung selbst führt jedoch zu keiner Entlastung, da die bei Nichteintritt des Schadenereignisses an die Investoren zu zahlenden Zinszahlungen von vornherein hätten vermieden werden können, wenn eine andere Transaktionsform gewählt worden wäre.

Coupon-at-Risk-Transaktion bilanziell nicht um einen Rückversicherungsvertrag handelt, sollten die Zinsaufwendungen nicht als „Abgegebene Rückversicherungsbeiträge“, sondern als „Sonstige versicherungstechnische Aufwendungen“ (Bonuszins) bzw. „Sonstige Aufwendungen“ (Basiszins) ausgewiesen werden. Der jeweilige Ausweis beeinflusst bspw. die Kennzahlenanalyse, liegt jedoch mangels konkreter Vorgaben im Ermessen des bilanzierenden Unternehmens. IFRS 4 verlangt, dass Rückversicherungsverträge, die kein signifikantes Versicherungsrisiko transferieren, nach den Vorschriften des Deposit Accounting abzubilden sind, was im Fall von Transaktionen, die nur signifikantes Zahlungshöherisiko übertragen, dazu führt, dass der Bonuszins als Entgelt für das übernommene Versicherungsrisiko – auch wenn es nicht signifikant ist – erfolgsneutral abgegrenzt wird, der Basiszins als Entgelt für die Kapitalbereitstellung jedoch aufwandswirksam als Verbindlichkeit abgegrenzt wird. Jedoch gehen die Vorschriften des Deposit Accounting davon aus, dass die Prämie vorab gezahlt wird, während jedoch im Fall einer Verbriefungstransaktion die Bonuszinsen erst zum Periodenende anfallen. Insofern trifft die Situation, wonach der Deposit Asset i. H. d. Rückversicherungsprämie gebildet wird, für die noch kein Deckungsschutz erbracht wurde, auf die Verbriefungstransaktion nicht zu. Sachgerecht wäre es daher, die Bonuszinsen wie nach HGB aufwandswirksam als „Sonstige versicherungstechnische Aufwendungen“ zu erfassen und wie die Basiszinsen in einer Rückstellung zu akkumulieren, die den Unsicherheitscharakter der Zinszahlungsverpflichtung gegenüber den Investoren ausdrückt. Da die Verpflichtung zur Rückzahlung des Kapitals sicher ist, ist diese als Verbindlichkeit zu bilanzieren, so dass die Anleihe und die damit im Zusammenhang stehenden Zinsen in unterschiedlichen Bilanzposten ausgewiesen werden. Aufgrund der Auslegungsbedürftigkeit der Regelung und der damit verbundenen Ermessensspielräume ergeben sich jedoch auch in diesem Punkt Einschränkungen für eine tatsachengetreue Darstellung.

Während nach den derzeit geltenden Vorschriften nach HGB und IFRS die Beurteilung, ob eine Bilanzierung als Rückversicherungsvertrag möglich ist, davon abhängt, ob signifikantes Versicherungsrisiko und – davon unabhängig – mit hinreichender Wahrscheinlichkeit ein signifikanter Verlust aus der Transaktion zu erwarten ist, verlangt ED/2013/7 lediglich, dass unter Berücksichtigung des Zeitwerts des Geldes ein signifikanter Verlust zu erwarten ist. Besondere Anforderungen an das Zahlungszeitpunktrisiko werden nicht gestellt, solange das Zahlungshöherisiko nach wie vor signifikant ist. Vor diesem Hintergrund wurde in Abschnitt 4.2.2.2 exemplarisch gezeigt, dass trotz einer erheblichen zeitlichen Verzögerung der Zahlungen der Risikotransfertest auf Basis des Expected Reinsurer's Deficit ein signifikantes Versicherungsrisiko anzeigen kann, so dass die Transaktion als Rückversicherung zu bilanzieren wäre. Nach dem derzeit gültigen Regelungsstand von IFRS 4, der eine eigenständige und qualitative Beurteilung der Existenz von Zahlungshöhe- und Zahlungszeitpunktrisiko verlangt, wäre jedoch ein Vertrag, der bspw. eine mehrjährige Verzögerung der Versicherungsleistung vorsieht, mangels Übertragung von Zeitpunktrisiko nicht als Rückversicherungsvertrag zu qualifizieren: „clearly the existence of restrictions on the timing of payments may mean that the policy does not transfer significant insurance risk."[648] Durch die Reduzierung des Zahlungszeitpunktrisikos auf seine finanzmathematische Funktion zur Barwertermittlung eröffnet ED/2013/7 Gestaltungsspielräume, den Zinssatz und/ oder die Zeitspanne vom Eintritt des Schadenereignisses bis zur Leistungsperiode so zu wählen, dass der Risikotransfertest auf Basis des Expected Reinsurer's Deficit entweder erfüllt oder nicht erfüllt wird. Somit wird deutlich, dass eine tatsachengetreue Darstellung des zugrundeliegenden bilanziellen Sachverhalts beeinträchtigt wird. Gleichzeitig ist somit zu erwarten, dass zukünftig mehr Insurance-Linked-Securities-Transaktionen als Rückversicherung zu bilanzieren sind. Daran schließt sich die Frage an, ob die Bilanzierung eines Coupon at Risk als Rückversicherungsvertrag, bei dem lediglich die Zinszahlungen unter Risiko stehen und bei dem der Finanzierungsgedanke im Vordergrund steht, tatsächlich zu entscheidungsnützlicheren Informationen für die Jahresabschlussadressaten führt. ED/2013/7 erwähnt überdies nicht mehr den Begriff des Deposit Accounting, sondern verweist bei Verträgen, die bilanziell keinen Rückversicherungsvertrag darstellen, allgemein auf IFRS 9 und damit auf eine Bilanzierung als Finanzinstrument. Zudem enthält ED/2013/7 auch keine konkretisierenden Hinweise, zur Bilanzierung von Verbriefungstransaktionen, die bei wirtschaftlicher Betrachtung wie ein Rückversicherungsvertrag wirken. Vielmehr wird betont, dass das in ED/2013/7 vorgeschlagene Ansatz- und Bewertungsmodell für versicherungstechnische Verpflichtungen und versicherungstechnische Vermögenswerte auf alle Arten von Versicherungsverträgen anwendbar sein soll. Dies deutet darauf hin, dass das IASB eine bilanzielle Behandlung nach den allgemeinen Vorschriften für die Bilanzierung von Versicherungsverträgen anstrebt, was aus Sicht der Versicherungszweckgesellschaft den Ansatz eines Vermögenswerts aus dem in Rückdeckung gegebenen Versicherungsgeschäft (Reinsurance Asset, Reinsurance Contract held) impliziert. Dies erscheint jedoch nur dann gerechtfertigt, wenn der Emissionserlös als reine Sicherheitsleistung für das Bonitätsrisiko der Investoren betrachtet wird, der die Investoren wirtschaftlich noch nicht von der Leistungspflicht im Schadenfall entbindet. Nur in diesem Fall bestünde aus Sicht der Versicherungszweckgesellschaft ein Vermögenswert aus dem in Rückdeckung gegebenen Versicherungsgeschäft i. S. e. einer Forderung gegenüber Rückversicherern bzw. Investoren. Aus rechtlicher Sicht hat die Versicherungszweckgesellschaft nämlich keine Forderung gegenüber den Investoren, da die Kapitalbereitstellung Sicherheitsleistung und zugleich bereits Entschädigungsleistung für den Fall des Eintritts des Schadenereignisses ist. Zudem würden bei einer Bilanzierung der Kapitalrückzahlungsverpflichtung als Rückstellung die Zinsen bzw. abgegebenen Rückversicherungsprämien aufwandswirksam verbucht werden. Nach dem Rechnungslegungsstandardentwurf ED/2013/7 werden die abgegebenen Rückversicherungsprämien jedoch erfolgsneutral gegen die versicherungstechnischen Vermögenswert gebucht. Wiederum zeigen sich hier mangels konkreter Vorgaben Entscheidungsspielräume, die die Notwendigkeit

648 Ernst & Young (2013), S. 3640-3641.

einer Auslegung des zukünftigen Rechnungslegungsstandards für Versicherungsverträge mit sich bringt.

Wird die Verbriefungstransaktion mit einem nicht entschädigungsbezogenen Trigger ausgestaltet, wird unabhängig von der Ausgestaltung als Principal at Risk oder Coupon at Risk kein Versicherungsrisiko übertragen und die Verbriefungstransaktion ist als ein strukturiertes Finanzinstrument zu behandeln. Nach IFRS und nach HGB ist bei einer Ausgestaltung als Principal at Risk eine getrennte Bilanzierung der finanziellen Anleiheverbindlichkeit und dem darin eingebetteten Derivat vorzunehmen. Eine Ausnahme besteht nach IFRS nur, wenn das gesamte strukturierte Finanzinstrument erfolgswirksam zum beizulegenden Zeitwert bewertet wird. Dabei stellt die Bewertung von Derivateverträgen mit versicherungstechnischem Basiswert bilanzierende Unternehmen häufig vor die Herausforderung, mangels vorliegender Marktpreise den beizulegenden Zeitwert durch anerkannte Bewertungsmodelle ermitteln zu müssen. Die dabei heranzuziehenden Inputparameter und Annahmen erfordern wiederum die Beurteilung des Managements, so dass sich hier Entscheidungsspielräume ergeben, die zwangsläufig eine tatsachengetreue und zwischen verschiedenen Unternehmen vergleichbare Darstellung beeinflussen können. Da die Optionsprämie durch die schadenverlaufsabhängigen und zum jeweiligen Periodenende fälligen Bonuszinsen repräsentiert wird, ist nach HGB und IFRS im Emissionszeitpunkt der Barwert der erwarteten Bonuszinsen als Anschaffungskosten bzw. beizulegender Zeitwert anzusetzen. Da die Optionsprämie im Emissionszeitpunkt nicht fällig ist, ist dazu korrespondierend eine Verbindlichkeit i. H. d. undiskontierten erwarteten Bonuszinszahlungen zu passivieren. Bei einer Coupon-at-Risk-Transaktion mit nicht entschädigungsbezogenem Trigger ist nach HGB eine einheitliche Bilanzierung möglich, während nach IFRS eine getrennte Bilanzierung von Optionsrecht und Anleihe erforderlich ist.

Relativ geringe Ermessensspielräume bestehen bei der Bilanzierung der Kapitalanlagen, in die der Emissionserlös investiert wird. Nach HGB richtet sich die Bilanzierung nach der Art der Kapitalanlage. Grundsätzlich kann für „Inhaberschuldverschreibungen und sonstige festverzinsliche Wertpapiere" bei einer Principal-at-Risk-Transaktion von einer Bewertung nach den Vorschriften des Umlaufvermögens ausgegangen werden, da die Wertpapiere dazu dienen, die jederzeitige Zahlungsbereitschaft sicherzustellen.[649] Eine Bewertung nach den Vorschriften des Anlagevermögens kommt nur bei einer Coupon-at-Risk-Transaktion in Betracht, da die Kapitalanlage dann bis zum Laufzeitende gehalten wird oder wenn es sich bei der Kapitalanlage um eine Namensschuldverschreibung handelt. Auch nach IAS 39 bestehen hier geringe Ermessensspielräume, da bei einer Principal-at-Risk-Transaktion eine Einordnung als „zur Veräußerung verfügbar" bzw. bei einem Coupon at Risk als „Darlehen und Forderungen" oder „bis zur Endfälligkeit gehaltene Finanzinstrumente" geboten ist. Nach IFRS 9 wären die Finanzinstrumente bei einer Principal-at-Risk-Transaktion erfolgswirksam zum beizulegenden Zeitwert

649 Vgl. IDW RS VFA 2, Rn. 5.

zu bewerten, wobei nach Einführung der geplanten Kategorie für Kapitalanlagen, für die weder eine explizite Halte- noch eine Veräußerungsabsicht besteht, auch eine erfolgsneutrale Bewertung zum beizulegenden Zeitwert möglich sein soll.[650] Finanzinstrumente bei Coupon-at-Risk-Transaktionen mit entschädigungsbezogenem Trigger erfüllen dagegen die Voraussetzungen (objektive und subjektive Bedingung) für eine Bilanzierung zu fortgeführten Anschaffungskosten. Allerdings bestehen Entscheidungsspielräume hinsichtlich der Designation der Kapitalanlage in eine Sicherungsbeziehung mit dem Zinsswap, mit dessen Hilfe die fixen Zinseinnahmen gegen variable getauscht werden, um das Zinsversprechen gegenüber den Investoren zu erfüllen und somit die Wirkung eines Fair Value Hedges erzielt wird. Wird nach IFRS bei Vorliegen der Voraussetzungen von der Möglichkeit der Bildung eines Sicherungszusammenhangs Gebrauch gemacht, richtet sich die Bewertung der festverzinslichen Kapitalanlage nach dem derivativen Sicherungsinstrument mit der Folge, dass die Kapitalanlage erfolgswirksam zum beizulegenden Zeitwert bewertet wird und sich Wertänderungen in der Gewinn- und Verlustrechnung ausgleichen. Ohne Sicherungsbeziehung würden sich die Wertänderungen bei einer festverzinslichen Kapitalanlage der Kategorie „zur Veräußerung verfügbar" im sonstigen Gesamtergebnis bzw. Eigenkapital niederschlagen. Nach HGB gleichen sich bei Bildung einer Sicherungsbeziehung Wertänderungen von Grund- und Sicherungsgeschäft ebenfalls in der Gewinn- und Verlustrechnung aus. Allerdings werden nur negative Wertänderungen des Grundgeschäfts bzw. positive Wertänderungen nur bis maximal zur Höhe der Anschaffungskosten kompensiert.

5.5.2 Entscheidungsrelevanz

Die Entscheidungsrelevanz von Informationen liegt vor, wenn sie die Entscheidungen der Adressaten beeinflussen können. Dies ist dann der Fall, wenn die Informationen für die Beurteilung von vergangenen, gegenwärtigen und zukünftigen Entwicklungen bedeutend sind (Prognosewert) oder sie Entscheidungen in der Vergangenheit bestätigen oder korrigieren können (Bestätigungswert).[651] Um diese Aufgabe zu erfüllen, müssen die zugrundeliegenden bilanziellen Sachverhalte in der Bilanz und der Gewinn- und Verlustrechnung in Posten ausgewiesen werden, die den wirtschaftlichen Gehalt einer Transaktion adäquat widerspiegeln. Vor diesem Hintergrund ist die Frage der Entscheidungsrelevanz direkt mit der Frage des Ausweises der Geschäftsvorfälle innerhalb der Verbriefungstransaktion im Jahresabschluss verbunden. Im Ausweis muss somit deutlich werden, ob es sich wirtschaftlich betrachtet um einen Rückversicherungsvertrag mit oder ohne signifikanten Risikotransfer bzw. ein strukturiertes Finanzinstrument handelt, in das eine Option eingebettet ist. Häufig wird in diesem Zusammenhang zur Beurteilung der Vermögens-, Finanz- und Ertragslage die Kennzahlenanalyse

650 Vgl. Abschnitt 4.3.2.2.
651 Vgl. Abschnitt 4.1.2.

eingesetzt, wobei Positionen von Bilanz und Gewinn- und Verlustrechnung zueinander ins Verhältnis gesetzt werden. Eine Principal-at-Risk-Transaktion mit entschädigungsbezogenem Trigger erfüllt die Voraussetzungen für eine Bilanzierung als Rückversicherungsvertrag, so dass sowohl das vom Sponsor der Versicherungszweckgesellschaft als auch das von der Versicherungszweckgesellschaft den Investoren geschuldete Entgelt nach HGB und IFRS als „Abgegebene Rückversicherungsbeiträge" auszuweisen ist. Eine Coupon-at-Risk-Transaktion erfüllt dagegen durch die fehlende Übertragung von Zahlungszeitpunktrisiko nach den derzeit gültigen Vorschriften nicht die Voraussetzungen für eine Bilanzierung als Rückversicherungsvertrag, so dass es sachgerecht ist, das Entgelt in eine nicht versicherungstechnische (Entgelt für die Kapitalbereitstellung) und in eine versicherungstechnische Komponente (Entgelt für die Übernahme von nicht signifikantem Versicherungsrisiko) zu unterteilen, um den Jahresabschlussadressaten eine adäquate Einschätzung der Ergebnisquellen zu ermöglichen. Dabei sind die Aufwendungen dann nicht als „Abgegebene Rückversicherungsbeiträge, sondern als „Sonstige versicherungstechnische Aufwendungen" (Bonuszins) bzw. „Sonstige Aufwendungen" (Basiszins) auszuweisen.[652] Da jedoch die Unterteilung der Zinsen in versicherungstechnische bzw. nicht versicherungstechnische Posten weder nach HGB noch nach IFRS explizit vorgeschrieben ist, ergeben sich für den Ausweis von Basis- und Bonuszins Ermessensspielräume, die die Entscheidungsrelevanz und daneben auch die Vergleichbarkeit der Jahresabschlussinformationen zwischen verschiedenen Unternehmen beeinträchtigen können. So werden bei Principal-at-Risk-Transaktionen Basis- und Bonuszinsen zusammen als „Abgegebene Rückversicherungsbeiträge" ausgewiesen, da die Transaktion insgesamt als ein Rückversicherungsvertrag zu behandeln ist und somit eine Aufteilung in die einzelnen Zinskomponenten nicht sachgerecht wäre. Die IFRS-Vorschriften sehen für Rückversicherungsverträge, durch die kein signifikantes Versicherungsrisiko transferiert wird, die Anwendung der Vorschriften des Deposit Accounting vor, was dazu führen würde, dass bei einer Coupon-at-Risk-Transaktion der Bonuszins erfolgsneutral abgegrenzt wird und nur der Basiszins erfolgswirksam abgebildet wird. Aufgrund der Tatsache, dass Zinsen im Gegensatz zu Prämienzahlungen jedoch nachschüssig am Periodenende anfallen, erscheint eine erfolgswirksame Verbuchung des Bonuszinses als „Sonstige Aufwendungen" (HGB) bzw. „Sonstige nicht versicherungstechnische Aufwendungen" (IFRS) für eine solche Verbriefungstransaktion sachgerechter. Bei einer Ausgestaltung mit einem nicht entschädigungsbezogenen Trigger repräsentiert der Bonuszins das Entgelt für das

652 Somit lässt sich bspw. intuitiv erkennen, dass sich die Prämienzahlungen bei einer Principal-at-Risk-Transaktion als „Abgegebene Rückversicherungsbeiträge" im Nenner der Schaden-Kosten-Quote als Verminderung der Nettoprämien niederschlagen, während bei einer Coupon-at-Risk-Transaktion die Prämienzahlungen als „Sonstige versicherungstechnische Aufwendungen" im Zähler erfasst werden.

Optionsrecht der Versicherungszweckgesellschaft, das nach HGB und IFRS mit seinen Anschaffungskosten in Form des Barwerts der erwarteten Bonuszinszahlungen aktiviert wird.

Bei einem Principal at Risk mit entschädigungsbezogenem Trigger kann zudem argumentiert werden, dass der Ausweis der Verpflichtung aus der Verbriefungstransaktion als Depotverbindlichkeit der Anforderung der Entscheidungsrelevanz besser entspricht, da aus ihr der versicherungstechnische Charakter der Transaktion deutlich wird, während dies bei einem Ausweis als Rückstellung für ungewisse Verbindlichkeiten nicht der Fall ist. Allerdings ist anzumerken, dass nach HGB (§ 285 Nr. 12 HGB) und IFRS (IAS 37.84, IAS 37.85) die Rückstellungen im Anhang zu erläutern sind, so dass die versicherungstechnische Natur der Transaktion dort zum Ausdruck kommt. In jedem Fall kann jedoch nicht auf einen Bilanzansatz verzichtet werden, wie es IAS 37 für Eventualverbindlichkeiten vorsieht. Dies würde dazu führen, dass wesentliche Informationen nicht berichtet werden würden, was zwangsläufig die Entscheidungsrelevanz einschränken würde.

Für die Entscheidungsrelevanz ebenfalls bedeutsam ist die Frage des Wertansatzes der Kapitalanlagen in der Bilanz. Dabei kann bei Vorliegen eines aktiven Marktes dem beizulegenden Zeitwert aufgrund seiner Aktualität eine höhere Entscheidungsrelevanz als einem Ansatz zu fortgeführten Anschaffungskosten beigemessen werden.[653] Zu berücksichtigen ist dabei jedoch im Hinblick auf die Prognoseeignung, dass der Wert am Abschlussstichtag durch transitorisch zufällige Schwankungen beeinflusst sein kann.[654] In diesem Sinne kann jedoch der beizulegende Zeitwert immer noch als Bestätigungswert zum Vergleich mit dem anfänglich investierten Betrag dienen. Auch nach den handelsrechtlichen und den aufsichtsrechtlichen Vorschriften ist der beizulegende Zeitwert von Bedeutung, da er zum einen im Anhang anzugeben ist und zum anderen im Fall der Erfüllung der Voraussetzungen für eine Bilanzierung als Rückversicherungsvertrag auch die aufsichtsrechtliche Anforderung besteht, dass der Zeitwert der Kapitalanlagen der Versicherungszweckgesellschaft die Schadenrisiken aus dem Rückversicherungsvertrag jederzeit übersteigen muss, um die dauernde Erfüllbarkeit der Verpflichtungen sicherzustellen (§ 121g Abs. 3 S. 1 VAG). Allerdings schlägt sich nach HGB wegen der Anschaffungskostenrestriktion der beizulegende Zeitwert von Kapitalanlagen in der Bilanz nur bei den Kapitalanlagen nieder, die nach den Vorschriften des Umlaufvermögens bewertet werden, und auch dann nur, wenn der beizulegende Zeitwert unter den fortgeführten Anschaffungskosten liegt. Nach IFRS werden jedoch positive und negative Wertänderungen von Kapitalanlagen berücksichtigt, sofern sie einer Bewertungskategorie zugeordnet sind, die eine Bewertung zum beizulegenden Zeitwert verlangen.

Problematisch ist ein Ansatz zum beizulegenden Zeitwert allerdings, wenn für den zu bewertenden Vermögenswert oder die zu bewertende Verpflichtung kein

---

653 Vgl. Schweinberger / Horstkötter (2010), S. 553.
654 Vgl. Schweinberger / Horstkötter (2010), S. 553.

aktiver Markt existiert und der beizulegende Zeitwert nicht verlässlich ermittelt werden kann. So ist bspw. das eingebettete Optionsrecht im Fall einer Ausgestaltung der Transaktion mit nicht entschädigungsbezogenem Trigger nach IFRS zum beizulegenden Zeitwert zu bewerten. IAS 39/IFRS 9 und IFRS 13 gehen dabei davon aus, dass der beizulegende Zeitwert durch die Anwendung anerkannter Modelle und Methoden verlässlich ermittelbar ist, was im Fall von derivativen Finanzinstrumenten mit einem versicherungstechnischen Basiswert, für die gerade keine anerkannten Bewertungsmodelle existieren, anzuzweifeln ist.[655] Die handelsrechtlichen Vorschriften sehen für den Fall der nicht verlässlichen Ermittelbarkeit des beizulegenden Zeitwerts entsprechende Anhangangaben vor, während nach IFRS die Möglichkeit, dass der Wert nicht verlässlich ermittelt werden kann, nur für nicht börsennotierte Eigenkapitalinstrumente eingeräumt wird. Auch im Fall der nach ED/2013/7 zum beizulegenden Zeitwert zu bewertenden versicherungstechnischen Rückstellungen kann die Entscheidungsrelevanz bezweifelt werden, da für die Verpflichtung kein aktiver Markt existiert, sondern die Ermittlung auf weitgehend subjektiven Annahmen und Schätzungen beruht, was sich bspw. bei der Ermittlung der Zahlungsströme und der Bestimmung der Risikomarge zeigt. Insofern wird das Ziel, eine höhere Entscheidungsrelevanz durch eine Bewertung der versicherungstechnischen Verpflichtungen zum beizulegenden Zeitwert zu erreichen, durch einen geringeren Grad an tatsachengetreuer bzw. verlässlicher Darstellung konterkariert.

Die vorrangige Zielsetzung von ED/2013/7 liegt in der Beseitigung des Asset-Liability Mismatch, der sich nach dem gegenwärtigen Regelungsstand aus dem Umstand ergibt, dass die Kapitalanlagen nach IAS 39 größtenteils zum beizulegenden Zeitwert bilanziert werden, während die versicherungstechnischen Rückstellungen mit dem bestmöglichen Schätzwert bewertet werden. Obwohl Kapitalanlagen und versicherungstechnische Verpflichtungen auf ökonomischer Basis aufeinander abgestimmt sind, kann auch unter IFRS 9 und ED/2013/7 aus der Anwendung der Bilanzierungsvorschriften ein Accounting Mismatch resultieren, weil sich bspw. Zinsänderungen, die auf der Veränderung der Bonität des Emittenten basieren, auf den beizulegenden Zeitwert der Kapitalanlagen auswirken, nicht jedoch auf die versicherungstechnischen Rückstellungen. In ähnlicher Weise werden bei einer Bewertung von verzinslichen Kapitalanlagen zu fortgeführten Anschaffungskosten zinsinduzierte Wertänderungen nicht berücksichtigt, während sie bei der Bewertung der versicherungstechnischen Verpflichtungen berücksichtigt werden, sofern es sich nicht um bonitätsinduzierte Änderungen handelt.[656]

655 Vgl. Abschnitt 6.4.2. Die Anwendung von Bewertungsmethoden und Modellen zur Ermittlung des beizulegenden Zeitwerts führt überdies zu bilanzpolitischem Gestaltungspotenzial, was eine tatsachengetreue Berichterstattung beeinträchtigen kann; vgl. Küting (2011), S. 1410.

656 Vgl. Schlüter / Bonin (2013), Rn. 93-95; Asche / Hartung (2011), S. 1187-1199; Schneider (2011), S. 201.

Diese Problematik des Asset-Liability Mismatch bleibt im Fall einer Principal-at-Risk-Transaktion nach IFRS bestehen, da die Verpflichtung zum bestmöglichen Schätzwert bzw. dem Erfüllungsbetrag der Verpflichtung angesetzt wird, die Kapitalanlage jedoch zum beizulegenden Zeitwert bewertet wird. Wertänderungen der Verpflichtung schlagen sich in der Gewinn- und Verlustrechnung nieder, während Wertänderungen der Kapitalanlagen der Kategorie „zur Veräußerung verfügbar" im sonstigen Gesamtergebnis bzw. im Eigenkapital abgebildet werden, so dass eine Ergebnisvariabilität, die die Prognostizierbarkeit zukünftiger Zahlungsströme einschränkt, nicht vermieden werden kann. Gleiches gilt unter IFRS 9, sofern die Bewertung nicht erfolgswirksam zum beizulegenden Zeitwert, sondern zum beizulegenden Zeitwert mit Wertänderungen im sonstigen Gesamtergebnis bilanziert wird. Bei einer Coupon-at-Risk-Transaktion wird die Kapitalanlage und die Verbindlichkeit nach IAS 39 und IFRS 9 zu fortgeführten Anschaffungskosten bewertet, so dass grundsätzlich kein Asset-Liability Mismatch entsteht. Bei einer Ausgestaltung ohne entschädigungsbezogenen Trigger wird die Anleihe nach IAS 39 bzw. IFRS 9 als finanzielle Verbindlichkeit zu fortgeführten Anschaffungskosten bewertet, während die Kapitalanlage je nach Ausgestaltung erfolgswirksam oder erfolgsneutral zum beizulegenden Zeitwert (Principal at Risk) oder zu fortgeführten Anschaffungskosten (Coupon at Risk) bewertet wird, so dass in Abhängigkeit der Ausgestaltung der Transaktion ein Asset-Liability Mismatch entstehen kann oder nicht.

Schließlich zielen die geforderten Angaben in Anhang bzw. Lagebericht darauf ab, den Jahresabschlussadressaten zusätzliche Informationen bereitzustellen, um deren ökonomische Entscheidungen zu unterstützen. Dennoch sind weder nach HGB noch nach IFRS spezifische Angaben zu versicherungstechnischen Verbriefungstransaktionen gefordert. Vielmehr beziehen sich die Angabepflichten allgemein auf die von Versicherungsverträgen oder Finanzinstrumenten, so dass den Jahresabschlussadressaten weder vom Ausweis in der Bilanz noch durch zusätzliche Angaben in Anhang oder Lagebericht die Bedeutung von Insurance-Linked Securities ablesen lässt. Bspw. lässt sich aus der Bilanz und Gewinn- und Verlustrechnung der Einsatz von Insurance-Linked Securities nicht erkennen und somit auch nicht bei der Kennzahlenanalyse berücksichtigen.[657] Die nach IFRS 12 bei indirekten Verbriefungstransaktionen anzugebenden Informationen zu nicht zu konsolidierenden Versicherungszweckgesellschaften dienen dazu, den Jahresabschlussadressaten Art und Umfang der Beteiligung und die daraus resultierenden Risiken aus Konzernsicht zu verdeutlichen (IFRS 12.24-12.31).[658] Spezifische

657 Eine Ausnahme besteht, wenn die Posten in der Bilanz nach IFRS als „Rückstellungen für Insurance-Linked Securities" oder „Finanzielle Verbindlichkeiten für Insurance-Linked Securities" bezeichnet werden.

658 Bei konsolidierten Zweckgesellschaften sind die vertraglichen Vereinbarungen offenzulegen, die ein Konzernunternehmen zur Gewährung von Finanzhilfen an das konsolidierte strukturierte Unternehmen verpflichten könnte bzw. Art und Höhe der gewährten Hilfe und die Gründe dafür (IFRS 12.14-12.17).

Informationen zur Struktur der Verbriefungstransaktion und den Konsequenzen bei Eintritt bzw. Nichteintritt des Triggers werden jedoch nicht gefordert, so dass die Bereitstellung von entscheidungsrelevanten Informationen insgesamt stark vom Ermessen und der freiwilligen Bereitschaft des bilanzierenden Unternehmens, diese Informationen offenzulegen, abhängt.

6 Bilanzierung von Insurance Derivatives

6.1 Klassifizierung der Transaktion

Insurance Derivatives entsprechen in ihrer Struktur derivativen Finanzinstrumenten, jedoch zeichnen sie sich durch einen versicherungstechnischen Basiswert aus. In Abhängigkeit von der Realisierung einer definierten Ausprägung des versicherungstechnischen Basiswerts kommt es zur wahlweisen oder verpflichtenden Erfüllung des Vertrags. Es lassen sich daher bedingte (Optionen, Industry Loss Warranties) und unbedingte Termingeschäfte (Forwards/Swaps, Futures) unterscheiden.[659] Eine Bilanzierung als Rückversicherungsvertrag ist nur dann vorzunehmen, wenn signifikantes Versicherungsrisiko übertragen wird und mit hinreichender Wahrscheinlichkeit ein signifikanter Verlust zu erwarten ist. Insurance Derivatives werden i. d. R. jedoch mit einem nicht entschädigungsbezogenen Trigger verknüpft, so dass eine Qualifizierung als Rückversicherungsvertrag daran scheitert, dass es nicht zwingend zu einer Kompensation der tatsächlich erlittenen Verluste des Derivateerwerbers kommt und somit kein versicherbares Interesse vorliegt. Insofern transferieren Insurance Derivatives kein Versicherungsrisiko, sondern lediglich ein Finanzrisiko,[660] so dass der Vertrag sowohl nach HGB als auch nach IFRS als derivatives Finanzinstrument zu bilanzieren ist. Ist die Transaktion so ausgestaltet, dass der Erwerber des Insurance Derivative sowohl einen tatsächlichen Verlust aus einem Ereignis erleiden muss (entschädigungsbezogener Trigger), zusätzlich sich jedoch auch der Wert einer definierten externen Variable realisieren muss (nicht entschädigungsbezogener Trigger), handelt es sich nach IFRS dabei wirtschaftlich betrachtet insgesamt um einen Rückversicherungsvertrag, sofern der aus dem Ereignis mit dem entschädigungsbezogenen Trigger resultierende Verlust signifikant und hinreichend wahrscheinlich ist (IFRS 4.IG4.2.19).[661] Der entschädigungsbezogene Trigger wird dabei in der Regel so definiert, dass er ausgelöst wird, wenn die Bedingungen für den nicht entschädigungsbezogenen Trigger erfüllt sind. Handelsrechtlich existieren zur bilanziellen Behandlung von Transaktionen, die entschädigungsbezogene als auch nicht entschädigungsbezogene Trigger enthalten, keine konkreten Vorgaben. Jedoch ist eine aufsichtsrechtliche Anerkennung im Rahmen der Soll-Solvabilität derzeit nur dann möglich, wenn gänzlich kein Basisrisiko existiert.[662] Da eine Anrechnung bei der Soll-Solvabilität zugleich einen Ausweis der Transaktion in versicherungstechnischen Posten der Gewinn- und Verlustrechnung voraussetzt, kann gefolgert werden, dass bei vorhandenem Basisrisiko ein solcher Ausweis nicht möglich ist.[663] Im Hinblick auf

---

659 Vgl. Abschnitt 2.3.3.1.

660 Vgl. Abschnitt 4.2.

661 Vgl. Gatzert / Schmeiser (2011), S. 19.

662 Vgl. Laudage (2009), S. 203-204.

663 Vgl. Abschnitt 3.2.1.

die Bilanzierungskonsequenzen lassen sich Insurance Derivatives mit und ohne entschädigungsbezogenen Trigger unterscheiden.

6.2 Insurance Derivatives ohne entschädigungsbezogenen Trigger

6.2.1 Vorschriften nach HGB

6.2.1.1 Ansatz und Ausweis

6.2.1.1.1 Ausgestaltung als bedingtes Termingeschäft

Bei einer Ausgestaltung des Insurance Derivative als bedingtes Termingeschäft bzw. Optionsgeschäft erwirbt ein Versicherungsunternehmen das Recht, bei Eintritt eines spezifizierten versicherungstechnischen Ereignisses vom Verkäufer der Option (Stillhalter) einen vertraglich vereinbarten Geldbetrag zu verlangen.[664] Der Vertrag kann somit nur durch einen Barausgleich, nicht jedoch durch physische Lieferung des Basiswerts erfüllt werden. Das Gewinn- und Verlustprofil entspricht somit dem eines Call Spread, so dass eine Leistungspflicht des Derivateverkäufers eintritt, wenn die vereinbarte Variable – wie bspw. ein Schadenindex –, die die Leistungspflicht bestimmt, einen Wert innerhalb einer festgelegten Bandbreite erreicht.[665] Werte unterhalb oder oberhalb der definierten Bandbreite berechtigen zu keiner Ausübung des Optionsrechts und führen daher auf Seiten des Stillhalters zu keiner Leistungspflicht. Die möglichen Werteausprägungen der jeweiligen Variablen sind auf bestimmte Geldbeträge skaliert, so dass von der Wertrealisation einer Variablen direkt auf die Höhe der Leistungspflicht geschlossen werden kann. Durch die Definition einer Wertober- und Wertuntergrenze wird zudem das Gewinnpotenzial des Derivateerwerbers und damit korrespondierend das Verlustpotenzial des Derivateverkäufers beschränkt. Obwohl in einer als Call Spread ausgestalteten Transaktion zwei Optionsgeschäfte miteinander kombiniert werden, sind die Komponenten nicht getrennt zu bilanzieren, da sich eine eventuelle Trennungspflicht von derivativen Finanzinstrumenten nur auf strukturierte Finanzinstrumente bezieht, bei denen ein nicht derivativer Basisvertrag vorliegt. Das Optionsgeschäft, das mit zwei derivativen, versicherungstechnischen Basiswerten kombiniert wird, ist somit als ein einheitliches Finanzinstrument zu bilanzieren, was auch dem wirtschaftlichen Gehalt der Transaktion entspricht.

Nach den handelsrechtlichen Vorschriften handelt es sich bei derivativen Finanzinstrumenten um schwebende Geschäfte, die grundsätzlich nicht zu bilanzieren sind, sofern sich Anspruch und Verpflichtung aus dem Geschäft gleichwertig gegenüberstehen.[666] Lediglich dann, wenn aus dem schwebenden Geschäft ein

664 Vgl. Abschnitt 2.3.3.1; Breker (1993), S. 15; IDW RS BFA 6, Rn. 3.
665 Vgl. Abschnitt 2.3.3.1.
666 Vgl. Scharpf (2012a), Rn. 801.

Verpflichtungsüberschuss identifiziert wird, ist dieser Umstand aufgrund des Vorsichtsprinzips in Form einer Rückstellung für drohende Verluste aus schwebenden Geschäften (§ 249 HGB) zu berücksichtigen. Allerdings repräsentiert die geleistete Optionsprämie die Anschaffungskosten für das Optionsrecht, das einen aktivierungspflichtigen Vermögensgegenstand darstellt.[667] Das Optionsrecht erfüllt die Voraussetzungen für den Ansatz eines Vermögensgegenstands nach HGB, da es einen wirtschaftlichen Wert bzw. Nutzen für das Versicherungsunternehmen darstellt (Vermögenswertprinzip), selbständig bewertbar (Prinzip selbständiger Bewertbarkeit) sowie selbständig verwertbar ist (Greifbarkeitsprinzip).[668] Der Ausweis in der Bilanz erfolgt unter „Andere Vermögensgegenstände" (Formblatt 1, Aktivposten F.III. RechVersV).[669]

Wird die Option nicht ausgeübt oder verfällt sie, weil das vertraglich festgelegte Ereignis nicht eintritt und der nicht entschädigungsbezogene Trigger folglich nicht ausgelöst wird, wird der Buchwert des Optionsrechts aufwandswirksam als „Sonstige Aufwendungen" (Formblatt 2, II.5. RechVersV) ausgebucht. Tritt das vertraglich festgelegte Ereignis jedoch ein, hat das Versicherungsunternehmen als Erwerber des Optionsrechts einen Anspruch auf Barausgleich aus dem Optionsvertrag. In diesem Fall wird das Optionsrecht ebenfalls aufwandswirksam ausgebucht, jedoch gleichzeitig bis zur Zahlung des Stillhalters eine ertragswirksam gegen „Sonstige Erträge" (Formblatt 2, II.4. RechVersV) gebildete „Sonstige Forderung" (Formblatt 1, Aktivposten E.IV. RechVersV) angesetzt. In der Gewinn- und Verlustrechnung zeigt sich daher der Erfolg aus der Ausübung des Optionsrechts als Differenz zwischen dem vereinnahmten Barausgleichsbetrag und dem Buchwert des auszubuchenden Optionsrechts.[670]

6.2.1.1.2 Ausgestaltung als unbedingtes Termingeschäft

Bei unbedingten nicht börsengehandelten Termingeschäften, wie Insurance Swaps und Insurance Forwards, zahlt das Versicherungsunternehmen über einen definierten Zeitraum eine fixe (bzw. variable) Prämie und erhält dafür bedingte, variable (bzw. fixe) Zahlungen, die an einen für die Vertragsparteien unspezifischen Indexwert gekoppelt sind, so dass es zu einem Austausch versicherungstechnisch verursachter Zahlungsströme kommt.[671] Übersteigt der realisierte Indexwert einen vorab definierten Grenzwert, erhält der Derivateerwerber bspw. Zahlungen, während er beim Unterschreiten Zahlungen zu leisten hat.

667 Vgl. Scharpf (2012a), Rn. 804; Lühn (2009), S. 107.

668 Vgl. Koss / Wohlgemuth (2010), Rn. 846.

669 Vgl. Scharpf (2012a), Rn. 807.

670 Vgl. Scharpf (2012a), Rn. 812.

671 Vgl. Hartung (2004), S. 404. Ist der Indexwert spezifisch, d. h., auf das Portfolio von Versicherungsrisiken des Derivaterwerbers bezogen, liegt ein Versicherungsvertrag vor; vgl. Abschnitt 2.3.3.

Aufgrund ihrer Eigenschaft als schwebende Geschäfte werden diese Transaktionen – mit Ausnahme geleisteter bzw. erhaltener Zahlungen – grundsätzlich nicht in der Bilanz, sondern lediglich in einer Nebenbuchhaltung erfasst.[672] Wenn aus dem schwebenden Geschäft ein Verpflichtungsüberschuss zu erwarten ist, ist aufgrund des Vorsichtsprinzips jedoch eine Rückstellung für drohende Verluste aus schwebenden Geschäften zu bilden.[673] Eventuelle Upfront Payments, die bei Swap-Transaktionen i. d. R. Marktabweichungen vergüten, um zu einem marktkonformen Austausch mit der Vertragspartei zu kommen, sind als aktive (geleistete Zahlungen) bzw. passive (erhaltene Zahlungen) Rechnungsabgrenzungsposten (Formblatt 1, Aktivposten G.II. RechVersV, Passivposten K. RechVersV) auszuweisen, da diese Einmalzahlungen einen mit einem Disagio bzw. Agio vergleichbaren Zinscharakter haben.[674] Ein gebildeter Rechnungsabgrenzungsposten ist über die Laufzeit erfolgswirksam und planmäßig aufzulösen und in demselben Posten auszuweisen wie die periodischen Zahlungen, die aus dem unbedingten Termingeschäft resultieren.[675]

Im Fall eines börsengehandelten unbedingten Termingeschäfts ähnelt die Transaktion traditionellen Finanz-Futures. Die Abwicklung einer Insurance-Future-Transaktion erfolgt über eine Clearing-Stelle, die die Erfüllung der aus dem Vertrag resultierenden Ansprüche und Verpflichtungen garantiert, dafür jedoch eine Initial Margin als Sicherheitsleistung verlangt. Die Initial Margin ist aus Sicht des Erwerbers des Insurance Future unter „Andere Vermögensgegenstände" (Formblatt 1, Aktivposten F.III. RechVersV) auszuweisen.[676] Da die Initial Margin lediglich als Sicherheit gegen Erfüllungsrisiken dient und deshalb stets in voller Höhe erhalten bleibt, sind keine Bewertungsmaßnahmen erforderlich, soweit der Schuldner nicht ausfallgefährdet ist.[677] Zudem sind über die Vertragslaufzeit hinweg Variation Margins zu entrichten, die sich aufgrund der täglichen Wertänderung des

---

672 Vgl. Scharpf (2012a), Rn. 851; Bertsch (2002), S. 459-460.

673 Ob eine Drohverlustrückstellung zu bilden ist, bestimmt sich nach dem Barwertvergleich der Zahlungsströme. Ein positiver oder negativer Marktwert, d. h. ein Saldo-Barwert ungleich null, bedeutet, dass eine der Vertragsparteien im Bewertungszeitpunkt am Markt aktuell günstigere oder ungünstigere Konditionen erhalten würde, als im Swap-Geschäft tatsächlich vereinbart wurde; vgl. Scharpf / Luz (2000), S. 491. Der Marktwert ist dann negativ, wenn der Bilanzierende für eine Auflösung (Glattstellung) des Insurance Forward bzw. Insurance Swaps einen bestimmten Betrag an den Kontrahenten bezahlen müsste; vgl. Scharpf (2012a), Rn. 854.

674 Vgl. Scharpf (2012a), Rn. 853.

675 Vgl. Scharpf (2012a), Rn. 853.

676 Vgl. IDW RS BFA 5, Rn. 10.

677 Vgl. IDW RS BFA 5, Rn. 11. Bei Erbringung dieser Sicherheitsleistung in bar ergeben sich keine bilanziellen Besonderheiten, „da der Wert des Einschusses unabhängig von der Entwicklung der Kontraktnotierung ist"; vgl. Scharpf (2012a), Rn. 833. Es gelten daher die allgemeinen Regeln für die Bewertung von Geldforderungen.

Future-Kontrakts ergeben und börsentäglich fällige Gewinn- oder Verlustausgleichszahlungen zwischen den Teilnehmern darstellen. Der „verlierenden Vertragspartei" werden Nachschüsse abverlangt; die „gewinnende Vertragspartei" erhält auf ihr Konto eine Gutschrift in gleicher Höhe, über die frei verfügt werden kann.[678] Damit wird eine Angleichung des kontrahierten Preises an den aktuellen Marktpreis des Futures erreicht.[679] Die Variation Margin hat den Charakter einer Vorleistung auf die spätere Erfüllung des Geschäfts und dient dazu, den Kontraktpreis an den aktuellen Marktpreis des Insurance Futures anzugleichen, stellt jedoch keine Realisation des zugrundeliegenden schwebenden Geschäfts dar.[680] Vielmehr korrigiert die Variation Margin die am Liefertag erfolgende tatsächliche Zahlung hin zur vertraglich vereinbarten Zahlung, so dass sie als Anschaffungskostenerhöhung oder -minderung des Insurance Futures zu sehen sind. Die Anschaffungskosten bestimmen sich nach dem bei Vertragsabschluss vereinbarten Terminkurs.[681] Dies führt dazu, dass die Variation Margin während der Vertragslaufzeit erfolgsneutral zu behandeln ist, um so ihrem Vorleistungs- bzw. Teilleistungscharakter i. S. d. schwebenden Geschäfts gerecht zu werden.[682] Der Ausweis der Variation Margins erfolgt aus Erwerbersicht ebenfalls unter „Andere Vermögensgegenstände" (Formblatt 1, Aktivposten F.III. RechVersV).[683] Bei Verkauf oder Laufzeitende sind das unbedingte Termingeschäft sowie gebildete Rückstellungen für drohende Verluste aus schwebenden Geschäften erfolgswirksam auszubuchen und als „Sonstige Aufwendungen" (Formblatt 2, II.5. RechVersV) bzw. „Sonstige Erträge" (Formblatt 2, II.4. RechVersV) zu erfassen.[684]

6.2.1.2 Bewertung

6.2.1.2.1 Ausgestaltung als bedingtes Termingeschäft

Im Fall von bedingten Termingeschäften ohne entschädigungsbezogenen Trigger stellt die geleistete Optionsprämie die Anschaffungskosten für das aktivierungspflichtige Optionsrecht dar.[685] Grundsätzlich zu aktivieren sind ebenfalls die Anschaffungsnebenkosten bzw. Transaktionskosten, wobei aus Wesentlichkeits-

---

678 Vgl. Scharpf (2012a), Rn. 831.

679 Vgl. IDW RS BFA 5, Rn. 4; Scharpf / Luz (2000), S. 590.

680 Vgl. Scharpf (2012a), Rn. 830. Etwas anderes gilt dann, wenn an einer Börse die Future-Verträge börsentäglich abends geschlossen und am nächsten Morgen rechtlich neu eröffnet werden. Die Ansprüche und Verbindlichkeiten aus abgeschlossenen (schwebenden) Future-Kontrakten sind bei Geschäftsabschluss unverzüglich mit allen relevanten Konditionen in einer Nebenbuchhaltung zu erfassen.

681 Vgl. Scharpf (2012a), Rn. 835; Grottel / Gadek (2012), Rn. 312.

682 Vgl. Scharpf (2012a), Rn. 835.

683 Vgl. Scharpf (2012a), Rn. 837-838; IDW RS BFA 5, Rn. 13, Rn. 17.

684 Vgl. Scharpf (2012a), Rn. 842.

685 Vgl. Scharpf (2012a), Rn. 804.

gründen auch eine direkte aufwandswirksame Verrechnung zulässig ist.[686] Ein von einem Versicherungsunternehmen erworbenes Optionsrecht auf einen versicherungstechnischen Index ist nach den Vorschriften des Umlaufvermögens zu bewerten (§ 253 Abs. 4 HGB),[687] da das Optionsrecht üblicherweise nicht den Zweck hat, dem Geschäftsbetrieb dauerhaft zu dienen, sondern bei Eintritt des Triggers ausgeübt werden soll. In den Folgeperioden nach Zugang des Optionsrechts werden gemäß dem strengen Niederstwertprinzip negative Wertabweichungen von den Anschaffungskosten aufwandswirksam in Form von außerplanmäßigen Abschreibungen unter „Sonstige Aufwendungen" (Formblatt 2, II.5. RechVersV) berücksichtigt (§ 253 Abs. 3 HGB). Eventuelle Wertaufholungen in den Folgeperioden sind zwingend – jedoch bis maximal zu den ursprünglichen Anschaffungskosten – vorzunehmen, so dass die in den Vorperioden vorgenommenen außerplanmäßigen Abschreibungen den Höchstbetrag für eine Wertzuschreibung darstellen.[688] Versicherungsunternehmen in der Form der Aktiengesellschaft dürfen den Eigenkapitalanteil von Wertaufholungen in den Eigenkapitalposten „Andere Gewinnrücklagen" (Formblatt 1, Passivposten A.III.4. RechVersV) einstellen (§ 58 Abs. 2a AktG). Der Eigenkapitalanteil einer Zuschreibung entspricht der Differenz zwischen dem Zuschreibungsbetrag und der durch sie verursachten effektiven Steuerbelastung.[689] Dadurch kann die aus der Wertaufholung resultierende Erhöhung des Jahresergebnisses als Gewinnverwendungsmaßnahme im Unternehmen gehalten werden. Die Rücklage ist beim Abgang oder dem erneuten Wertverfall des bedingten Termingeschäfts nicht aufzulösen, da die Rücklage aufgrund ihres Charakters als Gewinnverwendungsmaßnahme unabhängig von dem Vermögenswert ist.[690]

6.2.1.2.2 Ausgestaltung als unbedingtes Termingeschäft

Bei nicht börsengehandelten unbedingten Termingeschäften wie Insurance Forwards oder Insurance Swaps ergeben sich aufgrund ihres Charakters als schwebendes Geschäft keine speziellen Bewertungsprobleme. Geleistete Upfront Payments sind zum Zeitpunkt der Erstbewertung mit ihrem Nominalbetrag anzusetzen und in den Folgeperioden planmäßig aufzulösen. Im Fall von börsengehandelten unbedingten Termingeschäften, wie Insurance Futures, wird eine geleistete Initial Margin bis zum Ende der Vertragslaufzeit ebenfalls zum Nominalwert angesetzt. Liegt in den Folgeperioden der Bilanzstichtagskurs bei erworbenen Insurance

---

686 Vgl. Scharpf (2012a), Rn. 806; Förschle / Usinger (2012), Rn. 72. Der Ausweis der aufwandswirksamen Buchung erfolgt im Posten „Sonstige Aufwendungen" (Formblatt 2, II.5. RechVersV).

687 Vgl. Scharpf (2012a), Rn. 809.

688 Vgl. Winkeljohann / Taetzer (2012), Rn. 648.

689 Vgl. Winkeljohann / Taetzer (2012), Rn. 662. Buchungstechnisch erfolgt die Bildung der Rücklage wie die Wertaufholung über die Gewinn- und Verlustrechnung. Ein Ausweis erfolgt nach dem Jahresergebnis (§ 275 Abs. 4 HGB).

690 Vgl. Winkeljohann / Taetzer (2012), Rn. 664.

Futures unter dem kontrahierten Kurs, ist die aktivierte Variation Margin, die den aufgelaufenen Verlustsaldo repräsentiert, abzuschreiben.[691] Der Verlust ist bereits zahlungsmäßig ausgeglichen und daher als Aufwand zu verbuchen. Aufgelaufene Bewertungsgewinne, die sich in einer passivierten Variation Margin niederschlagen, werden dagegen aufgrund des Realisationsprinzips nicht in der Gewinn- und Verlustrechnung erfasst. Eine eventuell gebildete Drohverlustrückstellung, um einen erwarteten Verpflichtungsüberschuss über die gesamte Laufzeit zu antizipieren, ist mit dem nach kaufmännischer Beurteilung erforderlichen Betrag zu bewerten (§ 249 Abs. 1 HGB).

6.2.1.3 Angaben

6.2.1.3.1 Ausgestaltung als bedingtes Termingeschäft

Die Angabepflichten für Optionsverträge, die ohne entschädigungsbezogenen Trigger ausgestaltet sind, orientieren sich an denen für derivative Finanzinstrumente. Dies beinhaltet Anhangangaben zu den Bilanzierungs- und Bewertungsmethoden der Posten in der Bilanz und der Gewinn- und Verlustrechnung (§ 284 Abs. 2 Nr. 1 HGB), in denen sich die Optionsgeschäfte niederschlagen, sowie Angaben und Begründungen bei eventuellen Abweichungen von den Bilanzierungs- und Bewertungsmethoden einschließlich deren Einfluss auf die Vermögens-, Finanz- und Ertragslage (§ 284 Abs. 2 Nr. 3 HGB). Im Fall der Bildung einer Wertaufholungsrücklage ist der Betrag entweder in der Bilanz oder im Anhang gesondert anzugeben (§ 58 Abs. 2a S. 1 AktG).[692]

Zudem sind für die Kategorie von derivativen Finanzinstrumenten, die – wie Insurance Derivatives – nicht zum beizulegenden Zeitwert bewertet werden, deren Art und Umfang, deren beizulegender Zeitwert (§ 255 Abs. 4 HGB) mit Angabe der angewandten Bewertungsmethode, deren Buchwert und dessen Bilanzposten anzugeben (§ 285 Nr. 19 HGB). Ist der beizulegende Zeitwert nicht verlässlich ermittelbar, sind die Gründe dafür anzugeben. Die Bildung und Abgrenzung der Kategorien von derivativen Finanzinstrumenten hat sich an der Gleichartigkeit der dem Derivatevertrag zugrundeliegenden Basiswerte zu orientieren.[693] Da allerdings aus Gesetzeswortlaut und -begründungen keine Kriterien zur Bildung der Kategorien ableitbar sind, wird häufig eine Einteilung in währungsbezogene Geschäfte, zinsbezogene Geschäfte, aktien- und sonstige indexbezogene Geschäfte und sonstige Geschäfte vorgenommen.[694] Zudem sind im Lagebericht hinsichtlich

691 Vgl. Scharpf (2012a), Rn. 838; IDW RS BFA 5, Rn. 13. Teilweise wird die Abschreibung nur als Alternative zur Bildung einer Drohverlustrückstellung gesehen; vgl. Förschle / Usinger (2012), Rn. 101. Nach dem Prinzip der verlustfreien Bewertung geht jedoch die Bildung einer Abschreibung der Rückstellungsbildung vor; vgl. Scharpf / Luz (2000), S. 644.

692 Vgl. Winkeljohann / Taetzner (2012), Rn. 663.

693 Vgl. Ellrott (2012b), Rn. 323.

694 Vgl. Oser / Holzwarth (2012), Rn. 397; IDW RH HFA 1.005, S. 532.

der Verwendung von Finanzinstrumenten Angaben zu den Risikomanagementzielen und -methoden gefordert, sofern dies für die Lage der Gesellschaft oder die voraussichtliche Entwicklung von Belang ist (§ 289 Abs. 2 Nr. 2a HGB).[695] Auch ist über Ausfallrisiken, die mit dem Einsatz von Finanzinstrumenten verbunden sind, sowie Liquiditätsrisiken und Risiken aus Zahlungsstromschwankungen zu berichten (§ 289 Abs. 2 Nr. 2b HGB). Darüber hinaus ist bei Eintritt des Trigger-Ereignisses und bei entsprechender Signifikanz der Verlusthöhe bzw. Auswirkung auf die Vermögens-, Finanz- und Ertragslage für das Versicherungsunternehmen im Rahmen der Erläuterung des Geschäftsverlaufs und der Lage der Gesellschaft auf die Schadenereignisse selbst einzugehen, deren Auswirkungen durch den Einsatz von Insurance Derivatives kompensiert werden sollen (§ 289 Abs. 1 HGB).

6.2.1.3.2 Ausgestaltung als unbedingtes Termingeschäft

Für unbedingte Termingeschäfte ohne entschädigungsbezogenen Trigger gelten die Angabepflichten für bedingte Termingeschäfte analog. Sofern bei diesen unbedingten Termingeschäften keine Zahlungen in Form von Upfront Payments oder Margins geleistet werden und somit keine Aktivierung oder Passivierung erfolgt, ist aufgrund der Eigenschaft als schwebendes Geschäft die Anforderung zu beachten, dass Art und Zweck sowie Risiken und Vorteile von nicht in der Bilanz enthaltenen Geschäften zu berichten sind, sofern diese Informationen für die Beurteilung der Finanzlage notwendig sind (§ 285 Nr. 3 HGB).

6.2.1.4 Buchungsbeispiel

6.2.1.4.1 Bedingte Termingeschäfte

Ein Versicherungsunternehmen geht zur Absicherung seiner versicherungstechnischen Risiken ein bedingtes Termingeschäft (Optionsvertrag) ein, das „over-the-counter“ erfolgt und mit einem nicht entschädigungsbezogenen Trigger verknüpft ist. Für das Optionsrecht liegen keine notierten Marktpreise und keine auf aktiven Märkten beobachtbaren Inputparameter vor, so dass die Ermittlung des beizulegenden Zeitwerts auf der Grundlage von anerkannten Bewertungsmodellen mit nicht beobachtbaren Inputparametern zu erfolgen hat. Die jeweiligen Geschäftsvorfälle sind mit ihren Buchungssätzen in Bilanz und Gewinn- und Verlustrechnung durch Buchstaben gekennzeichnet. Es wird angenommen, dass in der Ausgangssituation das Eigenkapital des Versicherungsunternehmens 2.000 GE beträgt, dem Guthaben bei Banken in gleicher Höhe gegenüberstehen. Die Anschaffungskosten des Optionsrechts zum Zeitpunkt t_0 (Beginn des Geschäftsjahres und Zeitpunkt des Vertragsabschlusses) betragen 1.000 GE, die einmaligen Anschaffungsnebenkosten bzw. Transaktionskosten, die sofort aufwandswirksam erfasst werden, betragen 30 GE und der beizulegende Zeitwert 1.100 GE (a). In t_0 ergeben sich folgende Bilanz und Gewinn- und Verlustrechnung.

---

695 Vgl. Ellrott (2012c), Rn. 70-74.

Bilanz (t_0)

Aktiva			Passiva
Guthaben bei Banken	2.000 (a) -1.030	Eigenkapital	2.000
		Jahresüberschuss/-fehlbetrag	-30
Andere Vermögensgegenstände (Optionsrecht)	(a) 1.000		
Bilanzsumme	1.970	Bilanzsumme	1.970

GuV (t_0)

Soll			Haben
Sonstige Aufwendungen	(a) 30	Jahresüberschuss/-fehlbetrag	30
	–		–

Im Zeitpunkt t_1 (Ende des ersten Geschäftsjahres) ist ein Anstieg des beizulegenden Zeitwerts um 200 GE zu verzeichnen, was jedoch zu keinen Buchungen führt, da Wertanstiege über die Anschaffungskosten hinaus nach HGB nicht berücksichtigt werden dürfen. Im Zeitpunkt t_2 (Ende des zweiten Geschäftsjahres) tritt eine Wertminderung um 50 GE ein (b), die zu folgender Bilanz und Gewinn- und Verlustrechnung führt.

Bilanz (t_2)

Aktiva			Passiva
Guthaben bei Banken	970	Eigenkapital	1.970
		Jahresüberschuss/-fehlbetrag	-50
Andere Vermögensgegenstände (Optionsrecht)	1.000 (b) -50		
Bilanzsumme	1.920	Bilanzsumme	1.920

GuV (t_2)

Soll			Haben
Sonstige Aufwendungen	(b) 50	Jahresüberschuss/-fehlbetrag	50
	–		–

In t_3 (Ende des dritten Geschäftsjahres) ist eine Werterholung um 60 GE zu verzeichnen. Da Wertaufholungen nach HGB nur maximal bis zur Höhe der in früheren Perioden vorgenommenen Abschreibungen vorzunehmen sind, werden nur 50 GE statt 60 GE zugeschrieben (c). Der Wertaufholungsbetrag nach Steuern kann nach aktienrechtlichen Vorschriften in die Gewinnrücklage eingestellt werden, was bei einem angenommenen Steuersatz von 30 % einem Betrag i. H v. 35 GE (50 GE - 30 % • 50 GE) entspricht (d) und der als Minderung der Zuschreibung verbucht wird. Die Bilanz und die Gewinn- und Verlustrechnung in t_3 stellen sich wie folgt dar.

Bilanz (t_3)

Aktiva			Passiva
Guthaben bei Banken	970	Eigenkapital	1.920
		Gewinnrücklage	(d) 35
		Jahresüberschuss/-fehlbetrag	15
Andere Vermögensgegenstände (Optionsrecht)	950 (c) +50		
Bilanzsumme	1.970	Bilanzsumme	1.970

GuV (t_3)

Soll			Haben
Sonstige Erträge	(d) 35	Sonstige Erträge	(c) 50
Jahresüberschuss/-fehlbetrag	15		
	–		–

Bilanz (t_4)

Aktiva			Passiva
Guthaben bei Banken	970 (f) +10.000	Eigenkapital	1.970
		Jahresüberschuss/-fehlbetrag	9.000
Andere Vermögensgegenstände (Optionsrecht)	1.000 (e) -1.000		
Bilanzsumme	10.970	Bilanzsumme	10.970

GuV (t_4)

Soll			Haben
Sonstige Aufwendungen	(e) 1.000	Sonstige Erträge	(f) 10.000
Jahresüberschuss/-fehlbetrag	9.000		
	–		–

In t_4 (Ende des vierten Geschäftsjahres) tritt das definierte Schadenereignis ein und der Trigger, der das Versicherungsunternehmen zur Ausübung des Optionsrechts berechtigt, wird ausgelöst. Dieser führt bei dem Versicherungsunternehmen zu einer aufwandswirksamen Ausbuchung des Buchwerts des Optionsrechts (e) und einem Barmittelzufluss von 10.000 GE durch den Verkäufer des Optionsrechts (f).

6.2.1.4.2 Unbedingte Termingeschäfte

Ein Versicherungsunternehmen schließt mit einer Vertragspartei einen Swap „over-the-counter" mit einer Laufzeit von vier Jahren ab, bei dem das Versicherungsunternehmen auf einem Referenzindex basierende fixe Beträge leistet und im Gegenzug variable Zahlungen von der Vertragspartei erhält. Es wird angenommen, dass in der Ausgangssituation bzw. dem Zeitpunkt des Vertragsabschlusses (t_0) das Eigenkapital des Versicherungsunternehmens 2.000 GE beträgt, dem Guthaben bei Banken in gleicher Höhe gegenüberstehen. Nach jeder Periode entsteht entweder eine Nettozahlungsforderung oder -verpflichtung. Die fixen Zahlungen basieren auf einem vereinbarten Indexwert von 30 Einheiten (Ausübungswert), die mit 10 GE pro Einheit bewertet werden, so dass für das Versicherungsunternehmen fixe Zahlungen i. H. v. 300 GE je Periode anfallen. Die erwarteten variablen Zahlungen an das Versicherungsunternehmen basieren auf den Wertrealisationen von 15 Einheiten (in t_1, Ende des ersten Geschäftsjahres), 60 Einheiten (in t_2, Ende des zweiten Geschäftsjahres), 25 Einheiten (in t_3, Ende des dritten Geschäftsjahres) und 25 Einheiten (in t_4, Ende des vierten Geschäftsjahres), die ebenfalls jeweils mit 10 GE pro Einheit bewertet werden. Um den Wert der Zahlungsströme im Zeitpunkt des Vertragsabschlusses zu bestimmen, sind diese mit dem angenommenen Zinssatz von 5 % zu diskontieren. Da der Barwert der variablen Zahlungen den der fixen Zahlungen übersteigt, hat das

Versicherungsunternehmen ein Upfront Payment i. H. v. 45 GE zu leisten, um die Transaktion zu marktgerechten Konditionen abzuwickeln. Die folgende Tabelle 6 veranschaulicht die Zahlungsströme für die nominalen und auf den Zeitpunkt t_0 diskontierten Werte.

Tabelle 6: Nominale und diskontierte Zahlungsströme bei einem Buchungsbeispiel für eine Swap-Transaktion (Quelle: eigene Darstellung)

	Periode t_1	**Periode t_2**	**Periode t_3**	**Periode t_4**	**Barwert**
Nominal					
fixe Zahlungen vom Versicherungsunternehmen	300	300	300	300	
variable Zahlungen an das Versicherungsunternehmen	150	600	250	250	
Nettozahlungsforderung (+)/ Nettozahlungsverpflichtung (-)	-150	300	-50	-50	
Diskontiert auf den Zeitpunkt t_0 (Diskontierungszinssatz 5 %)					
fixe Zahlungen vom Versicherungsunternehmen	286	272	259	247	1.064
variable Zahlungen an das Versicherungsunternehmen	143	544	216	206	1.109
Nettozahlungsforderung (+)/ Nettozahlungsverpflichtung (-)	-143	272	-43	-41	45

Nach HGB ist das geleistete Upfront Payment als Abgrenzungsposten zu aktivieren und über die Laufzeit des Swap-Vertrags pro Jahr um 25 % aufzulösen (a).[696] In t_0 Beginn des ersten Geschäftsjahres), dem Zeitpunkt des Abschlusses des Swap-Vertrags, fallen zudem Transaktionskosten i. H. v. 30 GE an (b). Im Zeitpunkt t_0 ergibt sich folgende Bilanz und Gewinn- und Verlustrechnung.

696 Aus Gründen der Vereinfachung der Darstellung werden in t_0 bis t_3 jeweils 11 GE aufgelöst, in t_4 12 GE.

Bilanz (t_0)

Aktiva			Passiva
Guthaben bei Banken	2.000 (a) -45 (b) -30	Eigenkapital	2.000
Aktiver Rechnungsabgrenzungsposten	(a) 45	Jahresüberschuss/-fehlbetrag	-30
Bilanzsumme	1.970	Bilanzsumme	1.970

GuV (t_0)

Soll			Haben
Sonstige Aufwendungen	(b) 30	Jahresüberschuss/-fehlbetrag	30
	–		–

Im Zeitpunkt t_1 (Ende des ersten Geschäftsjahres) ergibt sich für das Versicherungsunternehmen eine Nettozahlungsverpflichtung i. H. v. 150 GE (c) und der Aufwand aus der planmäßigen Auflösung des aktiven Rechnungsabgrenzungspostens wird erfasst (d), was zu folgender Bilanz und Gewinn- und Verlustrechnung führt.

Bilanz (t_1)

Aktiva			Passiva
Guthaben bei Banken	1.925 (c) -150	Eigenkapital	1.970
		Jahresüberschuss/-fehlbetrag	-161
Aktiver Rechnungsabgrenzungsposten	45 (d) -11		
Bilanzsumme	1.809	Bilanzsumme	1.809

GuV (t_1)

Soll			Haben
Sonstige Aufwendungen	(c) 150 (d) 11	Jahresüberschuss/-fehlbetrag	161
	–		–

Im Zeitpunkt t_2 (Ende des zweiten Geschäftsjahres) resultiert eine Nettozahlungsforderung von 300 GE (e). Der aktive Rechnungsabgrenzungsposten wird um eine weitere Periode planmäßig aufgelöst (f). Zugleich wird für die Restlaufzeit des Swaps durch den Barwertvergleich ein drohender Verlust i. H. v. 48 GE ermittelt, da die erwarteten zu erhaltenden variablen Zahlungen aufgrund einer veränderten Einschätzung der Wertrealisationen geringer ausfallen (in t_3 wird mit erhaltenen variablen Zahlungen i. H. v. 200 GE statt 250 GE gerechnet). Zuerst wird der Buchwert des Swaps i. H. v. 23 GE abgeschriebenen (g), der verbleibende Betrag i. H. v. 25 GE wird als Drohverlustrückstellung angesetzt (h). In t_2 resultiert daher die folgende Bilanz und Gewinn- und Verlustrechnung.

Bilanz (t_2)			
Aktiva			Passiva
Guthaben bei Banken	1.775 (e) +300	Eigenkapital Jahresüberschuss/-fehlbetrag	1.809 241
Aktiver Rechnungsabgrenzungsposten	34 (f) -11 (g) -23	Drohverlustrückstellung	(h) 25
Bilanzsumme	2.075	Bilanzsumme	2.075

GuV (t_2)			
Soll			Haben
Sonstige Aufwendungen	(f) 11 (g) 23 (h) 25	Sonstige Erträge	(e) 300
Jahresüberschuss/-fehlbetrag	241		
	–		–

In t_3 (Ende des dritten Geschäftsjahres) werden statt der geplanten 250 GE wie erwartet nur 200 GE als variable Zahlungen vereinnahmt, was zu einer Nettozahlungsverpflichtung von 100 GE führt (i), die anteilig gegen die gebildete Drohverlustrückstellung aufgelöst wird. Es resultiert die folgende Bilanz und Gewinn- und Verlustrechnung.

Bilanz (t_3)			
Aktiva			Passiva
Guthaben bei Banken	2.075 (i) -100	Eigenkapital	2.050
		Jahresüberschuss/-fehlbetrag	-75
		Drohverlustrückstellung	25 (i) -25
Bilanzsumme	1.975	Bilanzsumme	1.975

GuV (t_3)			
Soll			Haben
Sonstige Aufwendungen	(i) 75	Jahresüberschuss/-fehlbetrag	75
	–		–

In t_4 (Ende des vierten Geschäftsjahres) wird die letzte Nettozahlungsverpflichtung i. H. v. 50 GE beglichen (j), so dass sich die Bilanz und die Gewinn- und Verlustrechnung wie folgt darstellen.

Bilanz (t_4)			
Aktiva			Passiva
Guthaben bei Banken	1.975 (j) -50	Eigenkapital	1.975
		Jahresüberschuss/-fehlbetrag	-50
Bilanzsumme	1.925	Bilanzsumme	1.925

GuV (t_4)			
Soll			Haben
Sonstige Aufwendungen	(j) 50	Jahresüberschuss/-fehlbetrag	50
	–		–

6.2.2 Vorschriften nach IFRS

6.2.2.1 Ansatz und Ausweis

6.2.2.1.1 Ausgestaltung als bedingtes Termingeschäft

Insurance Derivatives, die als bedingte Termingeschäfte nur mit einem nicht entschädigungsbezogenen Trigger ausgestaltet sind, stellen Finanzinstrumente i. S. d. IAS 39/IFRS 9 dar, da die die Leistungspflicht auslösende Variable nicht auf der tatsächlichen Schadenerfahrung des Derivaterwerbers beruht. Bei einem Optionsvertrag handelt es sich nach IFRS im Gegensatz zu den handelsrechtlichen Regelungen nicht um ein schwebendes Geschäft, sondern um ein Finanzinstrument, das aus Sicht des Derivateerwerbers einen bilanzierungspflichtigen Vermögenswert darstellt. Im Gegensatz zu der grundsätzlichen Ansatzkonzeption von Vermögenswerten stellen die IFRS bei Finanzinstrumenten auf den Vertragszeitpunkt ab, zu dem das Unternehmen als Vertragspartner zur Leistung oder Gegenleistung berechtigt oder verpflichtet wird (IAS 39.14, IAS 39.2 bis IAS 39.7, IAS 39.AG35d).[697] Insurance Derivatives, die mit einem nicht entschädigungsbezogenen Trigger verknüpft sind und daher ein derivatives Finanzinstrument darstellen, sind in die Kategorie „zu Handelszwecken gehaltene Finanzinstrumente" einzuordnen (IAS 39.9.a.iii), wobei sich diese Kategorienbezeichnung in der Praxis gleichzeitig für einen an der Liquidierbarkeit orientierten Ausweis etabliert hat.[698] Wie nach HGB handelt es sich bei dem Optionsvertrag in Form eines Call Spread – trotz der Vereinigung der Merkmale eines Kaufs- und eines Verkaufs einer Kaufoption – lediglich um einen finanziellen Vermögenswert, dessen Komponenten nicht abzuspalten sind, da diese nicht unabhängig voneinander vertraglich übertragbar sind (IAS 39.10).[699] Zudem besteht eine Abspaltungspflicht für Derivate nur bei strukturierten Produkten, die einen nicht derivativen Basiswert haben. Diese liegen jedoch im Fall von Insurance Derivatives nicht vor. Auch nach IFRS 9 wird eine Einordnung in die Kategorie „erfolgswirksam zum beizulegenden Zeitwert" vorgenommen, da die Voraussetzungen für eine Bilanzierung zu fortgeführten Anschaffungskosten nicht gegeben sind, so dass die bilanzielle Behandlung der nach IAS 39 entspricht.[700] Eine Einordnung in die Bewertungskategorie „erfolgsneutral zum beizulegenden Zeitwert"" ist nur für verzinsliche Finanzinstrumente ohne explizite Halte- oder Veräußerungsabsicht möglich und damit nicht für Derivate.

Bei Nichteintritt des vertraglich definierten Ereignisses ist der Buchwert des Optionsrechts zum Fälligkeitszeitpunkt vollständig auszubuchen und aufgrund der Klassifizierung des Finanzinstruments als Kapitalanlage aufwandswirksam im Kapitalanlageergebnis zu zeigen. Bei Eintritt des vertraglich definierten Ereignisses und Ausübung des Optionsrechts ist ebenfalls eine erfolgswirksame Ausbuchung des Buchwerts der Option vorzunehmen (IAS 39.17a, IAS 39.39).[701] Jedoch wird dann der negative Effekt in der Gewinn- und Verlustrechnung (Aufwendungen aus dem Abgang von Kapitalanlagen) durch die erfolgswirksame Einbuchung der Forderung auf Zahlung des Geldbetrags (Erträge aus dem Abgang von Kapitalanlagen)

---

697 Vgl. Flintrop / Oertzen (2013), Rn. 39; Wagenhofer (2009), S. 242; Ballwieser (2009), S. 63. Da es sich bei einem Insurance Derivative um ein Derivat handelt, das auf Barausgleich gerichtet ist, kommt das Wahlrecht in IAS 39.38 i. V. m. IAS 39.AG35c bzgl. einer Bilanzierung zum Erfüllungstag nicht in Betracht, da diese Regelung eine physische Lieferung des Basiswerts verlangt; vgl. Varain (2012), Rn. 127.

698 Vgl. Abschnitt 5.2.2.1.3.

699 Vgl. Flintrop / Oertzen (2013), Rn. 23.

700 Für strukturierte Produkte, die finanzielle Vermögenswerte darstellen, gilt nach IFRS 9 dagegen keine Abspaltungspflicht.

701 Vgl. Hartenberger (2013), Rn. 100; Lüdenbach (2012b), Rn. 23, Rn. 62.

bis zum Erhalt des Barausgleichs kompensiert.[702] Es entsteht, wie nach HGB, ein positiver Effekt in Höhe der Differenz zwischen dem Barausgleichsbetrag und dem Buchwert des auszubuchenden Derivats. Der Effekt schlägt sich jedoch aufgrund der Natur des freistehenden derivativen Finanzinstruments nach IFRS im Kapitalanlageergebnis nieder, während der Effekt nach HGB, wo das Optionsrecht als „Anderer Vermögensgegenstand" behandelt wird, unter „Sonstige Aufwendungen" bzw. „Sonstige Erträge" gezeigt wird.

6.2.2.1.2 Ausgestaltung als unbedingtes Termingeschäft

Ansatz und Ausweis von Insurance Derivatives, die als unbedingte Termingeschäfte ohne entschädigungsbezogenen Trigger ausgestaltet sind, entsprechen denen von bedingten Termingeschäften, mit der Ausnahme, dass im Zugangszeitpunkt i. d. R. keine Anschaffungskosten anfallen, da die Risiken zwischen den Vertragsparteien bei marktgerechten Vertragsparametern gleichmäßig verteilt sind.[703] Ein Ansatz des Derivats unterbleibt, da die Anschaffungskosten, die im Zugangszeitpunkt i. d. R. dem beizulegenden Zeitwert entsprechen, im Zugangszeitpunkt null sind. Dagegen stellen Upfront Payments wie nach HGB einen Ausgleich zwischen den Konditionen des Finanzinstruments und dem tatsächlichen Marktwert zu Vertragsabschluss dar und sind somit als Anschaffungskosten aus Sicht des erwerbenden Unternehmens zu aktivieren.[704] Im Rahmen von börsennotierten unbedingten Termingeschäften zu leistende Initial Margins und Variation Margins werden als Sicherheitsleistungen bilanziert und sind daher von dem die Sicherheitsleistung empfangenden Unternehmen erfolgsneutral zu aktivieren, wobei i. d. R. ein Ausweis unter „Sonstige Vermögenswerte" erfolgt.[705]

6.2.2.2 Bewertung

6.2.2.2.1 Ausgestaltung als bedingtes Termingeschäft

Die Bewertung von Insurance Derivatives ohne entschädigungsbezogenen Trigger erfolgt bei der Erst- und Folgebewertung entsprechend der Bewertungskategorie „erfolgswirksam zum beizulegenden Zeitwert" (IAS 39.46), wobei Transaktionskosten sofort aufwandswirksam innerhalb des Kapitalanlageergebnisses zu erfassen sind (IAS 39.43, IFRS 9.5.1.1).[706] Auch nach IFRS 9 erfolgt die Bilanzierung

---

702 Zur Abgrenzung von anderen Kapitalanlagen bzw. anderen Komponenten des Kapitalanlageergebnisses, könnte das Kapitalanlageergebnis aus Insurance Derivatives als „Ergebnis aus Kapitalanlagen mit Versicherungsbezug" erfasst werden und die entsprechenden Vermögenswerte in der Bilanz unter „Kapitalanlagen mit Versicherungsbezug" ausgewiesen werden.

703 Vgl. Lüdenbach (2012b), Rn. 230.

704 Vgl. Flintrop / Oertzen (2013), Rn. 47.

705 Vgl. Hartenberger (2013), Rn. 153.

706 Vgl. Hartenberger (2013), Rn. 159, Rn. 161; Flintrop / Oertzen (2013), Rn. 46; Lüdenbach (2012b), Rn. 145, Rn. 156, Rn. 351; Lühn (2009), S. 105-106.

erfolgswirksam zum beizulegenden Zeitwert, da bei Insurance Derivatives die Bedingungen für eine Bewertung zu fortgeführten Anschaffungskosten nicht erfüllt sind.[707] Der beizulegende Zeitwert entspricht im Zugangszeitpunkt i. d. R. den Anschaffungskosten bzw. dem Transaktionspreis in Form der vereinbarten Optionsprämie, die bei einer marktkonformen Transaktion dem Wert der Gegenleistung entspricht.[708] Im Gegensatz zu den Vorschriften nach HGB sind im Rahmen der Folgebewertung somit positive wie negative Wertänderungen des beizulegenden Zeitwerts gleichermaßen erfolgswirksam zu erfassen und schlagen sich damit im Kapitalanlageergebnis nieder (IAS 39.55a).[709] Der beizulegende Zeitwert ist als Veräußerungspreis zu ermitteln, der sich unter den am Bewertungsstichtag gültigen Marktbedingungen als geordneter Geschäftsvorfall im Zuge des Verkaufs eines Vermögenswerts oder der Übertragung einer Schuld zwischen Marktteilnehmern ergeben würde (IFRS 13.62, IFRS 13.87). Dabei ist für die Ermittlung des beizulegenden Zeitwerts der Hauptmarkt oder, wenn dieser nicht verfügbar ist, der vorteilhafteste Markt zugrunde zu legen (IFRS 13.16).[710] Sofern der beizulegende Zeitwert im Zugangszeitpunkt nicht dem Transaktionspreis entspricht, ist der Differenzbetrag in Abhängigkeit von der zugrunde gelegten Bewertungshierarchie erfolgswirksam zu erfassen oder erfolgsneutral zu behandeln und über die Vertragslaufzeit abzugrenzen.[711] Eine erfolgswirksame Verbuchung ist demnach nur dann vorgesehen, wenn die Ermittlung des beizulegenden Zeitwerts entweder auf einem beobachtbaren Marktpreis (Level 1 Inputs) oder auf einer Bewertung anhand ausschließlich beobachtbarer Parameter basiert (Level 2 Inputs). Generell liegt der Ermittlung des beizulegenden Zeitwerts eine dreistufige Bewertungshierarchie zugrunde, wobei für die Bewertung die Charakteristika des Finanzinstruments zu berücksichtigen sind, die ein Marktteilnehmer bei dessen Bepreisung am Bewertungsstichtag berücksichtigen würde (IFRS 13.11). Die erste Hierarchieebene bezieht sich auf notierte Preise für identische Finanzinstrumente auf aktiven Märkten, zu denen das Unternehmen am Bewertungsstichtag Zugang hat (IFRS 13.76). Falls keine aktiven Märkte und somit keine notierten Marktpreise existieren, werden auf der zweiten Hierarchieebene direkt oder indirekt beobachtbare Parameter herangezogen (IFRS 13.81). Dabei werden entweder auf aktiven Märkten notierte oder zumindest beobachtbare Preise von ähnlichen Instrumenten herangezogen

707 Vgl. Abschnitt 4.3.2.2.

708 Vgl. Lüdenbach (2012b), Rn. 51-52, Rn. 144, Rn. 230. Der Fair Value einer Option hängt von dem Marktpreis (innerer Wert) – als positive Differenz zwischen dem realisierten Wert und dem definierten Wert, der zur Ausübung der Option berechtigt, bzw. null, wenn die Differenz negativ ist – und dem Zeitwert ab, der die Möglichkeit ausdrückt, dass sich der innere Wert der Option in Zukunft erhöht; vgl. Lüdenbach (2012a), Rn. 219. Im Zugangszeitpunkt ist davon auszugehen, dass der innere Wert der Option null ist, da noch keine Schäden eingetreten sind.

709 Vgl. Flintrop / Oertzen (2013), Rn. 50.

710 Vgl. Zwirner / Boecker (2014), S. 51-52.

711 Vgl. Hartenberger (2013), Rn. 222.

oder aus beobachtbaren Parametern abgeleitete Parameter verwendet.[712] Lässt sich auch auf dieser Basis der beizulegende Zeitwert nicht verlässlich ermitteln, sind auf einer dritten Hierarchieebene anerkannte Bewertungsmodelle bzw. -methoden unter Einbezug nicht beobachtbarer Marktparameter einzusetzen, sofern durch sie eine angemessene Annäherung an den Marktwert gewährleistet ist (IFRS 13.87).[713] Dem Grundsatz der Bewertung zum beizulegenden Zeitwert liegt die Annahme zugrunde, dass der beizulegende Zeitwert grundsätzlich verfügbar bzw. verlässlich bestimmbar ist,[714] so dass diese Voraussetzung als erfüllt betrachtet werden kann.

6.2.2.2.2 Ausgestaltung als unbedingtes Termingeschäft

Die Vorschriften zur Bewertung von Insurance Derivatives, die als bedingtes Termingeschäft ohne entschädigungsbezogenen Trigger ausgestaltet sind, gelten analog für entsprechende unbedingte Termingeschäfte. Bei unbedingten Termingeschäften, die unter marktgerechten Bedingungen abgeschlossen werden, fallen infolge der Ausgeglichenheitsvermutung von Leistung und Gegenleistung keine Anschaffungskosten an, so dass der beizulegende Zeitwert zum Zeitpunkt der Erstbewertung null beträgt.[715] Die Sicherheitsleistungen in Form von Initial Margins und Variation Margins werden erfolgsneutral über die Vertragslaufzeit hinweg zum Nominalwert angesetzt und bleiben in voller Höhe erhalten.[716] Upfront Payments sind Teil der Anschaffungskosten und sind somit im Rahmen der Erstbewertung bei der Ermittlung des beizulegenden Zeitwerts zu berücksichtigen.[717] Für die Folgebewertung ergibt sich im Fall nicht börsennotierter unbedingter Termingeschäfte ebenfalls das Problem, dass mangels vorliegender Marktpreise anerkannte Bewertungsmodelle herangezogen werden müssen, die jedoch streng genommen auf Insurance Derivatives nicht anwendbar sind, da sie sich aufgrund ihres versicherungstechnischen Basiswerts von klassischen Finanzderivaten unterscheiden.[718] Im Fall von börsengehandelten Insurance Derivatives (Futures) besteht dieses Problem nicht, da diese per definitionem an einem aktiven Markt gehandelt werden und somit Marktpreise zur Bewertung herangezogen werden können.

---

712 Vgl. Hartenberger (2013), Rn. 195.

713 Vgl. Hartenberger (2013), Rn. 211.

714 Vgl. Flintrop / Oertzen (2013), Rn. 49. Jedoch wird lediglich für Eigenkapitalinstrumente, die nicht auf einem aktiven Markt notiert sind, die Möglichkeit gesehen, dass der beizulegende Zeitwert nicht verlässlich ermittelt werden kann (IAS 39.46c; IAS 39.47a).

715 Vgl. Lüdenbach (2012b), Rn. 51; Bitterlin (2003), S. 238-239.

716 Vgl. Flintrop / Oertzen (2013), Rn 48-49.

717 Vgl. Hartenberger (2013), Rn. 163; Oertzen / Schultz-Danso (2013), Rn. 13.

718 Vgl. Abschnitt 6.4.1.

6.2.2.3 Angaben

6.2.2.3.1 Ausgestaltung als bedingtes Termingeschäft

Für Insurance Derivatives, die als bedingtes Termingeschäft ohne entschädigungsbezogenen Trigger ausgestattet sind, gelten die Angabepflichten für Finanzinstrumente. Dabei sind im Anhang oder Lagebericht die Buchwerte und beizulegenden Zeitwerte für jede Klasse von Finanzinstrumenten anzugeben und auf die jeweils zugrundeliegende Bewertungskategorie des IAS 39/IFRS 9 überzuleiten (IFRS 7.8, IFRS 7.25).[719] Für jede Klasse von Finanzinstrumenten sind dabei die folgenden Informationen gefordert (IFRS 13.93):[720] Die Angabe des beizulegenden Zeitwerts zum Abschlussstichtag, die Hierarchieebene, der die Bewertungsmethode zuzuordnen ist, Umgliederungen zwischen den Hierarchieebenen unter Angabe der Beträge und Gründe, eine Beschreibung der Bewertungsverfahren und der verwendeten Eingangsparameter sowie eine Überleitungsrechnung für nach der dritten Hierarchieebene ermittelte Werte vom Periodenbeginn zum Periodenende, was Angaben zu den Gewinnen und Verlusten, den Käufen, Verkäufen, Emissionen und Rückzahlungen sowie eine Beschreibung der verwendeten Bewertungsprozesse umfasst. Zudem ist bei Bewertungen nach der dritten Hierarchieebene die Sensitivität der Bewertung zum beizulegenden Zeitwert gegenüber Änderungen von nicht beobachtbaren Eingangsparametern darzustellen, falls solche Änderungen zu einer signifikant höheren oder niedrigeren Bewertung führen können. Anzugeben ist auch der Effekt, der sich aus der Verwendung alternativer, jedoch angemessener Weise für möglich gehaltener Annahmen auf den beizulegenden Zeitwert ergeben würde.[721] Zudem ist für jede Bewertungskategorie das Nettoergebnis auszuweisen (IFRS 7.20a), wobei bei der Kategorie „erfolgswirksam zum beizulegenden Zeitwert" bewertete Finanzinstrumente zwischen den Subkategorien „zu Handelszwecken gehalten" und „erfolgswirksam zum beizulegenden Zeitwert designiert" unterschieden wird (IFRS 7.8). Darüber hinaus sind die Bilanzierungs- und Bewertungsmethoden zu erläutern (IFRS 7.21 i. V. m. IAS 1.117), wobei Ermessensentscheidungen der Unternehmensleitung bei der Anwendung dieser Methoden zu begründen sind (IAS 1.122). Im Rahmen der Berichterstattung über die Risiken aus Finanzinstrumenten ist u. a. auf Ausfallrisiken, Liquiditätsrisiken und Marktrisiken und deren Steuerung einzugehen (IFRS 7.32). Qualitative Angaben (IFRS 7.33) sind gefordert zur Risikoexposition und -entstehung, den Zielen, Strategien und Verfahren zur Risikosteuerung sowie den Risikomessungsmethoden einschließlich deren Veränderungen im Vergleich zur Vorperiode. Quantitative Informationen (IFRS 7.34) sind zum Ausmaß des Risikos je Risikoart am Abschlussstichtag, zu Risikokonzentrationen, zum Betrag des maximalen Ausfallrisikos je Klasse von Finanzinstrumenten (IFRS 7.36) sowie in Form einer

---

719 Vgl. Hartenberger (2013), Rn. 276-277.

720 Geeignete Klassen sind auf der Grundlage von Art, Merkmalen und Risiken und der Hierarchieebene zu bilden (IFRS 13.94).

721 In diesem Zusammenhang ist die Signifikanz im Hinblick auf die Gewinn- und Verlustrechnung bzw. die Summe der Vermögenswerte oder Schulden zu beurteilen.

Sensitivitätsanalyse für jede Marktrisikoart, die die Auswirkungen von Änderungen der Marktpreise auf den Erfolg und das Eigenkapital darstellt, bereitzustellen.[722]

6.2.2.3.2 Ausgestaltung als unbedingtes Termingeschäft

Für als unbedingte Termingeschäfte ausgestaltete Insurance Derivatives ohne entschädigungsbezogenen Trigger gelten die in Abschnitt 6.2.2.3.1 dargestellten Angabepflichten analog.

6.2.2.4 Buchungsbeispiel

6.2.2.4.1 Bedingte Termingeschäfte

Das folgende Buchungsbeispiel basiert auf dem Buchungsbeispiel für bedingte Termingeschäfte nach HGB in Abschnitt 6.2.1.4.1. Im Unterschied zu HGB ist das Optionsrecht nach IFRS mit dem beizulegenden Zeitwert i. H. v. 1.100 GE anzusetzen, der durch interne Bewertungsmodelle ermittelt wird (Level 3 Inputs). Unterschiede zwischen dem beizulegenden Zeitwert und dem Transaktionspreis sind demnach erfolgsneutral abzugrenzen (a) und über die Laufzeit systematisch aufzulösen, wobei eine gleichmäßige Auflösung i. H. v. 25 % jährlich unterstellt wird. Zudem erfolgt der bilanzielle Ausweis des Optionsrechts nach IFRS unter den Kapitalanlagen des Handelsbestands. In t_0 (Beginn des ersten Geschäftsjahres) führt dies bei sonst gleichem Sachverhalt – Transaktionskosten fallen i. H. v. 30 GE an (b) – zu folgender Bilanz und Gewinn- und Verlustrechnung.

Bilanz (t_0)			
Aktiva			Passiva
Guthaben bei Banken	2.000	Eigenkapital	2.000
	(a) -1.000		-30
	(b) -30	Jahresüberschuss/-fehlbetrag	
Kapitalanlagen – Handelsbestand	(a) 1.100	Abgegrenzter Gewinn	(a) 100
Bilanzsumme	2.070	Bilanzsumme	2.070

GuV (t_0)			
Soll			Haben
Sonstige Aufwendungen f. Kapitalanlagen	(b) 30	Jahresüberschuss/-fehlbetrag	30
	–		–

722 Angaben zum Liquiditätsrisiko spielen beim Einsatz von Insurance Derivatives aus Sicht des Erwerbers eine untergeordnete Rolle, da mit ihnen Vermögenswerte verbunden sind, das Liquiditätsrisiko jedoch potenzielle Schwierigkeiten bei der Erfüllung von finanziellen Verbindlichkeiten umfasst.

Nach IFRS ist der beizulegende Zeitwert der Bewertungsmaßstab, so dass anders als nach HGB keine Anschaffungskostenrestriktion besteht. Die Zuschreibungen in t_1 i. H. v. 200 GE sind in voller Höhe erfolgswirksam vorzunehmen (c), und der abgegrenzte Gewinn als Differenz zwischen dem beizulegenden Zeitwert bei Vertragsabschluss und dem Transaktionspreis ist erfolgswirksam anteilig aufzulösen (d). In t_1 (Ende des ersten Geschäftsjahres) stellen sich die Bilanz und die Gewinn- und Verlustrechnung wie folgt dar.

Bilanz (t_1)

Aktiva			Passiva
Guthaben bei Banken	970	Eigenkapital	1.970
		Jahresüberschuss/-fehlbetrag	225
Kapitalanlagen – Handelsbestand	1.100 (c) +200	Abgegrenzter Gewinn	100 (d) -25
Bilanzsumme	2.270	Bilanzsumme	2.270

GuV (t_1)

Soll			Haben
Jahresüberschuss/-fehlbetrag	225	Zuschreibungen auf Kapitalanlagen	(c) 200
		Ertrag aus Auflösung abgegrenzter Gewinn	(d) 25
	–		–

Die Wertminderung in t_2 von 50 GE wird nach IFRS ebenfalls erfolgswirksam berücksichtigt (e) und führt zusammen mit der anteiligen Auflösung des abgegrenzten Gewinns (f) zu folgender Bilanz und Gewinn- und Verlustrechnung in t_2 (Ende des zweiten Geschäftsjahres)

Bilanz (t_2)

Aktiva			Passiva
Guthaben bei Banken	970	Eigenkapital	2.195
		Jahresüberschuss/-fehlbetrag	-25
Kapitalanlagen – Handelsbestand	1.300 (e) -50	Abgegrenzter Gewinn	75 (f) -25
Bilanzsumme	2.220	Bilanzsumme	2.220

GuV (t_2)

Soll			Haben
Abschreibungen auf Kapitalanlagen	(e) 50	Ertrag aus Auflösung abgegrenzter Gewinn	(f) 25
		Jahresüberschuss/-fehlbetrag	25
	–		–

Die Zuschreibung in t_3 von 60 GE wird nach IFRS in voller Höhe erfolgswirksam verbucht (g), da keine Anschaffungskostenrestriktion wie nach HGB besteht, so dass sich zusammen mit der planmäßigen Auflösung des abgegrenzten Gewinns (h) in t_3 (Ende des dritten Geschäftsjahres) die folgende Bilanz und Gewinn- und Verlustrechnung ergibt.

Bilanz (t_3)

Aktiva			Passiva
Guthaben bei Banken	970	Eigenkapital	2.170
		Jahresüberschuss/-fehlbetrag	85
Kapitalanlagen – Handelsbestand	1.250 (g) +60	Abgegrenzter Gewinn	50 (h) -25
Bilanzsumme	2.280	Bilanzsumme	2.280

GuV (t_3)

Soll			Haben
Jahresüberschuss/-fehlbetrag	85	Zuschreibungen auf Kapitalanlagen	(g) 60
		Auflösung abgegrenzter Gewinn	(h) 25
	–		–

Der Eintritt des Trigger-Ereignisses, der zur Ausbuchung des Optionsrechts (i) und der Vereinnahmung des Zahlungsmittelzuflusses (j) in t_4 (Ende des vierten Geschäftsjahres) führt, ergibt zusammen mit der planmäßigen Auflösung des abgegrenzten Gewinns (k) folgende Bilanz und Gewinn- und Verlustrechnung.

Bilanz (t_4)			
Aktiva			Passiva
Guthaben bei Banken	970 (j) +10.000	Eigenkapital Jahresüberschuss/-fehlbetrag	2.255 8.715
Kapitalanlagen – Handelsbestand	1.310 (i) -1.310	Abgegrenzter Gewinn	25 (k) -25
Bilanzsumme	10.970	Bilanzsumme	10.970

GuV (t_4)			
Soll			Haben
Aufwendungen aus dem Abgang von Kapitalanlagen	(i) 1.310	Erträge aus dem Abgang von Kapitalanlagen	(j) 10.000
Jahresüberschuss/-fehlbetrag	8.715	Auflösung abgegrenzter Gewinn	(k) 25
	–		–

6.2.2.4.2 Unbedingte Termingeschäfte

Das folgende Buchungsbeispiel basiert auf dem Buchungsbeispiel für unbedingte Termingeschäfte nach HGB in Abschnitt 6.2.1.4.2. Das geleistete Upfront Payment i. H. v. 45 GE stellt in t_0 (Beginn des ersten Geschäftsjahres) die Anschaffungskosten des derivativen Finanzinstruments bzw. Swap-Vertrags dar (a). Die Transaktionskosten betragen 30 GE (b).

Bilanz (t_0)			
Aktiva			Passiva
Guthaben bei Banken	2.000 (a) -45 (b) -30	Eigenkapital Jahresüberschuss/-fehlbetrag	2.000 -30
Kapitalanlagen – Handelsbestand	(a) 45		
Bilanzsumme	1.970	Bilanzsumme	1.970

GuV (t_0)			
Soll			Haben
Sonstige Aufwendungen f. Kapitalanlagen	(b) 30	Jahresüberschuss/-fehlbetrag	30
	–		–

Bilanz (t_1)			
Aktiva			Passiva
Guthaben bei Banken	1.925 (c) -150	Eigenkapital	1.970
		Jahresüberschuss/-fehlbetrag	-150
Kapitalanlagen – Handelsbestand	45		
Bilanzsumme	1.820	Bilanzsumme	1.820

GuV (t_1)			
Soll			Haben
Laufende Aufwendungen f. Kapitalanlagen	(c) 150	Jahresüberschuss/-fehlbetrag	150
	–		–

Im Zeitpunkt t_1 (Ende des ersten Geschäftsjahres) wird die Nettozahlungsverpflichtung i. H. v. 150 GE aufwandswirksam verbucht (c), was zu folgender Bilanz und Gewinn- und Verlustrechnung führt.

Im Zeitpunkt t_2 (Ende des zweiten Geschäftsjahres) resultiert eine Nettozahlungsforderung von 300 GE (d). Der drohende Verlust aus der Swap-Transaktion i. H. v. 50 GE wird durch eine Wertminderung des Swap-Vermögenswerts berücksichtigt (e). Dies führt zum Ansatz des Swap-Vertrags als finanzielle Verbindlichkeit. In t_2 resultiert daher folgende Bilanz und Gewinn- und Verlustrechnung.

Bilanz (t_2)			
Aktiva			Passiva
Guthaben bei Banken	1.775 (d) +300	Eigenkapital	1.820
		Jahresüberschuss/-fehlbetrag	250
Kapitalanlagen – Handelsbestand	45 (e) -45	Finanzielle Verbindlichkeiten	(e) 5
Bilanzsumme	2.075	Bilanzsumme	2.075

GuV (t_2)			
Soll			Haben
Abschreibungen auf Kapitalanlagen	(e) 50	Laufende Erträge aus Kapitalanlagen	(d) 300
Jahresüberschuss/-fehlbetrag	250		
	–		–

In t_3 (Ende des dritten Geschäftsjahres) werden statt der geplanten 250 GE wie erwartet nur 200 GE als variable Zahlungen vereinnahmt, was zu einer Nettozahlungsverpflichtung von 100 GE führt (f). Es resultiert folgende Bilanz und Gewinn- und Verlustrechnung.

Bilanz (t_3)			
Aktiva			Passiva
Guthaben bei Banken	2.075 (f) -100	Eigenkapital	2.070
		Jahresüberschuss/ -fehlbetrag	-100
		Finanzielle Verbindlichkeiten	5
Bilanzsumme	1.975	Bilanzsumme	1.975

GuV (t_3)			
Soll			Haben
Laufende Aufwendungen f. Kapitalanlagen	(f) 100	Jahresüberschuss/ -fehlbetrag	100
	–		–

In t_4 (Ende des vierten Geschäftsjahres) wird die letzte Nettozahlungsverpflichtung i. H. v. 50 GE beglichen (g) und das derivative Finanzinstrument in Form der finanziellen Verbindlichkeit wird erfolgswirksam unter „Sonstige nicht versicherungstechnische Erträge" ausgebucht (h).

Bilanz (t_4)			
Aktiva			Passiva
Guthaben bei Banken	1.975 (g) -50	Eigenkapital	1.970
		Jahresüberschuss/ -fehlbetrag	-45
		Finanzielle Verbindlichkeiten	5 (h) -5
Bilanzsumme	1.925	Bilanzsumme	1.925

GuV (t_4)			
Soll			Haben
Laufende Aufwendungen f. Kapitalanlagen	(g) 50	Sonstige nicht versicherungstechnische Erträge	(h) 5
		Jahresüberschuss/ -fehlbetrag	45
	–		–

6.3 Insurance Derivatives mit entschädigungsbezogenem Trigger

Obwohl der nicht entschädigungsbezogene Trigger ein wesentliches Kennzeichen für Insurance Derivatives ist, können Insurance Derivatives, wie im Fall von Industry Loss Warranties, auch mit einem entschädigungsbezogenen Trigger kombiniert werden.[723] Insofern müssen sowohl ein bestimmter Branchenschadenindexwert (nicht entschädigungsbezogener Trigger) realisiert sein als auch tatsächliche Verluste (entschädigungsbezogener Trigger) beim Käufer des Insurance Derivative vorliegen. Die Schwelle für den entschädigungsbezogenen Trigger wird dabei üblicherweise so niedrig angesetzt, dass ein tatsächlicher Schaden dann festgestellt werden kann, wenn auch der nicht entschädigungsbezogene Trigger existent ist und umgekehrt.[724] Zu beachten ist dabei jedoch, dass dennoch ein Basisrisiko verbleibt, da bei dem Versicherungsunternehmen tatsächlich ein Schaden eintreten könnte, ohne dass der definierte Branchenschadenindexwert überschritten wird.[725] Aufgrund des Basisrisikos kann nach den handelsrechtlichen Vorschriften keine Bilanzierung als Rückversicherung erfolgen, da durch die Transaktion nicht gewährleistet wird, dass es in jedem Fall zu einer Entschädigung für die tatsächlich eingetretenen Verluste kommt.[726] Anderenfalls könnten – aufgrund der Verknüpfung der aufsichtsrechtlichen und der handelsrechtlichen Vorschriften – Transaktionen mit Basisrisiko die Soll-Solvabilität mindern, wenn sie im handelsrechtlichen Abschluss in den versicherungstechnischen Posten ausgewiesen werden. Die handelsrechtliche Bilanzierung von Insurance Derivatives, die zusätzlich mit einem entschädigungsbezogenen Trigger ausgestattet sind, hat somit als Finanzinstrument zu erfolgen. Die Definition eines Versicherungsvertrags nach IFRS 4 und ED/2013/7 verlangt dagegen lediglich, dass es zu einer Entschädigung kommen muss, falls ein unsicheres zukünftiges Ereignis den Versicherungsnehmer negativ betrifft. Aufgrund des entschädigungsbezogenen Triggers handelt es sich somit nach IFRS 4 und ED/2013/7 insgesamt um einen Rückversicherungsvertrag, sofern mit hinreichender Wahrscheinlichkeit ein signifikanter Verlust droht (IFRS 4.IG2.19).[727] Die vollständige Eliminierung des Basisrisikos muss damit nicht zwingend verbunden sein. Nach IFRS wären daher Industry Loss Warranties als Rückversicherung zu bilanzieren mit der Folge, dass das Optionsrecht nicht als Vermögenswert angesetzt wird, sondern lediglich die Optionsprämie unter „Abgegebene Rückversicherungsbeiträge" erfasst wird. Bei Ausübung des Optionsrechts sind die erhaltenen Zahlungen als „Anteil der Rückversicherer an den

723 Vgl. Abschnitt 6.1.
724 Vgl. Abschnitt 2.3.3.1.
725 Vgl. Gatzert / Schmeiser (2012), S. 17; Gatzert / Schmeiser / Toplek (2011), S. 524-525.
726 Vgl. Abschnitt 3.2.1, Abschnitt 6.1.
727 Vgl. KPMG (2004), S. 17.

Schadenzahlungen“ auszuweisen. Die Transaktion schlägt sich somit in versicherungstechnischen Posten nieder.

Insurance Swaps können ebenfalls mit einem entschädigungsbezogenen Trigger versehen sein. Dabei wird zwischen den Vertragsparteien der Austausch von versicherungstechnischen Zahlungsströmen vereinbart. Diese sind nach HGB und IFRS als Rückversicherung zu bilanzieren, da die Vertragsparteien wechselseitig sowohl als Versicherungsgeber als auch Versicherungsnehmer agieren. Die Vorschriften für Ansatz und Ausweis, Bewertung und Angaben entsprechen denen von Rückversicherungsverträgen, wie sie in der Vertragsbeziehung zwischen Sponsor und Versicherungszweckgesellschaft bei als Principal at Risk mit entschädigungsbezogenem Trigger ausgestalteten Transaktionen beschrieben wurden, so dass auf die Ausführungen in Abschnitt 5.2.1 (HGB), Abschnitt 5.2.2 (IFRS) und die Erläuterungen in Abschnitt 6.1 verwiesen wird. Zu beachten ist allerdings, dass im Unterschied zu den Ausführungen an diesen Stellen keine versicherungstechnischen Rückstellungen von dem Erwerber des Derivats auf den Verkäufer transferiert werden, sondern nur die Zahlungsströme des Portfolios von Versicherungsrisiken gehandelt werden.[728] Aufgrund der Natur der Transaktion als Rückversicherungsvertrag sind daher die Zahlungsströme aus Sicht des Versicherungsunternehmens als Derivateerwerber in den versicherungstechnischen Posten als „Abgegebene Rückversicherungsbeiträge“ bzw. „Anteil der Rückversicherer an den Schadenzahlungen“ abzubilden.

6.4 Würdigung

6.4.1 Tatsachengetreue Darstellung

Die Bilanzierung von Insurance Derivatives muss eine vollständige, neutrale und fehlerfreie Abbildung gewährleisten, um die Anforderung einer tatsachengetreuen Darstellung zu erfüllen.[729] Die Art des eingesetzten Triggers – entschädigungsbezogen oder nicht entschädigungsbezogen – liefert für die Bilanzierung nach HGB und IFRS das Unterscheidungsmerkmal, ob eine Bilanzierung als Rückversicherungsvertrag oder derivatives Finanzinstrument vorzunehmen ist. Wird lediglich ein nicht entschädigungsbezogener Trigger eingesetzt, sind die Voraussetzungen nach HGB und IFRS für eine Bilanzierung als Rückversicherungsvertrag nicht erfüllt, da keine Entschädigung für die tatsächlich erlittenen Verluste sichergestellt ist und somit kein versicherbares Interesse des Derivateerwerbers besteht. Die potenziell zu erwartende Geldleistung hängt dann lediglich von einer für das Versicherungsunternehmen unspezifischen Variablen ab, so dass nach HGB und IFRS eine Bilanzierung als Finanzinstrument erfolgt. Allerdings ist ein Vertrag, der für sich genommen die Voraussetzungen für eine Bilanzierung als

---

728 Vgl. Hartung (2004), S. 404.
729 Vgl. Abschnitt 4.1.2, Abschnitt 4.1.3.

Rückversicherungsvertrag erfüllt, auch dann nach IFRS als Rückversicherungsvertrag zu bilanzieren, wenn die Entschädigung – wie im Fall von Industry Loss Warranties – zusätzlich zu der tatsächlichen Verlusterfahrung des Derivateerwerbers an einen weiteren Trigger gebunden ist, der für sich allein betrachtet einen nicht entschädigungsbezogenen Trigger darstellt (IFRS 4.IG2.19). Nach HGB ist jedoch aufgrund des damit verbundenen Basisrisikos eine Bilanzierung als Finanzinstrument geboten. Diese Abgrenzungskriterien für die Bilanzierung von Transaktionen mit und ohne entschädigungsbezogenen Trigger minimieren Ermessensspielräume und unterstützen eine neutrale Berichterstattung.

Aufgrund des handelsrechtlichen Vorsichts- und des Realisationsprinzips sind Insurance Derivatives, die keinen entschädigungsbezogenen Trigger enthalten, schwebende Geschäfte, die handelsrechtlich – abgesehen von Vorauszahlungen – grundsätzlich nicht bilanzwirksam sind, solange sich Leistung und Gegenleistung ausgeglichen gegenüberstehen. Nach IFRS handelt es sich jedoch um aktivierungspflichtige finanzielle Vermögenswerte, die erfolgswirksam zum beizulegenden Zeitwert bewertet werden und als Kapitalanlagen bilanziert werden. Die Aktivierungspflicht steht im Einklang mit der Anforderung nach Vollständigkeit der Jahresabschlussinformationen. Nach den handelsrechtlichen Vorschriften sind Angaben zu nicht in der Bilanz enthaltenen Geschäften, wie schwebenden Geschäften, nur im Anhang anzugeben, sofern sie einen wesentlichen Einfluss auf die Finanzlage haben (§ 285 Nr. 3 HGB) und dauerhaft zu keinem Bilanzansatz führen.

Im Fall eines bedingten Termingeschäfts ohne entschädigungsbezogenen Trigger wird das Optionsrecht nach den handelsrechtlichen Vorschriften imparitätisch behandelt, da nur negative Wertänderungen in der Bilanz erfasst werden, Wertsteigerungen über die Anschaffungskosten hinaus jedoch unberücksichtigt bleiben. Dies führt dazu, dass sich Wertänderungen nach HGB nicht neutral, sondern nur einseitig niederschlagen, was dem Ziel einer tatsachengetreuen Darstellung entgegenläuft. Die Angaben im Anhang nach HGB sollen diesen Mangel teilweise kompensieren.

Die größte Herausforderung im Hinblick auf eine tatsachengetreue Darstellung stellt jedoch die Bewertung von Insurance Derivatives ohne entschädigungsbezogenen Trigger dar. Denn nach IFRS sind diese Insurance Derivatives zum beizulegenden Zeitwert zu bewerten und auch nach HGB ist zumindest der beizulegende Zeitwert im Anhang anzugeben oder die Gründe, warum der Wert nicht verlässlich ermittelt werden kann.[730] Da für sie i. d. R. weder ein aktiver Markt existiert noch auf aktiven Märkten beobachtbare Inputparameter vorliegen und demzufolge auch keine notierten Marktpreise vorliegen, sind anerkannte Bewertungsmodelle heranzuziehen, um den beizulegenden Zeitwert zu ermitteln. Obwohl in der Praxis häufig zur Bewertung herangezogen, sind traditionelle Optionsbewertungsverfahren, wie das Black-Scholes-Modell, dafür jedoch aus theoretischer Sicht nicht geeignet, da sie den besonderen Eigenschaften von Insurance Derivatives nicht

730 Vgl. Abschnitt 6.2.1.3, Abschnitt 6.2.2.2.

gerecht werden und somit keine tatsachengetreue Darstellung gewährleisten.[731] So basiert das Black-Scholes-Modell auf der Annahme gehandelter Basiswerte und impliziert kleine, stetige positive wie negative Kursveränderungen.[732] Diese Annahme ist jedoch bei Versicherungsrisiken nicht erfüllt, da sie meistens nicht auf aktiven Märkten gehandelt werden und – insbesondere im Fall von Low-Frequency-High-Severity-Risiken – nichtfallende und unstetige bzw. sprunghafte Verteilungsverläufe aufweisen. Hinzu kommt, dass die klassischen Optionsbewertungsmodelle die Entwicklung des Basiswerts über Verteilungsannahmen hinsichtlich der relativen Wertentwicklung modellieren, was einen von null verschiedenen Ausgangswert voraussetzt. Für Schadenindizes, welche zu Beginn der Schadenperiode stets den Wert null aufweisen, stellt sich somit die Frage ihrer sinnvollen Anwendbarkeit.[733] Durch die Anwendung versicherungsmathematischer Bewertungsmodelle könnten zwar die Mängel klassischer Optionsbewertungsmodelle behoben werden, jedoch hängt ihre Güte von der Qualität der verwendeten Modellparameter ab. Modellparameter, die auf historischen Daten basieren, implizieren eine Stabilität der Häufigkeit und Höhe von Schäden im Zeitverlauf, wie sie bspw. bei Low-Frequency-High-Severity-Risiken nicht zwingend gegeben sein müssen.[734] Eine adäquate Bewertung würde eine genaue Kenntnis der dem Schaden- und Korrekturprozess zugrundeliegenden Stochastizität erfordern.[735] Zudem basieren versicherungsmathematische Modelle auf stochastischen Simulationen, die letztlich keine geschlossene Lösung für Versicherungsoptionen bereitstellen, was sich wiederum auf die Akzeptanz dieser Bewertungsverfahren und damit auch auf den Markterfolg von Versicherungsoptionen nachteilig auswirkt.[736] Da kein einheitlich anerkanntes Bewertungsmodell für Versicherungsoptionen vorliegt, ergibt sich aus bilanzieller Sicht damit die Problematik, dass für Versicherungsoptionen genaugenommen keine anerkannten Bewertungsmethoden bzw. -modelle existieren, wie sie nach den handelsrechtlichen und internationalen Vorschriften für die verlässliche Ermittlung des beizulegenden

731 Vgl. Nguyen (2007b), S. 346-358; Hee / Hofmann (2006), S. 72-73; Frost (1998), S. 33-70. Die wesentlichen Besonderheiten bei Insurance Derivatives sind die Asymmetrie der Renditeverteilung, das Auftreten von Sprüngen und das Faktum, dass Versicherungsderivate i. d. R. nicht gehandelt werden. Dabei ist ein Grund für die Nichtexistenz eines Handels, dass die Bepreisung dieser Derivate für die Marktteilnehmer schwer nachvollziehbar ist; vgl. Nguyen (2007b), S. 366-368.

732 Vgl. Nguyen (2007b), S. 347, S. 351-352. Zu den Stärken und Schwächen verschiedener Bewertungsmodelle vgl. Lüdenbach (2012a), Rn. 227-243.

733 Vgl. Nguyen (2007b), S. 357-358; Kellermann (2001), S. 217-219; Flasse / Hartung / Liebwein (1999), S. 247-248.

734 Vgl. Kellermann (2001), S. 225-227; zu Einschränkungen der Verlässlichkeit vgl. Lüdenbach (2012b), Rn. 231-233.

735 Vgl. Flasse / Hartung / Liebwein (1999), S. 257.

736 Vgl. Kellermann (2001), S. 228; Flasse / Hartung / Liebwein (1999), S. 259. Dies wird bspw. durch die Beendigung des Handels von Optionen an der Chicago Board of Trade dokumentiert.

Zeitwerts gefordert werden. Ist der beizulegende Zeitwert nicht verlässlich ermittelbar, ist nach HGB der Ansatz von Anschaffungskosten geboten (§ 255 Abs. 4 HGB), wobei dann im Anhang die Gründe anzugeben sind, warum der beizulegende Zeitwert nicht bestimmt werden kann (§ 285 Nr. 19 HGB). Nach IFRS ist die verlässliche Bewertbarkeit von Vermögenswerten eine Voraussetzung für deren Ansatz (CF.4.41), die dann erfüllt ist, wenn die Bewertung ohne wesentliche Fehler und frei von verzerrenden Einflüssen erfolgen kann, wobei die Anwendung von Schätzverfahren nicht im Widerspruch zu einer verlässlichen Bewertbarkeit stehen muss.[737] Vor diesem Hintergrund unterstellt IFRS 13, dass der beizulegende Zeitwert von Insurance Derivatives – wenn nicht durch direkt beobachtbare Marktpreise oder auf Märkten beobachtbare Inputparameter – so doch zumindest durch anerkannte und in dem Standard spezifizierte Bewertungsmethoden, wie Optionspreismodelle und Barwertmodelle (IFRS 13.B11), bestimmt werden kann.[738] Somit ergibt sich für die Bilanzierung nach IFRS das Dilemma, das häufig mangels vorliegender Marktpreise anerkannte Bewertungsmethoden für die Ermittlung des beizulegenden Zeitwerts angewendet werden müssen, die jedoch im Fall von Insurance Derivatives keine fehlerfreie und verlässliche Bewertung sicherstellen. Die Möglichkeit, dass der beizulegende Zeitwert nicht verlässlich bestimmt werden kann und folglich auf Anschaffungskosten rekurriert werden muss, wird vom IASB nur im Fall von nicht auf einem aktiven Markt notierten Eigenkapitalinstrumenten und Derivaten auf solche Eigenkapitalinstrumente gesehen (IAS 39.9 i. V. m. IAS 39.46c, IFRS 9.B5.4.14). In diesem Fall ist jedoch eine weitere Voraussetzung für eine Bilanzierung zu Anschaffungskosten, dass die Varianz möglicher Werte weder insignifikant noch über Wahrscheinlichkeiten gewichtungsfähig ist (IAS 39.AG80-AG81).[739] Eine analoge Anwendung dieser Vorschrift auf Insurance Derivatives scheidet somit aus.

Die US-GAAP sehen spezielle Vorschriften für nicht börsengehandelte Wetterderivateverträge in Form von Options- und Forward-Geschäften vor, die in Abhängigkeit von der Realisierung einer klimatischen, geologischen oder anderen physikalischen Variablen erfüllt werden (ASC 815-45-15-2 i. V. m. ASC 815-10-15-59, ASC 815-10-55-135, ASC 815-10-55-2, ASC 815-45-20). Wird das Derivat nicht zu Handels- oder Spekulationsabsichten gehalten[740] und nicht an einer

737 Vgl. Wawrzinek (2013), Rn. 128; Ernst & Young (2013), S. 62.

738 Vgl. Wawrzinek (2013), Rn. 256. Die Anwendbarkeit von finanzierungstheoretischen Modellen (Optionspreismodelle, CAPM) zur modellgestützten Zeitwertbestimmung ist vor dem Hintergrund der Voraussetzungen des IFRS 13.61-62, die die Berücksichtigung von in der Realität gegebenen Umständen – wie insbesondere der aktuellen Marktbedingungen – fordert, bezweifelt werden; vgl. Olbrich (2011), S. 393-394.

739 Vgl. Lüdenbach (2012b), Rn. 111.

740 Mit einer Handelsabsicht wird üblicherweise eine nur kurze Haltedauer von Stunden und Tagen anstatt Monaten und Jahren assoziiert (ASC 815-45-20). Handels- oder Spekulationsabsichten werden zudem angenommen, wenn Wetterderivateverträge mit der Zielsetzung abgeschlossen werden, aus der Veränderung

Börse gehandelt, erfolgt die Bewertung in den Perioden nach Vertragsabschluss nach der Intrinsic Value Method (ASC 815-45-35-1 bis ASC 815-45-35-6). Dabei wird die Differenz zwischen der zu Vertragsbeginn erwarteten und der tatsächlichen Indexwertrealisation je Bewertungsstichtag mit dem vertraglich vereinbarten Preis pro Indexeinheit multipliziert (ASC 815-45-55-1 bis ASC 815-45-55-11).[741] Im Fall eines bedingten Termingeschäfts ist zudem die geschuldete Optionsprämie abzugrenzen und sachgerecht und systematisch erfolgswirksam zu amortisieren (ASC 815-45-35-4). Für Versicherungsunternehmen, die Insurance Derivatives als alternative Maßnahme zur Absicherung ihrer Versicherungsrisiken einsetzen, kann auf Basis der in den US-GAAP genannten Kriterien zur Identifikation von Handelsabsichten angenommen werden, dass keine Handels- oder Spekulationsabsicht besteht, da sie zum einen in ihrer primären Geschäftstätigkeit – der Bereitstellung von Versicherungsschutz – ebenfalls Wetterrisiken ausgesetzt sind und zum anderen trotz des inhärenten Basisrisikos eine Minderung des abzusichernden Risikos erwartet wird (ASC 815-45-55-5 bis ASC 815-45-55-6).[742] Allerdings impliziert die Intrinsic Value Method bei einem Optionsrecht, dessen Wert sich aus dem inneren Wert und dem Zeitwert, der die Erwartung über die zukünftigen Wertrealisationen widerspiegelt, zusammensetzt, dass der Zeitwert des Optionsrechts null ist.

6.4.2 Entscheidungsrelevanz

Informationen sind entscheidungsrelevant, wenn sie die Jahresabschlussadressaten dabei unterstützen, vergangene, gegenwärtige oder zukünftige Entwicklungen zu beurteilen (Prognosewert) und/oder in der Vergangenheit getroffene Entscheidungen zu bestätigen oder zu korrigieren (Bestätigungswert).[743] Bedeutsam ist in diesem Zusammenhang, dass der wirtschaftliche Gehalt der Transaktion für die Jahresabschlussadressaten aus den Jahresabschlussinformationen ersichtlich ist. Da Jahresabschlüsse häufig auf der Basis von jahresabschlussspezifischen Kennzahlen

---

einer klimatischen oder geologischen Bedingung Gewinne zu erzielen (ASC 815-45-25-6). Demographische Variablen wie Sterblichkeits- oder Langlebigkeitsindizes fallen nach dem Wortlaut der Regelung nicht unter die Regelung (ASC 815-10-15-61), obwohl ihnen bei wirtschaftlicher Betrachtung dasselbe Prinzip zugrunde liegt. Wird das Derivat jedoch zu Handels- und Spekulationsabsichten gehalten, hat die Bewertung erfolgswirksam zum beizulegenden Zeitwert zu erfolgen (ASC 815-45-30-4, ASC 815-45-35-7).

741 Die zu Vertragsbeginn festgelegten erwarteten Wertrealisationen werden während der Vertragslaufzeit nicht angepasst (ASC 815-45-35-2).

742 Für die Beurteilung, ob eine Handels- oder Spekulationsabsicht vorliegt, sind alle verfügbaren Hinweise, Tatsachen und Umstände einzubeziehen und zu gewichten (ASC 815-45-55-4). Die Beurteilung hat nicht allein auf Vertragsinhalten zu basieren, sondern auch die verschiedenen Tätigkeitsfelder des Unternehmens und die mit dem Derivateeinsatz verbundene Zielsetzung zu berücksichtigen (ASC 815-45-55-1, ASC 815-45-55-4).

743 Vgl. Abschnitt 4.1.3.

analysiert werden, kommt dem Ausweis einer Transaktion im Jahresabschluss eine wichtige Bedeutung zu. Das Vorliegen eines entschädigungs- bzw. nicht entschädigungsbezogenen Triggers liefert dabei ein wichtiges Unterscheidungskriterium, ob eine Transaktion als Rückversicherungsvertrag in Positionen der Bilanz und der Gewinn- und Verlustrechnung, die den versicherungstechnischen Gehalt der Transaktionen betonen, ausgewiesen wird oder als sonstiger Vermögensgegenstand oder Kapitalanlage in nicht versicherungstechnischen Posten bzw. innerhalb des Kapitalanlageergebnisses abgebildet wird. Der jeweilige Ausweis hat damit bspw. auch Einfluss auf die Ermittlung von Kennzahlen wie der Schaden-Kosten-Quote, die den Quotienten aus versicherungstechnischen Aufwendungen (Leistungen an Kunden und Aufwendungen für den Versicherungsbetrieb) bezogen auf die verdienten Prämien darstellt, und der Kapitalanlagenrendite als Quotient des Kapitalanlageergebnisses und dem Bestand an Kapitalanlagen zum jeweiligen Stichtag.

Der Ausweis als Kapitalanlage nach IFRS ist eine konsequente Folge der Klassifizierung der Insurance Derivatives mit nicht entschädigungsbezogenem Trigger als „Finanzinstrumente des Handelsbestands", die zwingend erfolgswirksam zum beizulegenden Zeitwert zu bewerten sind.[744] Eine solche Handels- bzw. Spekulationsabsicht zur kurzfristigen Gewinnerzielung leitet sich als Rückschluss aus dem nicht entschädigungsbezogenen Trigger ab. Dieser Automatismus übersieht jedoch, dass Insurance Derivatives von Versicherungsunternehmen – bei einer hohen Korrelation zwischen dem nicht entschädigungsbezogenen Trigger und dem abzusichernden Risiko – durchaus als Risikominderungstechnik eingesetzt werden können, um versicherungstechnische Risiken abzusichern. Bei entsprechender Korrelation des nicht entschädigungsbezogenen Triggers mit der tatsächlichen Schadenerfahrung kann der Einsatz eines nicht entschädigungsbezogenen Triggers im Rahmen der Principal-Agent-Beziehung zwischen Derivaterwerber und Derivatverkäufer Vorteile aufweisen.[745] Die in IFRS unterstellte Handels- bzw. Spekulationsabsicht ist damit jedoch nicht zwingend verbunden. In den US-GAAP ist dieser Umstand bei den Vorschriften zur Bilanzierung von Wetterderivaten berücksichtigt, die nicht zum beizulegenden Zeitwert, sondern nach der Intrinsic Value Method zu bilanzieren sind, wenn keine Handels- bzw. Spekulationsabsicht vorliegt. In diesem Fall unterstützt ein Ausweis unter den Kapitalanlagen die Entscheidungsrelevanz der Informationen nicht und gewährleistet zudem keine tatsachengetreue Darstellung der Jahresabschlussinformationen.

Neben der Frage des Ausweises spielt auch der Wertansatz für die Entscheidungsrelevanz eine wichtige Rolle. So wird einem Wertansatz, der den beizulegenden Zeitwert abbildet, generell eine höhere Entscheidungsrelevanz beigemessen als einem Wertansatz zu fortgeführten Anschaffungskosten, da er einen aktuelleren, die Marktverhältnisse widerspiegelnden Wertansatz darstellt.[746] Dabei gilt es jedoch

744 Vgl. Pellens et al. (2011), S. 569.
745 Vgl. Abschnitt 2.1.5.
746 Vgl. Abschnitt 4.1.3.

zu beachten, dass dies nur dann gilt, wenn der beizulegende Zeitwert tatsächlich für die Jahresabschlussadressaten leicht verifizierbar ist, d. h., üblicherweise auf einem aktiven Markt mit notierten Preisen beobachtbar ist. Dies ist für die überwiegende Anzahl von Insurance Derivatives in dem gegenwärtigen Marktumfeld jedoch gerade nicht der Fall, so dass sich die Frage stellt, wie verlässlich der beizulegende Zeitwert überhaupt durch Bewertungsmodelle ermittelbar ist und ob er überhaupt geeignet ist, den Jahresabschlussadressaten einen entscheidungsnützlichen Prognose- oder Bestätigungswert zu liefern.[747] Vor diesem Hintergrund könnte die Anwendung der Intrinsic Value Method einen Anknüpfungspunkt zur Schätzung des beizulegenden Zeitwerts liefern, da sie verlangt, Erwartungen über die Zukunft zu quantifizieren, und die tatsächlich realisierten Ergebnisse den erwarteten Ergebnissen gegenüberstellt und so den Abschlussadressaten Informationen darüber liefert, inwiefern sich die Zahlungsströme aus dem Derivat mit den Erwartungen decken. Gleichzeitig wird jedoch die Anwendung komplexer, intransparenter und konzeptionell ohnehin meist ungeeigneter Bewertungsverfahren vermieden. Zu beachten ist, dass das Problem der Ermittlung des beizulegenden Zeitwerts nicht nur unter IFRS, sondern auch unter HGB besteht, da in dem Fall, dass der beizulegende Zeitwert unter den Anschaffungskosten liegt, eine Abschreibung vorzunehmen wäre. Allerdings berücksichtigen die handelsrechtlichen Vorschriften explizit die Möglichkeit, dass der beizulegende Zeitwert nicht verlässlich ermittelt werden kann, so dass dieser Umstand im Anhang anzugeben ist (§ 285 Nr. 19 HGB), die Bewertung im Fall von bedingten Termingeschäften selbst jedoch zu Anschaffungskosten vorgenommen wird. Dagegen gehen die IFRS-Vorschriften grundsätzlich davon aus, dass der beizulegende Zeitwert für Finanzinstrumente ermittelbar ist, und lassen eine Bewertung zu Anschaffungskosten für Insurance Derivatives nicht zu. Dabei wird in Kauf genommen, dass die erforderliche Anwendung von Bewertungsmodellen und -methoden Ermessens- und Gestaltungsspielräume eröffnet, die neben einer tatsachengetreuen Darstellung der wirtschaftlichen Verhältnisse letztlich auch die Entscheidungsrelevanz der Informationen beeinflussen kann. Die erforderlichen Anhangangaben für Insurance Derivatives ohne entschädigungsbezogenen Trigger entsprechen denen von Finanzinstrumenten. Um die Entscheidungsrelevanz der Informationen zu fördern, sollten Insurance Derivatives nach IFRS als eine eigene Klasse von Finanzinstrumenten ausgewiesen werden, was jedoch nicht zwingend vorgeschrieben ist, da als Minimalanforderung für die Klassenbildung lediglich zwischen Finanzinstrumenten, die zu fortgeführten Anschaffungskosten und solchen, die zum beizulegenden Zeitwert bewertet werden, zu unterscheiden ist. Bei einem Ausweis als eigene Klasse wäre es den Jahresabschlussadressaten bspw. möglich, den beizulegenden Zeitwert für Insurance Derivatives abzulesen, wobei die aufgeworfene Frage der sinnvollen Ermittlung des beizulegenden Zeitwerts von Insurance Derivatives auch direkt mit der Frage der Entscheidungsrelevanz korrespondiert.

---

747 Zur Kritik an der Entscheidungsnützlichkeit und Relevanz des beizulegenden Zeitwerts vgl. PFAFF / KUKULE (2006), S. 549.

Nach HGB sind die Kategorien von derivativen Finanzinstrumenten hinsichtlich ihrer Art, ihres Umfangs und ihres beizulegenden Zeitwerts zu erläutern, was die Entscheidungsrelevanz fördern kann. Allerdings existieren für die Kategorienbildung keine konkreten Vorgaben, so dass es im Ermessen des bilanzierenden Unternehmens liegt, Insurance Derivatives als eigene Kategorie auszuweisen. Bei Insurance Derivatives mit entschädigungsbezogenem Trigger entsprechen die erforderlichen Anhangangaben denen von Versicherungsverträgen.

7 Bilanzierung von Contingent Capital

7.1 Klassifizierung der Transaktion

Bei Contingent-Capital-Transaktionen stellen Investoren bei Eintritt eines vertraglichen definierten versicherungstechnischen Risikoereignisses temporär Kapital mit eigenkapitalähnlichen Eigenschaften zu Konditionen zur Verfügung, die bereits vor dem Eintritt des Schadenereignisses zwischen den Vertragsparteien vereinbart wurden. Das Ziel der Transaktion besteht darin, die Kapitalbasis und Liquidität des Versicherungsunternehmens im Fall von Verlusten aus dem versicherungstechnischen Risikoereignis aufrechtzuerhalten. Die Kapitalbereitstellung von Seiten der Investoren ist dabei an ein versicherungstechnisch bedingtes Ausübungsrecht des Erst- oder Rückversicherungsunternehmens zur Kapitalaufnahme gebunden, das i. d. R. an einen Doppel-Trigger, die Existenz von finanziellen Verlusten nach Eintritt eines Schadenereignisses und den gleichzeitigen Rückgang des Aktienkurses, gekoppelt ist, und für das das Erst- oder Rückversicherungsunternehmen eine Optionsprämie an die Investoren entrichtet. Die Kriterien für eine Bilanzierung als Rückversicherungsvertrag sind weder nach HGB noch nach IFRS erfüllt, da die Investoren keine Entschädigung für die eingetretenen Verluste des Rechteinhabers leisten und somit kein versicherbares Interesse vorliegt, sondern im Gegenzug für die Kapitalbereitstellung eigene Ansprüche in Form von zurückzuzahlenden Eigenkapitalanteilen (Loss Equity Puts) – üblicherweise in Form von Vorzugsaktien – oder Genussrechtskapital (Contingent Surplus Notes) erwerben.[748] Durch diesen Tausch von Kapital gegen Rechte auf Rückzahlung von Kapital und Zahlung von Zinsen wird der Finanzierungscharakter der Transaktion deutlich. Es wird daher kein versicherungstechnisches Risiko übertragen. Die wirtschaftliche Entlastung erfolgt zudem, ähnlich wie bei einem Coupon at Risk, durch die Zinserträge auf das zu günstigen Konditionen langfristig zur Verfügung stehende Kapital. Die Beurteilung von Contingent-Capital-Transaktionen nach IFRS ändert sich durch ED/2013/7 nicht, da auch hier eine Entschädigung für die eingetretenen Verluste gefordert wird, ohne im Gegenzug den Investoren für die Kapitalbereitstellung Ansprüche zuzuschreiben.

7.2 Bilanzierung von Loss Equity Puts

7.2.1 Vorschriften nach HGB

7.2.1.1 Ansatz und Ausweis

Im Fall von Loss Equity Puts erwirbt das Versicherungsunternehmen das Recht, bei Eintritt eines definierten Ereignisses neue stimmrechtslose Vorzugsaktien zu

748 Vgl. Abschnitt 2.3.4.

einem vorvereinbarten Preis an den Stillhalter bzw. Verkäufer des Optionsrechts zu emittieren.[749] Zugleich ist mit der Emission der Aktien üblicherweise die Verpflichtung des Emittenten verbunden, die Aktien zu einem bestimmten Termin oder innerhalb eines bestimmten Zeitraums in der Zukunft zurückzukaufen,[750] was ein in die Aktienemission eingebettetes unbedingtes Termingeschäft darstellt.[751]

Das Versicherungsunternehmen als Erwerber des Rechts zur versicherungstechnisch bedingten Kapitalaufnahme ist in der Position des Erwerbers einer Verkaufsoption. Das Optionsrecht ist in Höhe der Optionsprämie unter „Andere Vermögensgegenstände" (Formblatt 1, Aktivposten F.III. RechVersV) zu aktivieren und bei Ausübung im Fall des Eintritts des Risikoereignisses bzw. bei Verfall der Option bei Nichteintritt des Trigger-Ereignisses als „Sonstige Aufwendungen" (Formblatt 2, II.5. RechVersV) auszubuchen. Die Ansatz- und Ausweisvorschriften für das Optionsrecht entsprechen damit denen von als bedingte Termingeschäfte ausgestalteten Insurance Derivatives ohne entschädigungsbezogenen Trigger.[752] Im Fall des Eintritts des versicherungstechnischen Risikoereignisses werden die Vorzugsaktien emittiert und dem Zufluss liquider Mittel aus der Emission, der unter „Laufende Guthaben bei Kreditinstituten, Schecks und Kassenbestand" (Formblatt 1, Aktivposten F.II. RechVersV) verbucht wird, steht die Erhöhung des gezeichneten Kapitals (Formblatt 1, Passivposten A.1. RechVersV) gegenüber, wobei der auf die Vorzugsaktien entfallende Betrag in dem Posten gesondert von den Beträgen anderer Aktiengattungen auszuweisen ist (§ 152 Abs. 1 S. 2 AktG). Ein eventuelles Agio ist in Höhe der Differenz zwischen Emissionspreis und Nennwert in der Kapitalrücklage auszuweisen (§ 272 Abs. 2 Nr. 1 HGB).[753] Dabei ist das Agio ungekürzt der Kapitalrücklage zuzuführen, d. h., es darf im Unterschied zu einer Bilanzierung nach IFRS nicht mit den angefallenen Ausgabekosten verrechnet werden.[754] Eine bei der Emission üblicherweise zusätzlich zur Optionsprämie anfallende Underwriting Fee, die von dem Versicherungsunternehmen zu leisten ist,

---

749 Durch die Ausgabe stimmrechtsloser Vorzugsaktien kann das Eigenkapital erhöht werden, ohne dass dadurch die bestehenden Mehrheits- und Stimmrechte verändert werden; vgl. Poll (2012), Rn. 4. Vorzugsaktien dürfen nur bis zur Hälfte des Grundkapitals der Aktiengesellschaft ausgegeben werden (§ 139 Abs. 2 AktG). Obwohl mit dem Begriff „Put" eine Verkaufsoption verbunden wird, handelt es sich hier nicht um das Recht, eigene Aktien zu verkaufen, sondern eigene Aktien zu emittieren; Poll (2012), Rn. 6.

750 Vgl. Liebwein (2009), S. 504-505; Albrecht / Schradin (1998), S. 589-590. Im Folgenden wird angenommen, dass die Emission von rückzahlbaren Vorzugsaktien mit dem Aktiengesetz vereinbar ist.

751 Eine solche Transaktion ähnelt einem echten Pensionsgeschäft, bei dem der Pensionsgeber einen Vermögensgegenstand für begrenzte Zeit gegen Entgelt auf den Pensionsnehmer überträgt; vgl. Hennrichs (2013), Rn. 186.

752 Vgl. Abschnitt 6.2.1.1.1.

753 Dieses Agio unterliegt den Verwendungsbeschränkungen des § 150 AktG.

754 Vgl. Küting / Kessler / Reuter (2012), Rn. 68.

wenn es zur tatsächlichen Kapitalbereitstellung durch die Investoren bei Eintritt des Trigger-Ereignisses kommt, ist unter den „Sonstigen Aufwendungen“ (Formblatt 2, II.5. RechVersV) auszuweisen.

Aus aktienrechtlicher Sicht betrachtet, handelt es sich bei der Ausübung der Option zur Emission von Vorzugsaktien um eine Kapitalerhöhung, die jedoch erst mit der Eintragung der Durchführung der Erhöhung des Grundkapitals in das Handelsregister wirksam wird (§ 189 AktG). Die stimmrechtslosen Vorzugsaktien i. S. d. §§ 139-141 AktG stellen im handelsrechtlichen Sinne Eigenkapital dar, da die Gesellschaft über das uneingeschränkte Recht verfügt, die Zahlung der Vorzugsdividende für eine unbegrenzte Zeit zu verweigern und sich einer Auszahlungsverpflichtung zu entziehen. Dies liegt darin begründet, dass mit den Vorzugsaktien kein individueller Rechtsanspruch der Kapitalgeber auf Zahlung der Vorzugsdividende besteht, da der Auszahlungsanspruch von dem jährlich neu zu fassenden Gewinnverwendungsbeschluss der Hauptversammlung abhängt.[755]

Im Fall der geplanten Emission von Vorzugaktien zur Absicherung gegen Schadenereignisse kann für eine zügige Abwicklung der Kapitalerhöhung bei Eintritt des Schadenereignisses eine Ausgestaltung als genehmigte Kapitalerhöhung i. S. d. §§ 202-206 AktG sinnvoll sein. In diesem Fall wird der Vorstand einer Aktiengesellschaft durch die Satzung bzw. Satzungsänderung ermächtigt, innerhalb eines Zeitraums von maximal fünf Jahren das gezeichnete Kapital bis zu einem bestimmten Nennbetrag durch die Ausgabe neuer Aktien gegen Bar- oder Sacheinlagen zu erhöhen (§ 202 Abs. 1 u. 2 AktG, § 205 AktG).[756] Dadurch erhält der Vorstand die Möglichkeit, das Grundkapital nach Maßgabe des tatsächlichen Kapitalbedarfs und aufgrund aktueller Kapitalmarktsituationen zu erhöhen.[757] Solange weder die Einlage geleistet noch die Durchführung der Kapitalerhöhung in das Handelsregister eingetragen wurde, liegt ein schwebendes Geschäft vor, das nicht bilanziert wird. Liegt in diesem Zeitraum ein Bilanzstichtag, ist über die schwebende Kapitalerhöhung lediglich im Anhang zu berichten (§ 160 Abs. 1 Nr. 4 AktG).[758] Bereits von den Kapitalgebern geleistete Einlagen sind bis zur Eintragung der Durchführung der Kapitalerhöhung in das Handelsregister erhaltene Anzahlungen und damit Schulden der Gesellschaft und noch kein Eigenkapital.[759] Jedoch erscheint in diesem Fall wegen der Eigenkapitalnähe ein Posten nach dem Eigenkapital mit der Bezeichnung „Zur Durchführung der beschlossenen Kapitalerhöhung geleistete Einlagen“

---

755 Vgl. Mentz (2012), Rn. 114-115.

756 Vgl. Förschle / Hoffmann (2012), Rn. 70; Küting / Kessler / Reuter (2012), Rn. 14. Der Nennbetrag des genehmigten Kapitals darf die Hälfte des Grundkapitals, das im Zeitpunkt der Ermächtigung vorhanden ist, nicht übersteigen (§ 202 Abs. 3 AktG). Für die Satzungsänderung ist ein Beschluss der Hauptversammlung mit mindestens Dreiviertelmehrheit des bei der Beschlussfassung vertretenen Grundkapitals gefordert.

757 Vgl. Förschle / Hoffmann (2012), Rn. 70.

758 Vgl. Förschle / Hoffmann (2012), Rn. 51.

759 Vgl. Küting / Kessler / Reuter (2012), Rn. 12.

sachgerecht.[760] Bei planmäßigem Verlauf der Kapitalerhöhung erfolgt eine Umbuchung des Nennbetrags aus der Aktienemission in den Posten „gezeichnetes Kapital“[761] (Formblatt 1, Passivposten A.1. RechVersV) und eines eventuellen Agios in die Kapitalrücklage (Formblatt 1, Passivposten A.II. RechVersV). Sofern die eingeforderte Einlage der Investoren noch nicht vollständig eingezahlt wurde, hat der Posten einen Forderungscharakter und ist unter „Eingefordertes, noch nicht eingezahltes Kapital“ (Formblatt 1, Aktivposten E.III. RechVersV) auszuweisen.[762]

Das in die Vorzugsaktien eingebettete unbedingte Termingeschäft zum Rückkauf der Aktien zu festgelegten Konditionen stellt ein in ein Eigenkapitalinstrument eingebettetes derivatives Finanzinstrument dar. Nach den handelsrechtlichen Vorschriften besteht dabei keine Pflicht zur Prüfung einer getrennten Bilanzierung der derivativen und der nicht derivativen Komponente, da eine Trennungspflicht nur für strukturierte Finanzinstrumente gilt, bei denen die nicht derivative Komponente einen Vermögensgegenstand mit Forderungscharakter bzw. eine entsprechende Verbindlichkeit darstellt.[763] Bei dem unbedingten Termingeschäft handelt es sich zudem um ein schwebendes Geschäft, das – sofern keine Vorleistungen wie Upfront Payments vorliegen – nicht bilanziert wird. Nur wenn aus dem schwebenden Geschäft mit einem Verpflichtungsüberschuss zu rechnen ist, ist dieser Umstand in Form einer Rückstellung für drohende Verluste aus schwebenden Geschäften zu berücksichtigen (§ 249 Abs. 1 S. 1 HGB). Werden die eigenen Anteile zurückerworben, ist der Nennbetrag bzw. der rechnerische Wert der erworbenen Vorzugsaktien als Korrekturposten in einer Vorspalte offen vom gezeichneten Kapital abzusetzen (§ 272 Abs. 1a S. 1 HGB).[764] Der Differenzbetrag zwischen den Anschaffungskosten der zurückerworbenen Anteile und deren Nennbetrag ist mit den frei verfügbaren Rücklagen zu verrechnen (§ 272 Abs. 1a S. 2 HGB),[765] wobei

---

760 Vgl. FÖRSCHLE / HOFFMANN (2012), Rn. 51; KÜTING / KESSLER / REUTER (2012), Rn. 12. Der Betrag enthält auch ein eventuelles Agio, das erst nach der Eintragung in der Kapitalrücklage ausgewiesen werden darf.

761 Vgl. FÖRSCHLE / HOFFMANN (2012), Rn. 10. Es handelt sich dabei nicht um die Veräußerung eigener Anteile gemäß § 272 Abs. 1b HGB, da sich diese Regelung nur auf die Wiederveräußerung erworbener eigener Anteile bezieht, nicht jedoch auf eine Emission; vgl. FÖRSCHLE / HOFFMANN, (2012), Rn. 141; KÜTING / KESSLER / REUTER (2012), Rn. 52.

762 Vgl. FÖRSCHLE / HOFFMANN (2012), Rn. 36; LEMMEN (2010), Rn. 2. Ausstehende Einlagen auf Agiobeträge können nicht entstehen, da § 36a AktG stets die Einzahlung des vollen Agios fordert; vgl. FÖRSCHLE / HOFFMANN (2012), Rn. 30.

763 Vgl. IDW RS HFA 22, Rn. 2; SCHABER / REHM / MÄRKL (2008), S. 6; LORENZ / WIECHENS (2008), S. 506.

764 Vgl. KÜTING / KESSLER / REUTER (2012), Rn. 51; vgl. FÖRSCHLE / HOFFMANN (2012), Rn. 1.

765 Die frei verfügbaren Rücklagen umfassen alle Beträge von Kapitalrücklage und Gewinnrücklage, die nicht nach gesetzlichen oder satzungsmäßigen Vorschriften (zweck-)gebunden bzw. für eine entsprechende Ausschüttung gesperrt sind, vgl. KÜTING / KESSLER / REUTER (2012), Rn. 51.

Anschaffungsnebenkosten unmittelbar aufwandswirksam als „Sonstige Aufwendungen" (Formblatt 2, II.5. RechVersV) zu berücksichtigen sind (§ 272 Abs. 1a S. 3 HGB).[766] In Höhe des aufgrund eigener Anteile offen vom gezeichneten Kapital abgesetzten Betrags ist eine nicht frei verfügbare „Rücklage für eigene Anteile" zu bilden. Dies ergibt sich aus der aktiengesetzlichen Vorschrift, dass der Erwerb eigener Anteile nur dann zulässig ist, wenn im Erwerbszeitpunkt freie Rücklagen i. H. d. Gesamtkaufpreises der eigenen Anteile vorliegen (§ 71 Abs. 2 S. 2 AktG), so dass das Grundkapital oder eine satzungsmäßige Rücklage durch den Erwerb nicht gemindert wird.[767]

7.2.1.2 Bewertung

Die Bewertung des Optionsrechts zur Emission der stimmrechtslosen Vorzugsaktien entspricht den in Abschnitt 6.2.1.2 dargestellten Regelungen für Insurance Derivatives ohne entschädigungsbezogenen Trigger. Die emittierten Vorzugsaktien sind stets in Höhe des Emissionserlöses im Eigenkapital zu erfassen, wobei Änderungen des beizulegenden Zeitwerts in den Folgeperioden nicht berücksichtigt werden.[768] Die in das Eigenkapitalinstrument „Vorzugsaktie" eingebettete Vereinbarung zum Rückkauf der Vorzugsaktien stellt ein unbedingtes Termingeschäft und damit ein schwebendes Geschäft dar, für das im Fall eines erwarteten Verpflichtungsüberschusses eine Rückstellung für drohende Verluste aus schwebenden Geschäften zu bilden ist, die mit dem nach kaufmännischer Beurteilung notwendigen Erfüllungsbetrag zu bewerten ist (§ 253 Abs. 1 S. 2 HGB). Im Fall des Rückkaufs der eigenen Anteile erfolgt die Bewertung spiegelbildlich zur Emission, d. h., die Anschaffungskosten der rückerworbenen Anteile werden im Eigenkapital erfasst, wobei der Wertansatz in den Folgeperioden unverändert bleibt.

---

766 Vgl. Förschle / Hoffmann (2012), Rn. 131-132. Ist der Kaufpreis niedriger als der Nennbetrag, erhöhen sich die frei verfügbaren Rücklagen, ist der Kaufpreis höher als der Nennbetrag, vermindern sie sich. Im ersten Fall erhöht der Differenzbetrag die Gewinnrücklage und würde somit für Ausschüttungszwecke zur Verfügung stehen. Um jedoch eine Minderung des Kapitalschutzes durch die Transaktion, die eine Kapitalherabsetzung darstellt, zu vermeiden, ist der eingezogene Nennbetrag in eine (nicht frei verfügbare) „Rücklage wegen eigener Anteile" einzustellen (§ 237 Abs. 5 AktG i. V. m. § 71 Abs. 2 S. 2 AktG), welche nur unter Verwendung frei verfügbarer Rücklagen oder des Bilanzgewinns gebildet werden darf und nur aufgelöst werden darf, soweit der Vorspaltenabzug vom gezeichneten Kapital wegen eigener Anteile entfällt; vgl. Förschle / Hoffmann (2012), Rn. 134-135.

767 Vgl. Förschle / Hoffmann (2012), Rn. 134.

768 Vgl. Mentz (2012), Rn. 115. Der Nennbetrag ist jedoch als gezeichnetes Kapital auszuweisen, während ein Agio in der Kapitalrücklage ausgewiesen wird.

7.2.1.3 Angaben

Die im Rahmen des Einsatzes von Loss Equity Puts zu beachtenden Angabeerfordernisse umfassen die Erläuterungen zu einzelnen Posten der Bilanz und der Gewinn- und Verlustrechnung (§ 284 Abs. 1 HGB) sowie zu den angewandten Bilanzierungs- und Bewertungsmethoden (§ 284 Abs. 2 S. 1 HGB). Für das Optionsrecht zur Emission der Vorzugsaktien gelten die in Abschnitt 6.2.1.3.1 erläuterten Angabepflichten von als derivative Finanzinstrumente eingestuften Insurance Derivatives ohne entschädigungsbezogenen Trigger analog. Zudem ist über die Rückkaufsvereinbarung aufgrund ihrer Eigenschaft als schwebendes Geschäft im Rahmen der Berichterstattung von Art und Zweck sowie Risiken und Vorteilen von nicht in der Bilanz enthaltenen Geschäften zu berichten, soweit dies für die Beurteilung der Finanzlage notwendig ist (§ 285 Nr. 3 HGB).[769] Dies gilt ebenso für die Angabepflichten im Rahmen der Darstellung des Gesamtbetrags der nicht in der Bilanz enthaltenen finanziellen Verpflichtungen (§ 285 Nr. 3a HGB).[770] Weitere Angabepflichten ergeben sich aus den aktienrechtlichen Vorschriften. So ist im Fall des Rückerwerbs der eigenen Aktien auch über den Bestand an eigenen Aktien im Anhang zu berichten (§ 160 Abs. 1 Nr. 2-3 AktG). Dies beinhaltet Informationen zu der Anzahl der Aktien, Informationen zu dem auf sie entfallenden Betrag des Grundkapitals, zu dem Anteil am Grundkapital in Prozent, zum Zeitpunkt des Erwerbs, zu den Gründen für den Erwerb sowie zu Zahl und Nennbetrag der Aktien je Gattung.[771] Liegt ein Beschluss der Hauptversammlung über das genehmigte Kapital vor, so ist über das am Abschlussstichtag genehmigte Kapital zu berichten (§ 160 Abs. 1 Nr. 4 AktG), was Angaben zu Nennbetrag, Inhalt und Datum des Ermächtigungsbeschlusses der Hauptversammlung sowie den Bedingungen der Aktienausgabe einschließt.[772]

Zusätzlich ist entweder in der Bilanz oder im Anhang über die Veränderungen der Kapital- und der Gewinnrücklage – u. a. im Rahmen der Darstellung der Verwendung des Jahresüberschusses/Jahresfehlbetrags (§ 158 Abs. 1 AktG) – zu berichten, wobei Einstellungen, Entnahmen und sonstige Veränderungen gesondert anzugeben sind (§ 152 Abs. 2 AktG, § 152 Abs. 3 AktG).[773] Sofern eventuelle Wert-

---

769 Vgl. Poelzig (2013), Rn. 32-46. Das Ziel der Angabe besteht darin, den Abschlussadressaten eine Beurteilung über den Einfluss von nicht in der Bilanz oder der Gewinn- und Verlustrechnung enthaltenen Geschäften auf die wirtschaftliche Lage des Unternehmens zu ermöglichen; vgl. Oser / Holzwarth (2012), Rn. 135. Dazu zählen auch schwebende Geschäfte, die dauerhaft keinen Eingang in die Bilanz finden; vgl. Ellrott (2012b), Rn. 30.

770 Vgl. Poelzig (2013), Rn. 53-56.

771 Vgl. Ellrott (2012a), Rn. 42, Rn. 74.

772 Vgl. Ellrott (2012a), Rn. 42.

773 Für die Kapitalrücklage sind nach dem Wortlaut des Aktiengesetzes Einstellungen und Entnahmen jeweils in einem Betrag anzugeben und nicht nach ihren Gründen aufzugliedern. Gesonderte Angabepflichten zu den Posten der

aufholungen bzgl. des Optionsrechts in eine Wertaufholungsrücklage innerhalb der Gewinnrücklage des Eigenkapitals eingestellt werden, ist der Teilbetrag, der die Wertaufholungen repräsentiert, gesondert darzustellen (§ 58 Abs. 2a S. 2 AktG). Weiterhin ist im Rahmen der Lageberichterstattung auch auf die Zusammensetzung des gezeichneten Kapitals und für jede Aktiengattung auf die damit verbundenen Rechte und Pflichten und der Anteil am Gesellschaftskapital anzugeben, soweit die Angaben nicht im Anhang gemacht werden (§ 289 Abs. 4 Nr. 1 HGB).

7.2.1.4 Buchungsbeispiel

Ein Versicherungsunternehmen hat in der Ausgangssituation Eigenkapital i. H. v. 50.000 GE, dem Guthaben bei Banken in gleicher Höhe gegenüberstehen. In t_0 (Beginn des ersten Geschäftsjahres) erwirbt das Unternehmen für 1.000 GE das Optionsrecht, bei Eintritt eines definierten Schadenereignisses eine bestimmte Anzahl an Vorzugsaktien zu emittieren (a). Die Transaktionskosten betragen 30 GE (b).

Bilanz (t_0)			
Aktiva			Passiva
Guthaben bei Banken	50.000 (a) -1.000 (b) -30	Eigenkapital	50.000
		Jahresüberschuss/-fehlbetrag	-30
Andere Vermögensgegenstände (Optionsrecht)	(a) 1.000		
Bilanzsumme	49.970	Bilanzsumme	49.970

GuV (t_0)			
Soll			Haben
Sonstige Aufwendungen	(b) 30	Jahresüberschuss/-fehlbetrag	30
	–		–

In t_1 (Ende des ersten Geschäftsjahres) tritt das Trigger-Ereignis ein. Das Optionsrecht wird ausgeübt und ist somit auszubuchen (c). Die stimmrechtslosen Vorzugsaktien werden emittiert, wobei das gezeichnete Kapital 10.000 GE beträgt und zusätzlich ein Agio von 500 GE vereinnahmt wird, das in die Kapitalrücklage einzustellen ist (d).

Kapital- und der Gewinnrücklage existieren im Fall eines Aktienrückkaufs zur Kapitalherabsetzung (§ 240 AktG).

Bilanz (t_1)			
Aktiva			Passiva
Guthaben bei Banken	48.970 (d) +10.500	Eigenkapital	49.970
		Gezeichnetes Kapital	(d) 10.000
		Kapitalrücklage	(d) 500
		Jahresüberschuss/ -fehlbetrag	-1.000
Andere Vermögensgegenstände (Optionsrecht)	1.000 (c) -1.000		
Bilanzsumme	59.470	Bilanzsumme	59.470

GuV (t_1)			
Soll			Haben
Sonstige Aufwendungen	(c) 1.000	Jahresüberschuss/ -fehlbetrag	1.000
	–		–

Im Zeitpunkt t_2 (Ende des zweiten Geschäftsjahres) wird eine Dividende i. H. v. 200 GE gezahlt (e).

Bilanz (t_2)			
Aktiva			Passiva
Guthaben bei Banken	59.470 (e) -200	Eigenkapital	59.470
		Gewinnrücklage	(e) -200
Bilanzsumme	59.270	Bilanzsumme	59.270

GuV (t_2)			
Soll			Haben
	–		–

Im Zeitpunkt t_3 (Ende des dritten Geschäftsjahres) werden die Aktien von dem Versicherungsunternehmen wieder zurückerworben. Der Rückkaufpreis beinhaltet das in t_0 gebildete Agio, das mit den frei verfügbaren Rücklagen zu verrechnen ist (f).[774] Der Nennbetrag wird gegen die Gewinnrücklage (frei verfügbare Rücklage) in eine (nicht frei verfügbare) Rücklage für eigene Anteile eingestellt (g).

Bilanz (t_3)			
Aktiva			Passiva
Guthaben bei Banken	59.270	Eigenkapital	59.270
	(f) -10.500	gezeichnetes Kapital (Nennbetrag eigener Anteile)	(f) -10.000
		Rücklage wegen eigener Anteile	(g) 10.000
		Gewinnrücklage	(f) -500
			(g) -10.000
Bilanzsumme	48.770	Bilanzsumme	48.770

GuV (t_3)	
Soll	Haben
–	–

7.2.2 Vorschriften nach IFRS

7.2.2.1 Ansatz und Ausweis

Ansatz und Ausweis des Optionsrechts zur Emission stimmrechtsloser Vorzugsaktien entspricht der in Abschnitt 6.2.2.1.1 dargestellten Vorgehensweise für als bedingte Termingeschäfte ausgestaltete Insurance Derivatives ohne entschädigungsbezogenen Trigger. Bei Eintritt des Schadenereignisses wird das Optionsrecht ausgeübt und die mit einer Rückkaufsverpflichtung ausgestatteten Vorzugsaktien

774 In dem Beispiel wurde die Gewinnrücklage als frei verfügbare Rücklage gewählt. Es wird angenommen, dass der Betrag in der Gewinnrücklage für die Bildung einer Rücklage für eigene Anteile ausreichend ist.

(Forward to purchase own Shares) werden emittiert. Eine Bilanzierung als Eigenkapitalinstrument mit entsprechendem Ausweis kommt nur in Betracht, wenn das Finanzinstrument (a) keine vertragliche Verpflichtung enthält, einem anderen Unternehmen flüssige Mittel oder finanzielle Vermögenswerte zu liefern oder finanzielle Vermögenswerte oder Verpflichtungen zu potenziell nachteiligen Bedingungen für den Emittenten auszutauschen, und (b) als nicht derivatives Finanzinstrument keine vertragliche Verpflichtung des Emittenten beinhaltet, eine variable Anzahl an eigenen Eigenkapitalinstrumenten zu liefern, oder als derivatives Finanzinstrument vom Emittenten nur durch den Austausch eines festen Betrags an flüssigen Mitteln oder anderen finanziellen Vermögenswerten gegen eine feste Anzahl eigener Eigenkapitalinstrumente erfüllt wird (IAS 32.16).[775] Verträge, die das emittierende Unternehmen dazu verpflichten, eigene Anteile zurückzukaufen, sind derivative Finanzinstrumente.[776] Da die stimmrechtslosen Vorzugsaktien mit einer Rückkaufsverpflichtung seitens des Emittenten ausgestattet sind, sind die Voraussetzungen für eine Bilanzierung als Eigenkapitalinstrument nicht erfüllt.[777] Wird bei der Emission der Vorzugsaktie vereinbart, dass der Emittent die Vorzugsaktie gegen Leistung eines fest vereinbarten oder bestimmbaren Betrags zu einem fest vereinbarten oder bestimmbaren zukünftigen Datum zurückzahlt (Forward to purchase own Shares), so enthält die Vorzugsaktie eine finanzielle Verbindlichkeit (IAS 32.A25). Sind zudem die auf die Vorzugsaktie entfallenden Dividenden vollkommen im Ermessen des Emittenten, stellt lediglich die Verpflichtung zur Kapitalrückzahlung eine finanzielle Verbindlichkeit dar.[778] Demnach wäre die Vorzugsaktie in Höhe des Gegenwartswerts des vereinbarten Rückzahlungsbetrags als finanzielle Verbindlichkeit nach IAS 39/IFRS 9 und die übrigen Zahlungsströme, wie Dividenden, als Eigenkapital anzusetzen und auszuweisen (IAS 32.A37, IAS 32.36, IAS 32.A25, IAS 32.18 i. V. m. IAS 32.23).[779] Bei Vorliegen einer solchen synthetischen Verbindlichkeit ist der Barwert des Rückzahlungsbetrags erfolgsneutral vom Eigenkapital (aus den frei verfügbaren Rücklagen) in das Fremdkapital umzubuchen (IAS 32.23, IAS 32.26, IAS 32.IE5F, IAS 32.IE30F).[780] Die Aufwendungen, die sich aus

775 Vgl. Mentz (2012), Rn. 62.

776 Vgl. Schulze Osthoff / Schulz-Danso (2013), Rn. 41-44.

777 Vgl. Clemens (2013), Rn. 9; Schmidt (2008), S. 242. Werden dem Rückkaufbetrag jedoch noch nicht gezahlte Dividenden hinzugefügt, stellt das gesamte Instrument eine Verbindlichkeit dar und Dividenden sind als Zinsaufwendungen einzustufen; vgl. IAS 32.A37. Eine Bilanzierung als Eigenkapitalinstrument erfolgt jedoch, wenn der Emittent bspw. ein Wahlrecht zur Rückzahlung der Vorzugsaktie hat.

778 Vgl. Mentz (2012), Rn. 118-119.

779 Vgl. Clemens (2013), Rn. 9; Mentz (2012), Rn. 118-119, Rn. 278-279; Förschle / Kroner (2012b), Rn. 458-459. Werden dem Rückkaufbetrag jedoch noch nicht gezahlte Dividenden hinzugefügt, stellt das gesamte Instrument eine Verbindlichkeit dar, und alle Dividenden sind als Zinsaufwendungen einzustufen; vgl. IAS 32.A37.

780 Vgl. Mentz (2012), Rn. 262. Es handelt sich dabei um eine synthetische Verbindlichkeit, da der Ausweis der finanziellen Verbindlichkeit durch die Annahme

der Amortisierung der finanziellen Verbindlichkeit vom Barwert zum Rückzahlungsbetrag ergeben, könnten als Zinsaufwendungen unter „Sonstige nicht versicherungstechnische Aufwendungen“ erfasst werden. Die bei der Emission der Vorzugaktien anfallenden und der Eigenkapitaltransaktion direkt zurechenbaren Transaktionskosten sind als Abzug vom Eigenkapital zu bilanzieren und somit im Gegensatz zu der handelsrechtlichen Vorschrift nicht als Aufwand zu erfassen.[781] Werden die Vorzugsaktien vom Unternehmen zurückerworben, so handelt es sich – anders als nach den handelsrechtlichen Vorschriften – in bilanzieller Hinsicht nicht um den Rückerwerb eigener Anteile, sondern um die Rückzahlung einer finanziellen Verbindlichkeit, die mit der Zahlung des vereinbarten Geldbetrags erlischt.[782]

7.2.2.2 Bewertung

Für die Bewertung des Optionsrechts zur Emission der Vorzugsaktien nach IFRS gelten die Ausführungen in Abschnitt 6.2.2.2.1 zur Bewertung von als bedingte Termingeschäfte ausgestalteten Insurance Derivatives ohne entschädigungsbezogenen Trigger analog, was eine Bilanzierung als derivatives Finanzinstrument i. S. d. IAS 39 bzw. IFRS 9 impliziert. Die mit der Rückzahlungsverpflichtung ausgestatteten Vorzugsaktien werden nach der Emission als finanzielle Verbindlichkeit ebenfalls nach IAS 39 bzw. IFRS 9 behandelt. Bei der Erstbewertung sind sie zum beizulegenden Zeitwert, d. h. mit dem Barwert des Rückzahlungsbetrags, zu bewerten. Die Folgebewertung erfolgt zu fortgeführten Anschaffungskosten unter Anwendung der Effektivzinsmethode.[783]

7.2.2.3 Angaben

Im Hinblick auf das Optionsrecht zur Emission der Vorzugsaktien gelten aufgrund dessen Natur als derivatives Finanzinstrument die Angabepflichten in Abschnitt 6.2.2.3.1 für als bedingte Termingeschäfte ausgestaltete Insurance Derivatives ohne entschädigungsbezogenen Trigger analog. Die Angabepflichten für die finanzielle Verbindlichkeit zum Rückerwerb eigener Anteile entsprechen denen von als Coupon at Risk ausgestalteten Verbriefungstransaktionen, so dass auf die Ausführungen in Abschnitt 5.4.2.3.2 und Abschnitt 5.3.2.3.2 verwiesen wird. Obwohl die Emission von Vorzugsaktien mit Rückkaufsverpflichtung als finanzielle Verbindlichkeit bilanziert wird, sind beim Einsatz von Loss Equity Puts dennoch die

---

erfolgt, dass das Derivat (Forward to purchase own Shares) bereits ausgeübt bzw. erfüllt worden ist; vgl. SCHULZE OSTHOFF / SCHULZ-DANSO (2013), Rn. 41-44; MENTZ (2012), Rn. 257.

781 Vgl. MENTZ (2012), Rn. 282.

782 Vgl CLEMENS (2013), Rn. 80-84; zur Bilanzierung eigener Anteile nach IFRS vgl. SCHMIDT / REINHOLDT (2009), S. 53-54.

783 Vgl. MENTZ (2012), Rn. 257.

folgenden Angaben im Zusammenhang mit der Aktienemission gefordert, welche sich größtenteils mit denen des Aktiengesetzes decken (IAS 1.79, IAS 1.134-137):[784]

- die Anzahl der genehmigten Anteile,
- die Anzahl der ausgegebenen und voll eingezahlten sowie nicht voll eingezahlten Anteile,
- der Nennwert der Anteile bzw. die Aussagen, dass die Anteile keinen Nennwert haben,
- eine Überleitungsrechnung der Zahl der im Umlauf befindlichen Anteile vom Beginn bis zum Ende der Berichtsperiode,
- die Rechte, Vorzugrechte und Beschränkungen für die jeweilige Kategorie von Anteilen einschließlich Beschränkungen bei der Ausschüttung von Dividenden und der Rückzahlung des Kapitals,
- Dividendenzahlungen des Unternehmens, die nach dem Bilanzstichtag, jedoch vor Freigabe des Abschlusses zur Veröffentlichung vorgeschlagen oder angekündigt wurden, sowie der Betrag der aufgelaufenen noch nicht bilanzierten Vorzugsdividenden,
- Angaben zu Zielen, Prozesse und Verfahren des (Eigen-)Kapitalmanagements.

Zudem ist der Betrag der Transaktionskosten, der bei der Emission der Vorzugsaktien in der Periode als Abzug vom Eigenkapital gebucht wurde, gesondert anzugeben (IAS 1.109).[785]

7.2.2.4 Buchungsbeispiel

Das folgende Buchungsbeispiel basiert auf dem Buchungsbeispiel für Los Equity Puts nach HGB in Abschnitt 7.2.1.4. Die Buchungen nach IFRS in t_0 (Beginn des ersten Geschäftsjahres) unterscheiden sich von denen nach HGB im Ausweis des Optionsrechts als Kapitalanlage (a) und der Transaktionskosten als Teil des Kapitalanlageergebnisses (b).

784 Vgl. Zülch / Fischer (2012), Rn. 106, Rn. 165.
785 Vgl. Mentz (2012), Rn. 282-283.

Bilanz (t_0)			
Aktiva			Passiva
Guthaben bei Banken	50.000	Eigenkapital	50.000
	(a) -1.000	Jahresüberschuss/-fehlbetrag	-30
	(b) -30		
Kapitalanlagen – Handelsbestand	(a) 1.000		
Bilanzsumme	49.970	Bilanzsumme	49.970

GuV (t_0)			
Soll			Haben
Sonstige Aufwendungen f. Kapitalanlagen	(b) 30	Jahresüberschuss/-fehlbetrag	30
	–		–

Im Zeitpunkt t_1 (Ende des ersten Geschäftsjahres) wird das Optionsrecht bei Eintritt des Trigger-Ereignisses ausgebucht (c) und der Emissionserlös wie nach HGB verbucht (d). Die erfolgsneutrale Umbuchung des Barwerts der emittierten Anteile in eine finanzielle Verbindlichkeit erfolgt gegen die Gewinnrücklagen (e). Da die Rückzahlung am Ende von t_3, d. h. nach zwei Perioden, fällig ist, beträgt der Barwert der finanziellen Verbindlichkeit, die einen Nominalwert von 10.000 GE aufweist, bei einem angenommenen Diskontierungssitzsatz von 3 % 9.897 GE.

Bilanz (t_1)

Aktiva			Passiva
Guthaben bei Banken	48.970 (d) +10.500	Eigenkapital	49.970
		Gezeichnetes Kapital	(d) 10.000
		Kapitalrücklage	(d) 500
		Gewinnrücklage	(e) -9.897
		Jahresüberschuss/ -fehlbetrag	-1.000
Kapitalanlagen – Handelsbestand	1.000 (c) -1.000	Finanzielle Verbindlichkeiten	(e) 9.897
Bilanzsumme	59.470	Bilanzsumme	59.470

GuV (t_1)

Soll			Haben
Aufwand aus dem Abgang von Kapitalanlagen	(c) 1.000	Jahresüberschuss/ -fehlbetrag	1.000
	–		–

Die Dividendenzahlung in t_2 (Ende des zweiten Geschäftsjahres) ist wie nach HGB erfolgsneutral zu erfassen (f). Der Zinsaufwand aus der Amortisierung der finanziellen Verbindlichkeit i. H. v. 297 GE wird aufwandswirksam erfasst (g).

Bilanz (t_2)

Aktiva			Passiva
Guthaben bei Banken	59.470 (f) -200	Eigenkapital	49.573
		Gewinnrücklage	(f) -200
		Jahresüberschuss/ -fehlbetrag	(g) -297
		Finanzielle Verbindlichkeiten	9.897 (g) +297
Bilanzsumme	59.270	Bilanzsumme	59.270

GuV (t_2)

Soll			Haben
Sonstige nicht versicherungstechnische Aufwendungen	(g) 297	Jahresüberschuss/ -fehlbetrag	297
	–		–

Im Zeitpunkt t_3 werden der Zinsaufwand aus der Amortisation der finanziellen Verbindlichkeit i. H. v. 306 GE verbucht (h) und die Aktien von dem Versicherungsunternehmen zu einem Preis von 10.500 GE wieder zurückerworben (i), was zur Ausbuchung der finanziellen Verbindlichkeit führt.

Bilanz (t_3)			
Aktiva		Passiva	
Guthaben bei Banken	59.270 (i) -10.500	Eigenkapital	49.076
		Jahresüberschuss/-fehlbetrag	-306
		Finanzielle Verbindlichkeiten	10.194 (h) +306 (i) -10.500
Bilanzsumme	48.770	Bilanzsumme	48.770

GuV (t_3)			
Soll		Haben	
Sonstige nicht versicherungstechnische Aufwendungen	(h) 306	Jahresüberschuss/-fehlbetrag	306
	–		–

7.3 Bilanzierung von Contingent Surplus Notes

7.3.1 Vorschriften nach HGB

7.3.1.1 Ansatz und Ausweis

Bei Contingent Surplus Notes handelt es sich um eine bedingte Form der Kapitalaufnahme, bei der das Versicherungsunternehmen das Optionsrecht erwirbt, bei Eintritt eines spezifizierten Ereignisses Genussrechtskapital („Surplus-Kapital“) zu vorher vereinbarten Konditionen aufzunehmen oder finanzielle Verbindlichkeiten wie Schuldverschreibungen in Genussrechtskapital zu wandeln. Für den Begriff „Genussrecht“ existiert keine Legaldefinition. Genussrechte begründen jedoch schuldrechtliche Rechtsverhältnisse zwischen den Beteiligten, die keine gesellschafterähnlichen Herrschafts- oder Verwaltungsrechte, sondern gesellschafterähnliche Vermögensrechte gewähren.[786] Sie beinhalten keine Stimm- oder Kontrollrechte und können ansonsten jedoch aktienähnlich ausgestaltet werden.[787] Genussrechte können unter den Voraussetzungen des § 53c Abs. 3a und 3c VAG für aufsichtsrechtliche Zwecke zu den Eigenmitteln gezählt werden und zur Bedeckung der durch die Solvabilitätsspanne festgelegten aufsichtsrechtlichen Kapitalanforderung dienen.[788] Genussrechte stehen somit hinsichtlich ihrer

786 Vgl. Mentz (2012), Rn. 123.
787 Vgl. Küting / Kessler / Reuter (2012), Rn. 230.
788 Vgl. Abschnitt 3.2.2.

Eigenschaften und Ausstattungsmerkmale zwischen Eigenkapital und Fremdkapital. Zu beachten ist, dass für Versicherungsunternehmen der Posten des Genussrechtskapitals in der Bilanzstruktur vorgegeben ist (Formblatt 1, Passivposten B. RechVersV). Ein Ausweis in diesem Posten ist jedoch nur zulässig, wenn die folgenden Kriterien, die eine nachhaltige Kapitalüberlassung gewährleisten sollen, kumulativ erfüllt sind:[789]

- Nachrangigkeit des Genussrechtskapitals: Ein Rückzahlungsanspruch für die Genussrechtsinhaber besteht im Insolvenz- oder im Liquidationsfall der Gesellschaft erst nach Erfüllung der Ansprüche der nicht nachrangigen Fremdkapitalgeber.
- Volle Verlustbeteiligung und Erfolgsabhängigkeit der Vergütung: Eingetretene Verluste greifen die Eigenkapitalbasis erst an, wenn das Genussrechtskapital durch Verlustverrechnung vollständig aufgezehrt ist. Das Kriterium der Erfolgsabhängigkeit der Vergütung ist erfüllt, wenn durch die Zahlung einer Vergütung für die Kapitalüberlassung die ausschüttungsgeschützten Eigenkapitalbestandteile nicht berührt und somit dem Unternehmen keine Haftungssubstanz entzogen wird. Bei vereinbarten erfolgsunabhängigen Mindestverzinsungen ist eine Qualifikation als Eigenkapital nur dann gegeben, wenn der Haftungssubstanzverlust durch die Ausgleichsverpflichtungen von Dritten kompensiert wird.[790]
- Längerfristigkeit der Kapitalüberlassung: Das Genussrechtskapital muss der Gesellschaft über einen längeren Zeitraum zur Verfügung stehen, während dem weder das Kapital an die Genussrechtsgeber zurückgezahlt werden darf noch von diesen zurückgefordert werden kann. Dies impliziert eine Mindestüberlassungsdauer und einen Mindestzeitraum, für den das Kapital am Bilanzstichtag noch zur Verfügung steht. Ein Rückzahlungsanspruch aufgrund einer Kündigung des Genussrechtsinhabers besteht nur bei Einhaltung der bei der Ausgabe festgelegten Verfahrensschritte.[791] In Anlehnung an § 10 Abs. 5 KWG bzw. § 53c Abs. 3a VAG ist für die Kapitalüberlassung von einer Dauer von mindestens fünf Jahren und von einer Fälligkeit des Rückzahlungsanspruchs in nicht weniger als zwei Jahren auszugehen.[792] Werden diese Fristen unterschritten, ist eine Umbuchung vom Eigenkapital in das Fremdkapital vorgesehen, was jedoch im Fall von Versicherungsunternehmen aufgrund der für sie geltenden Formblattstrenge, die unabhängig vom Eigen- oder Fremdkapitalcharakter einen Ausweis in einem gesonderten Posten „Genussrechtskapital" (Formblatt 1, Passivposten B. RechVersV) verlangt, nicht gilt.

---

789 Vgl. Küting / Kessler / Reuter (2012), Rn. 232-243; Dusemond / Heusinger-Lange / Knop (2012), Rn. 171.

790 Gleiches gilt für den Fall, dass die Inhaber von Genussrechten einen Nachholanspruch haben, wenn die gezahlte Verzinsung den garantierten Mindestbetrag nicht erreicht.

791 Vgl. Küting / Kessler / Reuter (2012), Rn. 234-235.

792 Vgl. Küting / Kessler / Reuter (2012), Rn. 237.

Das Optionsrecht zur Aufnahme „neuen“ Genussrechtskapitals, das die Voraussetzungen für einen Ansatz als Eigenkapital erfüllt, ist wie bei einer Loss-Equity-Put-Transaktion zu bilanzieren, so dass auf die Ausführungen in Abschnitt 7.2.1.1 verwiesen wird. Die Verkaufsoption wird in Höhe der Optionsprämie aktiviert und bei Ausübung des Optionsrechts zur Kapitalaufnahme ausgebucht. Das aufgenommene Genussrechtskapital ist in dem gleichnamigen Bilanzposten auszuweisen (Formblatt 1, Passivposten B. RechVersV). Entsteht bei der Aufnahme von Genussrechtskapital mit Eigenkapitalcharakter ein Agio, ist dieses ebenfalls im Posten „Genussrechtskapital“ (Formblatt 1, Passivposten B. RechVersV) auszuweisen.[793] Im Fall eines Disagios, bei dem der Ausgabebetrag geringer als der Rückzahlungsbetrag ist, ist der Nennbetrag des Genussrechtskapitals zu kürzen, diesem jedoch während der Mindestlaufzeit zu Lasten eines gesondert auszuweisenden Aufwandspostens zuzuschreiben. Es handelt sich um eine nachschüssig zu zahlende Vergütung für die Kapitalüberlassung, so dass das Genussrechtskapital aufwandswirksam in den Folgeperioden bis zur Höhe des Rückzahlungsbetrags aufzustocken ist (HFA 1/1994, S. 420).[794]

Sind die Voraussetzungen für einen Ansatz als Eigenkapital jedoch nicht erfüllt, ist das aufgenommene Genussrechtskapital als finanzielle Verbindlichkeit wie das zwingend zurückzuzahlende Kapital bei einer Coupon-at-Risk-Transaktion zu bilanzieren.[795] Unabhängig von der Einordnung als Eigenkapital oder Fremdkapital sind die aufgrund von Genussrechten zu leistenden Vergütungen als Aufwand im Posten „Sonstige Aufwendungen“ (Formblatt 2, II.5. RechVersV) und nicht erfolgsneutral als Dividenden zu erfassen, da die Vergütungen auf einem schuldrechtlichen und nicht auf einem gesellschaftsrechtlichen Vertrag beruhen.[796]

Ein in eine finanzielle Verbindlichkeit eingebettetes Optionsrecht, das den Optionsinhaber dazu berichtigt, eine bestehende finanzielle Verbindlichkeit in

---

793 Vgl. Ellrott (2012d), Rn. 191. Alternativ kann ein Davon-Vermerk bei der Kapitalrücklage erfolgen.

794 Vgl. Küting / Kessler / Reuter (2012), Rn. 238-239. Die Reglungen für unterverzinsliche Verbindlichkeiten greifen nicht, da die Zinsvereinbarung zum Zeitpunkt des Vertragsabschlusses marktgerecht war und sich eine eventuelle Unterverzinslichkeit erst im Zeitverlauf, bspw. wenn aufgrund eines Katastrophenereignisses das Zinsniveau steigt, herauskristallisiert; vgl. zur Unterverzinslichkeit Kozikowski / Schubert (2012c), Rn. 63-64; Brösel / Olbrich / Zündorf (2012), Rn. 266.

795 Vgl. Abschnitt 5.3.1.1.2.

796 Vgl. Kozikowski / Schubert (2012a), Rn. 229; Winnefeld (2006a), Rn. 1732. Allerdings wird in der Literatur teilweise auch vorgeschlagen, die Vergütungen als erfolgsneutrale Gewinnverwendung innerhalb des Eigenkapitals zu verbuchen. Werden Veränderungen des Genussrechtskapitals in der nicht versicherungstechnischen Rechnung anstatt im Anhang angegeben, ist die Gewinn- und Verlustrechnung um Posten zu ergänzen, die auch „Entnahmen aus Genussrechtskapital“ und „Wiederauffüllung des Genussrechtskapitals“ vorsehen (Formblatt 2, II.18. u. II.20. RechVersV).

Genussrechtskapital mit Eigenkapitalcharakter zu wandeln, stellt ein strukturiertes Finanzinstrument dar. Eine getrennte Bilanzierung der derivativen und der nicht derivativen Komponente ist geboten, wenn das gesamte strukturierte Finanzinstrument im Vergleich zum Basisvertrag wesentlich erhöhte oder zusätzliche (andersartige) Risiken oder Chancen aufweist.[797] Dies ist bspw. der Fall, wenn das Basisinstrument mit einem Derivat verbunden ist, das neben dem Bonitätsrisiko des Emittenten weiteren Risiken unterliegt.[798] Da dies der Fall ist und keine Rückausnahme greift,[799] ist das Optionsrecht unter „Andere Vermögensgegenstände" (Formblatt 1, Aktivposten F.III. RechVersV) zu aktivieren und die finanzielle Verbindlichkeit unter „Sonstige Verbindlichkeiten" (Formblatt 1, Passivposten I.V. RechVersV) oder „Anleihen" (Formblatt 1, Passivposten I.III. RechVersV) zu passivieren. Die Bilanzierung des Optionsrechts entspricht damit der eines Insurance Derivative ohne entschädigungsbezogenen Trigger und die Bilanzierung der Verbindlichkeit der bei einer Verpflichtung bei einer als Coupon at Risk ausgestalteten Verbriefungstransaktion, so dass auf Abschnitt 6.2.1.1.1 für die Bilanzierung des Optionsrechts und Abschnitt 5.3.1.1.2 für die Bilanzierung der Anleiheverbindlichkeit verwiesen wird. Im Fall der Ausübung des Optionsrechts ist dieses erfolgswirksam unter „Sonstige Aufwendungen" auszubuchen (Formblatt 2, II.5. RechVersV) und die finanzielle Verbindlichkeit in den Posten Genussrechtskapital (Formblatt 1, Passivposten B. RechVersV) umzubuchen.

7.3.1.2 Bewertung

Das Optionsrecht zur Aufnahme von Genussrechtskapital bzw. zur Wandlung einer finanziellen Verbindlichkeit in Genussrechtskapital wird analog den Bewertungsvorschriften für Kaufoptionen bei als bedingten Termingeschäften ohne entschädigungsbezogenen Trigger ausgestalteten Insurance Derivatives bewertet, so dass auf die Ausführungen in Abschnitt 6.2.1.2.1 für die Bilanzierung des Optionsrechts und in Abschnitt 5.3.1.2.2 für die Bilanzierung der Anleiheverbindlichkeit verwiesen wird. Im Fall der Ausübung der Option und der Aufnahme von Genussrechtskapital mit Eigenkapitalcharakter wird dieses zum Nennbetrag passiviert. Ein eventuelles Agio oder Disagio ist gesondert zu bilanzieren und zu bewerten. Hat das aufgenommene Genussrechtskapital Fremdkapitalcharakter, ist es als finanzielle Verbindlichkeit mit dem Erfüllungs- bzw. Rückzahlungsbetrag zu bewerten. Im Fall einer Ausgestaltung, bei der der Ausgabebetrag unter dem Erfüllungsbetrag liegt, ist die Verbindlichkeit zu jedem Abschlussstichtag jedoch nur mit dem Ausgabebetrag zuzüglich aufgelaufener Zinsen zu passivieren, da der jeweilige periodische Abzinsungsbetrag eine aufgrund des Realisationsprinzips nicht bilanzierungsfähige Verpflichtung aus dem schwebenden Kreditgeschäft

797 Vgl. IDW RS HFA 22, Rn. 10.
798 Vgl. IDW RS HFA 22, Rn. 16.
799 Vgl. Abschnitt 5.3.1.1.2.

darstellt.[800] Bei der Ausübung einer Option zur Wandlung einer finanziellen Verbindlichkeit in Genussrechtskapital mit Eigenkapitalcharakter wird das Genussrechtskapital mit dem Buchwert der finanziellen Verbindlichkeit im Zeitpunkt der Umbuchung bewertet.[801]

7.3.1.3 Angaben

Für Contingent Surplus Notes gelten die Angabepflichten für Optionsrechte und finanzielle Verbindlichkeiten analog, so dass auf die Ausführungen in Abschnitt 5.3.1.3.2 und in Abschnitt 6.2.1.3.1 verwiesen wird. Für Genussrechtskapital mit Eigenkapitalcharakter sind die Art und Zahl sowie der Nennbetrag der einzelnen Rechte anzugeben, die am Abschlussstichtag bestehen. Ebenso ist über die Entstehung, den Inhalt und den Zweck der damit verbundenen Rechte, eventuellen Änderungen in den Bedingungen sowie im Geschäftsjahr neu entstandene Rechte zu berichten (§ 160 Abs. 1 Nr. 6 AktG).[802] Eine erfolgte Kündigung sowie der Zeitpunkt des voraussichtlichen Mittelrückflusses sind im Anhang zu vermerken.[803] Da sich aufgrund eines möglichen Rückforderungsanspruchs des Genussrechtsinhabers die Qualität des überlassenen Kapitals ändern kann, ist im Interesse des Gläubigerschutzes eine Angabe im Anhang erforderlich, für welchen Zeitraum das im Eigenkapital ausgewiesene Genussrechtskapital aus Sicht des jeweiligen Bilanzstichtags die Kriterien für die Einstufung als Eigenkapital erfüllt (HFA 1/1994, S. 420-421). Insbesondere sind die frühestmöglichen Kündigungs- und Auszahlungstermine zu nennen.[804] Genussrechtskapital mit Fremdkapitalcharakter, das eine Restlaufzeit von mehr als fünf Jahren aufweist, ist in die Darstellung des Gesamtbetrags der Verbindlichkeiten mit einer Restlaufzeit von mehr als fünf Jahren einzubeziehen (§ 285 Nr. 1 HGB).[805] Da aufgrund der für Versicherungsunternehmen geltenden Formblattstrenge ein Ausweis in einem gesonderten Bilanzposten zu erfolgen hat, der weder explizit Eigenkapital noch Fremdkapital darstellt, empfiehlt sich unter dem Aspekt einer tatsachengetreuen und entscheidungsnützlichen Berichterstattung eine Erläuterung der Zusammensetzung des Bilanzpostens im Anhang.

---

800 Vgl. Kozikowski / Schubert (2012c), Rn. 53; Winnefeld (2006b), Rn. 871-875.

801 Die Transaktion ähnelt der von Aktienanleihen mit Emittententilgungswahlrecht, bei der der Emittent einer Schuldverschreibung das Wahlrecht besitzt, die Verbindlichkeit in bar oder in Aktien anderer Unternehmen zu tilgen; vgl. Scherrer (1999), S. 1205-1209.

802 Vgl. Ellrott (2012a), Rn. 45.

803 Vgl. Küting / Kessler / Reuter (2012), Rn. 237.

804 Vgl. Küting / Kessler / Reuter (2012), Rn. 233.

805 Vgl. Ellrott (2012b), Rn. 5.

7.3.1.4 *Buchungsbeispiel*

Als Beispiel für die Verbuchung des Genussrechtskapitals nach HGB kann das Buchungsbeispiel von Loss Equity Puts nach HGB in Abschnitt 7.2.1.4 herangezogen werden. Der Unterschied besteht im Ausweis des Genussrechtskapitals in einem gesonderten Bilanzposten zwischen Eigenkapital- und Fremdkapital und in der aufwandswirksamen Erfassung von Dividendenzahlungen.

7.3.2 Vorschriften nach IFRS

7.3.2.1 *Ansatz und Ausweis*

Die Ansatz- und Ausweisvorschriften für das Optionsrecht zur Emission von Genussrechtskapital mit Eigen- oder Fremdkapitalcharakter folgt aufgrund der Eigenschaft als finanzieller Vermögenswert den Vorschriften für als bedingte Termingeschäfte ausgestaltete Insurance Derivatives ohne entschädigungsbezogenen Trigger, so dass auf die Ausführungen in Abschnitt 6.2.2.1.1 verwiesen wird. Wird das Optionsrecht ausgebucht, kommt es für eine Bilanzierung des aufgenommenen Kapitals darauf an, ob vertragliche Zahlungsverpflichtungen vorliegen, die einen Ansatz als finanzielle Verbindlichkeit erfordern (IAS 32.16a). Da Genussrechte in der Regel vertragliche Rückzahlungsverpflichtungen beinhalten, sind diese trotz ihrer Eigenkapitalmerkmale i. d. R. als finanzielle Verbindlichkeit nach IAS 39/ IFRS 9 zu bilanzieren. Eine Bilanzierung von Genussrechtskapital als Eigenkapitalposition kommt nach IFRS nur unter bestimmten strengen Voraussetzungen in Betracht:[806]

- Der Nominalbetrag des Instruments ist nicht zurückzuzahlen, so dass seine Laufzeit unendlich ist.
- Die jährlichen Vergütungen der Genussrechtsinhaber sind an die Dividendenzahlungen der Anteilseigner vertraglich gekoppelt, so dass die Vergütungszahlungen im Ermessen des Emittenten liegen.
- Dem Genussrechtsinhaber darf kein Kündigungsrecht zustehen, das zu einer Rückzahlungsverpflichtung des Emittenten führt.

Das in eine bereits existierende Verbindlichkeit eingebettete Optionsrecht zur Wandlung der finanziellen Verbindlichkeit in Genussrechtskapital mit Eigenkapitalcharakter stellt einen finanziellen Vermögenswert und kein Eigenkapitalinstrument dar (IAS 32.26).[807] Die Eigenkapitalinstrumente eines Emittenten umfassen keine Instrumente, die Verträge über den künftigen Empfang oder die künftige Lieferung von Eigenkapitalinstrumenten des Emittenten darstellen (IAS 32.16.bii).[808] Die Voraussetzungen für eine getrennte Bilanzierung des eingebetteten Derivats

806 Vgl. Mentz (2012), Rn. 125-126.
807 Vgl. Mentz (2012), Rn. 111, Rn. 259.
808 Vgl. Mentz (2012), Rn. 62.

von der finanziellen Verbindlichkeit als Basisvertrag sind erfüllt (IAS 39.11),[809] so dass das Optionsrecht als eigener finanzieller Vermögenswert zu aktivieren und auszuweisen ist. Durch die Ausübung der Option ändern sich die Konditionen der Kapitalbereitstellung, nicht jedoch die Bilanzierung, da die Kapitalbereitstellung in Form von Genussrechtskapital ebenfalls als finanzielle Verbindlichkeit anzusetzen ist.[810]

7.3.2.2 Bewertung

Die Bewertung des Optionsrechts zur Emission von Genussrechtskapital bzw. des Optionsrechts zur Wandlung bestehender finanzieller Verbindlichkeiten in Genussrechtskapital entspricht den als bedingte Termingeschäfte ausgestalteten Insurance Derivatives ohne entschädigungsbezogenen Trigger, so dass auf die Ausführungen in Abschnitt 6.2.2.2.1 verwiesen wird. Die Bewertung der finanziellen Verbindlichkeit erfolgt zu fortgeführten Anschaffungskosten analog der als Coupon at Risk ausgestalteten Anleihen, so dass auf die Ausführungen in Abschnitt 5.3.1.2.2 verwiesen wird. Im Fall der Ausübung des Optionsrechts zur Wandlung einer finanziellen Verbindlichkeit in Genussrechtskapital ist der Buchwert im Zeitpunkt der Ausübung die Basis für die Bewertung des Genussrechtskapitals, das bei eigenkapitalähnlichem Charakter zum Nennwert bilanziert wird.

7.3.2.3 Angaben

Die Angabepflichten zum Optionsrecht zur Emission von Genussrechtskapital bzw. zum Optionsrecht zur Wandlung bestehender finanzieller Verbindlichkeiten in Genussrechtskapital entsprechen denen bei als bedingten Termingeschäften ausgestalteten Insurance Derivatives ohne entschädigungsbezogenen Trigger, so dass auf die Ausführungen in Abschnitt 6.2.2.3.1 verwiesen wird. Die Angabepflichten zur finanziellen Verbindlichkeit sowie zum Genussrechtskapital, welches nach IFRS ebenfalls eine finanzielle Verbindlichkeit darstellt, erfolgt analog der als Coupon at Risk ausgestalteten Anleihen, so dass auf die Ausführungen in Abschnitt 5.3.1.3.2 verwiesen wird.

---

809 Vgl. Abschnitt 4.3.2.

810 Bei der Umwandlung einer finanziellen Verbindlichkeit in Genussrechtskapital handelt es sich jedoch um keinen Debt for Equity Swap für Zwecke der Umschuldung. Die Bilanzierungsvorschriften des IFRIC 19 zur Bilanzierung von Debt for Equity Swaps greifen hier nicht, da die dort dargelegten Regelungen zur Tilgung von finanziellen Verbindlichkeiten durch die Ausgabe von Eigenkapitalinstrumenten nicht einschlägig sind, wenn die Vertragsbedingungen diese Tilgung von vornherein vorsehen (z. B. Wandelanleihen); vgl. zur Behandlung von Debt for Equity Swaps nach IFRS Clemens (2013), Rn. 57-59, Grüne / Burkard (2012), S. 278; Hoffmann (2010), S. 117-118.

7.3.2.4 Buchungsbeispiel

Als Beispiel für die Verbuchung des Genussrechtskapitals nach IFRS kann das Buchungsbeispiel von Loss Equity Puts nach IFRS in Abschnitt 7.2.2.4 herangezogen werden. Der Unterschied besteht darin, dass das Genussrechtskapital wie bei einer Fremdkapitalaufnahme nicht mit dem Barwert, sondern mit den Anschaffungskosten bzw. dem Nominalbetrag angesetzt wird.

7.4 Würdigung

7.4.1 Tatsachengetreue Darstellung

Eine tatsachengetreue Darstellung verlangt, dass die Jahresabschlussinformationen vollständig, neutral und fehlerfrei dargestellt werden. Die Definitionskriterien für Rückversicherungsverträge nach HGB und nach IFRS gewährleisten, dass Contingent-Capital-Transaktionen nicht als Rückversicherungsvertrag, sondern als Finanzinstrument bilanziert werden. Vielmehr zielt die vom Eintritt eines versicherungstechnischen Risikoereignisses und den damit verbundenen finanziellen Verlusten abhängige Kapitalbereitstellung darauf ab, im Sinne eines Finanzierungsmechanismus die Liquidität und die Kapitalbasis im Schadenfall aufrechtzuerhalten. Eine Ausgestaltung als Genussrechtskapital, das die aufsichtsrechtlichen Anforderungen für eine Qualifikation als Eigenmittel erfüllt, gewährleistet zudem, dass die Einhaltung der Solvabilitätsvorschriften im Schadenfall nicht beeinträchtigt wird. Dadurch, dass die Investoren im Gegenzug für die Bereitstellung von Genussrechtskapital eigene Ansprüche erwerben, die denen von Eigenkapitalgebern ähneln, wird das Versicherungsunternehmen nicht wie bei einem Rückversicherungsvertrag für die erlittenen Verluste entschädigt, so dass dadurch der Finanzierungsaspekt der Transaktion zum Ausdruck kommt. Durch dieses Definitionsmerkmal für die Bilanzierung von Rückversicherungsverträgen werden die Ermessensspielräume bei der Bilanzierung von Contingent-Capital-Transaktionen minimiert und lediglich auf die Ausgestaltungskriterien beschränkt, die bestimmen, ob Genussrechtskapital Eigenkapital- oder Fremdkapitalcharakter zuzuschreiben ist. Allerdings führt das unterschiedliche Verständnis von Eigenkapital nach HGB und nach IFRS dazu, dass die Transaktionen in Form von Vorzugsaktien oder Genussrechtskapital nach IFRS im Regelfall als finanzielle Verbindlichkeit und nicht als Eigenkapital wie nach HGB einzustufen sind. Dies führt dazu, dass der mit der Transaktion beabsichtigte Effekt der Stärkung der Eigenkapitalbasis nach IFRS nicht zum Ausdruck kommt und somit für die Jahresabschlussadressaten nicht unmittelbar erkennbar ist.

Nach handelsrechtlichem Verständnis kommt es für die Unterscheidung in Eigen- und in Fremdkapital primär auf die Funktion der jeweiligen Finanzierungsmaßnahme und nicht auf die zivilrechtliche Einkleidung an. Dabei ist entscheidend, ob das Kapital als Risikokapital für das Unternehmen dienen kann, was sich in einer Haftungs- bzw. Garantiefunktion, der Nachrangigkeit des Kapitals sowie der

Nachhaltigkeit der Mittelzuführung niederschlägt.[811] Diese Kriterien sind kumulativ zu erfüllen, was bspw. im Hinblick auf die verpflichtende Rückzahlbarkeit der Vorzugsaktien bzw. des Genussrechtskapitals zu einem bestimmten Zeitpunkt problematisch sein kann.[812] Da jedoch der Zweck der Contingent-Captital-Transaktion in der langfristigen Finanzierung von Großschadenereignissen besteht, erscheint aus handelsrechtlicher Sicht eine Klassifizierung von Vorzugsaktien und von Genussrechtskapital als Eigenkapital möglich. Die geforderte Umgliederung von Eigenkapital in Fremdkapital, wenn die aufsichtsrechtlich geforderte Mindestrestlaufzeit von zwei Jahren unterschritten wird, gilt aufgrund der Formblattstrenge der RechVersV nicht für Versicherungsunternehmen, die das Genussrechtskapital unabhängig vom seinem Eigenkapital- oder Fremdkapitalcharakter in einem gesonderten Passivposten auszuweisen haben, so dass seine Natur als Eigen- bzw. als Fremdkapital aus dem Ausweis nicht deutlich wird.

Nach IFRS ist für eine Klassifizierung als Eigenkapital entscheidend, ob eine vertragliche Verpflichtung vorliegt, der sich das Versicherungsunternehmen nicht entziehen kann (IAS 32.13, IAS 32.19).[813] Allerdings wird im Fall der Emission von Vorzugsaktien nach IFRS die Bilanzierung als finanzielle Verbindlichkeit nur durch die Fiktion erreicht, dass die Verpflichtung zur zukünftigen Rückzahlung (unbedingtes Termingeschäft) der Vorzugsaktien bereits am Bilanzstichtag vorliegt.[814]

Im Hinblick auf das Optionsrecht zur Kapitalaufnahme ist – anders als bei Insurance Derivatives, die als bedingte Termingeschäfte ohne entschädigungsbezogenen Trigger ausgestaltet sind – der Basiswert die Aktie des Unternehmens selbst und kein versicherungstechnisch konstruierter Basiswert. Da für die Aktien des Versicherungsunternehmens und darauf abgeschlossene bedingte Termingeschäfte i. d. R. ein aktiver Markt vorliegt, ergeben sich daher bei Contingent-Capital-Transaktionen nicht die Bewertungsprobleme im Zusammenhang mit der Ermittlung des beizulegenden Zeitwerts wie bei Insurance Derivatives, für deren Bewertung häufig nicht beobachtbare Inputfaktoren heranzuziehen sind.[815] Insofern wird durch diese objektiv feststellbaren Werte eine tatsachengetreue Darstellung der Vermögens-, Finanz- und Ertragslage unterstützt.

7.4.2 Entscheidungsrelevanz

Unter dem Aspekt der Entscheidungsrelevanz sollen Jahresabschlussinformationen dazu beitragen, die vergangenen Entscheidungen der Jahresabschlussadressaten

811 Vgl. Küting / Kessler / Reuter (2012), Rn. 192.

812 Vgl. Küting / Kessler / Reuter (2012), Rn. 192-198; Rn. 231-236 zum Genussrechtskapital.

813 Vgl. Küting / Kessler / Reuter (2012), Rn. 191; Mentz (2012), Rn. 53-55.

814 Der Begriff des Genussrechtskapitals ist in den IFRS nicht definiert, jedoch ist aufgrund der Ähnlichkeit der Transaktion mit der Ausgabe von Vorzugsaktien und der Rückzahlungsverpflichtung eine analoge Bilanzierung geboten.

815 Vgl. Abschnitt 6.4.1.

zu bestätigen, oder eine Prognose der zukünftigen Entwicklung erlauben. Die handelsrechtlichen Vorschriften gestatten durch den Ausweis des Genussrechtskapitals in einem gesonderten Posten „Genussrechtskapital" (Formblatt 1, Passivposten B. RechVersV) eine eindeutige Identifizierbarkeit dieser Transaktionen und erlauben so, die Informationen bspw. bei der Analyse von Eigenkapitalkennzahlen, wie der Eigenkapitalrendite, entsprechend zu berücksichtigen. Dagegen ist eine derartige Abgrenzung nach IFRS nicht gewährleistet, da für den Ausweis keine Formblattstrenge bzw. Gliederungsvorschrift wie nach HGB vorgeschrieben ist, so dass der Ausweis i. d. R. als finanzielle Verbindlichkeit erfolgen wird und die Natur des Genussrechtskapitals eventuell nur durch zusätzliche freiwillige Anhangangaben deutlich wird. Das Gleiche gilt für Vorzugsaktien mit Rückkaufsverpflichtung des Emittenten, die dann ebenfalls nach IFRS als finanzielle Verbindlichkeit zu bilanzieren sind, so dass in dem bilanziellen Ausweis die nach HGB eigenkapitalerhöhende Wirkung nicht deutlich wird. Da der Rückkauf von eigenen Vorzugsaktien jedoch gesellschaftsrechtlich als Erwerb eigener Anteile zu werten ist, beeinflusst dies die Angaben zu eigenen Anteilen (IAS 1.76.vi).

8 Handlungsempfehlungen

8.1 Perspektive des risikotransferierenden Versicherungsunternehmens

Der Einsatz von Alternativen Risikotransferinstrumenten hat sich neben traditionellen Rückversicherungslösungen insbesondere zur Absicherung von Low-Frequency-High-Severity-Ereignissen, wie Naturkatastrophenschäden, als risikopolitische Maßnahme etabliert. Die wirtschaftlichen Auswirkungen dieser Ereignisse werden für Versicherungsunternehmen für eine Selbsttragung des Risikos oft als zu gravierend erachtet, da ihr Eintritt die Existenz des Unternehmens gefährden könnte. Zudem ist die Absicherung solcher Extremrisiken im Rahmen traditioneller Rückversicherungslösungen oft nur zu prohibitiv hohen Prämien möglich. Der Einsatz Alternativer Risikotransferinstrumente kann dazu beitragen, dass weniger Risikokapital im Unternehmen gehalten werden muss, so dass die Kapitalkosten sinken und das so freigesetzte ökonomische Kapital bspw. der Unterlegung von Neugeschäft dienen kann.[816] Der Einsatz von Alternativen Risikotransferinstrumenten kann die unternehmerische Zielsetzung der Unternehmenswertsteigerung unterstützen, sofern er zu einer Reduzierung der Kapitalkosten beiträgt. Dies impliziert, dass die mit dem Einsatz der Risikotransfermaßnahme verbundenen Transaktionskosten – wie bspw. die Kosten für die Verbriefungstransaktion – den positiven Effekt aus der Einsparung der Kapitalkosten nicht übersteigen dürfen. Bei traditionellen Rückversicherungslösungen beeinflussen neben den hohen Prämien für die Absicherung von Extremrisiken und den Kosten für die Minimierung von Informationsasymmetrien im Rahmen der Principal-Agent-Beziehung zwischen Versicherer und Rückversicherer auch die Kosten für die Absicherung des Ausfallrisikos des Rückversicherers die Vorteilhaftigkeit dieser Form des Risikotransfers. Insbesondere wenn diese Kosten sehr hoch sind, kann der Einsatz Alternativer Risikotransferinstrumente vorteilhafter als traditionelle Rückversicherungslösungen sein, da insbesondere beim Einsatz von Insurance-Linked Securities das Gegenparteiausfallrisiko eliminiert ist. Der Einsatz nicht entschädigungsbezogener Trigger kann dazu beitragen, Informationsasymmetrien zwischen den Vertragsparteien abzubauen und so Transaktions- und Kapitalkosten zu senken. Allerdings ist dann für das vorhandene Basisrisiko wiederum Risikokapital vorzuhalten, was die Kapitalkosten gegenläufig tendenziell erhöht. Das Ausfallrisiko wird im Fall von Insurance-Linked Securities durch die Kapitalbereitstellung bereits vor Eintritt des Schadenereignisses eliminiert oder kann bei Insurance Derivatives im Fall der Abwicklung über eine Handelsplattform durch Sicherheitsleistungen minimiert werden, so dass die Kosten der

816 Vgl. Nelles / Klusemann (2008), S. 572.

Bonitätsüberwachung für die Vertragspartei entfallen.[817] Zudem wird die Sicherheit der Kapitalanlage für die Investoren durch einen Treuhand-Fonds garantiert, so dass dies die von den Investoren geforderte Risikoprämie tendenziell reduziert. Zuletzt wurden jedoch zunehmend Insurance-Linked Securities mit entschädigungsbezogenen Triggern emittiert.[818] Dies deutet einerseits darauf hin, dass Investoren versicherungstechnische Risiken besser verstehen und insbesondere in dem gegenwärtigen Niedrigzinsumfeld Insurance-Linked Securities als attraktive Anlagealternative betrachten. Andererseits scheinen Versicherungsunternehmen bereit zu sein, höhere Kapitalkosten in Form von Zinsaufwendungen zu akzeptieren, die sich aus der Intransparenz entschädigungsbezogener Trigger für Investoren ergeben. Positiv wirkt sich jedoch aus, dass durch den entschädigungsbezogenen Trigger eine Entschädigung für die eingetretenen Verluste erfolgt und somit das Basisrisiko eliminiert ist.

Zu beobachten ist zudem, dass die zunehmende Transparenz und Standardisierung des Marktes für Alternative Risikotransferinstrumente dazu führt, dass sich die Preiskomponenten zur Kompensation der Unbekanntheit (Novelty Premium) oder der mangelnden Marktliquidität (Illiquidity Premium) insbesondere bei Verbriefungstransaktionen verringert haben und somit die Kapitalkosten weniger stark beeinflussen. Gerade der Mangel an liquiden Märkten und beobachtbaren bzw. nach anerkannten Methoden bestimmbaren Marktpreisen kann vor diesem Hintergrund als ein wichtiger Aspekt für den bisher relativ geringen Markterfolg von Insurance Derivatives gesehen werden.

Entwicklungsmöglichkeiten für den Markt Alternativer Risikotransferinstrumente bestehen in der Kombination von entschädigungs- und nicht entschädigungsbezogenen Triggern (Multi-Trigger-Produkte), wie es bspw. bei Industry Loss Warranties der Fall ist, durch die die Vorteile beider Auslösemechanismen kombiniert werden können. Zudem sind weitere Marktentwicklungsmöglichkeiten in der Integration und Absicherung verschiedener Risiken (Multi-Peril-Struktur) und/oder verschiedener Risikoarten, wie versicherungstechnische und finanzielle Risiken, in einer Transaktion zu sehen, wodurch ausgleichende Effekte entstehen und die Transaktionskosten dadurch gesenkt werden können. Diese Produktformen werden bereits in der strukturierten Rückversicherung eingesetzt, jedoch erscheint auch eine Ausweitung auf Kapitalmarkttransaktionen möglich. Die Unterteilung von Insurance-Linked Securities in verschiedene Risikoklassen, wodurch unterschiedliche Risikoneigungen der Investoren angesprochen und den Investoren unterschiedliche Risikoprämien für unterschiedliche Risikoklassen zugesagt werden können, wird bereits umgesetzt und erhöht die Effizienz der Verbriefungstransaktion, da aufgrund der unterschiedlichen Risikoklassen

---

817 Vgl. Albrecht / Schradin (1998), S. 601. Dies gilt insbesondere für börsengehandelte Insurance Derivatives, da hier die Clearing-Stelle die Erfüllung der vertraglichen Verpflichtungen garantiert.

818 Vgl. Abschnitt 2.3.1.

ein größerer Investorenkreis angesprochen werden kann. Weitere Entwicklungsfelder ergeben sich in der verstärkten Ausweitung des Einsatzes Alternativer Risikotransferinstrumente auf Langlebigkeits- und auf Sterblichkeitsrisiken, die bislang nach wie vor einen relativ geringen Anteil an dem Spektrum Alternativer Risikotransferinstrumente aufweisen, und auf High-Frequency-Low-Severity-Risiken, wie Kraftfahrtrisiken, die in Summe einen großen wirtschaftlichen Effekt auf das Versicherungsunternehmen haben und bei denen das Überschreiten einer bestimmten Schadenquote die Leistungspflicht der Investoren auslöst.

Für die Bilanzierung und aufsichtsrechtliche Behandlung von Alternativen Risikotransferinstrumenten kommt der Beurteilung, ob die Transaktion als Rückversicherungsvertrag oder als Finanzinstrument zu behandeln ist, eine entscheidende Bedeutung zu. Aus Sicht des risikotransferierenden Versicherungsunternehmens besteht dabei der Anreiz, die Transaktion so auszugestalten, dass sie die Voraussetzung für eine Bilanzierung als Rückversicherungsvertrag erfüllt. Dies impliziert das Vorliegen eines entschädigungsbezogenen Triggers, der ein Basisrisiko ausschließt, sowie eines hinreichenden Transfers von Versicherungsrisiko in Form von Zahlungshöhe- und von Zahlungszeitpunktrisiko. Ist demnach eine Bilanzierung der Transaktion als Rückversicherung nach den handelsrechtlichen Vorschriften vorzunehmen, ist nach dem gegenwärtigen Aufsichtsrecht auch die aufsichtsrechtliche Entlastung bei der Ermittlung der Kapitalanforderung (Soll-Solvabilität) gegeben. Die aufsichtsrechtliche Anerkennung kann für Versicherungsunternehmen ein bedeutender Faktor für die Entscheidung sein, ob ein Risikotransfer durch Alternative Risikotransferinstrumente oder durch traditionelle Rückversicherungslösungen durchgeführt wird. Dabei ist zu beachten, dass die Zulässigkeit des Einsatzes bestimmter Formen des Alternativen Risikotransfers für Erstversicherungsunternehmen – im Gegensatz zu Rückversicherungsunternehmen – nach dem Gesetzeswortlaut zu bezweifeln ist, da sowohl die Fremdkapitalaufnahme als auch der Einsatz derivativer Finanzinstrumente nur in bestimmten Fällen bzw. für bestimmte Zwecke zulässig sind (§ 7 Abs. 2 S. 2 VAG). Der Einsatz Alternativer Risikotransferinstrumente, der versicherungstechnische Risiken mit kapitalmarktspezifischen Instrumentarien verbindet, wird von dieser Regelung nicht explizit erfasst. Klarheit herrscht allerdings in Bezug auf die Vertragsbeziehungen mit Versicherungszweckgesellschaften, da diese Vertragsparteien von Rückversicherungsverträgen sein können und für Zwecke der Finanzaufsicht Rückversicherungsunternehmen gleichgestellt sind (§ 121g Abs. 2 VAG i. V. m. § 121a Abs. 4 VAG). Insofern empfiehlt sich für Erstversicherungsunternehmen beim Einsatz von Insurance-Linked Securities der Weg der indirekten Verbriefung, da hier keine Zweifel an der Zulässigkeit der Transaktion bestehen.[819]

819 Wünschenswert wäre in diesem Zusammenhang eine Klarstellung der Versicherungsaufsicht, dass die handelsrechtlichen Bilanzierungsvorschriften für Versicherungsunternehmen einschließlich der RechVersV auch für Versicherungszweckgesellschaften gelten. Diese Vorschriften nehmen explizit auf Versi-

Positive Impulse für den Einsatz von Alternativen Risikotransferinstrumenten sind überdies durch das geplante europäische Versicherungsaufsichtsrecht Solvency II zu erwarten, da zukünftig sämtliche Risikominderungstechniken gleichberechtigt sind und im Hinblick auf ihre Kapitalentlastung lediglich auf ihre ökonomische Wirkungsweise bzw. Effektivität abgestellt wird. Dabei ist zu beachten, dass – im Gegensatz zum derzeit geltenden aufsichtsrechtlichen Regelungsstand – das Basisrisiko nicht vollständig eliminiert, sondern lediglich unwesentlich sein muss.[820] Allerdings erfordert dies eine nachweislich hohe Korrelation zwischen dem abzusichernden Risiko und dem Absicherungsmechanismus. Dadurch erscheint es prinzipiell möglich, dass auch nicht entschädigungsbezogene Trigger, wie bspw. Modellschaden-Trigger, zur Minderung der Solvenzkapitalanforderung eingesetzt werden können. Vor diesem Hintergrund ist zu vermuten, dass die weitere Entwicklung bzw. Verfeinerung von nicht entschädigungsbezogenen Triggern, die eine hohe Korrelation zu den zugrundeliegenden Risiken aufweisen, an Bedeutung gewinnen wird. Da dies die Transparenz für die Investoren erhöht und somit Informationsasymmetrien abgebaut werden können, ist dadurch auch ein positiver Effekt auf die Kapitalkosten zu erwarten.

Ein entscheidender Vorteil beim Einsatz von Insurance-Linked Securities wird v. a. in der Ex-ante-Bereitstellung von Kapital gesehen, durch das das Ausfallrisiko eliminiert wird. Unter Solvency II ist das Ausfallrisiko als eine eigene Komponente zum einen im Rahmen der Ermittlung der Solvenzkapitalanforderung zu berücksichtigen, zum anderen ist das Ausfallrisiko beim Ansatz des Anteils der Rückversicherer an den versicherungstechnischen Rückstellungen in einer ökonomischen Bilanz, aus der sich die die Solvenzkapitalanforderung bedeckenden Eigenmittel ergeben, einzubeziehen (Default Adjustment).[821] Der Wert des Anteils der Rückversicherer an den versicherungstechnischen Rückstellungen ist dabei um ein Ausfallrisiko der Gegenpartei zu berichtigen, wobei der Betrag dieser Berichtigung von der Wahrscheinlichkeit des Ausfalls und dem daraus resultierenden Verlust abhängt. Diese Wahrscheinlichkeit ist bei einer vollständigen Besicherung im Rahmen der Verbriefungstransaktionen eliminiert, so dass durch den Einsatz von Insurance-Linked Securities im Vergleich zu traditionellen Rückversicherungslösungen sowohl eine Reduzierung der Solvenzkapitalanforderung erreicht als auch eine Ausfallrisikoanpassung des Anteils der Rückversicherer an den versicherungstechnischen Rückstellungen vermieden werden kann, was sich wiederum positiv auf die erforderlichen Eigenmittel auswirkt.

---

cherungsunternehmen Bezug, die den Betrieb von Versicherungsgeschäften zum Gegenstand haben. Versicherungszweckgesellschaften betreiben jedoch nicht das Versicherungsgeschäft, sondern können lediglich als Vertragspartner für Rückversicherungsverträge fungieren. Auch aufsichtsrechtlich werden Versicherungszweckgesellschaften als eine eigene Kategorie gesondert von Versicherungsunternehmen geführt (§ 1 Abs. 1 VAG).

820 Vgl. Abschnitt 3.3.1.

821 Vgl. Art. 81 Richtlinie 2009/138/EG.

Vor dem Hintergrund dieser Ausführungen lassen sich zu den untersuchten Formen des Alternativen Risikotransfers die folgenden Handlungsempfehlungen ableiten:

- Der Einsatz Alternativer Risikotransferinstrumente ist dann sinnvoll, wenn ihr Einsatz gegenüber dem Selbstbehalt des Risikos (Risikoreservebildung) oder dem Einsatz traditioneller Rückversicherungslösungen zu einer Steigerung des Unternehmenswerts beiträgt. Eine Unternehmenswertsteigerung wird dann erreicht, wenn dadurch die Nettozahlungsströme erhöht und/oder die Kapitalkosten gesenkt werden können. Der Einsatz Alternativer Risikotransferinstrumente zielt v. a. darauf ab, die Kapitalkosten – auch im Vergleich zu traditionellen Rückversicherungslösungen – zu senken.
- Insurance-Linked Securities sind die bislang bedeutendste Form des Alternativen Risikotransfers. Aus Sicht des risikotransferierenden Unternehmens sollte die Ausgestaltung der Transaktion eine Bilanzierung als Rückversicherung gewährleisten, da sich daraus positive Effekte auf das aufsichtsrechtlich vorzuhaltende Kapital ergeben. Dies impliziert eine Ausgestaltung, bei der das Kapital und/oder die Zinsen unter Risiko stehen und der Ausfall der Zahlungen an die Investoren an einen entschädigungsbezogenen Trigger geknüpft ist. Da die aufsichtsrechtliche Zulässigkeit direkter Verbriefungstransaktionen für Erstversicherungsunternehmen zumindest fraglich ist, sollten in Deutschland Emissionen als indirekte Emissionen über eine Versicherungszweckgesellschaft erfolgen, was aufsichtsrechtlich explizit gestattet ist. Der Sponsor behandelt die Transaktion bei einer Ausgestaltung als Principal at Risk mit entschädigungsbezogenem Trigger dann bilanziell als einen traditionellen Rückversicherungsvertrag mit der Versicherungszweckgesellschaft, so dass die Anerkennung der Transaktion bei der Ermittlung der Soll-Solvabilität gewährleistet ist, und kann zudem die komplexeren Bilanzierungsfragen im Zusammenhang mit der schadenverlaufsabhängigen Verpflichtung gegenüber den Investoren auf die Versicherungszweckgesellschaft überwälzen. Dieser Vorteil kommt insbesondere dann zum Tragen, wenn die Versicherungszweckgesellschaft nicht beim Sponsor zu konsolidieren ist, so dass das Risiko auf konzernexterne Unternehmen transferiert wird. Dabei ist anzumerken, dass sich Versicherungszweckgesellschaften in Deutschland bislang nicht in nennenswertem Umfang etablieren konnten, sondern versicherungstechnische Verbriefungstransaktion aufgrund von steuerlichen und aufsichtsrechtlichen Aspekten v. a. über Versicherungszweckgesellschaften in bestimmten Off-Shore-Domizilen abgewickelt werden. Dagegen ist bei einer Ausgestaltung als Coupon at Risk mit entschädigungsbezogenem Trigger oder ohne entschädigungsbezogenen Trigger keine Anrechnung bei der Ermittlung der Soll-Solvabilität gegeben, da die Transaktion mangels Übertragung von signifikantem Versicherungsrisiko nicht als Rückversicherung zu klassifizieren ist.
- Bei Insurance Derivatives stellt das Fehlen beobachtbarer Marktpreise bzw. das Fehlen anerkannter Bewertungsmodelle das zentrale Problem für ihre Akzeptanz

und Bilanzierung dar. Bei der Wertermittlung ist nach IFRS oft auf anerkannte Bewertungsmethoden zurückzugreifen, deren Inputparameter nicht beobachtbar sind. Nach HGB kommt die Zeitwertbilanzierung bei negativen Abweichungen von den Anschaffungskosten (Bewertung nach dem strengen Niederstwertprinzip) zum Tragen. Jedoch sind etablierte Bewertungsmodelle wie das Black-Scholes-Modell für die Bewertung von Optionen aus theoretischen Gründen nicht auf versicherungstechnische Basiswerte anwendbar, wenngleich sie in der Praxis dennoch häufig die Grundlage für die Bewertung dieser Derivate herangezogen werden. Zusätzlich zu der skizzierten Bewertungsproblematik sind Insurance Derivatives mit nicht entschädigungsbezogenem Trigger aufgrund ihrer bilanziellen Behandlung als Finanzinstrument nicht geeignet, die Soll-Solvabilität zu mindern, so dass als Hauptvorteil für ihre Anwendung die Transparenz des Triggers für die Investoren und damit ihre relativ leichte Handelbarkeit zu nennen ist. Zudem können durch ihren Einsatz Diversifikationseffekte erzielt werden, indem die Zahlungsströme unterschiedlicher Portfolien von Versicherungsverträgen getauscht werden. Industry Loss Warranties weisen den Vorteil auf, dass entschädigungsbezogene und nicht entschädigungsbezogene Trigger kombiniert werden, und sie somit die Interessen des Versicherungsunternehmens als auch der Investoren in sich vereinigen. Während sie nach IFRS als Rückversicherung bilanziert werden können, ist dies nach HGB aufgrund des Basisrisikos nicht möglich, so dass ihnen nach dem derzeit geltenden Aufsichtsrecht keine mindernde Wirkung bei der Ermittlung der Soll-Solvabilität zukommt. Die European Market Infrastructure Regulation (EMIR), die das Ziel verfolgt, vor dem Hintergrund der Erfahrungen der Finanzmarktkrise den außerbörslichen Derivatehandel transparenter und sicherer zu machen, verlangt, dass standardisierte „over-the-counter"-Derivate über zentrale Gegenparteien (Clearing-Stellen) abgewickelt und „over-the-counter"-Derivate an Transaktions-register gemeldet werden müssen. Wie sich diese EU-Verordnung auf die weitere Entwicklung des Marktes für Insurance Derivatives auswirken wird, bleibt abzuwarten.

- Contingent-Capital-Transaktionen sind eine Form der Finanzierung von Schadenereignissen, so dass kein versicherungstechnischer Risikotransfer erfolgt und eine Bilanzierung als Rückversicherung ausscheidet. Dennoch können sie je nach Ausgestaltung dazu geeignet sein, als freie, unbelastete Mittel die Ist-Solvabilität zu erhöhen. Insofern haben sie keinen Einfluss auf die Solvenzkapitalanforderung, sondern nur auf die sie bedeckenden Eigenmittel. Als stimmrechtslose Vorzugsaktien oder Genussrechtskapital führen sie zu einem Zufluss liquider Mittel, ohne die bestehenden Anteilsstrukturen zu beeinträchtigen. Im Fall von Contingent Surplus Notes steht das Kapital – ähnlich wie bei Insurance-Linked Securities – bereits vor Eintritt des Schadenereignisses zur Verfügung, so dass auch hier das Ausfallrisiko der Vertragspartei ausgeschlossen ist. Allerdings ist zu erwarten, dass die Transaktionskosten im Zusammenhang mit der Emission der Vorzugsaktien, bei der zudem aktienrechtliche

Vorschriften zu beachten sind, bzw. bei der Aufnahme von Contingent-Surplus-Kapital durch Intermediäre relativ hoch sein werden.

8.2 Perspektive des Gesetzgebers bzw. Standardsetters

Sowohl bei der Berichterstattung nach HGB als auch nach IFRS ergeben sich v. a. hinsichtlich der Bilanzierung der Verpflichtung aus der Verbriefungstransaktion bei Insurance-Linked Securities erhebliche Ermessensspielräume für bilanzierende Unternehmen, die im Widerspruch zu den Rechnungslegungsgrundsätzen bzw. qualitativen Anforderungen der Berichterstattung stehen. Bei einer Bilanzierung nach HGB liegt das darin begründet, dass die Bilanzierung durch sachgerechte Auslegung der GoB zu erfolgen hat und keine konkreten Vorschriften für spezielle Bilanzierungsprobleme existieren. Allerdings wären mit Blick auf die aufsichtsrechtliche Zulässigkeit von Alternativen Risikotransferinstrumenten eindeutigere Aussagen des Gesetzgebers wünschenswert. Insbesondere für Erstversicherer ergeben sich aufgrund des Wortlauts des § 7 Abs. 2 VAG Zweifel an ihrer Zulässigkeit. Zudem stellt sich das Problem, dass die RechVersV nur für Versicherungsunternehmen gilt (§ 341 Abs. 1 HGB i. V. m. § 1 RechVersV), eine Versicherungszweckgesellschaft jedoch gerade kein Versicherungsunternehmen ist (§ 1 Abs. 1 VAG). Insofern wäre in diesem Punkt vom Gesetzgeber eine Klarstellung wünschenswert, auch wenn in Deutschland angesiedelte Versicherungszweckgesellschaften bisher nicht in signifikantem Ausmaß für Verbriefungstransaktionen genutzt werden. Um die Transparenz der Berichterstattung von Insurance-Linked Securities zu erhöhen, könnte der deutsche Gesetzgeber Verpflichtungen aus Insurance-Linked Securities in der RechVersV als eigenen Bilanzposten – unterteilt in Verpflichtungen aus Insurance-Linked Securities mit signifikantem und ohne signifikanten Risikotransfer – aufnehmen und auch die korrespondierenden Posten in der Gewinn- und Verlustrechnung entsprechend kennzeichnen.

Bei einer Bilanzierung nach IFRS wären in ED/2013/7 aufgrund der zunehmenden Bedeutung von Alternativen Risikotransferinstrumenten mehr Hinweise zur Bilanzierung von Alternativen Risikotransferinstrumenten zu erwarten gewesen. Aus dem Standardentwurf lässt sich bspw. entnehmen, dass Katastrophenanleihen Versicherungsverträge darstellen, sofern es zu einem Ausfall von Kapital oder Zinsen oder beidem kommt, wenn ein spezifiziertes Ereignis den Emittenten nachteilig betrifft (ED/2013/7.B26j). Ebenso sind Insurance Swaps und andere Verträge, bei denen die Zahlung von einer klimatischen, geologischen oder sonstigen physikalischen Variablen abhängt, als Versicherungsverträge zu klassifizieren, sofern diese Variablen für eine Vertragspartei spezifisch sind (ED/2013/7.B26k). Gleichzeitig soll der in dem Standardentwurf vorgeschlagene Komponentenansatz („Building-Block-Modell") auf alle Arten von Versicherungsverträgen anwendbar sein (ED/2013/7.BCA15). Diese Hinweise sind teilweise bereits in IFRS 4 in seiner jetzigen Form enthalten und liefern keine detaillierteren Informationen, wie bspw. Verpflichtungen aus Insurance-Linked Securities in das Konzept des

Komponentenansatzes für die Bewertung von versicherungstechnischen Rückstellungen zu integrieren sind. Gerade weil durch Verbriefungstransaktionen keine versicherungstechnischen Rückstellungen übertragen werden, wären in diesem Punkt zusätzliche Erläuterungen des IASB zur Bilanzierung von Verpflichtungen aus Insurance-Linked Securities wünschenswert, die zudem die Regelungsklarheit erhöhen würden. Gleiches gilt für Insurance Swaps, die die Definition eines Versicherungsvertrags erfüllen, bei denen versicherungstechnische Zahlungsströme getauscht werden. Da der Komponentenansatz nach ED/2013/7 auf alle Arten von Versicherungsverträgen anwendbar sein soll, stellt sich die Frage, ob nun – im Gegensatz zur Vorgehensweise unter IFRS 4 (Phase I) – jeweils der Ansatz einer versicherungstechnischen Verpflichtung und eines versicherungstechnischen Vermögenwerts aus der Swap-Transaktion erfolgen soll. Zudem legt ED/2013/7 ein im Vergleich zur bisherigen Bilanzierungspraxis modifiziertes Verständnis von Versicherungsrisiko zugrunde, was dazu führen kann, dass Verträge, die mangels Übertragung von Zahlungszeitpunktrisiko bislang nicht als Rückversicherungsvertrag zu bilanzieren waren, nach den neuen Vorschriften als solche zu bilanzieren sind, da es nur noch auf das Vorliegen eines erwarteten signifikanten Verlusts aus der Transaktion – jedoch nicht mehr auf die qualitative Beurteilung, ob Zahlungszeitpunktrisiko übertragen wird – ankommen soll. In Bezug auf den Alternativen Risikotransfer betrifft dies insbesondere als Coupon at Risk ausgestaltete Transaktionen, die mit einem entschädigungsbezogenen Trigger ausgestattet sind und bei denen das Zahlungszeitpunktrisiko lediglich quantitativ im Rahmen der Diskontierung der Beträge aus den Schadenszenarien zur Bestimmung des erwarteten Verlusts berücksichtigt wird. Angesichts der zunehmenden Bedeutung von Alternativen Risikotransferinstrumenten und den bislang bestehenden Ermessens- und Gestaltungsspielräumen bei ihrer Bilanzierung überrascht, dass ED/2013/7 hierzu keine konkreten Vorgaben zur Bilanzierung dieser Instrumente enthält, zumal durch den Alternativen Risikotransfer gerade keine versicherungstechnischen Rückstellungen – deren Bewertungskonzept im Zentrum des Standardentwurfs steht – übertragen werden. Vor diesem Hintergrund könnten Anwendungsleitlinien des IASB zu Ansatz, Ausweis und Bewertung von Alternativen Risikotransferinstrumenten sowie zu den Angaben die Regelungsklarheit erhöhen und Ermessensspielräume reduzieren. Die Ermessensspielräume bei der Bilanzierung von Alternativen Risikotransferinstrumenten, die die Voraussetzungen für eine Bilanzierung als Rückversicherungsvertrag erfüllen, bestehen daher auch in ED/2013/7 fort.

Darüber hinaus scheint das in IFRS 13 niedergelegte Konzept der Ermittlung des beizulegenden Zeitwerts nicht auf Insurance Derivatives, mit ihren zumeist nicht börsengehandelten versicherungstechnischen Basiswerten, übertragbar zu sein. Hier könnte für nicht börsengehandelte Insurance Derivatives – wie für nicht börsengehandelte Eigenkapitalinstrumente – eine Ausnahme für eine Bilanzierung zu fortgeführten Anschaffungskosten sinnvoll sein, da bspw. gängige Optionsbewertungsmodelle wie das Black-Scholes-Modell wegen der zugrundeliegenden Annahmen, nicht auf versicherungstechnische Basiswerte zur Ermittlung des beizulegenden Zeitwerts anwendbar sind, wenngleich sie in der Praxis dennoch häufig die Grundlage für die Bewertung dieser Derivate bilden. Alternativ könnte als Ausnahme zur Anwendung des beizulegenden Zeitwerts die aus den US-GAAP bekannte Intrinsic Value Method zur Anwendung kommen. Da sie im Fall von Optionsrechten nur den inneren Wert des Optionsrechts abbildet, impliziert sie für das Optionsrecht einen Zeitwert von null. Auch bei einer Bilanzierung nach HGB ist der beizulegende Zeitwert relevant, wenn bei einer Bewertung nach den Vorschriften des Umlaufvermögens ein eventueller Wertminderungsbedarf zu ermitteln ist. Allerdings ist nach HGB die Verlässlichkeit der Wertermittlung entscheidend – was im Zweifel dazu führen kann, das die Bewertung zu Anschaffungskosten erfolgt – während nach IFRS eine verlässliche Ermittlung des beizulegenden Zeitwerts für Finanzinstrumente nach einer der drei Bewertungshierarchien unterstellt wird. Insgesamt ergibt sich somit für das IASB die Notwendigkeit, zumindest Leitlinien für die Anwendung von IFRS 13 auf Insurance Derivatives zu entwickeln.

Schließlich sollte als generelle Empfehlung die Entwicklung und der Zeitpunkt der erstmaligen Anwendbarkeit von IFRS 9 mit dem Inkrafttreten des finalen IFRS 4 abgestimmt werden, da sonst die intendierte Vermeidung des Asset-Liability Mismatch nicht erreicht werden kann.

8.3 Perspektive der Jahresabschlussadressaten

Für Jahresabschlussadressaten stellt sich die Frage, inwiefern sich Informationen zum Einsatz von Alternativen Risikotransferinstrumenten aus den Jahresabschlussinformationen ablesen lassen, damit sie ihre ökonomischen Entscheidungen treffen können. Da weder nach HGB noch nach IFRS klare Vorgaben für den Ausweis existieren und auch keine „Davon-Vermerke" für Alternative Risikotransferinstrumente gefordert werden, ist i. d. R. eine Identifikation von Alternativen Risikotransferinstrumenten aus Bilanz und Gewinn- und Verlustrechnung nicht möglich. Sofern bspw. eine Verpflichtung aus Insurance-Linked Securities nach HGB als „Sonstige Rückstellung" bilanziert wird, ist eine Erläuterung der Position im Anhang erforderlich, falls sie einen nicht unerheblichen Umfang hat (§ 285 Nr. 12 HGB). Darüber hinaus sind jedoch weder nach HGB noch nach IFRS spezifische Informationen zu Alternativen Risikotransferinstrumenten anzugeben, die es den Jahresabschlussadressaten erlauben würde, sich ein genaues Bild von Art, Umfang und Risiken im Zusammenhang mit dem Einsatz von Alternativen Risikotransferinstrumenten zu machen, so dass diese Informationen nur durch freiwillige Angaben des Versicherungsunternehmens bereitgestellt werden. Dies erschwert die Bilanzanalyse, da nicht ersichtlich wird, welcher Anteil der abgegebenen Rückversicherungsprämien oder welcher Anteil der passivierten Verpflichtungen auf den Einsatz von Alternativen Risikotransferinstrumenten entfällt. Bei sachgerechter Anwendung der Bilanzierungsgrundsätze durch die Versicherungsunternehmen können Jahresabschlussadressaten jedoch davon ausgehen, dass die im Zusammenhang mit dem Einsatz von Alternativen Risikotransferinstrumenten stehenden Transaktionen – je nach dem ob ein signifikanter Risikotransfer vorliegt oder nicht – in versicherungstechnischen bzw. nicht versicherungstechnischen Posten der Bilanz und Gewinn- und Verlustrechnung zum Ausdruck kommen, so dass eine verlässliche Analyse der Ergebniskomponenten und Berechnung von Kennzahlen möglich sein sollte. Zudem können die Angaben nach IFRS 12 bei Verbriefungstransaktionen, die über eine Versicherungszweckgesellschaft abgewickelt werden, die Jahresabschlussadressaten dabei unterstützen, die Bedeutung der Versicherungszweckgesellschaft für das Versicherungsunternehmen einzuschätzen. Der Umfang und Detaillierungsgrad von Anhangangaben liegt jedoch in hohem Maße im Ermessen des bilanzierenden Unternehmens, so dass Jahresabschlussadressaten – in ihrer Rolle als gegenwärtige oder potenzielle Investoren – meist auf zusätzliche und freiwillig von den bilanzierenden Unternehmen zu veröffentlichende Informationen angewiesen sind. Das gilt in ähnlicher Weise bei Contingent-Capital-Transaktionen für Genussrechtskapital oder Vorzugsaktien, die nach HGB unter bestimmten Voraussetzungen als Eigenkapital bzw. als eigener Bilanzposten auszuweisen sind, während nach IFRS eine Bilanzierung als finanzielle Verbindlichkeit gefordert ist, aus der die Langfristigkeit der Kapitalüberlassung und die Nachrangigkeit der Ansprüche nicht bzw. nur durch freiwillige Angaben des bilanzierenden Unternehmens deutlich wird.

9 Thesenförmige Zusammenfassung

(1) Der Begriff des Alternativen Risikotransfers wird in der Literatur nicht einheitlich verwendet. Im weiten Sinn beschreibt der Begriff alle nicht traditionellen Risikotransfermaßnahmen. Nach dem in dieser Arbeit gefolgten engen Verständnis umfasst er den Transfer versicherungstechnischer Risiken mit Hilfe kapitalmarktspezifischer Instrumentarien. Seine Erscheinungsformen sind Insurance-Linked Securities, Insurance Derivatives sowie Contingent-Capital-Transaktionen.

(2) Alternative Risikotransferinstrumente gewinnen als Ergänzung zu traditionellen Rückversicherungslösungen zunehmend an Bedeutung. Die Möglichkeit, die Kapazitätsgrenzen der bestehenden Versicherungsmärkte zu erweitern, indem Versicherungsrisiken auf den Kapitalmärkten platziert werden, spielt insbesondere für die Absicherung von Low-Frequency-High-Severity-Risiken, wie bspw. Naturkatastrophenschäden, eine wichtige Rolle.

(3) Beim Einsatz von Alternativen Risikotransferinstrumenten sieht sich das Versicherungsunternehmen verschiedenen Risiken ausgesetzt. Neben dem versicherungstechnischen Risiko und dem Kapitalanlagerisiko sind beim Alternativen Risikotransfer insbesondere das Risiko asymmetrischer Informationsverteilung und das Basisrisiko zu beachten, wobei beide Risikoarten negativ korreliert sind. Das Risiko asymmetrischer Informationsverteilung leitet sich aus der Principal-Agent-Beziehung zwischen dem risikotransferierenden Versicherungsunternehmen (Agent) und den risikoübernehmenden Investoren (Principal) ab, wonach für letztere mangels transparenter Mechanismen schwer zu beobachten ist, welche Qualität die transferierten Risiken aufweisen und ob und in welcher Höhe ein Schaden eingetreten ist. Die Risikoselektion und die Schadenfeststellung liegen üblicherweise beim risikotransferierenden Unternehmen selbst, so dass aus Sicht der Investoren ein Moral-Hazard-Risiko besteht. Dies führt zu höheren Kapital- und Transaktionskosten, da die Investoren als Kompensation eine erhöhte Risikoprämie fordern werden. Um dies zu vermeiden, können Alternative Risikotransferinstrumente mit einem nicht entschädigungsbezogenen Trigger ausgestattet werden, der objektiv beobachtbar sowie unabhängig vom risikotransferierenden Versicherungsunternehmen ist und die Transparenz der Transaktion für die Investoren erhöht. Problematisch ist dabei aus Sicht des Versicherungsunternehmens, dass ein Basisrisiko verbleibt, da der Trigger möglicherweise nicht greift, obwohl das Versicherungsunternehmen tatsächlich einen Verlust erfahren hat.

(4) Der Risikotransfer stellt neben Risikomeidung, Risikodiversifikation und Risikoreservebildung eine risikopolitische Maßnahme dar. Risikotransfer kann das Ziel der Unternehmenswertsteigerung unterstützen. Eine Unternehmenswertsteigerung kann eintreten, wenn der erwirtschaftete oder erwartete

Gewinn die risikoentsprechenden Kapitalkosten übersteigt. Die Erwartung positiver Auswirkungen auf die Kapitalkosten steht beim Einsatz des Risikotransfers im Vordergrund.

(5) Die Ansätze des Risikotransfers lassen sich in traditionelle Rückversicherung, strukturierte Rückversicherung und Alternativen Risikotransfer unterteilen. Traditionelle Rückversicherung und strukturierte Rückversicherung basieren auf denselben Techniken und erfolgen innerhalb des Rückversicherungsmarkts. Die strukturierte Rückversicherung weist gegenüber der traditionellen Rückversicherung häufig eine Einschränkung des Transfers von Versicherungsrisiken in Form von Zahlungshöhe- und/oder Zahlungszeitpunktrisiko auf, um einen gezielten Risikotransfer zu ermöglichen und um damit neben versicherungstechnischen auch nicht versicherungstechnische Zielsetzungen zu erfüllen. Der Alternative Risikotransfer basiert im Gegensatz zu den anderen Ansätzen auf dem Einsatz kapitalmarktspezifischer Instrumentarien, erlaubt jedoch wie die strukturierte Rückversicherung Ausgestaltungen, die die Übertragung von Zahlungshöhe- und/oder Zahlungszeitpunktrisiko limitieren.

(6) Die Wirkungsweise der Formen des Alternativen Risikotransfers ist unterschiedlich. Insurance-Linked Securities kompensieren bei Eintritt eines Schadenereignisses einen Anstieg der Verbindlichkeiten (Liability Hedge), Insurance Derivatives den Abfluss von liquiden Mitteln (Asset Hedge) und Contingent-Capital-Transaktionen die durch den Eintritt eines Schadenereignisses verursachte Reduzierung der Kapitalbasis (Leverage-Management).

(7) Der Wahl des Triggers kommt beim Einsatz von Alternativen Risikotransferinstrumenten eine entscheidende Bedeutung zu. Aus der Principal-Agent-Theorie lässt sich ableiten, dass entschädigungsbezogene Trigger von dem Versicherungsunternehmen bevorzugt werden, da diese eine Entschädigung für die tatsächlich entstandenen Verluste garantieren, während bei nicht entschädigungsbezogenen Triggern, in Form von Marktschaden-, Modellschaden- oder parametrischen Triggern, das Basisrisiko, wenn auch mit unterschiedlicher Intensität, existent ist. Aus Sicht der Investoren ist die Situation entgegengesetzt. Sie werden einen nicht entschädigungsbezogenen Trigger bevorzugen, da hier die Leistungspflicht von einer stärker objektivierbaren Variablen abhängt und somit die Transparenz der Transaktion für die Investoren höher ist. Dabei ist zu beobachten, dass insbesondere Insurance-Linked Securities zunehmend mit entschädigungsbezogenen Triggern ausgestattet werden. Dies deutet darauf hin, dass Investoren insbesondere in dem gegenwärtigen Niedrigzinsumfeld zunehmend bereit sind, in versicherungstechnische Risiken zu investieren, die eine relativ hohe Verzinsung erwarten lassen. Versicherungsunternehmen scheinen zudem bereit zu sein, die tendenziell höheren Kosten, die mit dem Einsatz entschädigungsbezogener Trigger aufgrund der Informationsasymmetrien im Rahmen der Principal-Agent-Beziehung auftreten, für die Vermeidung von Basisrisiko in Kauf zu nehmen.

(8) Insurance-Linked Securities zeichnen sich dadurch aus, dass das Versicherungsunternehmen als Sponsor der Transaktion versicherungstechnische Risiken in Form von Anleihen verbrieft, wobei die Rückzahlung des Kapitals (Principal) und/oder die Zinszahlungen (Coupon) an die Investoren vom Eintritt eines Schadenereignisses abhängen. In den meisten Fällen erfolgt die Verbriefungstransaktion über eine Versicherungszweckgesellschaft, in der der Emissionserlös treuhänderisch verwaltet und in sichere Kapitalanlagen reinvestiert wird. Die Einschaltung einer Versicherungszweckgesellschaft hat für den Sponsor den Vorteil, dass die Transaktion mit der Versicherungszweckgesellschaft aufsichtsrechtlich als Rückversicherungsvertrag behandelt wird, sofern die Transaktion mit einem entschädigungsbezogenen Trigger ausgestaltet wird. Für die Investoren besteht der Vorteil in der treuhänderischen Verwaltung des Kapitals. Eingesetzt werden Insurance-Linked Securities v. a. in der Nichtlebensversicherung zur Absicherung von Low-Frequency-High-Severity-Schäden wie Naturkatastrophenereignissen. Allerdings spielen diese Verbriefungstransaktionen auch bei der Absicherung von Sterblichkeits- bzw. Langlebigkeitsrisiken bzw. der Monetisierung zukünftiger Gewinne aus Lebensversicherungsportfolien eine Rolle.

(9) Insurance Derivatives sind i. d. R. ohne entschädigungsbezogenen Trigger ausgestaltet und entsprechen in ihrer Funktionsweise derivativen Finanzinstrumenten wie Optionsverträgen oder Futures bzw. Forwards/Swaps. Allerdings kann der Austausch versicherungstechnischer Zahlungsströme auch auf einem entschädigungsbezogenen Trigger basieren, so dass die jeweilige Transaktion als Rückversicherungsvertrag zu bilanzieren ist. Contingent-Capital-Transaktion führen zu einer temporären Ex-post-Kapitalbereitstellung nach Eintritt eines Schadenereignisses, das zu finanziellen Verlusten und Aktienkursrückgängen führte. Die Kapitalbereitstellung erfolgt typischerweise in Form von rückzahlbaren Vorzugsaktien oder Genussrechtskapital, da hier i. d. R. eine Anrechnung bei den aufsichtsrechtlichen Eigenmitteln möglich ist und zugleich die gesellschaftsrechtlichen Einflussmöglichkeiten der Investoren eingeschränkt sind.

(10) Der Einsatz von Alternativen Risikotransferinstrumenten ist eng mit der Frage der aufsichtsrechtlichen Zulässigkeit und ihrer Anrechnungsfähigkeit bei der Berechnung der Solvabilitätsspanne nach dem Versicherungsaufsichtsgesetz verknüpft. Während für Rückversicherer hinsichtlich der Zulässigkeit keine Einschränkungen existieren, solange die Transaktion mit dem Rückversicherungsgeschäft im Zusammenhang steht, ist für Erstversicherer nur der Einsatz von Insurance-Linked Securities mittels einer Versicherungszweckgesellschaft explizit erlaubt, da eine direkte Emission als unzulässige Fremdkapitalaufnahme ausgelegt werden könnte. Ebenso ist der Einsatz von Insurance Derivatives für Erstversicherungsunternehmen umstritten, da Derivate nach dem Gesetzeswortlaut nur für Zwecke des Kapitalmanagements verwendet werden dürfen. Contingent-Capital-Transaktionen können jedoch unter den Voraussetzungen des § 53c VAG auch bei Erstversicherungsunternehmen

eingesetzt werden. Für die Anrechnung bei der Soll-Solvabilität nach dem gegenwärtigen Aufsichtsrecht muss die Transaktion nach HGB als ein (Rück-)Versicherungsvertrag bilanziert werden, was von den analysierten Alternativen Risikotransferinstrumenten nur auf als Principal-at-Risk-Transaktionen ausgestaltete Insurance-Linked Securities mit entschädigungsbezogenem Trigger zutrifft. Unter dem geplanten Aufsichtsrecht Solvency II sollen sämtliche Risikominderungstechniken berücksichtigt werden dürfen, sofern der Risikotransfer effektiv ist. Dies verlangt, dass das Basisrisiko nicht wesentlich sein darf, bedeutet jedoch auch, dass sich – im Gegensatz zum derzeit gültigen Aufsichtsrecht – nicht entschädigungsbezogene Trigger wie bspw. Modellschadentrigger, die nachweislich eine hohe Korrelation zu den abzusichernden Risiken aufweisen, sich mindernd auf das vorzuhaltende Solvenzkapital auswirken können.

(11) Die Bilanzierung von Insurance-Linked Securities richtet sich entscheidend danach, ob erstens ein entschädigungsbezogener Trigger oder ein nicht entschädigungsbezogener Trigger eingesetzt wird und ob zweitens im Fall des Eintritts des versicherten Ereignisses das Kapital und die zukünftigen Zinsen (Principal at Risk) oder nur die Zinsen (Coupon at Risk) unter Risiko stehen oder der Kapitalbetrag zeitverzögert, jedoch sicher zurückgezahlt werden muss und Zinsen nur bis zum Eintritt des Schadenereignisses anfallen (Payment deferred Bond).

(12) Bilanzierung einer Principal-at-Risk-Transaktion mit entschädigungsbezogenem Trigger: Ein Principal at Risk mit entschädigungsbezogenem Trigger stellt sowohl im Vertragsverhältnis zwischen Sponsor und Versicherungszweckgesellschaft als auch im Vertragsverhältnis zwischen Sponsor und Investoren bei wirtschaftlicher Betrachtung einen Rückversicherungsvertrag dar, da jeweils sowohl Zahlungshöherisiko als auch Zahlungszeitpunktrisiko auf die Investoren übertragen wird. Die Zinszahlungen repräsentieren in diesem Fall die Rückversicherungsprämie. Das Vertragsverhältnis zwischen Sponsor und Versicherungszweckgesellschaft wird wie ein traditioneller Rückversicherungsvertrag bilanziert. Die Bilanzierung der vom Eintritt des Schadenfalls abhängigen Verpflichtung zur Rückzahlung von Kapital und Zinsen an die Investoren ist nach HGB in hohem Maße von der Beurteilung der Wahrscheinlichkeit der Existenz der Verpflichtung abhängig. Es kommen eine Bilanzierung als Rückstellung für ungewisse Verbindlichkeiten – bei der jedoch der versicherungstechnische Gehalt der Transaktion nicht deutlich wird – oder eine Bilanzierung als „Depotverbindlichkeit für das in Rückdeckung gegebene Versicherungsgeschäft" – durch die der Unsicherheitscharakter der Transaktion nicht deutlich wird – in Betracht. Da eine Bilanzierung als Verbindlichkeit die quasi sichere Existenz der Verpflichtung unterstellt, die jedoch aufgrund ihrer Schadenverlaufsabhängigkeit nicht gegeben ist, besteht ein Konflikt zwischen dem korrekten Ausweis in einem versicherungstechnischen Posten und der korrekten Bilanzierung als Rückstellung für ungewisse Verbindlichkeiten. Bei einer Bilanzierung als Rückstellung für

ungewisse Verbindlichkeiten stellt sich zusätzlich das Problem, dass die Bildung aufwandswirksam – und nicht erfolgsneutral gegen den vereinnahmten Emissionserlös wie bei der Bilanzierung als Verbindlichkeit – erfolgt und somit auch die Vereinnahmung des Emissionserlöses ertragswirksam verbucht werden müsste, um den Vorgang durch Neutralisation der Aufwendungen durch entsprechende Erträge im Ergebnis erfolgsneutral zu halten. Da jedoch nach HGB Rückstellungen mit einer Laufzeit von mehr als einem Jahr abzuzinsen sind, entsteht im Zeitpunkt der Emission ein Gewinn, der über die Laufzeit durch einen periodischen Aufzinsungsaufwand ausgeglichen wird. Der Ausweis eines Gewinns im Emissionszeitpunkt würde aber im Widerspruch zum handelsrechtlichen Realisationsprinzip stehen. Für die Investition des Emissionserlöses bietet sich eine Anlage in Namensschuldverschreibungen an, die unter Beachtung der Anschaffungskostenrestriktion nach den für das Umlaufvermögen geltenden Vorschriften bilanziert wird. Durch die in IFRS 4 eingeräumte Möglichkeit, bisher angewandte Bilanzierungsmethoden fortzuführen, kann die Verpflichtung nach dem derzeitigen Regelungsstand auch nach IFRS als Depotverbindlichkeit bilanziert werden. Wird von dieser Möglichkeit nicht Gebrauch gemacht, würde die Bilanzierung der Verpflichtung als Rückstellung nach IAS 37 erfolgen, wobei in diesem Fall die Bildung ebenfalls aufwandswirksam und der Emissionserlös ertragswirksam zu verbuchen wären. Aus ED/2013/7 lässt sich entnehmen, dass der zukünftige Rechnungslegungsstandard für alle Arten von Versicherungsverträgen gelten soll, was darauf schließen lässt, dass bei dem risikotransferierenden Unternehmen ein versicherungstechnischer Vermögenswert (Reinsurance Asset, Reinsurance Contract held) zu aktivieren ist, der aus den diskontierten Zahlungsströmen, einer Risikoanpassung und einer Servicemarge besteht. Ein solcher Vermögenswert aus der Verbriefungstransaktion impliziert jedoch, dass die Kapitalbereitstellung seitens der Investoren wirtschaftlich betrachtet lediglich als Sicherheitsleistung zu werten ist, und nicht bereits als Entschädigungsleistung bei Eintritt des Schadenereignisses. Ansonsten dürfte kein versicherungstechnischer Vermögenswert, der Ansprüche aus der Transaktion repräsentiert, bilanziert werden, da solche Ansprüche dann nicht bestehen würden Der versicherungstechnische Vermögenswert ist im Zugangszeitpunkt i. H. d. geleisteten Rückversicherungsprämie anzusetzen, die in diesem Zeitpunkt null beträgt, da die Rückversicherungsprämie in Form des Basis- und Bonuszinses erst nachschüssig gezahlt wird. Folglich wird im Zugangszeitpunkt der risikoangepasste Barwert der erwarteten Zahlungsmittelzuflüsse aus der Rückversicherungsbeziehung durch die Servicemarge auf null reduziert. Die Amortisierung der Servicemarge wird in den Folgeperioden aufwandswirksam gegen den versicherungstechnischen Vermögenswert verbucht, während die abgegebenen Rückversicherungsprämien in Form der periodischen Zinszahlungen erfolgsneutral gegen den versicherungstechnischen Vermögenswert gebucht werden. Die Bilanzierung der Kapitalanlage erfolgt nach IFRS zum beizulegenden Zeitwert, wobei sich Wertänderungen in Abhängigkeit der gewählten Bewertungskategorie erfolgswirksam bzw. erfolgsneutral niederschlagen.

(13) Bilanzierung einer Coupon-at-Risk-Transaktion mit entschädigungsbezogenem Trigger: Ein Coupon at Risk stellt – unabhängig davon, ob mit einem entschädigungsbezogenen oder einem nicht entschädigungsbezogenen Trigger ausgestattet – weder im Vertragsverhältnis zwischen Sponsor und Versicherungszweckgesellschaft noch im Vertragsverhältnis zwischen Versicherungszweckgesellschaft und Investoren einen Rückversicherungsvertrag dar, da durch ihn kein Zahlungszeitpunktrisiko im Sinne einer zeitnahen Entlastung durch die Investoren im Schadenfall erfolgt. Handelsrechtlich sind bei Coupon-at-Risk-Transaktionen mit einem entschädigungsbezogenen Trigger die Zinszahlungen von der Versicherungszweckgesellschaft an die Investoren in einen Bonuszins und Basiszins aufzuteilen: Der Bonuszins ist unter „Sonstige versicherungstechnische Aufwendungen" auszuweisen, der Basiszins unter „Sonstige Aufwendungen". Da beide Zinskomponenten schadenverlaufsabhängig sind, sind sie in einer Rückstellung für ungewisse Verbindlichkeiten zu akkumulieren. Die Verpflichtung zur Rückzahlung des Kapitalbetrags ist jedoch sicher und somit als „Sonstige Verbindlichkeit" zu bilanzieren. Die Prämienzahlungen des Sponsors im Vertragsverhältnis zwischen Sponsor und Versicherungszweckgesellschaft sind aufgrund des nicht signifikanten Risikotransfers insgesamt als „Sonstige versicherungstechnische Aufwendungen" und nicht als „Abgegebene Rückversicherungsbeiträge" wie bei einer Principal-at-Risk-Transaktion auszuweisen. Für die Investition des Emissionserlöses bieten sich Namensschuldverschreibungen an, die nach den für das Anlagevermögen geltenden Vorschriften zu fortgeführten Anschaffungskosten oder zum Nennwert bilanziert werden. Da auch bei einer Bilanzierung nach IFRS durch eine Coupon-at-Risk-Transaktion kein Versicherungsrisiko übertragen wird, sieht IFRS 4 eine Bilanzierung der Verpflichtung aus der Verbriefungstransaktion nach den Vorschriften des Deposit Accounting vor, wonach die geschuldeten Rückversicherungsprämien i. H. d. Betrags zu aktivieren sind, für die noch kein Rückversicherungsschutz erbracht wurde. Dies impliziert, dass die Prämien vorschüssig geleistet werden. Bei einer Verbriefungstransaktion entspricht der Bonuszins der Prämie, wobei der Bonuszins im Unterschied zur Prämie erst nachschüssig am Periodenende fällig wird, so dass die Regeln des Deposit Accounting in diesem Fall nicht anwendbar sind. Der Bonuszins könnte daher erfolgswirksam als „Sonstige versicherungstechnische Aufwendungen" ausgewiesen werden, während der Basiszins als Entgelt für die Kapitalbereitstellung „Sonstige nicht versicherungstechnische Aufwendungen" repräsentiert. Der unabhängig vom Eintritt des Schadenereignisses zurückzuzahlende Kapitalbetrag ist als finanzielle Verbindlichkeit nach IAS 39 bzw. IFRS 9 zu bilanzieren. Die Vorschläge des ED/2013/7 lassen ein im Vergleich zur gegenwärtigen Situation geändertes Risikoverständnis erkennen. Demnach sind auch Coupon-at-Risk-Transaktionen als Rückversicherungsverträge zu bilanzieren, sofern

ein signifikanter Verlust aus der Transaktion droht. Dabei ist lediglich, wie nach IFRS 4 (Phase I) bereits der Fall, zu prüfen, ob in Szenarien mit wirtschaftlicher Bedeutung ein signifikanter Verlust entstehen kann, wobei für die Bestimmung des signifikanten Verlusts der Zeitwert des Geldes bei der Bestimmung des Barwerts der geschätzten Zahlungsmittelabflüsse und -zuflüsse zu berücksichtigen ist. Der Wegfall der Zinszahlungen aus einer Coupon-at-Risk-Transaktion könnte einen solchen signifikanten Verlust bedeuten. Das Zahlungszeitpunktrisiko wird dann lediglich quantitativ ausgelegt und auf den Zeitwert des Geldes reduziert. Dies könnte zukünftig dazu führen, dass im Gegensatz zu der bisherigen Situation, bei der eine qualitative Beurteilung der Existenz von Zahlungshöhe- und Zahlungszeitpunktrisiko erfolgt, zukünftig mehr Verbriefungstransaktionen als Rückversicherung zu bilanzieren sind.

(14) Bilanzierung von Insurance-Linked Securities mit nicht entschädigungsbezogenem Trigger: Bei Insurance-Linked Securities mit einem nicht entschädigungsbezogenen Trigger liegt unabhängig von der Ausgestaltung als Principal at Risk bzw. Coupon at Risk kein Rückversicherungsvertrag vor, da die Entschädigung von der Realisierung einer definierten Indexvariablen und nicht von den tatsächlichen Schäden abhängt. Es liegt somit kein versicherbares Interesse vor. Insofern handelt sich bei dem Vertragsverhältnis zwischen Sponsor und Versicherungszweckgesellschaft um ein Optionsgeschäft und bei dem Vertragsverhältnis zwischen der Versicherungszweckgesellschaft und Investoren um ein strukturiertes Finanzinstrument. Bei dem Sponsor wird das Optionsrecht nach HGB als „Sonstiger Vermögensgegenstand" und nach IFRS als derivatives Finanzinstrument unter „Kapitalanlagen des Handelsbestands" bilanziert. Bei einer Principal-at-Risk-Transaktion werden die Komponenten des strukturierten Finanzinstruments – Optionsrecht und Anleihe – nach HGB und IFRS getrennt voneinander bilanziert. Aufgrund der nachschüssigen Zahlung der Bonuszinsen wird das Optionsrecht nach HGB mit dem Barwert der erwarteten Bonuszinsen erfolgsneutral gegen eine korrespondierende Bonuszinsverbindlichkeit, die mit dem Erfüllungsbetrag bewertet wird, und einen aktiven Rechnungsabgrenzungsposten (Disagio), der den Differenzbetrag widerspiegelt, angesetzt. Nach IFRS hat die Bewertung zum beizulegenden Zeitwert zu erfolgen. Da im Zugangszeitpunkt die Anschaffungskosten – die i. d. R. in diesem Zeitpunkt dem beizulegenden Zeitwert entsprechen – null betragen und daher von dem beizulegenden Zeitwert abweichen, ist die Differenz in Abhängigkeit der angewandten Bewertungshierarchie zur Bestimmung des beizulegenden Zeitwerts erfolgswirksam zu erfassen oder zunächst erfolgsneutral abzugrenzen und in den Folgeperioden erfolgswirksam aufzulösen. Bei einer Coupon-at-Risk-Transaktion erfolgt nach HGB eine einheitliche Bilanzierung, so dass die Basis- und Bonuszinsen erfolgswirksam verbucht werden. Die Anleiheverbindlichkeit wird über die Laufzeit hinweg mit ihrem Erfüllungsbetrag angesetzt. Bei einer Coupon-at-Risk-Transaktion nach IFRS werden das Optionsrecht und die Anleiheverbindlichkeit wie bei

der entsprechenden Principal-at-Risk-Transaktion getrennt voneinander bilanziert. Bei der Bilanzierung der Kapitalanlage besteht kein Unterschied zur jeweiligen Bilanzierung mit entschädigungsbezogenem Trigger.

(15) Bilanzierung von Insurance Derivatives: Bei Insurance Derivatives hängt die Bilanzierung davon ab, ob die Transaktion mit oder ohne entschädigungsbezogenen Trigger ausgestaltet ist. Ist kein entschädigungsbezogener Trigger involviert, handelt es sich nach HGB und IFRS um derivative Finanzinstrumente in Form von Optionen, Futures, Forwards oder Swaps. Die Entschädigung hängt dabei von einer Variablen ab, die für das jeweilige Unternehmen nicht spezifisch ist. Handelsrechtlich bleiben Derivate aufgrund ihres Charakters als schwebende Geschäfte grundsätzlich außer Ansatz. Allerdings sind Optionsrechte aufgrund ihrer Vermögensgegenstandeigenschaft aus Sicht des Rechteerwerbers zu aktivieren. Ebenso sind Upfront Payments bei Forward- oder Swap-Transaktionen abzugrenzen. Bei Futures sind die Initial Margins als geleistete Sicherheitsleistungen zu aktivieren und Variation Margins, die Bewertungsunterschiede im Zeitverlauf ausgleichen, erfolgswirksam zu erfassen. Während bei einer Bilanzierung nach HGB die Bilanzierung typischerweise nach dem strengen Niederstwertprinzip unter Beachtung der Anschaffungskostenrestriktion erfolgt, sind derivative Finanzinstrumente nach IFRS mit dem beizulegenden Zeitwert zu bewerten, wobei sich positive wie negative Wertänderungen gleichermaßen in der Gewinn- und Verlustrechnung niederschlagen. Da der beizulegende Zeitwert von Insurance Derivatives in den meisten Fällen nicht auf aktiven Märkten beobachtbar ist, sind entweder auf aktiven Märkten beobachtbare Inputfaktoren für die Bewertung heranzuziehen oder, wenn selbst diese nicht vorliegen, anerkannte Methoden und Modelle, die eine verlässliche Ermittlung des beizulegenden Zeitwerts gewährleisten. Problematisch ist dabei, dass für Insurance Derivatives mit versicherungstechnischem Basiswert solche anerkannten Bewertungsmethoden und -modelle nicht existieren, da akzeptierte Optionsbewertungsmodelle nicht auf Versicherungsoptionen mit versicherungstechnischem Basiswert anwendbar sind, da diese auf Annahmen beruhen, die für Versicherungsoptionen nicht zutreffen. Die US-GAAP umgehen diese Bewertungsfrage, indem für nicht börsengehandelte Wetterderivate unter bestimmten Voraussetzungen nicht der beizulegende Zeitwert für die Bewertung maßgeblich ist, sondern der Intrinsic Value. Der Intrinsic Value würde dem beizulegenden Zeitwert entsprechen, wenn der Zeitwert der Option, der die Erwartung über die zukünftigen Wertentwicklungen ausdrückt, null beträgt. Kombinationen von Insurance Derivatives mit entschädigungsbezogenem und nicht entschädigungsbezogenem Trigger, wie im Fall von Industry Loss Warranties, erfüllen nach IFRS die Definition für einen Rückversicherungsvertrag, während die Transaktion nach HGB aufgrund des üblicherweise verbleibenden Basisrisikos und der damit verbundenen Nichtanrechenbarkeit im Rahmen der Soll-Solvabilität nicht als Rückversicherungsvertrag, sondern als Finanzinstrument zu bilanzieren ist.

(16) Bilanzierung von Contingent Capital: Contingent-Capital-Transaktionen stellen eine zeitlich begrenzte Zuführung von liquiden Mitteln dar, um ein Abschmelzen der Kapitalbasis durch finanzielle Verluste bei gleichzeitigen Aktienkurseinbrüchen und hohen Entschädigungszahlungen im Nachgang eines Katastrophenereignisses zu vermeiden. Um die Anteilseignerstruktur nicht zu beeinträchtigen, wird dies häufig durch die Emission stimmrechtsloser Vorzugsaktien oder Genussrechtskapital erreicht. Beide Varianten der Kapitalaufnahme haben den Vorteil, dass sie die bestehenden Eigentümerverhältnisse nicht verändern, jedoch aufsichtsrechtlich geeignet sind, als Eigenmittel berücksichtigt werden zu können. Ebenso könnte eine Vereinbarung vorsehen, bereits aufgenommenes Fremdkapital auf Wunsch des Emittenten bei Eintritt des Schadenereignisses in Genussrechtskapital zu wandeln. In bilanzieller Hinsicht handelt es sich dabei nicht um einen Rückversicherungsvertrag, da bei Eintritt des definierten Schadenereignisses keine Entschädigung für die Verluste durch die Investoren erfolgt, sondern diese im Gegenzug für die Kapitalbereitstellung selbst eigene gesellschafterähnliche Ansprüche in Form von stimmrechtslosen Vorzugsaktien oder Genussrechtskapital erwerben. Im Gegensatz zu Insurance Derivatives, bei denen der Basiswert selbst versicherungstechnischer Natur ist, ist der Basiswert bei Contingent Capital das aufzunehmende Kapital selbst. Die stimmrechtslosen Vorzugsaktien werden dann als Eigenkapital (HGB) oder Fremdkapital (IFRS) bilanziert. Genussrechtskapital stellt unabhängig von seinem Charakter als Eigen- oder Fremdkapital eine eigene Bilanzposition dar (HGB) bzw. ist aufgrund der bestehenden Kapitalrückzahlungsverpflichtung als Fremdkapital zu qualifizieren (IFRS). Das Optionsrecht zur Emission von Vorzugsaktien bzw. Aufnahme von Genussrechtskapital stellt nach HGB und IFRS einen getrennt zu bilanzierenden Vermögensgegenstand bzw. -wert dar und ist nicht als Eigenkapitalinstrument zu qualifizieren.

(17) In Abhängigkeit der Klassifizierung der Transaktion als Rückversicherung bzw. Finanzinstrument sind v. a. bei einer Bilanzierung nach IFRS umfangreiche Anhangangaben nach IFRS 4 bzw. ED/2013/7 einerseits bzw. IFRS 7 andererseits erforderlich. Diese Angaben beziehen sich jedoch nicht explizit auf Alternative Risikotransferinstrumente, so dass die Art und der Umfang von Informationen hierzu im Ermessen des bilanzierenden Versicherungsunternehmens liegen.

(18) Die Analyse der Bilanzierungsvorschriften zeigt in vielen Fällen, dass mangels konkreter Vorgaben in Gesetz oder Rechnungslegungsstandards für die Bilanzierung Alternativer Risikotransferinstrumente Managemententscheidungen erforderlich sind, die Ermessens- und Gestaltungsspielräume eröffnen, die wiederum eine tatsachengetreue Darstellung der Berichterstattung und die Entscheidungsrelevanz der Informationen beeinflussen.

(19) Der Einsatz Alternativer Risikotransferinstrumente kann das Ziel der Unternehmenswertsteigerung unterstützen, da er dazu beitragen kann, das vorzuhaltende Risikokapital zu senken. Bei Insurance-Linked Securities wirken

sich insbesondere die Eliminierung des Gegenparteiausfallrisikos und der Einsatz nicht entschädigungsbezogener Trigger, da durch ihn gemäß der Principal-Agent-Theorie Informationsasymmetrien reduziert werden können, positiv auf die Kapitalkosten aus. Ebenso können Kombinationen aus entschädigungsbezogenen und nicht entschädigungsbezogenen Triggern die Kapitalkosten mindern, da durch sie – wie bei Formen der strukturierten Rückversicherung – ein Risiko diversifizierender Effekt erzielt werden kann. Ein wichtiger Aspekt beim Einsatz von Insurance-Linked Securities ist ihre Anrechnungsfähigkeit bei dem aufsichtsrechtlich vorzuhaltenden Kapital (Soll-Solvabilität). Vor diesem Hintergrund empfiehlt es sich aus Sicht des Sponsors, die Transaktion als Principal-at-Risk auszugestalten, da durch sie signifikantes Versicherungsrisiko übertragen wird und das vorzuhaltende Solvenzkapital gemindert werden kann. Bei Coupon-at-Risk-Transaktionen und Verbriefungstransaktionen mit nicht entschädigungsbezogenem Trigger ist dies nach dem gegenwärtigen Aufsichtsrecht nicht möglich. Zudem sind für Erstversicherungsunternehmen, die dem deutschen Versicherungsaufsichtsgesetz unterliegen, indirekte Verbriefungstransaktionen zu empfehlen, da Verträge mit Versicherungszweckgesellschaften explizit als Rückversicherung qualifiziert werden, während dies für direkte Verbriefungstransaktionen weniger eindeutig geregelt ist. Insurance Derivatives besitzen i. d. R. einen nicht entschädigungsbezogenen Trigger und sind daher ebenso wenig wie Contingent-Capital-Transaktionen geeignet, die Soll-Solvabilität zu mindern. Jedoch können stimmrechtslose Vorzugsaktien und Genussrechtskapital unter bestimmten Voraussetzungen die Eigenmittel (Ist-Solvabilität) erhöhen. Durch das geplante Aufsichtsrecht Solvency II sind weitere Impulse für die Entwicklung Alternativer Risikotransferinstrumente zu erwarten, da sämtliche Risikominderungstechniken zulässig sein sollen, die Solvenzkapitalanforderung zu mindern, sofern der Risikotransfer effektiv ist. Dies erfordert eine nachweislich hohe Korrelation zwischen dem abzusichernden Risiko und den bedingten Kompensationszahlungen, jedoch keine vollständige Eliminierung des Basisrisikos. Aus Sicht des Gesetzgebers bzw. Standardsetters ergibt sich Handlungsbedarf für die Bereitstellung von Hinweisen bzw. Anwendungsleitlinien für die Bilanzierung von Alternativen Risikotransferinstrumenten, um Entscheidungs- und Ermessensspielräume zu minimieren. Aus der Perspektive der Jahresabschlussadressaten lassen sich Handlungsempfehlungen nur schwer ableiten, was darin begründet liegt, dass sowohl im Ausweis in Bilanz und Gewinn- und Verlustrechnung als auch im Anhang keine Informationen explizit zu Alternativen Risikotransferinstrumenten gefordert werden und Art und Umfang der bereitgestellten Informationen auf der Freiwilligkeit des bilanzierenden Unternehmens beruhen.

(20) Wie sich die Entwicklungen im europäischen Versicherungsaufsichtsrecht, die geplanten Regelungen für die Bilanzierung von Versicherungsverträgen und volkswirtschaftliche Entwicklungen auf die Entwicklung Alternativer

Risikotransferinstrumente weiterhin auswirken werden, bleibt abzuwarten. Anzunehmen ist jedoch, dass Alternative Risikotransferinstrumente ihren Stellenwert als Ergänzung zu traditionellen Rückversicherungslösungen im Rahmen des Risikomanagements von Versicherungsunternehmen weiter ausbauen werden. Dass Alternative Risikotransferinstrumente traditionelle Rückversicherungslösungen vollständig ersetzen werden, ist jedoch nicht zu erwarten, so dass die Prognose von ALBRECHT / SCHRADIN (1998) nach wie vor Gültigkeit besitzt:

> „Durch Verbriefung von Versicherungsrisiken kann Rückversicherung nur in begrenztem Ausmaß substituiert werden, der langfristig angelegte Kernbereich der Rückversicherung bleibt unberührt; die Verbriefung von Versicherungsrisiken stellt – nachhaltige Marktentwicklung vorausgesetzt – ein wertvolles neues Risikomanagement-Instrumentarium zur Verfügung, das komplementär zur Rückversicherung wirkt."[822]

822 ALBRECHT / SCHRADIN (1998), S. 606.

Literaturverzeichnis

ADENA, INSA / HARTWIG, KATHARINA / RINDERMANN, GEORG [ADENA / HARTWIG / RINDERMANN (2009)]: Insurance-Linked Securities as Part of advanced Risk Intermediation, in: Barrieu, Pauline / Albertini, Luca: The Handbook of Insurance-Linked Securities, Chichester 2009, S. 21-28.

ADLER, HANS / DÜRING, WALTHER / SCHMALTZ, KURT [ADLER / DÜRING / SCHMALTZ (1995)]: § 246 HGB, in: Adler, Hans / Düring, Walther / Schmaltz, Kurt (Hrsg.): Rechnungslegung und Prüfung der Unternehmen – Kommentar zum HGB, AktG, GmbHG, PublG nach den Vorschriften des Bilanzrichtlinien-Gesetzes, 6. Aufl., Stuttgart 1995.

ALBERTINI, LUCA [ALBERTINI (2009a)]: The Investor Perspective (Non-Life), in: Barrieu, Pauline / Albertini, Luca: The Handbook of Insurance-Linked Securities, Chichester 2009, S. 117-130.

ALBERTINI, LUCA [ALBERTINI (2009b)]: The Investor Perspective (Life), in: Barrieu, Pauline / Albertini, Luca: The Handbook of Insurance-Linked Securities, Chichester 2009, S. 229-243.

ALBRECHT, PETER / KÖNIG, ALEXANDER / SCHRADIN, HEINRICH R. [ALBRECHT / KÖNIG / SCHRADIN (1994)]: Katastrophenversicherungs-Terminkontrakte: Eine Finanzinnovation und ihre Bedeutung für die (Rück-)Versicherung von Katastrophenrisiken, in: ZVersWiss, 83. Jg. (1994), Nr. 4, S. 633-682.

ALBRECHT, PETER / SCHRADIN, HEINRICH R. [ALBRECHT / SCHRADIN (1998)]: Alternativer Risikotransfer – Verbriefung von Versicherungsrisiken, in: ZVersWiss, 87. Jg. (1998), Nr. 4, S. 573-610.

ALBRECHT, PETER / SCHWAKE, EDMUND [ALBRECHT / SCHWAKE (1988)]: Risiko, Versicherungstechnisches Risiko, in: Farny, Dieter / Helten, Elmar / Koch, Peter / Schmidt, Reiner: Handwörterbuch der Versicherung, Karlsruhe 1988, S. 651-657.

ALLIANZ [ALLIANZ (2011)]: Allianz Gruppe Geschäftsbericht 2011.

ALVES, WINFRIED [ALVES (2011)]: Reporting nach US-GAAP – Nach der neuen Accounting Standard Codification (ASC), 2. Aufl., Weinheim 2011.

ANDERS, STEPHAN [ANDERS (2005)]: Insurance-Linked Securities – eine Analyse der Einsatzmöglichkeiten als Finanzierungsinstrumente für Sach- und Lebensversicherungsunternehmen, Wiesbaden 2005.

ANGERER, AUGUST (1988) [ANGERER (1988)]: Rechnungslegung, in: Farny, Dieter / Helten, Elmar / Koch, Peter / Schmidt, Reiner (Hrsg.): Handwörterbuch der Versicherung, Karlsruhe 1988, S. 593-603.

Aon Benfield [Aon Benfield (2013)]: Insurance-Linked Securities – Capital Revolution – ILS Market Expands to New Heights 2013, o. O. 2013.

Arhold, Thorsten [Arhold (2008)]: VAG-Novelle – Aufsichtsrechtlicher Rahmen für Verbriefung von Versicherungsrisiken, in: BaFin Journal, o. Jg. (2008), Nr. 1, S. 7-12.

Arrow, Kenneth Joseph [Arrow (1970)]: Essays in the theory of risk-bearing, Amsterdam, London 1970.

Asche, Benjamin / Hartung, Thomas [Asche / Hartung (2011)]: Auswirkungen von IFRS 4 Phase II und IFRS 9 auf die Ergebnisse von Versicherungsunternehmen – eine Analyse der heutigen und künftigen Ergebnisvolatilität, in: WPg, 64. Jg. (2011), Nr. 24, S. 1187-1199.

Bae, Taehan / Kim, Changki / Kulperger, Reginald J. [Bae / Kim / Kulperger (2009)]: Securization of Motor Insurance Loss Rate Risks, in: Insurance – Mathematics and Economics, 44. Jg. (2009), Nr. 1, S. 48-58.

Baetge, Jörg / Fey, Dirk / Fey, Gerd / Klönne, Henner [Baetge et al. (2012a)]: § 243 HGB Aufstellungsgrundsatz, in: Küting, Karlheinz / Pfitzer, Norbert / Weber, Robert (Hrsg.): Handbuch der Rechnungslegung Einzelabschluss – Kommentar zur Bilanzierung und Prüfung, 5. Aufl., o. O. 2012.

Baetge, Jörg / Kirsch, Hans-Jürgen / Thiele, Stefan [Baetge / Kirsch / Thiele (2012)]: Kapitel 4 Grundsätze ordnungsmäßiger Buchführung, in: Küting, Karlheinz / Pfitzer, Norbert / Weber, Robert (Hrsg.): Handbuch der Rechnungslegung Einzelabschluss – Kommentar zur Bilanzierung und Prüfung, 5. Aufl., o. O. 2012.

Baetge, Jörg / Kirsch, Hans-Jürgen / Wollmert, Peter / Brüggemann, Peter [Baetge et al. (2012b)]: Kapitel II – Grundlagen der IFRS-Rechnungslegung, in: Baetge, Jörg / Wollmert, Peter / Kirsch, Hans-Jürgen / Oser, Peter / Bischof, Stefan (Hrsg.): Rechnungslegung nach IFRS – Kommentar auf der Grundlage des deutschen Bilanzrechts, 2. Aufl., Stuttgart 2012.

Ballwieser, Wolfgang [Ballwieser (2013a)]: HGB § 243 Aufstellungsgrundsatz, in: Schmidt, Karsten / Ebke, Werner (Hrsg.): Münchener Kommentar zum Handelsgesetzbuch, Bd. 4, 3. Aufl., München 2013.

Ballwieser, Wolfgang [Ballwieser (2013b)]: HGB § 246 Vollständigkeit, Verrechnungsverbot, in: Schmidt, Karsten / Ebke, Werner (Hrsg.): Münchener Kommentar zum Handelsgesetzbuch, Bd. 4, 3. Aufl., München 2013.

Ballwieser, Wolfgang [Ballwieser (2013c)]: HGB § 253 Zugangs- und Folgebewertung, in: Schmidt, Karsten / Ebke, Werner (Hrsg.): Münchener Kommentar zum Handelsgesetzbuch, Bd. 4, 3. Aufl., München 2013.

Ballwieser, Wolfgang [Ballwieser (2009)]: IFRS-Rechnungslegung – Konzept, Regeln und Wirkungen, München 2009.

Ballwieser, Wolfgang [Ballwieser (2008a)]: HGB § 243 Aufstellungsgrundsatz, in: Schmidt, Karsten (Hrsg.): Münchener Kommentar zum Handelsgesetzbuch, Bd. 4, 2. Aufl., München 2008.

Ballwieser, Wolfgang [Ballwieser (2008b)]: HGB § 249 Rückstellungen, in: Schmidt, Karsten (Hrsg.): Münchener Kommentar zum Handelsgesetzbuch, Bd. 4, 2. Aufl., München 2008.

Ballwieser, Wolfgang [Ballwieser (2004)]: Unternehmensbewertung – Prozeß, Methoden und Probleme, Stuttgart 2004.

Ballwieser, Wolfgang [Ballwieser (2002)]: Informations-GoB – auch im Lichte von IAS und US-GAAP, in: KoR, 2. Jg. (2002), Nr. 3, S. 115-121.

Banks, Erik [Banks (2004)]: Alternative Risk Transfer – Integrated Risk Management through Insurance, Reinsurance and the Capital Markets, Chichester 2004.

Barrieu, Pauline / Loubergé, Henri [Barrieu / Loubergé (2009)]: Hybrid Cat Bonds, in: The Journal of Risk and Insurance, 76. Jg. (2009), Nr. 3, S. 547-578.

Barz, Katja / Weigel, Wolfgang [Barz / Weigel (2011)]: Abbildung von Sicherungsbeziehungen: Von IAS 39 über § 254 HGB zu IFRS 9 – eine Annäherung an das Risikomanagement für Kreditinstitute, in: IRZ, 6. Jg. (2011), Nr. 5, S. 227-239.

Bauer, Wolf Otto [Bauer (1998)]: Alternativer Risikotranfer – Finanzrückversicherung, in: ZVersWiss, 87. Jg. (1998), Nr. 4, S. 555-571.

Becker, Holger A. / Bracht Andrea [Becker / Bracht (1999)]: Katastrophen- und Wetterderivate – Finanzinnovationen auf der Basis von Naturkatastrophen und Wettererscheinungen, Wien 1999.

Beisse, Heinrich [Beisse (1988)]: Die Generalnorm des neuen Bilanzrechts, in: Knobbe-Keuk, Brigitte / Klein, Franz / Moxter, Adolf (Hrsg.): Handelsrecht und Steuerrecht – Festschrift für Dr. Dr. h. c. Georg Döllerer, Düsseldorf 1988, S. 24-44.

Bender, Klaus / Richter, Andreas [Bender / Richter (2003)]: Optimales Vertragsdesign bei moralischem Risiko in der Rückversicherung, in: ZVersWiss, 92. Jg. (2003), Nr. 3, S. 483-506.

Bender, Klaus / Nell, Martin / Winterhalder, Heike [Bender / Nell / Winterhalder (2000)]: Die Finanzierungsfunktion der Lebensrückversicherung, in: VW, 55. Jg. (2000), Nr. 3, S. 171-178.

Bertram, Klaus / Kessler, Harald [Bertram / Kessler (2012)]: IDW ERS HFA 34: Mehr Sicherheit bei der Bewertung unsicherer Schulden, in: DB, 64. Jg. (2012), Nr. 18, S. 985-990.

Bertsch, Andreas [Bertsch (2002)]: Zinsswaps im Jahresabschluss und in der Steuerbilanz, in: Eller, Roland / Gruber, Walter / Reif, Markus (Hrsg.): Risikomanagement und Risikocontrolling im modernen Treasury-Management, Stuttgart 2002, S. 449-473.

BERTSCHI, LJUDMILA / GINTSCHEL, ANDREAS / MUNARETTO NATHALIE [BERTSCHI / GINTSCHEL / MUNARETTO (2010)]: Absicherung von Langleberisiken einer Pensionskasse am Kapitalmarkt – Termingeschäfte mit Langlebigkeit entwicklen sich in Europa schnell, in: Der Schweizer Treuhänder, 84. Jg. (2010), Nr. 1-2, S. 41-47.

BIFFIS, ENRICO / BLAKE, DAVID [BIFFIS / BLAKE (2009)]: Mortality-Linked Securities and Derivatives, Working Paper 2009 (abrufbar unter http://ssrn.com / abstract=1340409, Abrufdatum: 19.2.2012).

BISCHOF, STEFAN / KLEEKÄMPER, HEINZ / KNORR, LIESEL / WENDLANDT, KLAUS [BISCHOF ET AL. (2012)]: IAS 1 Darstellung des Abschlusses (Presentation of Financial Statements), in: Baetge, Jörg / Wollmert, Peter / Kirsch, Hans-Jürgen / Oser, Peter / Bischof, Stefan (Hrsg.): Rechnungslegung nach IFRS – Kommentar auf der Grundlage des deutschen Bilanzrechts, 2. Aufl., Stuttgart 2012.

BITTERLIN, OLIVIER [BITTERLIN (2003)]: Derivative Finanzinstrumente im Jahresabschluss – Theoretische Grundlagen und aktuelle Entwicklungen in der Rechnungslegung, Dissertation Universität Zürich 2003.

BLAKE, DAVID / BURROWS, WILLIAM [BLAKE / BURROWS (2001)]: Survivor Bonds – Helping To Hedge Mortality Risk, in: The Journal of Risk and Insurance, 68. Jg. (2001), Nr. 2, S. 339-348.

BLAKE, DAVID / CAIRNS, ANDREW / DOWD, KEVIN [BLAKE / CAIRNS / DOWD (2006)]: Living with mortality – Longevity bonds and other mortality-linked securities, in: British Actuarial Journal, 12. Jg. (2006), Nr. 1, S. 153-228.

BLAKE, DAVID / CAIRNS, ANDREW / DOWD, KEVIN / MACMINN, RICHARD [BLAKE ET AL. (2006)]: Longevity Bonds – Financial Engineering, Valuation, and Hedging, in: Journal of Risk and Insurance, 73. Jg. (2006), Nr. 4, S. 647-672.

BLAKE, DAVID / DE WAEGENAERE, ANJA / MACMINN, RICHARD / NIJMAN, THEO [BLAKE ET AL. (2010)]: Longevity risk and capital markets – The 2008-2009 update, in: Insurance – Mathematics and Economics, 46. Jg. (2010), Nr. 1, S. 135-138.

BÖCKEM, HANNE / STIBI, BERND / ZOEGER, OLIVER [BÖCKEM / STIBI / ZOEGER (2011)]: IFRS 10 „Consolidated Financial Statements“ – Droht eine grundlegende Revision des Konsolidierungskreises?, in: KoR 11. Jg. (2011), Nr. 9, S. 399-409.

BOHM, THOMAS / WALDVOGEL, FELIX [BOHM / WALDVOGEL (2012)]: Etablierung eines außerbörslichen Kapitalmarktes für das Langlebigkeitsrisiko, in: Corporate Finance biz, 3. Jg. (2012), Nr. 7, S. 343-352.

BRAGG, STEVEN M. [BRAGG (2010)]: GAAP 2011 – Interpretation and Application of Generally Accepted Accounting Principles, New Jersey 2010.

Breker, Norbert [Breker (1993)]: Optionsrechte und Stillhalterverpflichtungen im handelsrechtlichen Jahresabschluß, Düsseldorf 1993.

Brösel, Gerrit / Olbrich, Michael / Zündorf, Horst [Brösel / Olbrich / Zündorf (2012)]: HGB § 253 Zugangs- und Folgebewertung, in: Küting, Karlheinz / Pfitzer, Norbert / Weber, Robert (Hrsg.): Handbuch der Rechnungslegung – Einzelabschluss – Kommentar zur Bilanzierung und Prüfung, 5. Aufl., Stuttgart 2012.

Brookes, Ben [Brookes (2009)]: Risk Modelling and the Role and Benefits of Cat Indices, in: Barrieu, Pauline / Albertini, Luca: The Handbook of Insurance-Linked Securities, Chichester 2009, S. 83-100.

Bundesanstalt für Finanzdienstleistungsaufsicht BaFin [BaFin (2008)]: Statistik der BaFin '06 / 07 – Rückversicherungsunternehmen (Gesamtdokument), 2. Juli 2008 (abrufbar unter www.bafin.de/DE/DatenDokumente/ Dokumentlisten/ ListeStatistiken/liste_statistiken_node.html, Abrufdatum: 23.12.2012).

Bundesaufsichtsamt für das Versicherungswesen [BAV (2000)]: Rundschreiben 3 / 2000 – Derivate-Rundschreiben, 19. Oktober 2000 (abrufbar unter: www.bafin.de/SharedDocs/Downloads/DE/Rundschreiben/dl_rs0003_va_derivate.html, Abrufdatum 6. Mai 2013).

Burger, Richard, Gingg, Martin [Burger / Gingg (2006)]: Rückversicherung und Risikotransfer: Unterschiede zwischen US GAAP und IFRS, in: PriceWaterhouseCoopers (Hrsg.): Flash – Versicherungen, Zürich, Februar 2006, S. 10-18.

Busch, Julia / Roth, Matthias [Busch / Roth (2012)]: Konzernrechnungslegungspflicht nach IFRS 10 – Implikationen des neu gefassten Control-Concepts, in: IRZ, 7. Jg. (2012), Nr. 3, S. 95-97.

Busch, Julia / Zwirner, Christian [Busch / Zwirner (2012)]: Konsolidierung von Zweckgesellschaften nach IFRS 10, in: IRZ, 7. Jg. (2012), Nr. 10, S. 373-376.

Busse von Colbe, Walther [Busse von Colbe (2013)]: HGB § 315a Konzernabschluss nach internationalen Rechnunglegunsgstandards, in: Schmidt, Karsten / Ebke, Werner (Hrsg.): Münchener Kommentar zum Handelsgesetzbuch, Bd. 4, 3. Aufl., München 2013.

Canabarro, Eduardo / Finkemeier, Markus / Anderson, Richard R. / Bendimerad, Fouad [Canabarro et al. (2000)]: Analyzing Insurance-Linked Securities, in: The Journal of Risk Finance, 1. Jg. (2000), Nr. 2, S. 49-75.

CEIOPS [CEIOPS (2010)]: QIS 5 Technical Specifications – Annex to Call for Advice from CEIOPS on QIS5, 5 July 2010. (abrufbar unter https://eiopa.europa.eu/fileadmin/tx_dam/files/consultations/QIS/QIS5/QIS5technical_specifications_20100706.pdf, Abrufdatum: 23.12.2012).

CEIOPS [CEIOPS (2009a)]: Insurance Linked Securities Report, CEIOPS-DOC 17 / 09, June 2009 (abrufbar unter https://eiopa.europa.eu/publications/reports/index.html, Abrufdatum 23.12.2012).

CEIOPS [CEIOPS (2009b)]: CEIOPS' Advice for Level 2 Implementing Measures on Solvency II: SCR standard formula – Article 111 f Allowance of Reinsurance Mitigation Techniques (former Consultation Paper 52), October 2009.

CEIOPS [CEIOPS (2009c)]: CEIOPS' Advice for Level 2 Implementing Measures on Solvency II: Special Purpose Vehicles (former Consultation Paper 36), October 2009.

CEIOPS [CEIOPS (2009d)]: CEIOPS' Advice for Level 2 Implementing Measures on Solvency II: Own funds Article 97 and 99 – Classification and Eligibility (former Consultation Paper 46), October 2009.

CEIOPS [CEIOPS (2009e)]: CEIOPS' Advice for Level 2 Implementing Measures on Solvency II: SCR Standard Formula – Allowance of Financial Risk Mitigation Techniques (former Consultation Paper 31), October 2009.

CEIOPS [CEIOPS (2009f)]: CEIOPS' Advice for Level 2 Implementing Measures on Solvency II: Technical Provisions – Article 86g, Counterparty Default Adjustment to Recoverables from Reinsurance Contracts and SPV's (former Consultation Paper 44), October 2009.

Christensen, John A. / Demski Joel S. [Christensen / Demski (2003)]: Accounting Theory – An Information Content Perspective, Boston 2003.

Christensen, John / Frimor, Hans [Christensen / Frimor (2007)]: Fair Value, Accounting Aggregation and multiple Sources of Information, in: Antle, Rick / Frøystein, Gjesdal / Liang, Pierre Jinghong (Hrsg.): Essays in Accounting Theory in Honour of Joel S. Demski, New York 2007, S. 35-51.

Clemens, Ralf [Clemens (2013)]: § 12. Eigenkapital, in: Bohl, Werner / Riese, Joachim / Schlüter, Jörg (Hrsg.): Beck'sches IFRS-Handbuch – Kommentierung der IFRS / IAS, 3. Aufl., Bern, München, Wien 2013.

Coenenberg, Adolf G. / Haller, Axel / Schultze, Wolfgang [Coenenberg / Haller / Schultze (2012)]: Jahresabschluss und Jahresabschlussanalyse – Betriebswirtschaftliche, handelsrechtliche, steuerrechtliche und internationale Grundlagen – HGB, IAS / IFRS, US-GAAP, DRS, 22. Aufl., Stuttgart 2012.

Coriat, Sylvain [Coriat (2009)]: Case Study – A Cat Mortality Bond by AXA (OSIRIS), in: Barrieu, Pauline / Albertini, Luca (Hrsg.): The Handbook of Insurance-Linked Securities, Chichester 2009, S. 283-292.

Coughlan, Guy [Coughlan (2009)]: Longevity Risk Transfer: Indices and Capital Market Solutions, in: Barrieu, Pauline / Albertini, Luca (Hrsg.): The Handbook of Insurance-Linked Securities, Chichester 2009, S. 261-281.

Coughlan, Guy D. / Khalaf-Allah, Marwa / Ye, Yiing / Kumar, Sumit / Cairns, Andrew J. G. / Blake, David / Dowd, Kevin [Coughlan et al. (2011)]: Longevity hedging 101 – A framework for longevity basis risk analysis and hedge effectiveness, in: The North American Actuarial Journal (NAAJ), 15. Jg. (2011), Nr. 2, S. 150-176.

Coughlan, Guy / Epstein, David / Sinha, Amit / Honig, Paul [Coughlan et al. (2007)]: q-Forwards – derivatives for transferring longevity and mortality risk, 2007 (abrufbar unter www.jpmorgan.com/directdoc/LM_Q_forwards.pdf, Abrufdatum: 19.02.2012).

Cowley, Alex / Cummins David J. [Cowley / Cummins (2005)]: Securitization of Life Insurance Assets and Liabilities, in: The Journal of Risk and Insurance, 72. Jg. (2005), Nr. 2, S. 193-226.

Crocker, Keith J. / Snow, Arthur [Crocker / Snow (2011)]: Multidimensional Screening in Insurance Markets with Adverse Selection, in: Journal of Risk and Insurance, 78. Jg. (2011), Nr. 2, S. 287-307.

Culp, Christopher L. [Culp (2005)]: Alternative Risk Transfer, in: Frenkel, Michael / Hommel, Ulrich, Rudolf, Markus (Hrsg.): Risk Management – Challenge and Opportunity, 2. Aufl., Berlin, Heidelberg, New York 2005, S. 369-390.

Culp, Christopher L. [Culp (2002)]: The ART of Risk Management – Alternative Risk Transfer, Capital Structure, and the Convergence of Insurance and Capital Markets, New York 2002.

Culp, Christopher L. / O'Donnell, Kevin [Culp / O'Donnell (2009)]: Catastrophe Reinsurance and Risk Capital in the Wake of the Credit Crisis, in: The Journal of Risk Finance, 10. Jg. (2009), Nr. 5, S. 430-459.

Cummins, David J. [Cummins (2012)]: CAT Bonds and Other Risk-Linked Securities – Product Design and Evolution of the Market, in: Courbage, Christophe / Stahel, Walter, R. (Hrsg.): The Geneva reports – Risk and Insurance Research No. 5, Extreme events and insurance: 2011 annus horribilis, S. 39-64 (abrufbar unter www.genevaassociation.org/PDF/geneva_Reports/GA-2012-Geneva_report[5].pdf., Abrufdatum: 23.12.2012).

Cummins, David J. [Cummins (2008)]: CAT Bonds and Other Risk-Linked Securities: State of the Market and Recent Developments, in: Risk Management and Insurance Review, 11. Jg. (2008), Nr. 1, S. 23-47.

Cummins, David J. / Dionne, Georges / Gagné, Robert / Nouira, Abdelhakim [Cummins et al. (2008)]: The Costs and Benefits of Reinsurance, June 2008 (abrufbar unter: http://ssrn.com/abstract=1142954, Abrufdatum: 23.12.2012).

Cummins, David J. / Trainar, Philippe [Cummins / Trainar (2009)]: Securitization, Insurance, and Reinsurance, in: The Journal of Risk and Insurance, 76. Jg. (2009), Nr. 3, S. 463-492.

CUMMINS, DAVID J. / WEISS, MARY [CUMMINS / WEISS (2009)]: Convergence of Insurance and Financial Markets: Hybrid and Securitized Risk-Transfer Solutions, in: The Journal of Risk and Insurance, 76. Jg. (2009), Nr. 3, S. 493-545.

DE MEY, JOZEF [DE MEY (2007)]: Insurance and the Capital Markets, in: The Geneva Papers, 32. Jg. (2007), S. 35-41.

DIETRICH, ANITA / KRAKUHN, JOACHIM / SIERLEJA, LUKAS [DIETRICH / KRAKUHN / SIERLEJA (2012)]: Analyse der Konsolidierungspflicht ausgewählter Investmentstrukturen nach IFRS 10, in: IRZ, 7. Jg. (2012), Nr. 1, S. 23-27.

DIETRICH, ANITA / KRAKUHN, JOACHIM / SIERLEJA, LUKAS [DIETRICH / KRAKUHN / SIERLEJA (2011)]: Berücksichtigung von Prinzipal-Agenten-Beziehungen im Rahmen der Abgrenzung des Konsolidierungskreises nach IFRS 10, in: IRZ, 6. Jg. (2011), Nr. 12, S. 519-524.

DÖRNER, HEINRICH [DÖRNER (1999)]: Kapitel II. Grundlagen des Versicherungsvertragsrechts, in: Honsell, Heinrich (Hrsg.): Berliner Kommentar zum Versicherungsvertragsgesetz (VVG) – Kommentar zum deutschen und österreichischen VVG, Berlin u. a. 1999.

DOHERTY, NEIL A. / RICHTER, ANDREAS [DOHERTY / RICHTER (2002)]: Moral Hazard, Basis Risk and Gap Insurance, in: The Journal of Risk and Insurance, 69. Jg. (2002), Nr. 1, S. 9-24.

DONOHUE, JENNIFER [DONOHUE (2009)]: Life Insurance Securitisation – Legal Issues, in: Barrieu, Pauline / Albertini, Luca (Hrsg.): The Handbook of Insurance-Linked Securities, Chichester 2009, S. 219-228.

DONOHUE, JENNIFER / MACLEAN, KIRSTY / PEARD, NORMAN [DONOHUE / MACLEAN / PEARD (2009)]: Longevity Securitisation – Specific Challenges and Transactions, in: Barrieu, Pauline / Albertini, Luca (Hrsg.): The Handbook of Insurance-Linked Securities, Chichester 2009, S. 245-259.

DORFMAN, MARK S. [DORFMAN (2008)]: Introduction to Risk Management and Insurance, 9. Aufl., Upper Saddle River (New Jersey) 2008.

DOWD, KEVIN / BLAKE, DAVID / CAIRNS ANDREW J. G. / DAWSON, PAUL [DOWD ET AL. (2006)]: Survivor Swaps, in: The Journal of Risk and Insurance, 73. Jg. (2006), Nr. 1, S. 1-17.

DREHER, MEINRAD [DREHER (2012)]: Solvenzanforderungen in der Versicherungsaufsicht nach Solvency II und künftigem VAG, in: ZVersWiss, 101. Jg. (2012), S. 381-429.

DREHER, MEINRAD / LANGE, MARTIN [DREHER / LANGE (2009)]: Der „hinreichende Risikotransfer“ bei der Finanzrückversicherung – Finanzinstrumente zwischen Risikotransfer- und Finanzierungsfunktion sowie Risikotransfer vom

Versicherungs- auf den Kapitalmarkt durch Versicherungszweckgesellschaften, in: WM, 63. Jg. (2009), Nr. 5, S. 193-200.

Dusemond, Michael / Heusinger-Lange, Sabine / Knop, Wolfang [Dusemond / Heusinger-Lange / Knop (2012)]: HGB § 266 – Bilanz, in: Küting, Karlheinz / Pfitzer, Norbert / Weber, Robert (Hrsg.): Handbuch der Rechnungslegung – Einzelabschluss – Kommentar zur Bilanzierung und Prüfung, 5. Aufl., Stuttgart 2012.

Eakins, Michael / Dondi, Nicola [Eakins / Dondi (2009)]: Case Study – Some Embedded Value and XXX Securitisations, in: Barrieu, Pauline / Albertini, Luca (Hrsg.): The Handbook of Insurance-Linked Securities, Chichester 2009, S. 293-304.

Eckes, Burkhard / Gehrer, Judith / Schüz, Peter (2013) [Eckes / Gehrer / Schüz (2013)]: Neuerungen in der Klassifizierung und Bewertung von Finanzinstrumenten durch ED/2012/4 und deren Auswirkungen auf Kreditinstitute, in: IRZ, 8. Jg. (2013), Nr. 2, S. 59-65.

Eickstädt, Jan [Eickstädt (2001)]: Alternative Risiko-Finanzierungsinstrumente und ihr Beitrag zur Lösung aktueller Probleme der Industrieversicherung, München 2001.

Ellenbürger, Frank / Engeländer, Stefan / Kölschbach, Joachim [Ellenbürger / Engeländer, Kölschbach (2013)]: Der letzte Schritt zum IFRS für Versicherungsverträge – Zum Exposure Draft ED/2013/7, in: WPg, 66. Jg. (2013), S. 813-820.

Ellenbürger, Frank / Hammers, Bettina [Ellenbürger / Hammers (2012a)]: HGB § 341b Bewertung von Vermögensgegenständen, in: Hennrichs, Joachim / Kleindiek, Detlef / Watrin, Christoph (Hrsg.): Münchener Kommentar zum Bilanzrecht, Bd. 2, 1. Aufl., München 2012.

Ellenbürger, Frank / Hammers, Bettina [Ellenbürger / Hammers (2012b)]: HGB § 341g Rückstellung für noch nicht abgewickelte Versicherungsfälle, in: Hennrichs, Joachim / Kleindiek, Detlef / Watrin, Christoph (Hrsg.): Münchener Kommentar zum Bilanzrecht, Bd. 2, 1. Aufl., München 2012.

Ellrott, Michael [Ellrott (2012a)]: HGB § 284 Erläuterung der Bilanz und der Gewinn- und Verlustrechnung, in: Ellrott, Helmut / Förschle, Gerhart / Grottel, Bernd / Kozikowski, Michael / Schmidt, Stefan / Winkeljohann, Norbert (Hrsg.): Beck'scher Bilanzkommentar – Handels- und Steuerbilanz, §§ 238 bis 339, 342-342e HGB mit IFRS-Abweichungen, 8. Aufl., München 2012.

Ellrott, Michael [Ellrott (2012b)]: HGB § 285 Sonstige Pflichtangaben, in: Ellrott, Helmut / Förschle, Gerhart / Grottel, Bernd / Kozikowski, Michael / Schmidt, Stefan / Winkeljohann, Norbert (Hrsg.): Beck'scher Bilanzkommentar – Handels- und Steuerbilanz, §§ 238 bis 339, 342-342e HGB mit IFRS-Abweichungen, 8. Aufl., München 2012.

ELLROTT, MICHAEL (2012c): HGB § 289 Lagebericht, in: Ellrott, Helmut / Förschle, Gerhart / Grottel, Bernd / Kozikowski, Michael / Schmidt, Stefan / Winkeljohann, Norbert (Hrsg.): Beck'scher Bilanzkommentar – Handels- und Steuerbilanz, §§ 238 bis 339, 342-342e HGB mit IFRS-Abweichungen, 8. Aufl., München 2012.

ELLROTT, MICHAEL (2012d): HGB § 266 Gliederung der Bilanz, II. Genussscheinkapital, in: Ellrott, Helmut / Förschle, Gerhart / Grottel, Bernd / Kozikowski, Michael / Schmidt, Stefan / Winkeljohann, Norbert (Hrsg.): Beck'scher Bilanzkommentar – Handels- und Steuerbilanz, §§ 238 bis 339, 342-342e HGB mit IFRS-Abweichungen, 8. Aufl., München 2012.

ERB, CARSTEN / PELGER, CHRISTOPH [ERB / PELGER (2013)]: Auf dem Weg zum neuen Rahmenkonzept der IFRS-Rechnungslegung – Darstellung und Würdigung des Diskussionspapiers DP/2013/1 des IASB, in: KoR, 13. Jg. (2013), Nr. 11, S. 517-524.

ERNST & YOUNG [ERNST & YOUNG (2013)]: International GAAP 2013 – Generally Accepted Accounting Practice under International Financial reporting Standards, Chichester 2013.

ERNST & YOUNG [ERNST & YOUNG (2012)]: Accounting for Reinsurance – Financial Reporting Developments – A comprehensive Guide, November 2012.

FARNY, DIETER [FARNY (2011)]: Versicherungsbetriebslehre, 5. Aufl., Karlsruhe 2011.

FARNY, DIETER [FARNY (1999)]: Entwicklungen der Versicherungsbetriebslehre – Rückschau und Versuch einer Vorschau, in: ZVersWiss, 88. Jg. (1999), Nr. 4, S. 569-609.

FASSBENDER, MATTHIAS [FASSBENDER (2008)]: Die Verordnung zur Finanzrückversicherung aus Sicht der Lebensrückversicherung, in: Gen Re (Hrsg.): Assets & Liabilities, o. Jg. (2008), Nr. 4, S. 2-8.

FINKEN, SILKE / LAUX, CHRISTIAN [FINKEN / LAUX (2009)]: Catastrophe Bonds and Reinsurance: The Competitive Effect of Information-Insensitive Triggers, in: The Journal of Risk and Insurance, 76. Jg. (2009), Nr. 3, S. 579-605.

FISCHER, DANIEL, T. [FISCHER (2013)]: Neues Diskussionspapier zum IFRS Rahmenkonzept (DP/2013/1), in: PiR, 9. Jg. (2013), Nr. 9, S. 292-293.

FISCHER, DANIEL T. [FISCHER (2011)]: IFRS 13 – Fair Value Measurement, in: PiR, 7. Jg. (2011), Nr. 8, S. 235-238.

FISCHER, RAINER / HOFFMANN, MICHAEL [FISCHER / HOFFMANN (2002)]: A Change of Paradigms in Financial Accounting? Technical accounting to German GAAP and US GAAP, in: Swiss Re (Hrsg.): Technical Publishing, München 2002.

FLÄMIG, MICHAEL [FLÄMIG (2007)]: Alternativer Risiko Transfer – eine volkswirtschaftliche Betrachtung, Dissertation, Bamberg 2007.

FLASSE, OLIVER / HARTUNG, THOMAS / LIEBWEIN, PETER [FLASSE / HARTUNG / LIEBWEIN (1999)]: Ein Modell zur Bewertung von PCS-Optionen, in: Blätter der Deutschen Gesellschaft für Versicherungs- und Finanzmathematik e.V. (DGVFM), 24. Jg. (1999), Nr. 2, S. 239-264.

FLICK, PETER / GEHRER, JUDITH / MEYER, SVEN [FLICK / GEHRER / MEYER (2011)]: Neue Vorschriften für die Fair Value-Ermittlung von Finanzinstrumenten durch IFRS 13, in: IRZ, 6. Jg. (2011), Nr. 9, S. 387-393.

FLINTROP, BERNHARD / OERTZEN, CORNELIA VON [FLINTROP / OERTZEN (2013)]: § 23. Derivate, in: Bohl, Werner / Riese, Joachim / Schlüter, Jörg (Hrsg.): Beck'sches IFRS-Handbuch – Kommentierung der IFRS / IAS, 4. Aufl., Bern, München, Wien 2013.

FÖRSCHLE, GERHART / USINGER, RAINER [FÖRSCHLE / USINGER (2012)]: HGB § 254 Bildung von Bewertungseinheiten, in: Ellrott, Helmut / Förschle, Gerhart / Grottel, Bernd / Kozikowski, Michael / Schmidt, Stefan / Winkeljohann, Norbert (Hrsg.): Beck'scher Bilanzkommentar – Handels- und Steuerbilanz, §§ 238-339, 342-342e HGB mit IFRS-Abweichungen, 8. Aufl., München 2012.

FÖRSCHLE, GERHART / HOFFMANN, HEIKO [FÖRSCHLE / HOFFMANN (2012)]: HGB § 272 Eigenkapital, in: Ellrott, Helmut / Förschle, Gerhart / Grottel, Bernd / Kozikowski, Michael / Schmidt, Stefan / Winkeljohann, Norbert (Hrsg.): Beck'scher Bilanzkommentar – Handels- und Steuerbilanz, §§ 238-339, 342-342e HGB mit IFRS-Abweichungen, 8. Aufl., München 2012.

FÖRSCHLE, GERHART / KRONER, MATTHIAS [FÖRSCHLE / KRONER (2012a)]: HGB § 264 Pflicht zur Aufstellung, I. Abweichungen der IFRS, in: Ellrott, Helmut / Förschle, Gerhart / Grottel, Bernd / Kozikowski, Michael / Schmidt, Stefan / Winkeljohann, Norbert (Hrsg.): Beck'scher Bilanzkommentar – Handels- und Steuerbilanz, §§ 238 bis 339, 342-342e HGB mit IFRS-Abweichungen, 8. Aufl., München 2012.

FÖRSCHLE, GERHART / KRONER MATTHIAS [FÖRSCHLE / KRONER (2012b)]: HGB § 272 Eigenkapital, in: Ellrott, Helmut / Förschle, Gerhart / Grottel, Bernd / Kozikowski, Michael / Schmidt, Stefan / Winkeljohann, Norbert (Hrsg.): Beck'scher Bilanzkommentar – Handels- und Steuerbilanz, §§ 238-339, 342-342e HGB mit IFRS-Abweichungen, 8. Aufl., München 2012.

FORRESTER, PAUL J. [FORRESTER (2008)]: Insurance Risk Collateralized Debt Obligations: What? Why? Now?, in: The Journal of Structured Finance, 14. Jg. (2008), Nr. 1, S. 28-32.

FROOT, KENNETH A. [FROOT (2007)]: Risk Management, Capital Budgeting and Capital Structure Policy for Insurers and Reinsurers, in: The Joural of Risk and Insurance, 74. Jg. (2007), Nr. 2, S. 273-299.

FROST, PATRICK [FROST (1998)]: Versicherungsderivate und Securitization von Versicherungsrisiken – Ansätze einer finanzökonomischen Bewertung, Bern, Stuttgart, Wien 1998.

FÜHRER, CHRISTIAN / GRIMMER, ARND [FÜHRER / GRIMMER (2009)]: Versicherungsbetriebslehre, Ludwigshafen (Rhein) 2009.

GATZERT, NADINE / KELLNER, RALF [GATZERT / KELLNER (2011)]: Risk management using index-linked catastrophic loss instruments, in: ZVersWiss, 100. Jg. (2011), Nr. 1, S. 141-151.

GATZERT, NADINE / SCHMEISER, HATO [GATZERT / SCHMEISER (2011)]: Industry loss warranties – contract features, pricing, and central demand factors, in: The Journal of Risk Finance, 13. Jg. (2011), Nr. 1, S. 13-31.

GATZERT, NADINE / SCHMEISER, HATO / TOPLEK, DENIS [GATZERT / SCHMEISER / TOPLEK (2011)]: An Analysis of Pricing and Basis Risk for Industry Loss Warranties, in: ZVersWiss, 100. Jg. (2011), Nr. 4, S. 517-537.

GEHRER, JUDITH / KRAKUHN, JOACHIM / TIETZ-WEBER, SUSANNE [GEHRER / KRAKUHN / TIETZ-WEBER (2011)]: Klassifizierung von finanziellen Vermögenswerten und Verbindlichkeiten – Praxisfragen aus der Phase I des IFRS 9, in: IRZ, 6. Jg. (2011), Nr. 2, S. 87-90.

GEIB, GERD [GEIB (2009)]: IFRS 4. Versicherungsverträge (Insurance Contracts), in: Hennrichs, Joachim / Kleindiek, Detlef / Watrin, Christoph (Hrsg.): Münchener Kommentar zum Bilanzrecht, München 2009.

GEIB, GERD / HAMMERS, BETTINA [GEIB / HAMMERS (2012)]: IFRS 4 – Versicherungsverträge (Insurance Contracts), in: Hennrichs, Joachim / Kleindiek, Detlef / Watrin, Christoph (Hrsg.): Münchener Kommentar zum Bilanzrecht, Bd. 1, 3. Aufl., München 2012.

GLANDER, SVEN / BLECHER, CHRISTIAN [GLANDER / BLECHER (2011)]: Die adäquate Abbildung von Zweckgesellschaften im Konzernabschluss – Eine kritische Analyse der Einbeziehungskonzeptionen nach IFRS und HGB unter Berücksichtigung der ungenutzten Potenziale des Konzepts der einheitlichen Leitung, in: KoR, 11. Jg. (2011), Nr. 10, S. 467-475.

GRANDI, MARCEL / MÜLLER, ANDREAS [GRANDI / MÜLLER (2000)]: Versicherungsderivate – Zur Konvergenz von Kapital- und Versicherungsmärkten, in: VW, 55. Jg. (2000), Nr. 9, S. 608-613.

GREISER, MARTIN [GREISER (2010)]: Die Verbriefung von Versicherungsrisiken, Frankfurt am Main 2010.

GROSSMANN, MARCEL [GROSSMANN (1982)]: Rückversicherung – Eine Einführung, 2. Aufl., St. Gallen 1982.

GROSSE, JAN-VELTEN [GROSSE (2011)]: IFRS 13 „Fair Value Measurement“ - Was sich (nicht) ändert, in: KoR, 11. Jg. (2011), Nr. 6, S. 286-296.

GROTTEL, BERND / GADEK, STEPHAN (2012) [GROTTEL / GADEK (2012)]: § 255 HGB Bewertungsmaßstäbe, in: Ellrott, Helmut / Förschle, Gerhart / Grottel, Bernd / Kozikowski, Michael / Schmidt, Stefan / Winkeljohann, Norbert (Hrsg.): Beck'scher Bilanzkommentar – Handels- und Steuerbilanz, §§ 238 bis 339, 342-342e HGB mit IFRS-Abweichungen, 8. Aufl., München 2012.

GRÜNE, MICHAEL / BURKHARD, WOLFGANG [GRÜNE / BURKHARD (2012)]: Bilanzierung von Debt-Equity-Swaps, in: IRZ, 7. Jg. (2012), Nr. 7 / 8, S. 277-281.

GRYSHCHENKO, VLADIMIR [GRYSHENKO (2010)]: Die Krise als Wegweiser?! –Zweckgesellschaften nach ED 10, in: PiR, 2. Jg. (2010), S. 42-46.

GÜRTLER, MARC / REHAN, CHRISTINE [GÜRTLER / REHAN (2009)]: CAT Bonds, in: DBW, 69. Jg. (2009), Nr. 3, S. 415-418.

GUY CARPENTER [GUY CARPENTER (2013)]: Capital Stewardship – Charting the Course to Profitable Growth, Mid Year Market Overview, September 2013.

GUY CARPENTER [GUY CARPENTER (2011a)]: World Catastrophe Reinsurance Market Review, September 2011.

GUY CARPENTER [GUY CARPENTER (2011b)]: Succeeding under Solvency II – Guy Carpenter's guide to the new industry landscape, September 2011.

HAGEDORN, DOMINIK / HEIGL, CHRISTIAN / MÜLLER, ANDREAS / SEIDLER, GEROLD [HAGEDORN ET AL. (2009)]: Choice of Triggers, in: Barrieu, Pauline / Albertini, Luca: The Handbook of Insurance-Linked Securities, Chichester 2009, S. 37-48.

HAGENDORFF, SVEN VON [HAGENDORFF (2011)]: Ein neues Finanzmarktsegment ist im Kommen – Langlebigkeit als Risikofaktor des demographischen Wandels, in: Betriebwirtschaftliche Blätter, o. Jg. (2011), Nr. 2, S. 96-101.

HALL, GEORG VAN / HARTH, HANS-JÖRG / KESSLER, HARALD [HALL / HARTH / KESSLER (2009)]: Kapitel 1: Einzelgesellschaftliche Regelung, Abschnitt 4: Bilanzierung der Rückstellungen, in: Kessler, Harald / Leinen, Markus / Strickmann, Michael (Hrsg.): Handbuch Bilanzrechtsmodernisierungsgesetz – Die Reform der Handelsbilanz, Freiburg, Berlin, München 2009.

HARTENBERGER, HEIKE [HARTENBERGER (2013)]: § 3. Finanzinstrumente, in: Bohl, Werner / Riese, Joachim / Schlüter, Jörg (Hrsg.): Beck'sches IFRS-Handbuch – Kommentierung der IFRS / IAS, 4. Aufl., Bern, München, Wien 2013.

HARTUNG, THOMAS [HARTUNG (2004)]: Alternative Risiko-Transfer-Instrumente, in: WiSt, 33. Jg. (2004), Nr. 7, S. 401-405.

HARTUNG, THOMAS [HARTUNG (2000)]: Unternehmensbewertung von Versicherungsgesellschaften, Wiesbaden 2000.

Hartung, Thomas / Helten, Elmar [Hartung / Helten (2004)]: Modernisierung versicherungswirtschaftlicher Eigenkapitalnormen durch Solvency II, in: FB, 6. Jg. (2004), Nr. 4, S. 293-303.

Hartung, Thomas / Nowak, Thomas [Hartung / Nowak (2013)]: Die Relevanz des Katastrophenrisikomanagements – Implikationen für einen möglichen Katastrophenmanagementprozess, in: BFuP, 65. Jg. (2013), Nr. 6, S. 571-588.

Hartwig, Robert. P. / Wilkinson, Claire [Hartwig / Wilkinson (2008)]: An Overview of the Alternative Risk Transfer Market, in: Cummins, David J. / Venard Bertrand (Hrsg.): Handbook of International Insurance – between Global Dynamics and Local Contingencies, o. O. 2008, S. 925-952.

Hasekamp, Uwe [Hasekamp (2000)]: Finanzinnovationen im Versicherungskontext: Securitization und börsengehandelte Derivate, Karlsruhe 2000.

Heath, Cameron [Heath (2009)]: Rating Methodolgy, in: Barrieu, Pauline / Albertini, Luca: The Handbook of Insurance-Linked Securities, Chichester 2009, S. 65-82.

Hee, Christian / Hofmann, Lutz [Hee / Hofmann (2006)]: Wetterderivate – Grundlagen, Exposure, Anwendung und Bewertung, Wiesbaden 2006.

Helaba (Landesbank Hessen-Thüringen) Volkswirtschaft / Research [Helaba (2007)]: Verbriefung von Versicherungsrisiken – Eine Assetklasse auf Wachstumskurs, November 2007.

Helten, Elmar / Bittl, Andreas / Liebwein, Peter [Helten / Bittl / Liebwein (2000)]: Versicherung von Risiken, in: Dörner, Dietrich / Horváth, Péter / Kagermann, Henning (Hrsg.): Praxis des Risikomanagments – Grundlagen, Kategorien, branchenspezifische und strukturelle Aspekte, Stuttgart 2000, S. 153-191.

Helten, Elmar / Karten, Walter [Helten / Karten (1984)]: Das Risiko und seine Kalkulation, Wiesbaden 1984.

Hennrichs, Joachim [Hennrichs (2013)]: HGB § 246 Vollständigkeit, Verrechnungsverbot, in: Hennrichs, Joachim / Kleindiek, Detlef / Watrin, Christoph (Hrsg.): Münchener Kommentar zum Bilanzrecht, Bd. 2, 1. Aufl., München 2013.

Hess, Andrea [Hess (1998)]: Financial Reinsurance, Karlsruhe 1998.

Hitz, Jörg-Markus / Zachow, Jannis [Hitz / Zachow (2011)]: Vereinheitlichung des Wertmaßstabs „beizulegender Zeitwert“ durch IFRS 13 „Fair Value Measurement“, in: WPg, 64. Jg. (2011), Nr. 20, S. 964-970.

Hönig, Christopher [Hönig (2012)]: Cat Bonds – Alles fing mit Andrew und Northridge an. Absicherung gegen Superkatastrophen und unbeständige Finanzmärkte, in: Börsen-Zeitung, o. Jg. (2012), Nr. 228, 24.11.2012, S. B7, B9.

HOFFMANN, JÜRGEN [HOFFMANN (2011)]: Einige Zweifelsfragen zur Konsolidierungspflicht von Zweckgesellschaften nach § 290 Abs. 2 Nr. 4 HGB, in: DB, 63. Jg. (2011), Nr. 25, S. 1401-1404.

HOFFMANN, SEBASTIAN / DETZEN, DOMINIK [HOFFMANN / DETZEN (2012)]: Das Joint Cenceptual Framework von IASB und FASB – Praktische Implikationen aus dem Abschluss der Phase A für kapitalmarktorientierte Unternehmen, in: KoR, 12. Jg. (2012), Nr. 2, S. 53-55.

HOFFMANN, WOLF-DIETER [HOFFMANN (2012)]: § 21 Rückstellungen, Verbindlichkeiten, in: Lüdenbach, Norbert / Hoffmann, Wolf-Dieter (Hrsg.): Haufe IFRS-Kommentar, 10. Aufl., Freiburg 2012.

HOFFMANN, WOLF-DIETER [HOFFMANN (2010)]: Debt for Equity Swap, in: PiR, 6. Jg. (2010), Nr. 4, S. 117-120.

HOFFMANN, WOLF-DIETER / LÜDENBACH, Norbert [HOFFMANN / LÜDENBACH (2012)]: § 1 Rahmenkonzept (Framework), in: Lüdenbach, Norbert / Hoffmann, Wolf-Dieter (Hrsg.): Haufe IFRS-Kommentar, 10. Aufl., Freiburg 2012.

HOMMEL, MICHAEL [HOMMEL (2013)]: HGB § 341b Bewertung von Vermögensgegenständen, in: Schmidt, Karsten / Ebke, Werner F. (Hrsg.): Münchener Kommentar zum Handelsgesetzbuch, Bd. 4, 3. Aufl., München 2013.

HOMMEL, MICHAEL / BENKEL, MURIEL [HOMMEL / BENKEL (2008)]: HGB § 341e Allgemeine Bilanzierungsgrundsätze, in: Schmidt, Karsten (Hrsg.): Münchener Kommentar zum Handelsgesetzbuch, Bd. 4, 2. Aufl., München 2008.

HOMMEL, MICHAEL / BIELKE, DAVID / ZICKE, JULIA [HOMMEL / BIELKE / ZICKE (2013)]: Bilanzierung von Versicherungsverträgen nach ED/2013/7 – Gewinnglättung dominiert fair value, in: KoR, 13. Jg. (2013), Nr. 9, S. 404-412.

HOMMEL, MICHAEL / BONIN, CHRISTOPH / SCHULTE, OLIVER [HOMMEL / BONIN / SCHULTE (2013)]: HGB § 341e Allgemeine Bilanzierungsgrundsätze, in: Schmidt, Karsten / Ebke, Werner F. (Hrsg.): Münchener Kommentar zum Handelsgesetzbuch, Bd. 4, 3. Aufl., München 2013.

HOMMEL, MICHAEL / LÖW, SABINE [HOMMEL / LÖW (2013)]: HGB § 341h Allgemeine Bilanzierungsgrundsätze, in: Schmidt, Karsten / Ebke, Werner F. (Hrsg.): Münchener Kommentar zum Handelsgesetzbuch, Bd. 4, 3. Aufl., München 2013.

HOMMEL, MICHAEL / PAULY-GRUNDMANN, DENISE / FEIST, KARIN [HOMMEL / PAULY-GRUNDMANN / FEIST (2013)]: HGB § 341 Anwendungsbereich, in: Schmidt, Karsten / Ebke, Werner (Hrsg.): Münchener Kommentar zum Handelsgesetzbuch, Bd. 4, 3. Aufl., München 2013.

HOMMEL, MICHAEL / SCHULTE, OLIVER (2013) [HOMMEL / SCHULTE (2013)]: HGB § 341g Rückstellung für noch nicht abgewickelte Versicherungsfälle, in: Schmidt,

Karsten / Ebke, Werner F. (Hrsg.): Münchener Kommentar zum Handelsgesetzbuch, Bd. 4, 3. Aufl., München 2013.

Horst, Christoph A. / Tokakuna, Timo T. [Horst / Tokakuna (2007)]: Transfer von Desasterrisiken – Rückversicherung vs. Katastrophenanleihen, in: Risiko Manager, o. Jg. (2007), Nr. 10, S. 16-22.

Horstkötter, Markus [Horstkötter (2008)]: Die Bilanzierung von Insurance-Linked-Bonds bei direkter und indirekter Emission, Lohmar 2008.

IAIS – International Association of Insurance Supervisors [IAIS (2006)]: Guidance Paper on Risk Transfer, Disclosure and Analysis of Finite Reinsurance, o. O., October 2006.

IASB [(IASB 2013a)]: Overview of the Insurance Contract Project as at 1 March 2013 (abrufbar unter http://www.ifrs.org/Current-Projects/IASB-Projects/Insurance-Contracts/Documents/Status/Overview-Insurance-Contracts-Project-Proposals-February-2013.pdf, Abrufdatum: 15.04.2013).

IASB [IASB (2013b)]: Insurance Contracts – Tentative Decisions to Date – A Comparison to the ED Proposals as at 1 March 2013 (abrufbar unter http://www.ifrs.org/Current-Projects/IASB-Projects/Insurance-Contracts/Documents/Status/Comparison-with-ED-February-2013.pdf, Abrufdatum: 15.04.2013).

IASB [IASB (2013c)]: Accounting Proposals for Insurance Contracts, London 2013 (abrufbar unter http://www.ifrs.org/Current-Projects/IASB-Projects/Insurance-Contracts/Documents/2013/Insurance-slide-deck-August-2013.pdf, Abrufdatum: 15.04.2013).

Ishaq, Ali [Ishaq (2005)]: Reinsuring for Catastrophes through Industry Loss Warranties – A Practical Approach, Working Paper, Casualty Actuarial Society Forum, Spring 2005 (abrufbar unter www.casact.org/pubs/forum/05spforum/05spf075.pdf, Abrufdatum 24.12.2012).

Kamberger, Thomas / Nguyen, Tristan [Kamberger / Nguyen (2006)]: Einsatzmöglichkeiten und Emissionswege von Cat Bonds, in: VW, 61. Jg. (2006), Nr. 6, S. 446-450.

Keitz, Isabel, von / Wollmert, Peter / Oser, Peter / Wader, Dominic [Keitz et al. (2012)]: IAS 37 Rückstellungen, Eventualverbindlichkeiten und Eventualforderungen (Provisions, Contingent Liabilities and Contingent Assets), in: Baetge, Jörg / Wollmert, Peter / Kirsch, Hans-Jürgen / Oser, Peter / Bischof, Stefan (Hrsg.): Rechnungslegung nach IFRS – Kommentar auf der Grundlage des deutschen Bilanzrechts, 2. Aufl., Stuttgart 2012.

Kellermann, Nina [Kellermann (2001)]: Risikotransfer bei Versicherungsunternehmen mit Konzepten der Rückversicherung und des Alternativen Risikotransfers, Göttingen 2001.

KESSLER, HARALD [KESSLER (2009)]: Kapitel 1: Einzelgesellschaftliche Regelung, Abschnitt 3: Bilanzierung des Umlaufvermögens, in: Kessler, Harald / Leinen, Markus / Strickmann, Michael (Hrsg.): Handbuch BilMoG – Der praktische Leitfaden zum Bilanzrechtsmodernisierungsgesetz, Freiburg, Berlin, München 2009, S. 239-256.

KIRSCH, HANS-JÜRGEN / KOELEN, PETER / OLBRICH, ALEXANDER / DETTENRIEDER, DOMINIK [KIRSCH ET AL. (2012)]: Die Bedeutung der Verlässlichkeit der Berichterstattung im Conceptual Framework des IASB und des FASB, in: WPg, 65. Jg. (2012), Nr. 14, S. 762-771.

KLEIN, ROBERT W. / WANG, SHAUN [KLEIN / WANG (2009)]: Catastrophe Risk Financing in the United States and the European Union – A Comparative Analysis of Alternative Regulatory Approaches, in: The Journal of Risk and Insurance, 76. Jg. (2009), Nr. 3, S. 607-637.

KNOLLER, CHRISTIAN / SAUER, ROMAN [KNOLLER / SAUER (2014)]: Re-Exposure Draft Insurance Contracts – Überblick und Würdigung der Neuerungen, in: PiR, 10. Jg. (2014), Nr. 4, S. 108-113.

KÖNIG, MARKUS [KÖNIG (2008)]: Der Anleger als "Rückversicherer" – Alternativer Risikotransfer mittels "Katastrophenanleihen" nach deutschem Recht, in: Versicherungsrecht-Aufsätze, 48. Jg. (2008), Nr. 25, S. 1042-1059.

KOSS, CLAUS / WOHLGEMUTH, MICHAEL [KOSS / WOHLGEMUTH (2010)]: Jahres- und Konzernabschluss nach Handels- und Steuerrecht – A. ABC der Buchführung, Bilanzierung und Bewertung, 13. Aufl., München 2010.

KOZIKOWSKI, MICHAEL / KREHER, MARKUS [KOZIKOWSKI / KREHER (2012a)]: HGB § 253 Zugangs- und Folgebewertung - D. Außerplanmäßige Abschreibungen bei voraussichtlich nicht dauernder Wertminderung (Finanzanlagen) (Abs 3. S. 4), in: Ellrott, Helmut / Förschle, Gerhart / Grottel, Bernd / Kozikowski, Michael / Schmidt, Stefan / Winkeljohann, Norbert (Hrsg.): Beck'scher Bilanzkommentar – Handels- und Steuerbilanz, §§ 238-339, 342-342e HGB mit IFRS-Abweichungen, 8. Aufl., München 2012.

KOZIKOWSKI, MICHAEL / KREHER, MARKUS [KOZIKOWSKI / KREHER (2012b)]: HGB § 290 Pflicht zur Aufstellung, in: Ellrott, Helmut / Förschle, Gerhart / Grottel, Bernd / Kozikowski, Michael / Schmidt, Stefan / Winkeljohann, Norbert (Hrsg.): Beck'scher Bilanzkommentar – Handels- und Steuerbilanz, §§ 238-339, 342-342e HGB mit IFRS-Abweichungen, 8. Aufl., München 2012.

KOZIKOWSKI, MICHAEL / SCHUBERT WOLFGANG J. [KOZIKOWSKI / SCHUBERT (2012a)]: HGB § 247 Inhalt der Bilanz – Grundsatzregelung (Abs. 1) – E. Schulden, in: Ellrott, Helmut / Förschle, Gerhart / Grottel, Bernd / Kozikowski, Michael / Schmidt, Stefan / Winkeljohann, Norbert (Hrsg.): Beck'scher Bilanzkommentar – Handels- und Steuerbilanz, §§ 238 bis 339, 342-342e HGB mit IFRS-Abweichungen, 8. Aufl., München 2012.

KOZIKOWSKI, MICHAEL / SCHUBERT WOLFGANG J. [KOZIKOWSKI / SCHUBERT (2012b)]: HGB § 249 Rückstellungen – B. Rückstellungen für ungewisse Verbindlichkeiten und für drohende Verluste aus schwebenden Geschäften (Abs. 1 S. 1), in: Ellrott, Helmut / Förschle, Gerhart / Grottel, Bernd / Kozikowski, Michael / Schmidt, Stefan / Winkeljohann, Norbert (Hrsg.): Beck'scher Bilanzkommentar – Handels- und Steuerbilanz, §§ 238 bis 339, 342-342e HGB mit IFRS-Abweichungen, 8. Aufl., München 2012.

KOZIKOWSKI, MICHAEL / SCHUBERT, WOLFGANG J. [KOZIKOWSKI / SCHUBERT (2012c)]: HGB § 253 Zugangs- und Folgebewertung – B. Bewertung von Verbindlichkeiten, in: Ellrott, Helmut / Förschle, Gerhart / Grottel, Bernd / Kozikowski, Michael / Schmidt, Stefan / Winkeljohann, Norbert (Hrsg.): Beck'scher Bilanzkommentar – Handels- und Steuerbilanz, §§ 238-339, 342-342e HGB mit IFRS-Abweichungen, 8. Aufl., München 2012.

KPMG [KPMG (2013)]: Accounting News, Ausgabe September 2013 (abrufbar unter http://www.kpmg.com/DE/de/Documents/accounting-news-0913-sec.pdf, Abrufdatum: 13.11.2013).

KPMG [KPMG (2007)]: IFRS im Vergleich zu Deutscher Rechnunglegung, o. O. 2007.

KPMG [KPMG (2004)]: Insurance Accouting under IFRS – IFRS 4 Practioners Guide, October 2004 (abrufbar unter www.us.kpmg.com/microsite/FSLibrary/DotCom/docs/IFRSPractitioners.pdf, Abrufdatum 23.11.2012).

KÜNKELE, KAI PETER / ZWIRNER CHRISTIAN [KÜNKELE / ZWIRNER (2012)]: Rückstellungen im Jahresabschluss nach IFRS – Typische Problemfälle, in: IRZ, 7. Jg. (2012), Nr. 9, S. 329-332.

KÜTING, KARLHEINZ [KÜTING (2011)]: Der Objektivierungsgrundsatz im HGB und IFRS-System – Eine vergleichende Darstellung und Würdigung, in: DB, 63. Jg. (2011), Nr. 25, S. 1404-1410.

KÜTING, KARLHEINZ / KESSLER, HARALD / REUTER, MICHAEL [KÜTING / KESSLER / REUTER (2012)]: § 272 HGB Eigenkapital, in: Küting, Karlheinz / Pfitzer, Norbert / Weber, Robert (Hrsg.): Handbuch der Rechnungslegung – Einzelabschluss – Kommentar zur Bilanzierung und Prüfung, 5. Aufl., Stuttgart 2012.

KÜTING, KARLHEINZ / MOJADADR, MANA [KÜTING / MOJADADR (2011)]: Das neue Control-Konzept nach IFRS 10 – IFRS 10 „Consolidated Financial Statements“ stellt die Konzerne bereits jetzt vor enorme Herausforderungen, in: KoR, 11. Jg. (2011), Nr. 6, S. 273-285.

KULLRICH, ANTJE [KULLRICH (2012)]: Cat-Bond-Markt besteht Feuerprobe – Drei Anleihen fallen 2011 aus – Neuemissionen unter den Erwartungen – Noch wenig Diversifikation, in: Börsen-Zeitung, o. Jg. (2012), Nr. 2, 4. Januar 2012, S. 5.

KUSSMAUL, HEINZ [KUSSMAUL (2012)] § 246 HGB Vollständigkeit. Verrechnungsverbot - Ansatzvorschriften, in: Küting, Karlheinz / Pfitzer, Norbert / Weber, Robert (Hrsg.): Handbuch der Rechnungslegung – Einzelabschluss – Kommentar zur Bilanzierung und Prüfung, 5. Aufl., Stuttgart 2012.

KUTZ, KRISTIAN [KUTZ (2011)]: Auswirkungen von Solvency II (Stand: QIS 5) auf Versicherungsunternehmen, Karlsruhe 2011.

LAARS, REINHARD (2012) [LAARS (2012)]: Versicherungsaufsichtsgesetz, Baden-Baden 2012.

LAMBERT, DOUGLAS J. / PIERCE, KENNETH R. [LAMBERT / PIERCE (2009)]: The Evolution and Future of Reinsurance Sidecars, in: Barrieu, Pauline / Albertini, Luca: The Handbook of Insurance-Linked Securities, Chichester 2009, S. 141-152.

LANGE, KNUT WERNER [LANGE (2013)]: HGB § 289 Lagebericht, in: Schmidt, Karsten / Ebke, Werner (Hrsg.): Münchener Kommentar zum Handelsgesetzbuch, Bd. 4, 3. Aufl., München 2013.

LAUDAGE, BENEDIKT [LAUDAGE (2009)]: Aufsicht über strukturierte Rückversicherungskonzepte, Karlsruhe 2009.

LEINEN, MARKUS [LEINEN (2009)]: Kapitel 2: Konsolidierte Rechnungslegung, Abschnitt 1: Aufstellungspflicht und Konsolidierungskreis, in: Kessler, Harald / Leinen, Markus / Strickmann, Michael: Handbuch BilMoG – Der praktische Leitfaden zum Bilanzrechtsmodernisierungsgesetz, Freiburg, Berlin, München 2009, S. 553-577.

LEITNER-HANETSEDER, SUSANNE / SCHAUSBERGER, DANIELA [LEITNER-HANETSEDER /SCHAUSBERGER (2011)]: Änderung der Einbezugskriterien gem. IFRS 10, in: IRZ, 6. Jg. (2011), Nr. 9, S. 379-385.

LEMMEN, STEFAN [LEMMEN (2010)]: B. Die Posten des Jahres- und Konzernabschlusses, in: Pelka, Jürgen / Niemann, Walter (Hrsg.): Jahres- und Konzernabschluss nach Handels- und Steuerrecht, 13. Aufl., München 2010.

LIST, THOMAS [LIST (2012)]: Investoren reißen sich um Katastrophenbonds – Markt wächst deutlich, Feuerprobe bestanden, Traditionelle Rückversicherung bleibt dominant, in: Börsen-Zeitung, o. Jg. (2012), Nr. 176, 12.09.2012, S. 5.

LIEBWEIN, PETER [LIEBWEIN (2009)]: Klassische und moderne Formen der Rückversicherung, 2. Aufl., Karlsruhe 2009.

LINDE, VOLKER / MEYER, NICOLAS [LINDE / MEYER (2003)]: Der Markt für Wetterrisiken, in: FB, 5. Jg. (2003), Nr. 12, S. 858-867.

LLOYD'S [LLOYD'S (2010)]: Solvency II – Technical Provisions under Solvency II – Detailed Guidance, March 2010 (abrufbar unter http://www.lloyds.com/~/media/Files/The%20Market/Operating%20at%20Lloyds/Solvency%20II/2011%20

Guidance/Solvency%20II%20%20Lloyds%20Technical%20Provisions%20 March2011.pdf, Abrufdatum: 23.12.2012).

Lorenz, Karsten / Wiechens, Gero [Lorenz / Wiechens (2008)]: Die Bilanzierung strukturierter Finanzinstrumente nach HGB und IFRS im Vergleich, in: IRZ, 3. Jg. (2008), Nr. 11, S. 505-511.

Lorson, Peter / Gattung, Andreas [Lorson / Gattung (2008)]: Die Forderung nach einer „faithful representation" – Verhältnis zur Objektivität, Neutralität und Nachprüfbarkeit, in: KoR, 8. Jg. (2008), Nr. 9, S. 556-565.

Lüdenbach, Norbert [Lüdenbach (2012a)]: § 23. Anteilsbasierte Vergütungsformen, in: Lüdenbach, Norbert / Hoffmann Wolf-Dieter (Hrsg.): Haufe IFRS Kommentar, 10. Aufl., Freiburg 2012.

Lüdenbach, Norbert [Lüdenbach (2012b)]: § 28. Finanzinstrumente, in: Lüdenbach, Norbert / Hoffmann Wolf-Dieter (Hrsg.): Haufe IFRS Kommentar, 10. Aufl., Freiburg 2012.

Lüdenbach, Norbert [Lüdenbach (2012c)]: § 32. Tocherunternehmen im Konzern- und Einzelabschluss, in: Lüdenbach, Norbert / Hoffmann Wolf-Dieter (Hrsg.): Haufe IFRS Kommentar, 10. Aufl., Freiburg 2012.

Lüdenbach, Norbert / Freiberg, Jens [Lüdenbach / Freiberg (2012)]: Der Beherrschungsbegriff des IFRS 10 – Anwendung auf normale vs. sturkturierte Unternehmen, in: PiR, 8. Jg. (2012), Nr. 2, S. 41-50.

Lühn, Michael [Lühn (2009)]: Bilanzierung derivativer Finanzinstrumente nach IFRS und HGB, in: PiR 5. Jg. (2009), Nr. 4, S. 103-108.

MacMinn, Richard / Brockett, Patrick / Blake, David [MacMinn / Brockett / Blake (2006)]: Longevity Risk and Capital Markets, in: The Journal of Risk and Insurance, 73. Jg. (2006), Nr. 4, S. 551-557.

Madsen, Chris [Madsen (2009)]: 15B – A cedant's perspectives on life securitisation, in: Barrieu, Pauline / Albertini, Luca: The Handbook of Insurance-Linked Securities, Chichester 2009, S. 199-206.

Märkl, Helmut / Glaser, Andreas [Märkl / Glaser (2011)]: IFRS 9 Financial Instruments – Neuerungen beim hedge accounting durch ED/2010/13, in: KoR, 11. Jg. (2011), Nr. 3, S. 124-132.

Materne, Stefan / Knocks, Kai-Olaf [Materne / Knocks (2010)]: Verbriefung von Versicherungsrisiken – Alternativer Risikotransfer für Industrieunternehmen?, in: VP, o. Jg. (2010), Nr. 1, S. 4-9.

Mayer-Wegelin, Eberhard / Kessler, Harald / Höfer, Reinhold [Mayer-Wegelin / Kessler / Höfer (2012)]: § 249 HGB Rückstellungen, in: Küting, Karlheinz / Pfitzer, Norbert / Weber, Robert (Hrsg.): Handbuch der Rechnungslegung

– Einzelabschluss – Kommentar zur Bilanzierung und Prüfung, 5. Aufl., Stuttgart 2012.

McDonnell, Enda [Mcdonnell (2002)]: Industry Loss Warranties, in: Lane, Morton (Hrsg.): Alternative Risk Strategies, London 2002.

McKie, Alison [McKie (2009)]: 15A – A cedant's perspectives on life securitisation, in: Barrieu, Pauline / Albertini, Luca (Hrsg.): The Handbook of Insurance-Linked Securities, Chichester 2009, S. 191-198.

Mentz, Alexander [Mentz (2012)]: IAS 32. Finanzinstrumente: Darstellung (Financial Instruments: Presentation), in: Hennrichs, Joachim / Kleindiek, Detlef / Watrin, Christoph (Hrsg.): Münchener Kommentar zum Bilanzrecht, Bd. 1, 3. Aufl., München 2012.

Möbius, Christian / Pallenberg, Catherine [Möbius / Pallenberg (2011)]: Risikomanagement in Versicherungsunternehmen, Heidelberg, u. a. 2011.

Moxter, Adolf [Moxter (1992)]: Zum Passivierungszeitpunkt von Umweltschutzrückstellungen, in: Moxter, Adolf / Müller, Hans-Peter / Windmöller, Rolf / Wysocki, Klaus von (Hrsg.): Rechnungslegung – Entwicklungen bei der Bilanzierung und Prüfung von Kapitalgesellschaften, Festschrift zum 65. Geburtstag von Karl-Heinz Forster, Düsseldorf 1992, S. 427-437.

Müller, Andreas [Müller (2012)]: Entlastung durch Cat-Bonds – Insurance Linked Securities (ILS) als ergänzender Weg für eine optimale Risikoentlastung, in: Munich Re (Hrsg.): Topics Magazin, o. Jg. (2012), Nr. 2, S. 24-28.

Müller, Andreas [Müller (2005)]: „Singin' in the Rain" oder: Wie man sich vor schlechtem Wetter schützen kann, in: Albrecht, Peter / Hartung, Thomas (Hrsg.): Liber discipulorum für Elmar Helten zum 65. Geburtstag, Karlsruhe 2005, S. 359-392.

Munich Re [Munich Re (2014a)]: Insurance-linked Securities (ILS) – Market Update Q3 2014.

Munich Re [Munich Re (2014b)]: Insurance-linked Securities (ILS) – Market Review 2013 and Outlook 2014.

Munich Re [Munich Re (2013a)]: Insurance-Linked Securities (ILS) – Market Update Q3 2013.

Munich Re [Munich Re (2013b)]: Insurance-Linked Securities (ILS) – Market Update Q2 2013.

Munich Re [Munich Re (2013c)]: Insurance-Linked Securities (ILS) – Market Update Q1 2013.

Munich Re [Munich Re (2013d)]: Insurance-linked Securities (ILS) – Market Review 2012 and Outlook 2013.

MUNICH RE [MUNICH RE (2012)]: Insurance-Linked Securities (ILS) – Market Update Q3 2012.

MUNICH RE [MUNICH RE (2011)]: Insurance-linked Securities (ILS) – Market Review 2010 and Outlook 2011.

NELLES, MICHAEL / KLUSEMANN, MARKUS [NELLES / KLUSEMANN (2008)]: Insurance Linked Securities – Alternative Risikofinanzierung von Versicherungsunternehmen, in: FB, 10. Jg. (2008), Nr. 9, S. 565-578.

NELLES, MICHAEL / KLUSEMANN, MARKUS [NELLES / KLUSEMANN (2002)]: Einsatzmöglichkeiten von PCS-Optionen in: FB, 4. Jg. (2002), Nr. 6, S. 394-398.

NGUYEN, TRISTAN [NGUYEN (2008)]: Rechnungslegung von Versicherungsunternehmen, Karlsruhe 2008.

NGUYEN, TRISTAN [NGUYEN (2007a)]: Bilanzielle Abbildung von Finanzderivaten und Sicherungsgeschäften – Hedge Accounting nach HGB und IAS / IFRS, München 2007.

NGUYEN, TRISTAN [NGUYEN (2007b)]: Grenzen der Versicherbarkeit von Katastrophenrisiken – Erweiterungsmöglichkeiten durch Rückversicherung, Katastrophenanleihen und Versicherungsderivate, Wiesbaden 2007.

NGUYEN, TRISTAN / GROSCHE, SASCHA [NGUYEN / GROSCHE (2012)]: Bewertungskonzept zur IFRS-Bilanzierung von versicherungstechnischen Verpflichtungen, in: IRZ, 7. Jg. (2012), Nr. 1, S. 29-34.

NGUYEN, TRISTAN / GROSCHE, SASCHA [NGUYEN / GROSCHE (2011a)]: Exposure Draft zu IFRS 4 zur Bilanzierung von Versicherungsverträgen aus aufsichtsrechtlicher Perspektive, in: KoR 11. Jg. (2011), Nr. 9, S. 425-431.

NGUYEN, TRISTAN / GROSCHE, SASCHA [NGUYEN / GROSCHE (2011b)]: Einfluss der IFRS-Bilanzierung von Versicherungsverträgen auf die Solvabilitätsanforderungen nach Solvency II, in: IRZ, 6. Jg. (2011b), Nr. 12, S. 525-530.

NGUYEN, TRISTAN / MOLINARI, PHILIPP [NGUYEN / MOLINARI (2012)]: Bewertung der Fair-Value-Bilanzierung von Versicherungsverträgen anhand der IASB-Zielsetzungen, in: ZVersWiss, 101. Jg. (2012), Nr. 1, S. 103-131.

NGUYEN, TRISTAN / VERCHOW, THOMAS [NGUYEN / VERCHOW (2009)]: Finanzmarkt – Stürmische Entwicklung, in: Die Bank, o. Jg. (2009), Nr. 3, S. 8-13.

NICOLAIDES, MARK / RUDIN, SIMEON / WATSON, RICK / HARTWIG, KATHARINA [NICOLAIDES ET AL. (2009)]: Regulatory Issues and Solvency Capital Requirements, in: Barrieu, Pauline / Albertini, Luca (Hrsg.): The Handbook of Insurance Linked Securities, Chichester 2009, S. 341-362.

OERTZEN, CORNELIA VON / SCHULZ-DANSO, MARTIN [OERTZEN / SCHULZ-DANSO, (2013)]: § 11. Sonstige kurzfristige Vermögenswerte, in: Bohl, Werner / Riese,

Joachim / Schlüter, Jörg (Hrsg.): Beck'sches IFRS-Handbuch – Kommentierung der IFRS / IAS, 4. Aufl., Bern, München, Wien 2013.

Olbrich, Michael [Olbrich (2011)]: IFRS 13 und finanzierungstheoretische Modelle zur Zeitwertbestimmung, in: KoR, 11. Jg. (2011), Nr. 9, S. 393-394.

Oser, Peter / Holzwarth, Jochen [Oser / Holzwarth (2012)]: HGB §§ 284-288 – Anhang, in: Küting, Karlheinz / Pfitzer, Norbert / Weber, Robert (Hrsg.): Handbuch der Rechnungslegung – Einzelabschluss – Kommentar zur Bilanzierung und Prüfung, 5. Aufl., Stuttgart 2012.

Partner Re [Partner Re (2008)]: A Balanced Discussion on Insurance-linked Securities, March 2008.

Peard, Norman [Peard (2009)]: General Features of Life Insurance-Linked Securitisation, in: Barrieu, Pauline / Albertini, Luca (Hrsg.): The Handbook of Insurance Linked Securities, Chichester 2009, S. 169-187.

Pelger, Christoph [Pelger (2011)]: Rechnungslegungszweck und qualitative Anforderungen im Conceptual Framework for Financial Reporting (2010) – Der erste Stein im neuen Fundament der internationalen Rechnungslegung, in: WPg, 64. Jg. (2011), Nr. 19, S. 393-394.

Pellens, Bernhard / Fülbier, Rolf Uwe / Gassen Joachim / Sellhorn, Thorsten [Pellens et al. (2011)]: Internationale Rechnungslegung – IFRS 1 bis 9, IAS 1 bis 41, IFRIC-Interpretationen, Standardentwürfe – Mit Beispielen, Aufgaben und Fallstudie, 8. Aufl., Stuttgart 2011.

Perridon, Louis / Steiner, Manfred / Rathgeber, Andreas [Perridon / Steiner / Rathgeber (2012)]: Finanzwirtschaft der Unternehmung, 16. Aufl., München 2012.

Petersen, Karl / Zwirner, Christian [Petersen / Zwirner (2009)]: Rechnungslegung und Prüfung im Umbruch: Überblick über das neue deutsche Bilanzrecht – Veränderte Rahmenbedingungen durch das verabschiedete Bilanzrechtsmodernisierungsgesetz (BilMoG), in: KoR, 9. Jg. (2009), Nr. 5, Beihefter 1 zu Heft 5.

Petersen, Karl / Zwirner, Christian [Petersen / Zwirner (2009b)]: Auswirkungen der aktuellen Änderungen in IAS 39 – Dargestellt an ausgewählten empirischen Beispielen aus der Bank- und Versicherungswirtschaft, in: IRZ, 4. Jg. (2009), Nr. 2, S. 65-70.

Pfaff, Dieter / Kukule, Wilfried [Pfaff / Kukule (2006)]: Wie fair ist der fair value?, in: KoR, 6. Jg. (2006), Nr. 9, S. 542-549.

Pfeiffer, Christoph [Pfeiffer (1999)]: Einführung in die Rückversicherung – Das Standardwerk für Theorie und Praxis, 5. Aufl., Wiesbaden 1999.

Pfitzer, Norbert / Oser, Peter / Lauer, Peter [Pfitzer / Oser / Lauer (2012)]: Kapitel 2 – Zwecke des handelsrechtlichen Jahresabschlusses, in: Küting, Karlheinz / Pfitzer, Norbert / Weber, Robert (Hrsg.): Handbuch der Rechnungslegung Einzelabschluss – Kommentar zur Bilanzierung und Prüfung, 5. Aufl., Stuttgart 2012.

Poelzig, Dörte [Poelzig (2013)]: HGB § 285 Sonstige Pflichtangaben, in: Schmidt, Karsten / Ebke, Werner (Hrsg.): Münchener Kommentar zum Handelsgesetzbuch, Band 4, 3. Aufl., München 2013.

Poll, Jens [Poll (2012)]: AktG § 152, in: Küting, Karlheinz / Pfitzer, Norbert / Weber, Robert (Hrsg.): Handbuch der Rechnungslegung Einzelabschluss – Kommentar zur Bilanzierung und Prüfung, 5. Aufl., Stuttgart 2012.

Reiner, Günter [Reiner (2013)]: HGB § 264 Pflicht zur Aufstellung, in: Schmidt, Karsten / Ebke, Werner (Hrsg.): Münchener Kommentar zum Handelsgesetzbuch, Bd. 4, 3. Aufl., München 2013.

Reissaus, Rüdiger / Wambach, Achim [Reissaus / Wambach (2000)]: Rückversicherungen und Alternative Risikotransfers – Ein theoretischer Vergleich, in: ZVersWiss, 89. Jg. (2000), Nr. 4, S. 635-655.

Richter, Andreas [Richter (2004)]: Moderne Finanzinstrumente im Rahmen des Katastrophen-Risk-Managements – Basisrisiko versus Ausfallrisiko, in: zfbf, 56. Jg. (2004), Nr. 2, S. 99-121.

Ritter, Mischa [Ritter (2006)]: Absicherung von Katastrophen-Risiko über Kapitalmärkte – Eine kritische Bestandsaufnahme, Wiesbaden 2006.

Rittmann, Marion / Rockel, Werner [Rittmann / Rockel (2004)]: Rechnungslegung und Aufsicht von Versicherungsunternehmen – Zur Vereinbarkeit von IFRS und Solvency II, in: ZVersWiss, 93. Jg. (2004), Nr. 3, S. 441-475.

Rockel, Werner / Helten, Elmar / Ott, Peter / Sauer, Roman [Rockel et al. (2012)]: Versicherungsbilanzen – Rechnungslegung nach HGB und IFRS, 3. Aufl., Stuttgart 2012.

Ross, David / Williams, Jillian [Ross / Williams (2009)]: Basis Risk from the Cedant's Perspective, in: Barrieu, Pauline / Albertini, Luca: The Handbook of Insurance-Linked Securities, Chichester 2009, S. 49-64.

Rudolph, Bernd / Schäfer, Klaus [Rudolph / Schäfer (2010)]: Derivate Finanzmarktinstrumente – Eine anwendungsbezogene Einführung in Märkte, Strategien und Bewertung, 2. Aufl., Heidelberg u. a. 2010.

Ruhm, David L. / Brehm, Paul J. [Ruhm / Brehm (2007)]: Risk Transfer Testing of Reinsurance Contracts – A Summary of the Report by the CAS Research Working Party on Risk Transfer Testing, in: Causality Actuarial Society, 1. Jg. (2007), Nr. 1, S. 9-17 (abrufbar unter: http://www.variancejournal.org/issues/ 01-01/009.pdf, Abrufdatum: 23.12.2012).

SAUER, ROMAN [SAUER (2012)]: § 39 Bilanzierung von Versicherungsverträgen, in: Lüdenbach, Norbert / Hoffmann Wolf-Dieter (Hrsg.): Haufe IFRS Kommentar, 10. Aufl., Freiburg 2012.

SAUER, ROMAN [SAUER (2005)]: Was ist hinreichender versicherungstechnischer Risikotransfer? Rahmenbedingungen nach HGB, IAS / IFRS und US-GAAP und Möglichkeiten zu deren Weiterentwicklung, in: VW, 60. Jg. (2005), Nr. 23, S. 1815-1820.

SCHABER, MATTHIAS / REHM, KATI / MÄRKL, HELMUT [SCHABER / REHM / MÄRKL (2008)]: Handbuch strukturierte Finanzinstrumente HGB – IFRS, Düsseldorf 2008.

SCHARPF, PAUL [SCHARPF (2012a)]: Derivative Finanzinstrumente, in: Küting, Karlheinz / Pfitzer, Norbert / Weber, Robert (Hrsg.): Handbuch der Rechnungslegung Einzelabschluss – Kommentar zur Bilanzierung und Prüfung, Grundlagen der Bilanzierung – Kapitel 6: Ausgewählte Bilanzierungsprobleme – Abschnitt F., 5. Aufl., Stuttgart 2012.

SCHARPF, PAUL [SCHARPF (2012b)]: HGB § 254 Bildung von Bewertungseinheiten, in: Küting, Karlheinz / Pfitzer, Norbert / Weber, Robert (Hrsg.): Handbuch der Rechnungslegung Einzelabschluss – Kommentar zur Bilanzierung und Prüfung, 5. Aufl., Stuttgart 2012.

SCHARPF, PAUL / LUZ, GÜNTHER [SCHARPF / LUZ (2000)]: Risikomanagement, Bilanzierung und Aufsicht von Finanzderivaten, Stuttgart 2000.

SCHERRER, GERHARD [SCHERRER (1999)]: Bilanzielle Behandlung von Schuldverschreibungen mit Emittententilgungswahlrecht, in: DStR, 37. Jg. (1999), S. 1205-1209.

SCHIRM, ANTJE [SCHIRM (2000)]: Wetterderivate – Finanzmarktprodukte für das Management wetterbedingter Geschäftsrisiken, in: FB, 2. Jg. (2000), Nr. 11, S. 722-730.

SCHLÜTER, JÖRG / BONIN, CHRISTOPH [SCHLÜTER / BONIN (2013)]: § 40. Versicherungsverträge, in: Bohl, Werner / Riese, Joachim / Schlüter, Jörg (Hrsg.): Beck'sches IFRS-Handbuch – Kommentierung der IFRS / IAS, 4. Aufl., Bern, München, Wien 2013.

SCHMIDT, JÜRGEN / REINHOLDT, AGO [SCHMIDT / REINHOLDT (2009)]: Eigene Anteile nach IFRS, in IRZ, 4. Jg. (2009), Nr. 2, S. 53-54.

SCHMIDT, MARTIN [SCHMIDT (2008)]: Die drei Ansätze des FASB zur Abgrenzung zwischen Eigen- und Fremdkapitalinstrumenten, in: IRZ, 3. Jg. (2008), Nr. 5, S. 235-243.

SCHMITZ, ARMIN [SCHMITZ (2012)]: ILS-Fonds wieder auf Erfolgskurs – Produkte auf Versicherungsrisiken erholen sich von Fukushima-Schock – Geringe Korrelation geschätzt, in: Börsen-Zeitung o. Jg. (2012), Nr. 124, S. 2.

SCHRADIN, HEINRICH R. [SCHRADIN (2004)]: Perspektiven der Lebens-Rückversicherung in Deutschland – zugleich ein Beitrag zur Diskussion der Frage: „Was ist Versicherung?“, in: Albrecht, Peter / Lorenz, Egon / Rudolph, Bernd (Hrsg.): Risikoforschung und Versicherung – Festschrift für Elmar Helten zum 65. Geburtstag, Karlsruhe 2004, S. 577-604.

SCHRADIN, HEINRICH R. [SCHRADIN (1994)]: Erfolgsorientiertes Versicherungsmanagement – Betriebswirtschaftliche Steuerungskonzepte auf risikotheoretischer Grundlage, Karlsruhe 1994.

SCHNEIDER, JÜRGEN [SCHNEIDER (2011)]: Das Geschäftsmodell von Versicherungsunternehmen im Spannungsverhältnis von IFRS 4 und IFRS 9 – „Financial Instruments available for sale" notwendig?, in: PiR, 7. Jg. (2011), Nr. 7, S. 197-201.

SCHRIMPF-DÖRGES, CLAUDIA E. [SCHRIMPF-DÖRGES (2013)]: § 13. Rückstellungen, in: Bohl, Werner / Riese, Joachim / Schlüter, Jörg (Hrsg.): Beck'sches IFRS-Handbuch – Kommentierung der IFRS / IAS, 4. Aufl., Bern, München, Wien 2013.

SCHUBERT, WOLFGANG J. / KRÄMER, ANDREAS [SCHUBERT / KRÄMER (2012)]: HGB § 250 Rechnungsabgrenzungsposten – E. Abweichungen der IFRS, in: Ellrott, Helmut / Förschle, Gerhart / Grottel, Bernd / Kozikowski, Michael / Schmidt, Stefan / Winkeljohann, Norbert (Hrsg.): Beck'scher Bilanzkommentar – Handels- und Steuerbilanz, §§ 238 bis 339, 342-342e HGB mit IFRS-Abweichungen, 8. Aufl., München 2012.

SCHULENBURG, J.-MATTHIAS GRAF VON DER [SCHULENBURG (2004)]: Versicherungsökonomik – Ein Leitfaden für Studium und Praxis, Karlsruhe 2004.

SCHULZE OSTHOFF, HERMANN-J. / SCHULZ-DANSO, MARTIN [SCHULZE OSTHOFF / SCHULZ-DANSO (2013)]: § 14. Übrige Schulden, in: Bohl, Werner / Riese, Joachim / Schlüter, Jörg (Hrsg.): Beck'sches IFRS-Handbuch – Kommentierung der IFRS / IAS, 4. Aufl., Bern, München, Wien 2013.

SCHWEINBERGER, STEFAN / HORSTKÖTTER, MARKUS [SCHWEINBERGER / HORSTKÖTTER (2010)]: Zur Bilanzierung von Versicherungsverträgen gemäß den Vorschlägen des ED/2010/8, in: KoR, 10. Jg. (2010), Nr. 11, S. 546-553.

SELLHORN, THORSTEN / HAHN, STEFAN [SELLHORN / HAHN (2009)]: Bilanzierung strukturierter Finanzprodukte vor dem Hintergrund aktueller Entwicklungen, in: IRZ, 5. Jahrgang (2010), Nr. 10, S. 397-404.

SENGER THOMAS / BRUNE, JENS W. [SENGER / BRUNE (2012)]: IAS 37. Rückstellungen, Eventualschulden und Eventualforderungen (Provisions, Contingent Liabilities and Contingent Assets), in: Hennrichs, Joachim / Kleindiek, Detlef / Watrin, Christoph (Hrsg.): Münchener Kommentar zum Bilanzrecht, Bd. 1, 3. Aufl., München 2012.

SHAMROCK, STEVEN E. [SHAMROCK (2012)]: IFRS and US GAAP – A Comprehensive Comparison, Hoboken (New Jersey) 2012.

SHIMPI, PRAKASH [SHIMPI (1997)]: The context for trading insurance risks, in: The Geneva papers on risk and insurance - issues and practice: an official journal of the Geneva Association, 22. Jg. (1997), Nr. 82, S. 17-25.

SOHL, JAN HENDRIK [SOHL (2009)]: Alternativer Risikotransfer zur Solvabilitätssteuerung in Schadenversicherungsunternehmen, Dissertation, Universität Duisburg-Essen 2009.

STANDARD & POOR'S [STANDARD & POOR'S (2013)]: RatingsDirect – Tar Heel Re Ltd. Series 2013-1 Notes, 9 April 2013 (abrufbar unter http://www.standardandpoors.com/servlet/BlobServer?blobheadername3=MDT-Type&blobcol=urldata&blobtable=MungoBlobs&blobheadervalue2=inline%3B+filename%3D2013++Tar+Heel+Re.pdf&blobheadername2=Content-Disposition&blobheadervalue1=application%2Fpdf&blobkey=id&blobheadername1=content-type&blobwhere=1244258364125&blobheadervalue3=UTF-8, Abrufdatum: 23.11.2013).

STRUBE, MICHAELA [STRUBE (2001)]: Alternativer Risikotransfer von Katastrophenrisiken – Die Rückversicherung mit Anleihen und börsengehandelten Optionen im Vergleich, Wiesbaden 2001.

STUTE, ANDREAS / KURT, VEYSI [STUTE / KURT (2012)]: Das Realisationsprinzip – Ausprägungen nach HGB und IFRS, in: PiR, 8. Jg. (2012), Nr. 8, S. 251-258.

SURREY, INGE / WERTHMANN, MARTIN [SURREY / WERTHMANN (2012)]: IFRS 4 Versicherungsverträge (Insurance Contracts), in: Baetge, Jörg / Wollmert, Peter / Kirsch, Hans-Jürgen / Oser, Peter / Bischof, Stefan (Hrsg.): Rechnungslegung nach IFRS – Kommentar auf der Grundlage des deutschen Bilanzrechts, 2. Aufl., Stuttgart 2012.

SWISS RE [SWISS RE (2013a)]: Insurance-Linked Securities Market Update, Volume XIX, July 2013.

SWISS RE [SWISS RE (2013b)]: Insurance-Linked Securities Market Update, Volume XIX, January 2013.

SWISS RE [SWISS RE (2012)]: Insurance-Linked Securities Market Update, Volume XVIII, July 2012.

SWISS RE [SWISS RE (2011a)]: The fundamentals of insurance-linked securities – Transforming insurance risk into transparent and tradable capital market products, o. O. 2011.

SWISS RE [SWISS RE (2011b)]: Recognition of reinsurance under Solvency II, o. O. 2011.

SWISS RE [SWISS RE (2011c)]: Insurance-Linked Securities Market Update, Volume XVI, July 2011.

SWISS RE [SWISS RE (2011d)]: Finanzbericht 2011.

SWISS RE [SWISS RE (2006)]: Verbriefungen – neue Möglichkeiten für Versicherer und Investoren, sigma Nr. 7/2006.

TRAFKOWSKI, UWE [TRAFKOWSKI (2009)]: Kreditderivate und Versicherungsderivate als Risikotransferverträge, Frankfurt am Main 2009.

VARAIN, THOMAS, C. [VARAIN (2012)]: IAS 39 Finanzinstrumente – Ansatz und Bewertung (Financial Instruments: Recognition and Measurement), in: Hennrichs, Joachim / Kleindiek, Detlef / Watrin, Christoph (Hrsg.): Münchener Kommentar zum Bilanzrecht, Bd. 1, 3. Ergänzungslieferung, München 2012.

WAGENHOFER, ALFRED [WAGENHOFER (2009)]: Internationale Rechnungslegungsstandards – IAS / IFRS, 6. Aufl., München 2009.

WAGNER, FRED [WAGNER (2000)]: Risk Management im Erstversicherungsunternehmen – Modelle, Strategie, Ziele, Mittel, Karlsruhe 2000.

WAGNER, FRED [WAGNER (1997)]: Risk Securitization als alternatives Mittel des Risikotransfers von Versicherungsunternehmen, in: ZVersWiss, 86. Jg. (1997), Nr. 4, S. 511-552.

WAWRZINEK, WOLFGANG [WAWRZINEK (2013)]: § 2. Ansatz, Bewertung und Ausweis sowie zugrunde liegende Prinzipien der IFRS, in: Bohl, Werner / Riese, Joachim / Schlüter, Jörg (Hrsg.): Beck'sches IFRS-Handbuch – Kommentierung der IFRS / IAS, 4. Aufl., Bern, München, Wien 2013.

WEBER, CHRISTOPH [WEBER (2011)]: Insurance Linked Securities – The Role of the Banks, Wiesbaden 2011.

WEBER-REY, DANIELA / BALTZER, CORINNA [WEBER-REY / BALTZER (2007)]: Aktuelle Entwicklungen im Versicherungsaufsichtsrecht – Umsetzung der EU-Rückversicherungsrichtlinie und Einführung von Rahmenregeln für die Finanzrückversicherung und die Verbriefung von Versicherungsrisiken, in: WM, 61. Jg. (2007), Nr. 47, S. 2184-2191.

WEBER-REY, DANIELA / RHIEL, JÖRG [WEBER-REY / RHIEL (2011)]: Die Auswirkungen der Finanzkrise sowie von Solvency II auf Insurance-linked Securities, in: ZVersWiss, 100. Jg. (2011), Nr. 2, S. 245-257.

WEISTROFFER, CHRISTIAN [WEISTROFFER (2010)]: Insurance-linked securities – A niche market expanding, Deutsche Bank Research, Frankfurt 2010.

WENG, ANNEGRET [WENG (2013)]: Stand der Entwicklung des neuen Versicherungsstandards IFRS 4 mit besonderem Fokus auf den deutschen Versicherungsmarkt, in: KoR, 13. Jg. (2013), Nr. 1, S. 23-32.

WILLKIE FARR & GALLAGHER [WILLKIE FARR & GALLAGHER (2013)]: Recent Developments and Current Trends in Insurance Transactions and Regulation – Year in Review 2012, January 2013.

WINKELJOHANN, NORBERT / BUCHHOLZ, STEPHAN [WINKELJOHANN / BUCHHOLZ (2012)]: HGB § 274 Latente Steuern – A. Die Maßgeblichkeit der Handelsbilanz für die Steuerbilanz, in: Ellrott, Helmut / Förschle, Gerhart / Grottel, Bernd / Kozikowski, Michael / Schmidt, Stefan / Winkeljohann, Norbert (Hrsg.): Beck'scher Bilanzkommentar – Handels- und Steuerbilanz, §§ 238-339, 342-342e HGB mit IFRS-Abweichungen, 8. Aufl., München 2012.

WINKELJOHANN, NORBERT / TAETZNER, TOBIAS [WINKELJOHANN / TAETNZER (2012)]: HGB § 253 Zugangs- und Folgebewertung – Wertaufholungsgebot (Abs. 5), in: Ellrott, Helmut / Förschle, Gerhart / Grottel, Bernd / Kozikowski, Michael / Schmidt, Stefan / Winkeljohann, Norbert (Hrsg.): Beck'scher Bilanzkommentar – Handels- und Steuerbilanz, §§ 238 bis 339, 342-342e HGB mit IFRS-Abweichungen, 8. Aufl., München 2012.

WINNEFELD, ROBERT [WINNEFELD (2006a)]: Kapitel D – Ansatz der Aktiva und Passiva in der Handels- und Steuerbilanz sowie IAS / IFRS und US-GAAP Rechnungslegung, in: Winnefeld, Robert: Bilanz-Handbuch – Handels- und Steuerbilanz, Rechtsformspezifisches Bilanzrecht, Bilanzielle Sonderfragen, Sonderbilanzen, IAS / US-GAAP, 4. Aufl., München 2006.

WINNEFELD, ROBERT [WINNEFELD (2006b)]: Bilanz-Handbuch – Handels- und Steuerbilanz, Rechtsformspezifisches Bilanzrecht, Bilanzielle Sonderfragen, Sonderbilanzen, IAS/US-GAAP, Kapitel M. Bilanzrechtliche Sonderfragen, 4. Aufl., München 2006.

WULF, INGE [WULF (2012a)]: Ansatz von sonstigen Rückstellungen nach HGB und IFRS – Untersuchung hinsichtlich bestehender Unterschiede in den Ansatzvorschriften, in: PiR, 8. Jg. (2012), Nr. 3, S. 77-83.

WULF, INGE [WULF (2012b)]: Bewertung von sonstigen Rückstellungen nach HGB und IFRS – Untersuchung hinsichtlich bestehender Unterschiede, in: PiR, 8. Jg. (2012), Nr. 4, S. 117-124.

ZAPP, MATTHIAS [ZAPP (2011)]: Verbriefung von Langlebigkeitsrisiko durch Versicherungsunternehmen, Karlsruhe 2011.

ZHU, MEI [ZHU (2009)]: Insurance Securitization mit Katastrophenbonds – Unter besonderer Berücksichtigung ihres Einflusses auf das ökonomische Zielkapital, Karlsruhe 2009.

ZIETSCH, DIETMAR [ZIETSCH (2005)]: Rückversicherung als Instrument des Financial Engineering, in: Spremann, Klaus (Hrsg.): Versicherungen im Umbruch – Werte schaffen, Risiken managen, Kunden gewinnen, Berlin 2005, S. 351-372.

ZIMMERMANN, JOCHEN / SCHWEINBERGER, STEFAN [ZIMMERMANN / SCHWEINBERGER (2007)]: Entwicklungen zur Ertragsrealisation in der kapitalmarktorientierten Rechnungslegung – Eine Analyse der Projekte „Revenue Recognition“ und „Insurance Contracts“, in: PiR, 3. Jg. (2007), Nr. 3, S. 75-81.

ZÜLCH, HENNING / BURGHARDT, STEPHAN [ZÜLCH / BURGHARDT (2009)]: ED 10 „Consolidated Financial Statements“: Entwurf zur Abbildung von Tochter- und Zweckgesellschaften, in: PiR, 5. Jg. (2009), Nr. 3, S. 80-82.

ZÜLCH, HENNING / ERDMANN, MARK-KEN / POPP, MARCO [ZÜLCH / ERDMANN / POPP (2011a)]: IFRS 12 „Disclosures of Interests in Other Entities“ – Neuformulierung der konzernbezogenen Anhangangaben im Überblick, in: KoR: 11. Jg. (2011), Nr. 11, S. 509-512.

ZÜLCH, HENNING / ERDMANN, MARK-KEN / POPP, MARCO [ZÜLCH / ERDMANN / POPP (2011b)]: Kritische Würdigung der Neuregelungen des IFRS 10 im Vergleich zu den bisherigen Vorschriften des IAS 27 sowie SIC-12, in: KoR: 11. Jg. (2011), Nr. 12, S. 585-593.

ZÜLCH, HENNING / FISCHER, DANIEL T. [ZÜLCH / FISCHER (2012)]: IAS 1. Darstellung des Abschlusses (Presentation of Financial Statements), in: Hennrichs, Joachim / Kleindiek, Detlef / Watrin, Christoph (Hrsg.): Münchener Kommentar zum Bilanzrecht, Bd. 1, 3. Aufl., München 2012.

ZWIRNER, CHRISTIAN / BOECKER, CORINNA [ZWIRNER / BOECKER (2014)]: Fair Value Measurement nach IFRS 13 – IDW RS HFA 47 zu Einzelfragen der Fair Value-Ermittlung, in: IRZ, 9. Jg. (2014), Nr. 2, S. 50-53.

ZWIRNER, CHRISTIAN / BUSCH, JULIA [ZWIRNER / BUSCH (2011)]: Zweckgesellschaften – Definition und Behandlung im Konzernabschluss, in: IRZ, 6. Jg. (2011), Nr. 1, S. 7-9.

ZWIRNER, CHRISTIAN / FROSCHHAMMER, MARTIN [ZWIRNER / FROSCHHAMMER (2013)]: Zur Berücksichtigung von Zugangsgewinnen/-verlusten (day one gain or loss) bei Finanzinstrumenten, in: IRZ, 8. Jg. (2013), Nr. 12, S. 450-454.

Verzeichnis der Gesetzestexte, Gesetzesmaterialien, Rechnungslegungsstandards und Rechnungslegungsstandardentwürfe, Richtlinien, Verordnungen, IDW-Verlautbarungen

Verzeichnis der Gesetzestexte, Gesetzesmaterialien, Rechnungslegungsstandards und Rechnungslegungsstandardentwürfe

Bürgerliches Gesetzbuch (BGB) vom 18. August 1896 in der Fassung der Bekanntmachung vom 2. Januar 2002, zuletzt geändert durch Art. 4 Abs. 5 des Gesetzes vom 1. Oktober 2013.

Deutscher Bundestag, 16. Wahlperiode, Drucksache 16/12407 v. 24.03.2009 [Deutscher Bundestag, Drucksache 16/12407]: Beschlussempfehlung und Bericht des Rechtsausschusses (6. Ausschuss) zu dem Gesetzentwurf der Bundesregierung – Drucksache 16/10067 – Entwurf eines Gesetzes zur Modernisierung des Bilanzrechts (Bilanzrechtsmodernisierungsgesetz – BilMoG).

Financial Accounting Standards Board (FASB): Accounting Standards Codification (ASC).

Kreditwesengesetz (KWG) vom 10. Juli 1961 in der Fassung der Bekanntmachung vom 9. September 1998, zuletzt geändert durch Art. 2 des Gesetzes vom 10. Dezember 2014.

Handelsgesetzbuch (HGB) vom 10. Mai 1897, zuletzt geändert durch Art. 1 des Gesetzes vom 4. Oktober 2013.

International Accounting Standards Board (IASB): International Financial Reporting Standards (IFRS / IAS).

International Accounting Standards Board (IASB): Exposure Draft ED/2013/7 – A Revision of ED/2010/8 Insurance Contracts, June 2013.

International Accounting Standards Board (IASB): Exposure Draft ED/2012/4 Classification and Measurement – Limited Amendments to IFRS 9 Proposed Amendments to IFRS 9 (2010), November 2012.

International Accounting Standards Board (IASB): Exposure Draft ED/2010/13 – Hedge Accounting, December 2010.

International Accounting Standards Board (IASB): Exposure Draft ED/2010/8 – Insurance Contracts, July 2010.

International Accounting Standards Board (IASB): Exposure Draft ED/2010/1 – Measurement of Liabilities in IAS 37, Proposed amendments to IAS 37, January 2010.

Richtlinien

Richtlinie 2009/138/EG des Europäischen Parlaments und des Rates vom 25. November 2009 betreffend die Aufnahme und Ausübung der Versicherungs- und Rückversicherungstätigkeit (Solvabilität II).

Richtlinie 2005/68/EG des Europäischen Parlaments und des Rates vom 16. November 2005 über die Rückversicherung und zur Änderung der Richtlinien 73/239/ EWG, 92/49/EWG des Rates sowie der Richtlinien 98/78/EG und 2002/83/EG.

Richtlinie 2002/83/EG des Europäischen Parlaments und des Rates vom 5. November 2002 über Lebensversicherungen.

Richtlinie 2002/13/EG des Europäischen Parlaments und des Rates vom 5. März 2002 zur Änderung der Richtlinie 73/239/EWG des Rates hinsichtlich der Bestimmungen über die Solvabilitätsspanne für Schadenversicherungsunternehmen.

Vierte Richtlinie 78/660/EWG des Rates vom 25. Juli 1978 aufgrund von Artikel 54 Absatz 3 Buchstabe g) des Vertrages über den Jahresabschluss von Gesellschaften bestimmter Rechtsformen.

Verordnungen

Verordnung über Finanzrückversicherungsverträge und Verträge ohne hinreichenden Risikotransfer (Finanzrückversicherungsverordnung – FinRVV) vom 14. Juli 2008.

Verordnung über den Inhalt der Prüfungsberichte zu den Jahresabschlüssen von Versicherungsunternehmen (Prüfungsberichteverordnung – PrüfV) vom 3. Juni 1998, zuletzt geändert durch Art. 13 Abs. 18 des Gesetzes vom 25. Mai 2009.

Verordnung über die Rechnungslegung von Versicherungsunternehmen (Versicherungsunternehmens-Rechnungslegungsverordnung – RechVersV), vom 8. November 1994, zuletzt geändert durch Art. 27 Abs. 9 des Gesetzes vom 4. Juli 2013.

Verordnung über die Kapitalausstattung von Versicherungsunternehmen (Kapitalausstattungs-Verordnung – KapAusstV) vom 13. Dezember 1983, zuletzt geändert durch Art. 1 der Verordnung vom 16. August 2013.

IDW Verlautbarungen

IDW Stellungnahme zur Rechnungslegung, verabschiedet durch den Bankenfachausschuss: Handelsrechtliche Bilanzierung von Financial Futures und Forward Rate Agreements bei Instituten [IDW RS BFA 5], Stand: 18. August 2011.

IDW Stellungnahme zur Rechnungslegung, verabschiedet durch den Bankenfachausschuss: Handelsrechtliche Bilanzierung von Optionsgeschäften bei Instituten [IDW RS BFA 6], Stand: 18. August 2011.

IDW Rechnungslegungshinweis, verabschiedet durch den Hauptfachausschuss: Anhangangaben nach § 285 Nr. 18 und 19 HGB zu bestimmten Finanzinstrumenten [IDW RH HFA 1.005], Stand: 24. November 2010.

IDW Stellungnahme zur Rechnungslegung, verabschiedet durch den Hauptfachausschuss: Zur einheitlichen oder getrennten handelsrechtlichen Bilanzierung strukturierter Finanzinstrumente [IDW RS HFA 22], Stand: 2. September 2008.

IDW Stellungnahme zur Rechnungslegung, verabschiedet durch den Versicherungsfachausschuss: Auslegung des § 341b HGB (neu) [IDW RS VFA 2], Stand: 8. April 2002.

IDW Stellungnahme zur Rechnungslegung, verabschiedet durch den Hauptfachausschuss: Zur Behandlung von Genussrechten im Jahresabschluss von Kapitalgesellschaften [HFA 1/1994].

Schriften zum Controlling, Finanz- und Risikomanagement

Herausgegeben von Prof. Dr. Andreas Brieden, Prof. Dr. Thomas Hartung, Prof. Dr. Bernhard Hirsch und Prof. Dr. Andreas Schüler

Band 1 Patrick Siklóssy: Vergleich der Durchführungswege der betrieblichen Altersversorgung aus Eigentümer- und Arbeitnehmersicht. 2009.

Band 2 Simon Krotter: Performance-Messung, Erwartungsänderungen und Analystenschätzungen. Theoretische Konzeption und empirische Umsetzung. 2009.

Band 3 Hans-Jürgen Straßer: DCF-Bewertung von Versicherungsunternehmen. 2009.

Band 4 Bernhard Christian Kübler: Risk Classification by Means of Clustering. 2010.

Band 5 Benjamin Asche: Jahresabschlussanalyse und Bilanzpolitik von Schaden-/Unfallversicherern. Änderungen aufgrund von IFRS 4 Phase II Insurance Contracts: ED/2010/8. 2012.

Band 6 Matthias Schoen: Vertrauen und Kreditentscheidungen. Eine empirische Analyse zum Einfluss von Vertrauen in Kreditbeziehungen zwischen öffentlichen Banken und kleinen und mittelständischen Unternehmen. 2013.

Band 7 Thomas Bornemann: Verschmelzungsverhältnisse. Eine ökonomische Analyse unter besonderer Berücksichtigung der deutschen Rechtsprechung. 2013.

Band 8 Frank Angermann: Die Bilanzierung von Alternativen Risikotransferinstrumenten nach HGB und IFRS. 2015.

www.peterlang.de